本成果受到中国人民大学"统筹推进世界一流大学和一流学科建设"专项经费的支持（项目批准号：16XNL002）

企业并购法
贯通论

张世明　王济东◎著

Comprehensive Research on the Law of Mergers and Acquisitions

 中国政法大学出版社

2018·北京

图书在版编目（ＣＩＰ）数据

企业并购法贯通论/张世明, 王济东著. —北京:中国政法大学出版社,
2018.9

ISBN 978-7-5620-8577-5

Ⅰ.①企…　Ⅱ.①张…　②王…　Ⅲ.①企业兼并－企业法－研究－中国
Ⅳ.①D922.291.924

中国版本图书馆CIP数据核字(2018)第221044号

出 版 者	中国政法大学出版社
地　　址	北京市海淀区西土城路 25 号
邮寄地址	北京 100088 信箱 8034 分箱　邮编 100088
网　　址	http://www.cuplpress.com（网络实名：中国政法大学出版社）
电　　话	010-58908586（编辑部）58908334（邮购部）
编辑邮箱	zhengfadch@126.com
承　　印	固安华明印业有限公司
开　　本	880mm×1230mm　1/32
印　　张	15
字　　数	370 千字
版　　次	2018 年 9 月第 1 版
印　　次	2018 年 9 月第 1 次印刷
定　　价	69.00 元

# INTRODUCTION

In the light of the latest trends in foreign enterprises form regulation, to provide investors with diversity and convenient option in enterprises legal form, so as to achieve the purpose to enhance the international competitive ability of China, is the starting point for the research of the enterprises legal form. The Tesearch of the enterprises legal form in China has made considerable progress; however, while many strategic proposals without sound reason contend with each other, there is still space for basic theoretical research to move forward in depth. The author takes the three dimensions, namely, enterprise economic form and enterprise legal form, enterprise legal form and the principle of legality for enterprise form, enterprise law and the relevant legal form of enterprise, as the point of departure, avails the theory of enterprise legal form put forward by continental law scholars as the reference, argues that the relationship between the enterprise legal form and the enterprise economic form is particularly noteworthy for its skilful presentation, enterprise legal form and the principle of legality for enterprise form can not be simply equated, economic law research should be out of the scope of the ontological legal form of enterprise and further extend the sight to the exploration of the relevant legal form of enterprise.

Merger and acquisition is a combination of the terms "acquisition" and "merger". The term "acquisition" emphasizes the behavior, and "merger" emphasizes the result. In addition, the acquisition of this act may lead to the result of the merger. However, "mergers and acquisitions" is not accurately defined in law and is not a legal term. From the perspective of time, the anti-M & A measures can be divided into two categories: the preventive program and resistant measures. The former means the target company takes defensive measures aimed at a hostile bidder to reduce the possibility of their own being purchased, which is more proactive, mainly under the " arrangements of corporate bylaws "; the latter refers to the target company takes the resistance measures after the actual start of the merger and acquisition, so appears slightly passive in the face of barbarians, mainly belonging to the "contractual arrangements". At the time of hostile takeover, how shareholders and directors allocate decision-making power to anti-takeover actions has always been a unavoidable problem for theorists and practitioners. Put crudely, different views fall within two camps: director primacy and shareholder primacy. The attribution of anti-merger decision-making power is not only a simple textual analysis and interpretation of the rules system, but also the reflection on the essence of the company.

Repurchase rights for dissent shareholders is also known as appraisal right, appraisal remedy, dissenter's right and so on. Although the initial introduction of appraisal right in the United States was based on the rectification of the "tyranny of the few" formed by consensus, as time goes by, it becomes a correction to "tyranny of the

majority", a tool to prevent opportunism of majority shareholders and
to protect minority shareholders. Both the principle of majority rule
and the protection of minority shareholders are equal, which reflects a
delicate balance between the interests of shareholders. If the abusive
market dominance of the antitrust laws is aimed at large enterprises'
strong bullying over the weak in the relevant market, then repurchase
rights for dissent shareholders is aimed at large shareholders, strong
bullying over the weak within the company.

Substantive standards are the corecriteria and the main basis for
the anti-monopoly authorities to control mergers and acquisitions of
enterprises. The EU merger review substantive standards have underg-
one three development stages: "abuse of market dominance" "market
dominance test" "significant impede effective competition". On the
contrary, the substantive lessening of competition standards in the U-
nited States illustrates no change on the surface, but its connotation
and law enforcement practice has been influenced by various factors
such as economic environment, political background, moral values,
interest conflicts and so on, then using old bottles for new wine. The
difference between the two categories of standards in EU and US in
the famous merger cases of Boeing/McDonnell Douglas, General E-
lectric [GE] /Honeywell is clearly exposed, which prompted EU
striving to revise the substantive merger test. The purpose of the 5th
chaper is to shed some light on this shift in EU in the context of move-
ment to "more economic approach".

The efficiency defense plays a key role in merger reviews. The
academic analysis of the issue among economists propels the reform in
judicial practices, while current researches on efficiency defense con-

ducted by economic law scholars are largely myopic due to their attachment to economics and a case−by−case attitude. A new path of interpretation has yet to be made on its own sake. The author presents a cross contrast of the US and the EU in terms of the adoption of efficiency defense and its progress, in which the justification of efficiency defense and the principle of proportionality are taken into account as a whole from a perspective of jurisprudential methodology, in order to lay a methodological foundation for specific analysis of efficiency defense issues and the construction of the efficiency defense system in China. Bridging the "instrumental rationality" and "value rationality", it emphasizes that the competition law shall stick to the ideas of economic law while embracing a more economic approach.

Thesimple procedure is congruent with the two values of justice and efficiency pursued by the administrative procedure law, and seeks an appropriate balance between them to win legitimacy for itself. Administrative simple procedure is the transcendence of the general procedure, being the procedural variant and the exception in the administrative procedure. MOFCOM's Anti−Monopoly Bureau promulgated *Interim Provisions on the Applicable Standards of Simple Cases for Concentration of Operators* and *Guiding Opinion on the Notification of Simple Cases of Concentrations of Business Operators* (*For Trial Use*) in 2014 respectively, from substantive and procedural aspects establishes the cornerstone of the review system of simple cases of concentrations of business operators in China. The above−mentioned legal documents issued by MOFCOM avail the conception of "simple procedure" rather than "simple cases", reflecting the cautious attitude of those departmental regulations for the establishment of simple procedures for antitrust review. Under the current rule, the simple cases procedure for concentration of business operators is mainly for the notifying party's notification, whereas the workload of the anti – monopoly enforcement authority may be reduced during the review of the operator concentration case by simple procedure, but the duties are not lessened than those by ordinary procedure. While it is necessary and reasonable to restrict the boundary of the third-party's dissenting right to the simple case, the over-restriction perhaps leads to its too low effect and ultimately makes it meaningless.

CONTENTS
目 录

第一章
CHAPTER 1

企业法律形态理论

20世纪90年代中期，笔者看到赵旭东先生的博士论文《企业法律形态理论研究》，就为这一问题所深深吸引，遂一直收集相关资料，力图对此有深刻的认知。近十年来，围绕此问题的论著纷纷问世，笔者不揣简陋，谨陈己见，就正于方正之家。

第一节　企业经济形态与企业法律形态

在日本经济学界中，人们一般认为，企业形态的研究将法律形态与经济形态相区分的倾向，可以从德国经济学家里夏德·帕索（Richard Passow，1880~1949年）[1]、罗伯特·利夫曼（Robert Liefmann，1874~1941年）[2]、赫伯特·冯·贝克

---

〔1〕　Richard Passow, "Die Aktiengesellschaft", *Eine Wirtschaftswissenschaftliche Studie* (2nd ed.), Jena: Verlag von Gustav Fischer, 1922.

〔2〕　Robert Liefmann, *Die Unternehmensformen mit Einschluß der Genossenschaften und Sozialisierung*, Stuttgart: Ernst Heinrich Moritz, 1912. 罗伯特·利夫曼是一个特立独行的思想家和暴政的受害者。他出生一个富裕的犹太商人家庭，在弗赖堡、柏林、慕尼黑、布鲁塞尔学习国民经济学和法学，于1904年在弗赖堡成为副教授，后进一步晋升为经济学教授。他于1907年在美国广泛地参观学习，重点是研究经济企业的形态，尤其集矢于卡特尔和托拉斯。至少从20世纪20年代，罗伯特·利夫曼不但在德国，而且在国外也是该领域权威。1933年，随着德国国内犹太人处境的普遍恶化，他在学校的教授任命和上课资格在第一次纳粹措施的潮流中被撤销。后来，他又被开除出学校。尽管世事艰难，罗伯特·利夫曼仍在他遗嘱中放弃很大数额，捐资出来作为弗赖堡大学的基金，以进一步发展他的经济理论。1940年，他与其姐姐

拉特（Herbert v. Beckerath，1886~1966 年）、梅尔希奥·帕里伊（Melchior Palyi，1892~1970 年）[1]诸氏的论著看出。中国学术界在追溯企业法律形态理论时，往往按照日本学者的介绍将利夫曼《受合作化和社会化影响的企业形态》（Die Unternehmensformen mit Einschluß der Genossenschaften und Sozialisierung，即日译本：リーフマン『企業形態論』增地庸治郎·槙原学共訳、同文館、大正 11 年）尊为这方面研究的先驱。按照罗伯特·利夫曼的观点，使经济上的企业赋予其法律的存在各安其位的与企业构造（Unternehmungsstruktur）相关联法规的全部，就是企业的法律形态。这就是说，不是单纯决定属于何种形式的法律状态，而是全部的经济生活的事实意义上所使用的企业形态。罗伯特·利夫曼的企业形态理论尤其关注当时经济活动社会化与私人资本制度之间的内在张力与矛盾。这其实就是德国法学界力图突破商法的框架发展企业法一脉相传的学术理路。[2]按照梅尔希奥·帕里伊的观点，决定企业法律形态构成的本质特征归纳起来主要有四点：第一，在企业中企业者的人的关系的深浅程度；第二，企业职分的合一或者分割，即所有权与经营权的分合问题；第三，责任分担的限度，分为有限与无限、连带与分割、直接与间接、基本与补充等等；第四，有无证券发行的可能性。[3]这些作者，无论是经济学家还是法学家，都发现自己面对的是一种多样性和多重性的现象。康采恩

（接上页）等被送到集中营，彼此隔离，备受折磨。更为悲惨的是，他在友人帮助下刚刚结婚并被批准假期就被下令处决。

　　[1]　Melchior Palyi, „Das Problem der Unternehmungsform", in *Grundriß der Betriebswirtschaftslehre*, Bd. 2, Die Betriebsverwaltung, Leipzig: Gloeckner, 1927.

　　[2]　这可以参考增地庸治郎：「リーフマン氏企業形態論」，『商學研究』第 1 卷第 3 号，1922 年，901~916 頁。

　　[3]　增地庸治郎：『企業形態論』，千倉書房，昭和 5 年，31~35 頁。

的形成有三种方式：参股（有效资本主义联合）、契约、人员。
这三种形式一般以组合形式发生。[1]

　　这一时期，德国经济学界对于企业法律形态的论述可以说
奠定了此后日本学术界对这一问题进行研究的基础。日本经济
学家上田贞次郎（1879~1940 年）的《股份公司经济论》（上
田貞次郎『株式会社経済論』，大正 2 年）不仅仅讨论经济形
态，既可以说是株式会社论，也几乎是法律论。上田将法律论
作为形式、经济论作为实质，以至于批判性地指出，存在与法
律上的形式不同的经济论上的实质。该氏按照这种方法，认为
与法律形态相异的实质的经济形态具有重要性，从而在对比中
揭示经济论特色。增地庸治郎（1896~1945 年）是上田貞次郎
的高足，其企业形态、株式会社研究是在上田貞次郎的启发和
指导下开展的。增地所进行的利夫曼的《企业形态论》的翻译
和介绍是上田指导的产物。增地庸治郎不仅讨论形式与实质的
对立，而且对于企业的法律形态与经济形态两者之间的关系同
时予以经营学的考察。增地庸治郎认为，企业的法律形态与经
济形态密切相关，但两者在本质上却是全然不同的，在研究上
有必要加以严格区分。另一方面，企业的经济形态不能与法律
形态全然割裂开来。例如，单独企业在采取株式会社的法律形
态时参与经营活动，必然与个人商人的情形不同。因而，经营
经济学的研究者对于企业的法律形态加以关注和理解的必要性
自不待言，但正如增地自己所言，绝不以法律论为自己的目
的。[2]在增地庸治郎的著作中，企业形态的本质要素主要由出
资、经营以及支配的合一抑或分离加以研判。这是从企业者职

---

　　[1]　Knut Wolfgang Nörr, *Zwischen den Mühlsteinen: Eine Privatrechtsgeschichte der Weimarer Republik*, Tübingen: Mohr Siebeck, 1988, S. 124-125.

　　[2]　增地庸治郎：『企業形態論』，千倉書房，昭和 5 年，35、46~48 頁。

能的发展的视角出发对企业的经济形态加以区分。他是从企业
发展使得企业经营职能扩大这一侧面来看问题的,其对企业形
态发展的研究是从所有者作为担当主体隐退而专门经营者凸显
这一角度加以考量的。[1]

增地庸治郎的分类体系见于其早期著作《企业形态论》
(『企業形態論』,千倉書房,昭和5年),后期著作《株式会
社》(『株式会社——株式会社の本質に関する経営経済の研
究』,巖松堂書店,昭和12年)、《新订企业形态论》(『新訂企
業形態論』,千倉書房,昭和13年)等。其学说的基本框架没
有大的变化,这是显而易见的。增地的分类体系是关于企业形
态的经济形态。就法律形态而言,各种形态是与经济形态相对
应的。也就是说,单独企业中有个人商人、合名会社、合资会
社、株式会社。第一种少数集团企业中有合名会社、民法上的
组合、合资会社、株式会社;第二种少数集团企业中有合资会
社、匿名组合、民法上的组合、有限会社、合名会社、株式会
社。营利的多数集团企业中有株式会社、株式合资会社、产业
组合;非营利的多数集团企业中有产业组合、民法上的组合、
相互会社、会员组织交易所、贸易组合、工业组合、商业组合
等。堀越芳昭在《日本经营学的形成——增地经营学说的原理
与形态》(「日本経営学の成立-増地経営学説の原理と形態」)
一文中将包含经济形态和法律形态的增地的企业形态体系化如
下:(1)私企业:①单独企业(个人商人)、②第一种少数集
团企业(合名会社)、③第二种少数集团企业(合资会社,有限
会社)、④营利的多数集团企业(株式会社)、⑤非营利的多数

---

[1] 增地庸治郎:『新訂企業形態論』,千倉書房,昭和13年,42頁参照。

集团企业（协同组合）；（2）公企业；（3）公私合同企业。[1]增地企业形态理论是企业形态的经济上的概括。堀越芳昭认为，这种与所谓的法律上的规定（私人公司、合伙、有限合伙、有限责任公司、股份有限公司）不同的，并以此为基础的以经济为主要因素加以扩展的立场，在日本是具有划时代意义。但这种方法也被其弟子山城章（1908～1993年）从"企业体制论"的观点出发加以批评。山城章的新企业形态论，不是以资本营利为中心资本、经营和劳务为一体的思想，而是主张使资本手段化、经营自主体得以确立具有"正当意义"的资本、经营和劳务一体。[2]

　　企业形态（きぎょうけいたい）是企业采取的结构，大致分为企业经济形态和企业法律形态。法律形态是企业根据何种法律规定设立、运营进行分类。企业的法律形态，是以企业诸利害关系者，尤其是对债权人责任负担的视角为主轴，会社企业的设立和机关……从总体上企业的手续乃至规制的企业的法律形态。[3]正是这样，企业法律形态被德国法学家称为企业活动"法律礼服"（Die Rechtsform ist das „juristische Kleid" der Unternehmung）。企业在法律上的形态在吉永荣助的著作中被表述为"法形态"，以与"经济形态"相对称。这是笔者在主编《经济法基础文献会要》过程中注意到的现象，即日本学者使用"法形态"这个概念时具有从宏观角度在一定程度上超越实定法的理论把握的意味，而对于具体的法定主义的企业制度往往也

〔1〕　堀越芳昭：「日本経営学の成立——増地経営学説の原理と形態」，『商学論集』第15号，1992年。
〔2〕　山城章：『新企業形態の理論』，経済図書株式会社，昭和19年，180、182頁。
〔3〕　植竹晃久：『企業形態論——資本集中組織の研究』，中央経済社，1984年，17頁。

使用"法律形态"的表述。实际上,前者相当于我国学术界企图创建企业法律形态理论的学者所使用的"企业法律形态"的概念,后者可以准确地译为"法律形式"。这种细微的差异对于擅长类型学方法、法律教义学方法的德国学者而言似乎不成问题,二者被有机结合为一体。在德语国家,"Rechtsform"和"Unternehmungsform"两个概念在理论和实务中通常被用作同义词,但也存在不同的观点。京特·韦厄(Günter Wöhe)将"Rechtsform der Betriebe"作为"Unternehmungsform"的上位概念。[1]这种阶位是由于"Betriebe"和"Unternehmung"的概念定义所致。因为 Unternehmen 仅仅包括营利性的生产单位,而"Betriebe",尤其是公共企业,不一定以利润最大化为目标,而是致力于成本抵偿原则。埃克哈德·卡普勒(Ekkehard Kappler)和曼弗雷德·韦格曼(Manfred Wegmann)则认为,"Unternehmungsform"的概念外延更为广泛。他们认为,在经济生活中,"Unternehmungen"在在皆是,他们具有更多的"Rechtsform"。例如,所谓两层公司在一个统一的经济构造物之下联合了两种不同的"Rechtsform"。"Rechtsform"因此仅仅是"Unternehmung"的组织建构的一部分。[2]大多数学者都赞同埃克哈德·卡普勒和曼弗雷德·韦格曼的观点。[3]

企业经济形态是以其投资者类型、构成、出资方式的差异、人数加以分类的。虽然有企业资本是由单一出资者或少数出资

---

〔1〕 Günter Wöhe, *Einführung in die Allgemeine Betriebswirtschaftslehre*, München: Verlag Franz Vahlen, 1984, S. 255.

〔2〕 Ekkehard Kappler, Manfred Wegmann und Konstitutive Entscheidungen, *Industriebetriebslehre – Entscheidungen im Industriebetrieb*, Wiesbaden: Gabler, 1985, S. 159f.

〔3〕 See Edgar Castan, *Rechtsform der Betriebe*, Stuttgart: C. E. Poeschel Verlag, 1968, S. 7.

者筹措的个人出资企业、少数出资企业，但更多的是为数众多、范围广泛的出资者筹措的多数出资者。企业的经济形态有资本筹集的样态（帕里伊说），从业人数以及职能分化程度（利夫曼说），出资、经营支配的一体或分离的程度（增地说），经营、管理、作业的历史发展阶段（山城说），等等。正如菊浦重雄所言，企业经济的实质的形态说未必统一。[1]例如，以出资为分类标准有三个路径：第一是依据出资者的数量，区分为单独企业（个人企业）、少数集团企业（合名会社、合资会社）、多数集团企业（株式会社），此法影响企业的统一的意思的形成。第二是依据出资者的性质区分为公企业、公私混合企业（公私合同企业）、私企业。第三是依据出资者的危险负担（责任的样态）区分为人的企业（包括无限责任社员：个人企业、合名会社、合资会社）与物的企业（资本的企业）（全体社员为有限责任：株式会社）。由于我国学者在引进国外学术思想时，极力强调企业法律形态与企业经济形态的迥异，这并没有错，不过这两者之间的复杂关系其实可能更值得研究。这可以说是企业法律形态理论研究的高级形态。当然，其间的难度系数是相当高的。

吉永荣助认为，法律形态是指商法典上所规定的法律形式，或者以此形成的形态（法形成体）。与此相对，经济形态是指为了现实的经济目的，利用前述法律形态，或者在现实中加以具体化的具有机能的形式。如果说法律形态是规范，那么经济形态就是事实关系。此外，与法律形态在形式上规整不同，经济形态是各种要素的复合产物。前者是划一的，后者是个别性的。这种差异是基于商法和经营学的学问的品格、考察方法的差异。

---

[1]　菊浦重雄：『企業形態の歴史と展開』，制作社，1992年，77頁。

虽然希望法律形态和经济形态能够呼应或者对应，但总是很难一致的。经济形态中，重要的是数和量的问题，即企业的规模。具体说，企业的组成要素的资本、股东、利益、经营者、劳动者、交易关系者的数量成了经济形态的决定要素。经济形态所关心的不是股东的权利义务，而是股价、财务状况。企业的经济形态是以外部的企业及国民经济的价值关系为依据。与企业经济形态此种依据错综关系为评价基准相对照，法律形态相反是指内部的"人"在法秩序中具有主观的或者客观的关系。一般而言，法形态是在立法中基于历史的、具体的形态加以规整、抽象而制定法规所规定的常态。法律形态在私法中听任私人加以利用，仅为了一定的目的而要求采取特定形态。经济形态与此不同，为了达到一定的经济目的一开始就合理地、合目的地形成，其利用法律形态，以最经济者为最佳的手段为判断标准而为之。但是，无论如何，为了自己的目的而利用法律形态，只能以限于法律形态，不得违反强行规定，否则即产生违法、无效的后果，违反者负有损害赔偿、恢复原状的责任，此可被称为法律形态最小限度的要求。另一方面，就经济形态而言，为了经济目的，在法律的许可限度内，对于法律形态加以修正、加工，在任意法以及所赋予的自治范围内，将法的本来的目的或者旨趣最大限度地加以扩张，从而实现自身欲求。这可以被称为经济形态的最大限度的要求。在这两个要求限度的范围内，法律形态与经济形态之间合致、乖离与相克的现象得以产生。[1]

商法学者直接讨论企业形态的论著在国际学术界比比皆是。植竹晃久于 1984 年提出，尽管确切地依据商法和会社法对各个

---

[1] 吉永榮助「会社（企業）の法形態と経済形態」,『一橋論叢』, 第 41 卷第 2 号, 1959 年。

企业形态之间进行比较、分类也是可能的，但应该将以责任负担问题为基轴的规范构成的法律形态，从出资、经营、支配的观点出发，置于再构成的经济形态，主要以制度化的现存企业诸形态为对象，审视其经济本质。[1]这样的研究路径具有将规范与事实相结合的取向，包含对于单纯研究企业法律形态的路径的批评。石井照久教授的《企业形态论》（『企業形態論』，有斐阁〈法学選書〉，昭和 24 年）就是从法学的立场出发采取这一路径开展讨论的产物。首先，其所揭示的企业，较之此前商法和公司法上所思考的企业更为具体，在更为广阔的基础上置于当时的经济体制或者经济动向的舞台灯光下。过去的商法学从企业的资本的层面出发加以审视，其在劳动的层面则拱手让于劳动法，该书对于职工持股制度予以关注。此外，该书是与以企业的经济形态为基础的法律形态相关的立法论。与吉永荣助的观点相反，山本政一认为，企业形态被人们认为基本局限于资本的结合样态问题，但是，从过去的学术发展来看，企业形态论历来不仅仅局限于企业外在的、形式的制度考察，如果深入下去加以经营经济学的检讨，企业内部的、本质的面相更加有趣味，必须对企业资本的结合过程以及发展阶段中企业资本的集中、支配过程加以揭示。资本主义社会在根本上存在着劳资对立关系，劳资力量关系决定国家权力的性质，不过在垄断资本时期，企业和政府的融合关系的现实是现代资本主义的基本特征之一，国家资本主义的发展倾向限制。从某种意义上说，股份公司呈现出所有权社会化现象，但不能必然导致所有权的社会化。由此，除了作为企业社会化形态的股份公司（私有企业）之外，国有国营企业以及地方公营企业的公有企业

---

〔1〕 植竹晃久：『企業形態論——資本集中組織の研究』，中央経済社，1984年，18 頁。

纷纷涌现。[1]他从个别资本说的立场围绕企业资本的结合模式，讨论了企业资本的发展过程、所有与经营的分离、企业集中、企业集团、合作社、公企业、地方公共企业等问题。山本政一的研究基本上是以企业的经济形态为重心，但兼顾到了企业法律形态的思考。

如经典作家所言，经济基础决定上层建筑，不论是政治的立法还是市民的立法，法律只是记载经济关系的要求而已。马克思的这种观点其实与乃师萨维尼强调法律民族精神的重要性具有某种意义上的交集。温德尔·霍姆斯（Oliver Wendell Holmes, 1841~1935 年）在 1897 年《哈佛法律评论》上所发表的《法律的道路》这篇在美国法学著作中引证最多的论文中同样强调："法律的生命始终不是逻辑，而是经验。……法律所体现的乃是一个民族经历的诸多世纪的发展历史，因此不能认为它只包括数学教科书中的规则和定理。"哈耶克对于自发秩序与人为秩序的探讨也表明人的理性设计是具有局限性的。当然，这并不能成为否定理性主义设计的证据。法学的概念构成必然地要求符合于法律实务上支配的特征，从而具有纯形式的性质。这样，它在经济上没有意义，甚至一般具有大相径庭的意义。在有些情况下，因经济的意义而被决定所得到的适当的法律形态好不容易才发现，但对于所有的实际上的目的却不能有助益。在此种情况下，企业法律形态不是由经济形态所决定之物，经济形态对此具有别的意义。据此可以看出，企业法律形态与经济形态具有多种多样的关系，法律形态绝不是经济形态所决定的产物，而经济形态表现既存的法律形态时，其多样的目的充分或者不充分实现。

以法学家角度对于从实际的要求产生的经济形态加以法制化

---

[1] 山本政一：『企業形態論序説』（改訂版），千倉書房，1972 年，1~2 頁。

的例子是德国 1892 年的《有限责任公司法》（Das Reichsgesetz be-
treffend die Gesellschaft mit beschränkter Haftung）。其被夸耀为结
合人合公司和资合公司的长处、近代立法者合理的创作、历史
性的人工建构物。有限责任公司是目前在德国最常见的企业形
式，其并不是自然产生的，而是由德国立法者创设的。如果说，
企业的其他法律形式几乎都是历史形成的，然后立法机关再从
法律上加以确定，那么，有限责任公司便是立法机关人为的产
物。有限责任公司这种法律形式之所以被"创造"，完全是基于
这样一种考虑：股份公司和合伙公司的法律形式不能完全满足
实际生活的需要，还需要在这两类企业法律形式之间人为地创
造一种清偿责任为有限的企业法律形式，使经营者能够在避免
以个人财产承担无限责任的前提下经营中小型企业。[1]当德国
发明出这种企业法律形式之后，许多国家都引入了类似的企业
形式，有时甚至有意模仿德国的有限责任公司。法国于 1925
年、日本于 1938 年制定有限公司法规时，都从德国的法律中吸
取了宝贵的营养。这种新的企业形式允许企业能够结合股份公
司和合伙关系的要素，从而构成许多企业的卓越组织形式。更
重要的是，有限责任公司法给企业人在如何组织和运行企业方
面以很大的灵活性。众所周知，企业面临两个核心的契约问题：
不合时宜的解散问题和少数人的压迫问题。不合时宜的解散之
所以颇成问题，是因为如果死亡或撤出的投资者可以引发公司
的消亡，那么它将意味着企业特定的流动性差的投资可能没有
实现全面的回报。更重要的是，如果投资者可以威胁退出而挑
起公司的结束，以此获得公司利润更大的份额，那么企业可能
会自始就步履维艰。第二个问题是少数人的压迫。压迫者可以

---

[1] 张仲福：《联邦德国企业制度》，中国法制出版社 1990 年版，第 21~22
页。

是其他投资者、公司的管理人员，或两者兼而有之。股份公司代表着另一个极端。在股份公司的投资是锁定的。投资者只能将其股份卖给别人以撤回投资。另一方面，股份公司特别容易受到少数人的压迫。他们集中管理，使管理人员得以对所有股东滥用其内幕地位。且根据与股份相关的投票规则，多数股东可以形塑企业的政策以谋取私利。易言之，合伙关系要求至少有一些投资者承担无限责任，其作为个人合同的性质是不固定的。另一方面，股份公司并不涉及这些问题，但它使得一些投资者相对来说容易滥用他人的权利。有限责任公司具有一些明显借用于股份公司法与合伙法的特性。有限责任公司使得从业者将股份制的形式与有限责任结合起来，构建适合特定公司的治理规则，既可以推进经济和技术上的创新设想，又无自身的财产因经营失败而被悉数吞噬之虞。莱温·戈尔德施密特（Levin Goldschmidt，1828~1897 年）也许是当时德国最有影响力的商法学家。他在对股份法问题的分析中，强调了他对当时的合伙关系法律的不满，然后说，他希望出台一部加以修订的完整商法，允许在股份公司和合伙之间插补（Einschiebung）一个"中间形式"。但他没有详细说明其他的想法。在最初的几十年，许多人担心，投资者相对较小的有限责任公司会招致欺诈和其他滥用。这方面的关注，既反映了 19 世纪 70 年代的经验，也与对可能会限制债权人的权利的法律机制更广泛的不安心理有关。许多德国的法学家在当时都反对有限公司的制定。他们有两条理论的攻击线：首先，一些人认为，商法典的目的是对实践进行法典编纂，而不是创造新的商业形式。商法应该简单地澄清和规范在实际惯行的基础上形成的规则。有限责任公司被蔑视为立法机关在法律逻辑以外的一个"创造"（Schöpfung）。其次，反对者从第二条攻击线出发辩称，有限责任公司不一致地混淆了合伙关系法与股份公司法的原则。在有限责任公司的早期，评论者倾向于将有限责任公司解释为一个具有额外权利的合伙关系，即对所有的投资者的有限责任和合股公司的"锁定"功能。巴哈尔（Otto Bähr，1817～1895 年）对有限责任公司的攻击，反映了对于有限责任的普遍不安。巴哈尔承认，有知识的借贷者对有限责任公司几乎没有恐惧，但他辩称"笨伯"（Dummen）需要保护。[1]厄赫尔·霍伊泽尔（Wilhelm Oechelhaeuser，1820～1902 年）是当时的德国国会议员，在对 1884 年法案的辩论中提出了为小企业引进新的法律形式问题，但在 1884 年 3 月 24 日的辩论中，他对引进一种新的商业形式是否正当其时也表示了质疑。

前些年，中国学术界为了论证股份制改造，往往引述两段名言。第一段是马克思在《资本论》第 1 卷中的经典论述："假如必须等待积累来使某些单个资本增长到能够修建铁路的程度，那么恐怕直到今天世界上还没有铁路。但是，集中通过股份公司转瞬之间就把这件事完成了。"[2]第二段是美国哥伦比亚大学前校长巴特勒（Nicholas Murray Butler，1862～1947 年）在 1911 年曾经所指出的："有限责任公司是当代最伟大的发明；……如果没有它，连蒸汽机、电力技术发明的重要性也得大打折扣。"[3]这两段话本身并没有错，我们以此论证股份制改造的必要性也没有错，不过要注意的是，中国法学没有像美国法学那样经受过

---

〔1〕　See Otto Bähr, *Gesellschaften mit beschränkter Haftung*, Sonderabdruck aus den Grenzboten, Leipzig: Grunow, 1892.

〔2〕　［德］卡尔·马克思：《资本论》（第 1 卷），中共中央马克思、恩格斯、列宁、斯大林著作编译局编译，人民出版社 1975 年版，第 688 页。

〔3〕　Tony Orhnial, *Limited liability and the Corporation*, London: Croom Helm, 1982, p. 42. 亦见于［美］伯纳德·施瓦茨：《美国法律史》，王军等译，中国政法大学出版社 1989 年版，第 67 页。

法律现实主义思潮的洗礼，对于问题阐述基本仍旧停留于主观的推论，缺乏实证研究。正如霍尔姆斯所言："理性地研究法律，时下的主宰或许还是'白纸黑字'的研究者，但未来属于统计学和经济学的研究者。"[1]就企业法律形态理论研究而言，目前德国商法以企业为对象的学说占主导，企业中心说的倡导者明显受到法学家卡尔·维兰德（Karl Wieland，1864~1936年）的影响，形成了所谓的维兰德学派（Wielandische Schule）。这除了显示出了单纯历史的对象随经济生活发展的变迁之外，还显示出了商法学研究方法的变革。与此前研究方法是形式意义上的商法（即商法典）的字句、概念的解释，以沿革、比较法等为重点不同，如今的关注对象是法律事实、社会经济现象的特性及作为其基础的经济体制、秩序等采取的是社会学的方法或者经济法的方法。在转向对企业法律形态研究的同时，商法本身开始就具有观察科学（Scienza di osservazione）的性质。[2]易言之，企业法律形态理论的研究本身已经转向于细密的实证研究。我们可以以瑞士为例审视有限责任公司这一德国法学的创造物，丰富我们对于前些年法学界关于现代企业制度讨论的认知。尽管1936年瑞士就引入有限责任公司，致力于为中小企业提供可以利用的合适的法律形态，尽管股份两合公司结合私人公司和公共公司之长，理应可以形成与家族企业相分离的机制，但这两者在实践中却反响平平。事实上，各种法律规定使此种法律形式不利：通过最高资本条款划定了其扩张的界限，在此后转型为股份公司在法律上较为困难，又需要有限责任公司的清算和股份公司的后续新建。股权份额的转让、抵押和继承不

---

〔1〕 Oliver Wendell Holmes, "The Path of the Law", *Harvard Law Review*, Vol. 10, No. 8, 1897.

〔2〕 米谷隆三：『商法概論』〈1〉营业法，有斐閣，1942年，5頁。

能像有价证券那样容易。由于资本力量的虚弱，有限责任公司在瑞士被称为"小孩子的股份公司"（AG des kleinen Mannes），[1]这和有限责任公司仅有有限信用而被称为"受有限尊敬的公司"的现象如出一辙。直到 1987 年，瑞士仅有 9 家股份两合公司存在，此种法律形态的罕见性彰彰明甚。其主要原因在于，个人公司（Personengesellschaft，指合伙）和资本公司（Kapitalgesell-schaft）要素的结合并不能提供实质性的优势，并且此种结合过于复杂，尤其是类似的组合结构可以通过其他法律形式轻易获得。[2]

第二节　法津形态与企业法定主义

论及企业法律形态，势必与企业法定主义相关联。所谓企业形态法定主义，是指国家通过立法明确规定可以设立的企业形态，投资者开办企业必须遵守企业形态法定原则，不能擅自选择法律未规定的组织形式，也不能在法律规定之外自行创造其他类型的组织形式。对于中国目前实行的是否是企业法定主义，学术界的观点不尽一致。一种观点认为，由于我国法律实际实行的是"企业形态法定主义"，市场主体只能在国家规定的企业形态中选择。持这种观点的学者进而批评，中国目前奉行这种"企业形态法定主义"的自上而下的制度供给与市场经济的本质存在某些不妥适之处。另一种观点则认为，中国目前不

---

[1] See Roland Bertsch, *Die industrielle Familienunternehmung: Ein Überblick über ihre Bedeutung und ihre Hauptprobleme unter besonderer Berücksichtigung der Finanzierung und Führung*, Schellenberg: Winterthur, 1970, S. 206.

[2] Robert Portmann, *Die Wahl der Rechtsform als betriebswirschafliches Problem für Klein - und Mittelbetriebe*, Zürich: Schweizerische Treuhand - und Revisionskammer, 1987, S. 62~64.

存在"企业形态法定主义"。例如，江平教授在 2004 年关于公司法修订的一次学术对话中就强调："企业法定主义应该在公司法里明确。从民商法的角度来说，物权法有物权法定主义，企业应该是企业法定主义，当然，合同、人身权、人格权不一定是法定主义。所以，只有法律规定的才可以。但是企业法定主义究竟包括哪些内容，我们现在研究的比较少。比如说企业形态是法定主义，这个没有问题了。例如，合伙企业法里没有有限合伙。当事人不能任意设立一种企业的形态，不像我们过去摸着石头过河，没有公司法还可以设立公司，现在不行了。企业的意思机关应该是法定主义，这是我始终坚持的……"[1]江平教授呼吁在修订公司法时应该明确企业法定主义，这自然就是表明中国目前不存在企业形态法定主义，至少不存在明确的企业形态法定主义。江平教授的观点其实也反映了大多数学者的看法，即中国采取的是一种默示的企业形态法定主义。

首先，笔者要表明的是，笔者是主张企业形态法定主义的，理由将在后文中加以阐述。但是，笔者感到中国法学界似乎过分热衷于所谓的"法定主义"，在民法里面大讲"物权法定主义"、刑法里面大讲"罪刑法定主义"（the principle of "nulla poena sine lege"）、税法里面大讲"税赋法定主义"，因此关于"企业形态法定主义"的论述也比较盛行。所谓"法定主义"是从日本法学文献中继受过来的术语，其在英文中为"the principle of legality"，即德文"das Legalitatsprinzip"[2]。法定主义与便宜主义相对，是需要所有的法律以明确的、确定的和非追

---

[1] 参见 http://www.ccelaws.com/shangshifaxue/2009-01-01/4010.html，访问时间：2011 年 10 月 26 日。

[2] W. Wagner, "Zum Legalitätsprinzip", in *Festschrift für den* 45, *Deutschen Juristentag*, Karlsruhe: C. F. Müller, 1964, S. 149ff.

溯的法律理想，与法律形式主义（legal formalism）和法治国理念是密切相关的，并可以追溯到费尔巴哈（Feuerbach）、戴雪（Dicey）和孟德斯鸠（Montesquieu）的著作。包括日本在内的亚洲前现代国家，以社会秩序维护法为借口，总是确立不适用于规定的刑法裁判的"断罪无正条"和政府规章不适用于向轻罪裁判而任由行政官员依据情理自由裁量的"不应为条"，允许对于类似犯罪行为运用类推适用的规定。受到近代西方法律思想的影响，中国人矫枉过正，纷纷趋骛于"罪刑法定主义"。这可能和目前中国法律普遍简疏，举国上下向往"法治国"的理想境界，"法律万能主义"的思潮澎湃有关。然而，"法化"（legalization；Verrechtlichung）是与"去法化"（delegalization；Entrechtlichung）、"反法化"（anti-legalization；Gegenvertechtlichung）等概念相对而言的。德国学者自 20 世纪 70 年代以来对过分法律化问题展开争论，寻找各种能自我治愈创伤的社会力量，具有对法律万能主义和法律系统负荷过重的症候的反思意义。在王保树与江平教授 2004 年前揭学术对话中所专门推荐的苏永钦《经济法的挑战》一书中，我们可以看到，该书开篇之作即题为《物权法定主义的再思考——从民事财产法的发展与经济观点分析》，其中的反思发人深省。[1]事实上，国外学术界对于法定主义的反思不绝如缕，对于法定主义的实效性投以根本的怀疑。有学者凛然于法定主义的危机四伏，[2]提出与法定主义告别。[3]在诉讼程序法中，法定主义在保障司法活动的客观性和恒定性的同时，也可能因为缺乏弹性而无法适应现实生活，当

---

〔1〕　苏永钦：《经济法的挑战》，清华大学出版社 2005 年版，第 1~46 页。

〔2〕　Peter Ecke，"Legalitätsprinzip in der Krise"，*Zeitschrift für Rechtspolitik*，1973，S. 1 35 ff.

〔3〕　Hans Serwe，"Abschied vom Legalitätsprinzip"，*Kriminalistik*，1970，S. 377ff.

在有恶意的方面可能已经超越了传统的法律假设的事件发生时，从法律规定的最高刑罚出发，就可能难以严厉惩处，这一原则遂遭到批评，允许一定范围的便宜主义和作为现行的例外规定的裁量规定（Kannvorschrift）。

世界著名法学家费肯杰（Wolfgang Fikentscher）教授在其两卷本《经济法》（*Wirtschaftsrecht*）中指出，由于在法国大革命中批评"死手财产"（biens de la main morte），法国民法典（der Französische Code Civil）没有关于法人构成形态（die Bildung juristischer Personen）的规定，法人在 19 世纪法国民法中依据自由创立的原则得以发展，所以目前在法国的法人类型远多于德国。笔者在翻译费肯杰教授在《经济法》中对此进行的论述时，由于国内法学界不了解其中原委，便专门加了一个译者注，指出：在法国民法典制定时，天赋人权观念普遍盛行，时人害怕封建势力借助团体的主体资格进行复辟活动，法人（即拟制人，persona ficta）这一概念使人联想起了刚刚被打倒的教会势力、"死手财产"，所以没有规定法人制度。在中世纪法国，为了防止财产流向农奴主以外的人，依据"农奴死亡，但他的主人需要生活"（Le serf mort, saisit le vif son seigneur）的原则，规定农奴死后将其财产归还给他的主人。故而财产权神圣不可侵犯（Property is a sacred and inviolable right）实为对中世纪财产法权的深恶痛绝的矫正和反动。[1]1804 年《法国民法典》有关公司的规定实际上是对被誉为法国民法之父的波蒂埃（Robert Joseph Pothier，1699~1772 年）《公司契约论》（*Du Contrat de société*,

---

[1] 参见［德］沃尔夫冈·费肯杰：《经济法》（第 2 卷），张世明译，中国民主法制出版社 2010 年版，第 105~137 页。

1765）的原封不动的搬字过纸。[1]在该法典中，公司或者被视为是一种普通的合同，或被视为是一种财产共有关系。根据1804年《法国民法典》，有关特定公司的股东无须公开其协议；除非作出相反规定，否则，每一个公司股东都是经理，每一个经理的行为都可以被其他经理所否决；只要具有适当的动机，任何股东都可以随时提起诉讼，要求法院解散公司，即便公司合同没有规定特定的持续期，其他股东亦不能阻止股东提起公司解散之诉。[2]有些学者认为，法国1807年《商法典》关于股份公司的规定是保守的、限制性的。这种观点以股份公司设立所采取的沉重而漫长的预先批准程序为论据。具体说来，根据《法国1807年商法典》，如果要申请设立股份公司都必须预先获得政府的批准，向省长（préfet）提出书面申请，并提交各种法律文件。省长、内务大臣（ministre de l'Intérieur）、法国行政法院（conseil d'etat）等环节经过对这些材料进行调查和研究，最后拟定法令草案，将其呈交法国国王最终做出是否同意设立的决定，并在法律公报（bulletin des lois）上加以公布。基于此，这些学者认为，该法对一般公司和特定公司的规定都是极其过时的。但是，保守怀旧的情愫与昂扬激进的冲动事实上交织在一起，难分难解。正如持这种观点的学者所言，《法国1807年商法典》之所以对股份公司的设立采取如此严格的程序，是同法国19世纪初期人们对股份公司所怀抱的信任和恐惧心理息息相关的。这种心理正是前揭费肯杰教授所阐述的极其崇尚自由主义的时代背景的产物。正是由于对股份公司的不完全信任，《法国1807

---

〔1〕 Jean-Pierre Bertrel, "Le Débat sur la Nature de la Société", *Droit et vie des Affaires*：*Études à la Mémoire d'Alain Sayag*, Paris：Litec, 1997, p. 132.

〔2〕 Michel de Juglar et Benjamin Ippolito, *Droit Commercial*：*Avec cas Concrets et Jurisprudence*, Paris：Montchrestien, 1970.

年商法典》仍然对股份公司的发起人和董事规定了众多的刑事处罚。1804 年《法国民法典》中公司的性质是以合同理论为基础，将公司的本质还原为原子式个人，同样是强烈的个人主义激情澎湃的产物。人们多谓美国自由主义大行其道，法律为商人提供了一定的组织形态的菜单，但许多学者通过对工业革命时期法律制度与社会事实的研究，发现在当时法国使公司基本形态适应于特定目的的可能性较诸美国更为大些，商人可以利用这种灵活性控制其责任。法国在这一时期的企业具有更为广泛的组织选择，其责任在本质上是不断变化而非二分法的选择。[1]除了《1673 年 商事 条例》（Ordonnance de 1673，亦被称为 the Savary Code）、《法国 1807 年商法典》等认可的无限公司（合伙公司 Société en Nom Collectif，SNC）、简单两合公司（Cociété en Commandite Simple，SCS）、股份两合公司（Société en Commandite par Actions，SCA）、有限责任公司（Société à Responsabilité Limitée，SARL）、股份公司（Société Anonyme，SA）等组织形式之外，《法国公司法典》将公司分为"商事公司"（Société Commerciale）、"民事公司"（民事合伙，Société Civiie）与其他公司等几大类型。其中的"民事公司"主要包括：建筑师公司、律师公司、会计监察公司、法律顾问公司、专利顾问公司、公证人公司、商事法院书记员公司等。特殊公司主要是指：无法人资格的公司，如隐名合伙、事实公司；可变资本公司以及专门标的的公司，如农业公司、农业利益混合公司、土地整治公司、农业开发有限责任公司、林业生产组合、合作保险公司、工人

---

〔1〕 Naomi R. Lamoreaux and Jean-Laurent Rosenthal，"Legal Regime and Contractual Flexibility：A Comparison of Business's Organizational Choices in France and the United States during the Era of Industrialization"，*American Law and Economics Review*，Vol. 7，No，1，2005.

参与性股份有限公司、地方混合经济公司、国有化的公司以及"雷诺汽车国家管理局"；等等。[1]由是观之，所谓公司法律形式未尝不是一种"地方性知识"。如果随着视野的拓展，我们就不会依然采取僵化的思维模式执着追求一些海市蜃楼。在这一点上，费肯杰教授所说的推参阐述的法律研究方法显然更为可取一些。

中国传统的法理学教科书都强调，法律只调整对于社会具有重大关系的法律事实。对于这种法学常识，一般学者均是可以接受的。面对社会经济生活中的众多问题，法律不可能也不必要全面地使其反映在立法之中并制定相应的专门法律、法规，社会经济生活中的企业形态并非都具有上升为法律形态的法定化意义。为了突出和抓住主要问题，立法者必须加以取舍，有所为，亦有所不为。所有的制度设计均不可能是免费的午餐，企业法律形态的法定化其实也涉及必须从经济学角度加以审视的成本-收益问题。企业形态如果不加以法定化，各行其是，在促进经济发展与企业创新的同时，会大大增加交易成本；另一方面，如果采取刻板的法定主义，其实也会压制经济发展的活力，付出立法与执法的成本，从资源配置的视角而言，既不可能使配置性资源实现最大化，亦将使权威性资源被徒然消耗。这与科斯对于企业性质从制度经济学角度加以研究是一样的。在科斯的《企业的性质》中，企业、市场与政府三者之间是可以互相替代的，关键在于成本与收益的比较。三者所发挥的作用在超过一定的临界点之后面临边际效益递减的问题，所谓"市场失灵"和"政府失灵"遂由此而生。科斯对于企业性质的这种思维模式也完全适用于我们对企业法律形态的思考。如

---

[1]《法国民法典》(下册)，罗结珍译，法律出版社 2005 年版，第 1359 页。

同企业、市场和政府的存在价值在于减低交易成本而在功能上具有可替代性一样，企业形态法定化其实就是政府以法律形式出面提供一种标准的格式合同，以取代当事人设立企业的私法合同，从而降低当事人的选择成本。企业法律形态问题与一个法律体系的空间结构密切关联。在全球一体化时代，巨型的跨国公司财大力雄，但我们也要看到，随着互联网的发展，电子商务日新月异，这将会对企业的法律形态改变产生重要影响。从历史上看，近代以来，西方企业法律形态的演变一直与民族国家的产生、殖民地拓展的空间结构化过程形影相伴。赫斯特（James Willard Hurst，1910～1997 年）就曾经声称，无论是在殖民地时期还是在独立以后，美国公司法基本上都是本土的产物。[1]不仅现代股份公司的起源可以追溯到 17 世纪时期的殖民地公司，而且有限责任公司的引进亦与殖民扩张存在关联。当时许多德国人都认为，英国公司滥用英国公司法创造了小公司，使英国企业人具有竞争优势，从而在全世界各地的殖民扩张中夐夐独造。英国法律允许七人组建公司，但许多德国人断言，除了一个人之外其余通常是"稻草人"（strawmen），其作用只是单一的企业人为了创造条件以获取有限责任。在辩论是否引入有限责任公司的过程中，德国支持者的主张往往集中在殖民问题。因为德国当时获得了一些殖民地，许多人都认为，当合伙人相隔千里时，合伙关系行不通。新的殖民地的开发需要一个新的公司形式，即有限责任公司。

中国是一个领土广袤的大国，统一的国家、统一的市场是中国市场经济这些年来强劲发展的坚实基础，这种天高海阔凭鱼跃的空间结构本身就是中国企业家可以纵横驰骋的宝贵资源。

---

〔1〕 James Willard Hurst, *The Legitimacy of the Business Corporation in the Law of the United States*, Charlottesville: The University Press of Virginia, 1970, pp. 8～9.

西方国家近几十年来一直致力于欧盟共同市场的建设，其实也是一种降低市场交易成本的制度建构。大国的空间结构与小国寡民的境遇是不同的，这必将影响其法律制度的发展，而其法律制度的建构亦必须符合这种空间结构。我国台湾地区学者苏永钦先生在研究经济法时反复强调国家幅员大小与法律制度设计相匹配的问题。笔者对此深以为然。[1] 例如，竞争法中的关于企业结合、并购和拆解等规定也涉及企业法律形态问题。费肯杰先生在《经济法》第 1 卷谈及世界经济规制法时也这样指出，越是小的国家，一般越会形成在国家和企业之间的利益共同体。反而言之，国家越大，越是倾向于以反托拉斯法的手段和其他法律武器的抵抗政策驱动型经济。笔者从自己在欧洲学习的亲身体会中发现，瑞士、丹麦这些领土面积较小的国家不需要像美国、中国那样制定反垄断法并作为市场经济法律建设的拱心石，因为所谓"大象婚礼"（Elefantenhochzeiten）的巨型企业之间的结合、并购等在大国固可施以严苛禁限，但在小国，由于其本身领土空间狭小，唯恐自己的企业不能做大做强，能够有一家在世界上财雄势壮的大公司，乃是求之不得的幸事。正因如此，瑞士人最爱讲的一句话就是"瑞士是一个特例"。中国作为一个大国，在企业法形态的设计上自然不可能与小国的模式相同，但统一的企业法律形态有利于降低交易成本是具有明验著效的事实，更何况不仅德国法上没有所谓的"自由组织制度"（System der freien Körperschaftsbildung），即便是目前在瑞士占主导地位的学说也主张这种企业类型法定原则（Prinzip des „numerus

---

〔1〕　笔者于 2012 年在广东人民出版社出版的五卷本《法律、资源与时空建构》对此有比较详尽的阐述。

clausus"）。[1]从法律制度设计而言，某一法域是否采法定主义取决于法律行为空间影响效力的大小。如是，则法定主义可能性大，如否，则法定主义可能性小。合同法中之所以贯彻合同形式自由原则而不若物权行为相对于不特定之人须采取法定主义原则，就是因为当事人的协约对合同外的第三人一般不会产生影响。[2]企业法律形态可谓是至关重要的国宪。这和罪刑法定主义、税收法定主义、物权法定主义同等并重。在市场经济条件下，企业作为主要的市场主体，拥有独立性、平等性和营利性，可以自主地决定人和物的结合形式和投资领域，但这难免具有较强的主观性和盲目性。为了避免企业的混乱状态，国家对企业的组织结构、内部治理进行调整显然具有其合理性。法律形式是一个企业组织的法律形式。各种公司形式的法律规范不但规定了股东（公司）彼此之间的关系，而且也有助于在法律关系中的安全性。交易相对人可以从公司名称就知道商业合作伙伴的大体情形，无疑可以大大节约信息获得成本。

在德国，一些法律形态也涉及部分国家或市政府的责任：对过去的殖民公司和目前德国的储蓄银行（Sparkassen），地方市政府或国家承担保证者责任（Gewährträgerhaftung）。德国企业的法律形态通常可以区分如下：（1）私法上的企业形态：①个人企业；②人合公司，其中包括民法公司（Gesellschaft bürgerlichen Rechts，GbR）、一般伙伴关系（offene Handelsgesellschaft，oHG）、有限合伙（Kommanditgesellschaft，KG）、隐名合伙（Stille Gesellschaft）、合作公司（Partnerschaftsgesellschaft）；③资合公司，

---

[1] See Arnold Koller, *Grundfragen einer Typuslehre im Gesellschaftsrecht*, Arbeiten aus dem Juristischen Seminar der Universitäat Freiburg Schweiz, 32, Freiburg: Universtatsverlag, 1967, S. 96ff.

[2] 参见蒋大兴：《公司法的观念与解释：1，法律哲学 & 碎片思想》，法律出版社 2009 年版，第 368 页。

包括有限责任公司（Gesellschaft mit beschränkter Haftung，GmbH）、股份公司（Aktiengesellschaft，AG）、股份两合公司（Kommanditgesellschaft auf Aktien，KGaA）；④合作社和协会；⑤双层公司（Doppelgesellschaft）、相互保险公司（Versicherungsverein auf Gegenseitigkeit，VvaG）等特殊形式。（2）公法上的企业形式：①非法人组织；②具有独立的法律人格。混合形式是在实践中发展的。在一些教科书中仍然可看到的矿业法上的矿业联合公司（Gewerkschaft）自 1986 年起不再存在。对法律形式的选择是最显著长远的商业决策之一，其对于公司的存在是一个关键的基础。其中的一个问题是，何种法律形式对于企业的经济运作具有恰当性，不但表现在建立阶段，而且表现在以后的阶段。当个人的、金融的、法律的或税收的因素显著变化时，转变法律形态是必要的。某种企业形态在开始可能表现为最佳选择，但是，随着时间的推移而发生变化，劣势逐渐显露出来。因此，有必要在某个时间间隔后检查企业的"法律礼服"（das „rechtliche Kleid"des Unternehmens）是否仍然合身，是否应该加以变化。在变化时，特别要考虑的可能性关键在于法律形态变化的同时保留企业的一致性。法律形态的变化是按照转换法的规则进行的。[1]此外，法律形态的选择会对税收负担、融资可能性以及年度审计和财务报表的披露要求的义务产生影响。税收负担较大的差异出现在人合公司以及个体企业与作为另一方的资合公司之间。资合公司作为法人具有独立的法律人格，因此负有纳税义务。如果在资合公司中产生利润并准备分配给股东，那么首先该公司本身必须将所得以法人税（Körperschaftssteuer）的形式（等同企业所得税）缴税。由公司扣除法人税后，分配给

---

〔1〕 Ulrich Blum，*Entrepreneurship und Unternehmertum*：*Denkstrukturen für eine neue Zeit*，Wiesbaden：Gabler Verlag，2001，S. 497.

股东的利润还须缴纳资本收益税（Kapitalertragssteuer）。这种双重征税并不适用于个体企业以及人合公司，因为这些都不表现为独立的法律人格，因此无须缴纳公司税。对于公司的利润，其股东仅须根据《个人所得税法》的规定缴纳个人所得税。上述问题属于法律形态替代性（Rechtsformenalternativen）研究的范畴。

企业法律形态之"体"的塑造必须服务于企业法律形态"用"的发挥，提供适合需要的企业组形式和机制。目前中国法学界对于中国法律的不完善状态不无微词，往往批判中国法律规定过于疏简而难于付诸适用，遂一味强调法律规定的细密性，以无微不至为尚，但我们应该看到，有时候法律规定得越具体，越会导致制度刚性有余而弹性不足，结果是法律的适用性下降。立法应该给法的实施预留足够的空间，否则，法的稳定性必然会导致法的僵化，出现南辕北辙的可悲结局。采取企业法定主义的原则必须考虑到这一偏颇倾向。观夫当今世界，我们也可以从日本学术界的发展中得到某些启迪。日本银行金融研究所于 2003 年举行"关于组织形态与法的研究会"，并将研究结果《"关于组织形态与法的研究会"报告书》（『「組織形態と法に関する研究会」報告書』）在《金融研究》第 22 卷第 4 号上发表。围绕组织法的强行法规性的问题，日本学者将私人自治许可与强行规整的平衡视为不容回避的课题。按照能见善久先生的"企业形态论"观点，在法人法定主义原则下，法人形态的类型是法律以一整套加以呈现的制度供给。例如，A 法人类型和 B 法人类型，似乎可以很好地结合，但却不可越雷池一步。日本目前正在考虑商法的现代化，就是尝试将株式会社和有限会社这种类型公司，融入一个合名会社和合资会社的类型，构成新的"日本版有限责任公司"。即使这样，当法律提供一定的组织形态的格式时，该格式内哪些地方是允许被选择的，而不必选择一个设定的全部或不能选择，被日本法学作为一个需在未来予以探索的问题。[1]

　　德国企业法律形态理论在当今世界上是比较成熟的。在法学界，法律形态被视为是一个企业活动于其中的法律框架（Rechtsformen ist der gesetzliche Rahmen, in dem eine Unternehmung tätig wird）。但另一种观点认为，法律形态调整内部和外部关系，定义了企业的法律框架前提。其框架前提必须由法律或社会契约规定。法律形态规范股东之间的法律关系等问题，包括责任、股东的管理、盈利和亏损的分配。根据不同的法律形态，他们的成立、运作或清算遵循不同的要求。这就是说，企业法律形态的确定渊源不仅仅包括国家法律，也包括社会契约。后一种观点显然不以企业法定主义为企业法律形态的唯一标准，力图在法律的形式强制和经营者的契约自由之间保持平衡，赋予企业自治以更大的空间。就此而言，企业法律形态与企业法定主义存在密切关系，但不宜将两者混为一谈，其内涵似乎应该较之企业法定主义远远复杂。或者说，企业法定主义只是企业法律形态理论的一方面内涵，企业法律形态理论不能简单地压缩为企业法定主义，不能以偏概全。立法者对于法律的形式制订了强制性规范，但在公司合同和公司章程中对于各个设置留有余地。这使得法定指导图像被弱化。在企业法定主义的情形下，商法和公司法赋予了企业在法律上可供遴选的企业法律形态。投资者自己随意发明一种新的法律形式并引入到市场是不可能的。企业形态一经法定化，投资者便只能在法定化的企业形态中做出选择。如果存在选择自由，也只是对法定化的企业形态

---

　　[1]　「『組織形態と法に関する研究会』座談会の模様」，『金融研究』第22巻第4号（2003年）。

的选择自由。尤其是中小企业的选择自由余地更多，也更为重要。但另一方面，法律制度提供了一系列的法律形态加以使用，让业主或投资者依据业务、税收等考量决定法律形式。具体法律形态被立法者准确地确定，但企业是可以自由选择的。不过，由于实行"法定条件制度"（System der Normativbedingungen），在基本自由的法律形式选择在几个方面受到限制，因此不是每个企业者可以随意选择的。它承认并尊重投资者选择企业形态的自由，但又为投资者的选择自由设定必要的限度。在投资者选择企业形态方面，正是投资者的意思自治和企业形态法定化二者的良性互动，推动着企业的日益繁荣。这种法律形态在运行过程中虽然可以改变，但对大多数企业具有长期效果性质。这种法律形态的选择因为属于构成性的具有长期效力的企业决策，故而被称为"元决策"（Metaentscheidung）。[1]不存在普适性的、封闭性的、无冲突的要素体系以解决法律形态选择，大部分的标准均为非量化的，难以进行经济学分析，其特性的意义和价值因目标设定而异，经营活动的、税法的、继承法的考量和决定因素具有交叉特性，使得明确区分几乎不可能。在德国，企业自行支配规范的嵌入往往缓释了企业法定主义的形式强制，形成当事人在结社自由方面尽可能大的活动空间。学术界也认为，在法律强制限制的违法形态与尚允许的形态之间界限确切在何处，不由抽象的规则所确定。非类型化（Atypizitäten）在某种程度上也是被以刻板著称的德国人所接受的。在滥用所谓法人的法律形式时，法律系统的其他机制可以发挥纠偏功能，例如利用所谓直索（Durchgriff，"刺穿公司面纱"），通过法律、

---

[1] Ekkehard Kappler Manfred Wegmann，"Konstitutive Entscheidungen"，*Industriebetriebslehre-Entscheidungen im Industriebetrieb*，Wiesbaden：Gabler，1985，S. 81 und 161.

特别是法律判决将滥用法律形式的康采恩和合并的法人的法律形式予以否定。

第三节　企业法与企业的相关法律形态

现代汉语中的"企业"一词源自日语。与其他一些社会科学领域常用的基本词汇一样，它是在日本明治维新后，大规模引进西方文化与制度的过程中翻译而来的汉字词汇，而在戊戌变法之后，这些汉字词汇又被从日语中大量引进现代汉语。据笔者所见资料，1901 年《湖北商务报》就刊登了一篇题为《德国人在重庆企业计划：译中外商业新报》的文章。[1]1905 年《新民丛报》第 3 卷也有《论托辣斯之利害：伴于独占的大企业托辣斯之利害》的长文。[2]曾主持《新民丛报》报务的梁启超在 1910 年发表的《敬告国中之谈实业者》一文中以历史见证人的身份这样写道："企业二字，乃生计学上一术语，译德文之 Unternehmung，法文之 Enterprise。英人虽最长于企业，然学问上此观念不甚明了，故无确当之语。"[3]据德国学者迪特·赫尔伯斯特（Dieter Herbst）夷考其实，德文"企业"一词又是来自英语，[4]企业（enterprise）一词，是在 1771 年由英国的钟表匠阿尔克莱特（Richard Arkwrigkt，1732～1792 年）在曼彻斯特创

---

〔1〕 "德国人在重庆企业计划"，译中外商业新报，载《湖北商务报》1901 年第 78 期。

〔2〕 "论托辣斯之利害：伴于独占的大企业托辣斯之利害"，载《新民丛报》（第 3 卷）1905 年第 21 期。

〔3〕 梁启超："敬告国中之谈实业者"，载《梁启超文集》，线装书局 2009 年版，第 189 页。相关研究参见李运博：《中日近代词汇的交流：梁启超的作用与影响》（日文版），南开大学出版社 2006 年版，第 135 页。

〔4〕 参见［德］迪特·赫尔伯斯特：《企业标识》，王草译，中国劳动社会保障出版社 2002 年版，第 9 页。

办世界上第一家毛纺织厂时开始使用的。

有学者称，企业和企业家主宰世界的历史已经来到。按照马克·布劳格（Mark Blaug）的观点，古典经济学的理论框架之一就是"他们没有企业理论"。[1]博尔丁（Jeffrey Ian Bernstein）也认为，企业在古典经济学是一个模糊不清的实体，与企业相关的问题大多没有被论及。1937年，科斯在其发表的经典论文《企业的性质》（*The Nature of the Firm*）中对企业的诠释，在经济学界被视为是现代企业理论的主流观点。科斯认为，企业和市场均为资源配置的手段，二者的不同表现在：在市场上，资源的配置由价格来调节，而在企业内部，资源的配置则由权威来完成。企业形成的原因，在于其以企业内部的权威取代企业外部的市场价格调节可以减少交易成本，可以在非市场环境中更高效地进行生产。就此而言，企业是市场价格机制的替代机制；企业和市场是两种可相互替代的协调生产的手段。[2]科斯是从经济学角度对于企业加以阐述，并不完全适合于法学的研究。

在德国，如同在大陆法系和英美法系其他国家一样，经济企业组织法存在于商法和公司法，基本规定见诸商法典以及民法典。前者的基本组织概念是"商人""商业公司"和"商业交易"。"商法典"显著的风格和精神是，首先关注单个的交易商，其次为合伙，而有关股份有限公司只是第三位。企业的概念仅仅偶尔出现。在19世纪初，人们已经可以在德国听到一些稀疏的声音，要求将企业作为相关的法律主体，以取代商人和

---

〔1〕 ［美］保罗·J.麦克纳尔蒂：《劳动经济学的起源与发展》，杨体仁等译，中国劳动出版社1993年版，第139页。

〔2〕 Ronald H. Coase, "The Nature of the Firm", *Economica*, Vol. 4, No. 16, 1937.

合伙。1827 年，路德维希·哈森普夫卢格（Ludwig Hassenpflug，
1794~1862 年）发表的论文即是这样的典型。[1]19 世纪 60 年
代，在波恩的商法教授威廉·恩德曼（Wilhelm Endemann，1825~
1899 年）根据其对于实际商业生活更详细的观察，表达了大致
相同的想法。该氏将企业作为商业中的自治主体，但没有指称
它为一个法人，从而避免了难以处理的法人理论。[2]虽然恩德
曼并不是孤明之见，但他的意见没有占上风，殆以其违背当时
的个人主义和自由主义之故也。然而，自第一次世界大战以来，
尤其是在第二次世界大战结束后，"企业"的概念获得了在一般
语汇和法律术语上的重要意义，成了许多法律的基本概念和对
象。许多私法和公法也使用企业这一概念，以替代"商人"和
"公司"的概念。[3]在这些法律中，相关的法规首先根据其目
的对企业进行定义。但是，企业的法律性质尚未采取分析的维
度加以充分确定。企业作为法律概念体现出的是以客观法的可
识别的事实状态还是尽可能作为权利载体，尚存在着争论。长
期以来，人们认为企业可以有一个高阶的法律对象的性质，特
别是在与企业销售相关时。[4]占主导地位的学说认为尽管这个

〔1〕　Ludwig Hassenpflug，"Eine unter Einer Firma betriebene Handlung ist als das
Rechtssubject Hinsichtlich aller aus Handlungsgeschäften Entstehenden Rechte und Verbindli-
chkeiten Anzusehen"，in：Christian Friedrich Elvers，*Themis：Zeitschrift für Praktische Re-
chtswissenschaft*（Bd. 1），Göttingen：Vandenhoeck und Ruprecht，1827，S. 59.

〔2〕　Wilhelm Endemann，*Das Deutsche Handelsrecht：Systematisch Dargestellt*，Hei-
delberg：Verlag von Bangel & Schmitt，1865，S. 82 ff.

〔3〕　Mathias Schmoeckel，*Rechtsgeschichte der Wirtschaft：Seit dem 19，Jahrhundert*，
Tübingen：Mohr Siebeck，2008.

〔4〕　Von Ohmeyer，*Das Unternehmen als Rechtsobjekt：mit Einer Systematischen
Darstellung der Spruchpraxis betreffend die Exekution auf Unternehmen*，Wien：Manz，
1906；Oskar Pisko，*Das Unternehmen als Gegenstand des Rechtsverkehrs*，Wien：Manz，
1907；Fritz Brecher，*Das Unternehmen als Rechtsgegenstand*，Bonn：Ludwig Röhrscheid，
1953.

概念在新的法规作为法律主体使用，其本身无法将一个单独的法人资格赋予企业。相反，它仍然停留在将商家和贸易公司视为有关的法律主体的水平。企业的概念只是不外乎作为等同于在企业背后的商人和贸易公司的一个替代概念。维特赫尔特（Rudolf Wietholter）写道："企业在过去的一百多年是在对象和主体的地位之间来回反弹的。"[1]一些学者尝试将旧的商法的观念适用于工业法，倾向于承认企业是可用的法律概念并从中获得法律后果。[2]托马斯·赖泽尔（Thomas Raiser）教授建议至少从拟议法（de lege ferenda）角度赋予企业本身以法律人格。[3]他认为，在某些领域，新的立法经验已经表明，有可能制定一个具有普遍意义的企业法。许多企业法律问题有着共同的基本结构，可以在企业法通则部分予以规定和调整。这些问题有：企业的设立、成员资格、成员的权利义务、公司内部决策的形成、股东大会的错误决议的处理、共同决定权、组织机构的代表权、会计制度、信息公开义务、企业的解散、清算和破产、康采恩、分立、合并和企业形式的转换等等。但托马斯·赖泽尔的观点鲜有人接受。持反对意见者认为，可能无法确定一致的企业概念，更多的是企业概念的意义随着每个法条关联而游弋。"法律上的企业仅能在特定的规定范围内考察才能

[1] Wietholter, *Rechtswissenschaft* (Funk – Kolleg zum Verstandnis der modernen Gesellschaft；Bd. 4), unter Mitarbeit von Rudolf Bernhardt und Erhard Denninger Frankfurt a. M./Hamburg：Fischer, 1968, S. 276.

[2] Erich Fechner, *Das wirtschaftliche Unternehmen in der Rechtswissenschaft*, Bonn：Scheur, 1942；Paul Gieseke, *Der Rechtsbegriff des Unternehmens und seine Folgen*, *Deutsches Landesreferat zum* Ⅲ. *internationalen Kongreß für Rechtsvergleichung in London*, Berlin：W. de Gruyter, 1950, S. 36。

[3] Raiser, „Unternehmensziele und Unternehmensbegriff", *Zeitschrift für das gesamte Handelsrecht und Wirtschaftsrecht*, 144 (1980), S. 214 ff.

全面理解。"[1]不可否认,企业的概念在大量的经济法规中扮演着迥然不同的角色。例如,企业的概念在反对限制竞争法与公司法中是不一致的。[2]因为它需要被表述,因不同的意义和每个法律目的而异,在不同的语境中经常被用于不同的指称,由此导致的法律后果亦色色不同。

虽然古典企业被钱德勒(Alfred D. Chandler)称为"企业者经营、经营者拥有"(Owners Managed and Managers Owned)的企业,[3]但在本质上,企业是作为与古代传统社会的生业、家业相对立的概念。从这种二元对立出发,企业的社会化程度是逐渐扩大的;企业被纳入法学研究的视野自始就是对于个人主义藩篱的突破。英语"Enterprise"和德语"Unternehmung"的构词都是相同的,均由两个部分构成,"enter-/Unter-"和"-prise/-nehmung",前者具有"获得、开始享有"的含义,可引申为"盈利、收益";后者则有"撬起、撑起"的意思,引申为"杠杆、工具"。这两个部分结合在一起,表示"获取盈利的工具"。企业是一个从事商品生产或流通的经济单位,营利性是其基本特征之一。但是,企业作为社会组织自然免不了义不容辞的社会责任。不过,早期占主导的观念却对此不以为然,法官们一般认为,企业没有权力去做其业务范围以外之事,否则,

---

[1] Ernst Steindorff, *Einführung in das Wirtschaftsrecht der Bundesrepublik Deutschland*, Darmstadt: Wissenschaftliche Buchgesellschaft, 1977, S. 57.

[2] Ulrich Immenga und Ernst-Joachim Mestmäcker (Hrsg.), *GWB: Gesetz gegen Wettbewerbsbeschrankungen: Kommentar*, München: C. H. Beck, 1981, § 1 Rdn. 32 - 104; Johannes Zollner, „Zum Unternehmensbegriff der § § 15 ff. Aktiengesetz ", *Zeitschrift für Unternehmens-und Gesellschaftsrecht* (Bd. 5), 1 (1976), S. 1 ff.

[3] Alfred D. Chandler, *The Visible Hand: The Managerial Revolution in American Business*, Cambridge, Massachusetts: Harvard University Press, 1977, p. 9.

就是过度活跃（Cultra Vires）。[1]在第一次世界大战时期，时为德国最大企业的通用电器公司（Allgemeine Electricitsts－Geselschaft，AEG）经理、后来成为德国外交部部长的瓦尔特·拉特瑙（Walther Rathenau）在众所周知的《论股份制》（*Vom Aktienwe-sen*，1917）一文中，要求自利业主有所克制，大型企业置于公共控制之下，提出"企业自体"（„das Unternehmen an sich "）的概念。经过弗里茨·豪斯曼（Fritz Haussmann）的体系化[2]之后，"企业自体学说"将企业从其法律根基的社员中分离出来，力图将其把握为独立的存在，从国民经济的立场上保护并维持，并赋予与此相适应的责任。这其实蕴含着对"股东是其公司的主权者（Der Aktionär ist Souverän seiner Gesellschaft）"理念的否定，反映出企业所有权与经营权分离的趋势，昭示着所有者的权力下降、权力重心向专门经营者转化过程中经营形态的发展，是对公司社会责任（Corporate Social Responsibility，CSR）的宣谕。诚然，"企业自体"学说无法突破占主导地位的理论概念的阻力，但它对于立法者产生了重要影响。在美国，法学家伯利（Adolph Augustus Berle）和米恩斯（Gardiner Colt Means）所著的《现代公司和私人财产》（*The Modern Corporation and Private Property*，New York：Macmillan Publishing，1932），从经验上证明了所有权和控制权在美国的分离以及由此衍生出来的法律问题。"贝利－多德论战"（the Berle－Dodd debate）和此时德国法学界内部激烈的争论其实均是时代变迁光谱的折射。

德国员工共同决策的根源可以追溯到第一次世界大战结束

---

〔1〕〔美〕乔治·斯蒂纳、约翰·斯蒂纳：《企业：政府与社会》，张志强、王春香译，华夏出版社 2002 年版，第 129 页。

〔2〕Fritz Haussmann，*Vom Aktienwesen und Aktienrecht*，Leipzig：Bensheimer，1928，S. 13.

和 1918 年十一月革命。1920 年，企业顾问法带来了工厂组织框架的第一个综合矫治。大型企业监事会中两个雇员代表的位置在该法中被明文规定。这一雇员参与权的确认，产生于对马克思主义、社会主义的革命学说的一种本能的对抗思想之中，是德国为了同化和包容这些以马克思主义学说为指南和为俄国革命成功所鼓舞革命力量而付出的成本，力求引进一个更全面的工人委员会宪法（Räteverfassung）。[1]事实上，尽管变化如此微小，但风起于青萍之末，其对于后世的影响至为深远。1931 年，德国公司法被修改，后又得以彻底改革，新的精神洋溢在 1937 年的《德国公司法》中。同时，它已从《商法典》分离出来，被编纂为一个详细的公司法典。这种革新的趋势和精神集中体现在 1937 年《德国公司法》的第 70 节。据此，公司的经理指挥企业经营，各司其职，满足生产其单位及其成员的福利、人民和国家的共同福利的需要。如果我们将公司法的这个表述中当时意识形态的影响予以剔除，那么，所有权和控制权的法律分离，企业管理相对于员工、国家和社会的公共责任于此昭然可见。

正如刘文华教授所言，现代经济法不唯是国家对于经济进行"干预"，干预、规制仅仅是从外部而言，其实国家对于经济调控已经深入到企业的内部。第二次世界大战后，德国制定了一系列经济调控法、经济政策、产业结构政策、中小型企业政策、保护环境政策、保护消费者政策以及社会救济政策。所有这些法规和政策都在一定程度上限缩了企业的自由决策空间。在这一发展过程中，企业形式、企业的内部管理机构都逐步成为经济法调整的对象，但是在法律上依然根据私法的模式来构建其形式和内部组织机构，即这些新的变化并不影响其固有的

---

〔1〕　参见张世明：《经济法学理论演变研究》（第二次全面修订版），中国民主法制出版社 2009 年版，第 39~43 页。

私法结构。实际上，新的观点主要在以下方面发生了变化：企业之间的重要区别应该根据其规模或者经济重要性的不同而不同，而不是仅仅根据企业的法律形式；至少在根据企业的法律形式对企业进行区别时，必须同时考虑企业的规模。新修订的《德国1965年股份公司法》（Atkiengesetz），的确使用了"Gesellschaft"一词，不过，在关联企业的新增部分，"企业"（Unternehmen）的概念替代了前者。术语的变化反映了这样的事实：这部法律旨在成为一个一般的关联企业实体法，至少作为一个概念的结构，不再基于法律形式加以区分。关于特定企业和康采恩的账目公开计法（Gesetz über die Rechnungslegung von bestimmten Unternehmen und Konzernen）[1]亦然，不考虑它们的法律形式，使大型企业承担在股份公司法中所包含的标准相当的财务报表、审计和报告责任。1952年和1972年的《企业组织法》（Betriebsverfassungsgesetz，BVG）、职工共同参与决定立法也同样使用了企业的概念。企业的概念成了有关经济指导和监督的法律中的法规的主体，其中，决定因素是企业的规模而不是公司形式上的差别，呈现出逐步淡化不同企业法律形态之间区别的新趋势。企业法衔接并结合公司法和劳动法，以便详细阐明员工代表的法律权利和职责，业主、雇员和经理的谈判过程。[2]在考虑国家的经济政策、产业结构等宏观调控法的维度上，德国

---

〔1〕 Gesetz über die Rechnungslegung von bestimmten Unternehmen und Konzernen（Publizitätsgesetz - PublG） G. v. 15. 08. 1969 BGBl. I S. 1189， 1970 I S. 1113；Zuletzt Geändert durch Artikel 4 G. v. 25. 05. 2009 BGBl. I S. 1102；Geltung ab 21. 08. 1969.

〔2〕 Gerhard Dilcher und Rudi Lauda,„Das Unternehmen als Gegenstand und Anknüpfungspunkt Rechtlicher Regelungen in Deutschland 1860～1920"， in：Norbert Horn und Jürgen Kocka（Hgg.）， *Recht und Entwicklung der Großunternehmen im 19, und frühen 20, Jahrhundert. Wirtschafts-, Sozial-und Rechtshistorische Untersuchungen zur Industrialisierung in Deutschland, Frankreich, England und den USA*（Kritische Studien zur Geschichtswissenschaft 40）， Göttingen：Vandenhoeck und Ruprecht， 1979， S. 535ff.

的企业法学从企业的规模入手进行讨论，这其实涉及笔者所称的"企业的相关法律形态"。

自 20 世纪 60 年代中期以来，德国的政治和法律界辩论一直被扩大大型企业的管理员工共同决定的争议所主导。1967 年成立的联邦政府共同决定委员会信奉的观点是，共同决定基本上不依赖于企业法律形态，为所有大型企业的普遍组织机制。[1]1969年社民党和自民党联合执政后，将此向前推进，召集了一个专家委员会，负责就是否有必要将公司法改造为综合性企业法向联邦财政部提供咨询意见，对公司法的转型提供建议。[2]在该委员会结束工作之前，1976 年共同决定法已然颁布，该法规定的所有 2000 多名员工以上的大型企业监事会名额在出资者代表和从业员工代表之间的平分，使德国形成了市场经济国家唯一规定劳资双方等额或接近等额参与企业机关的立法体例。该法尽管在某种程度上基于法律形态有所区分，排除了个体所有人和普通合伙企业（有限合伙企业的普通合伙人除外），不过强调对于所有规模的商号同样适用的一般企业章程。在 1980 年出版的一份全面的报告中，因为其多元化的成员，企业法委员会未能圆满完成政府的委任进而发展出一个自成一体的企业法。然而，共同参与决策模式被发展到独资经营和合伙。在该委员会的报告中，不但在共同决策方面，而且在会计、审计和报告要求方面，基于企业的规模、宏观经济的意义及法律形态，企业被分为封闭（人合）企业和公共（资合）企业两类，这样做是

〔1〕 *Mitbestimmung im Unternehmen*, Bericht der Sachverständigenkommission zur Auswertung der bisherigen Erfahrungen mit der Mitbestimmung, BT-Drucksache Ⅵ/334, 1970.

〔2〕 Unternehmensrechtskommission, *Bericht über die Verhandlungen der Unternehmensrechtskommission*, Köln: O. Schmidt, 1980, S. 78. f.

出于系统和法律政策的考虑。[1]

德国企业法领域的领军人物库尔特·巴勒施泰特（Kurt Ballerstedt，1905~1977 年），在 1977 年将法律学术界的争论局势概括为如下特征：被理解为法律科学制度的连接点的企业法与公司法之间的关系，争议的尖锐度可能甚至超过在 19 世纪下半叶罗马主义者（Romanists）和日耳曼主义者（Germanists）之间的教义冲突。期望"企业法"为一个系统概念的人，很有可能招致对其市场经济信念并不虔诚皈依的可怕质疑。[2]企业法学者企图为作为一个系统性学科的企业法的左右摇摆规定企业的一个基本法律概念。他们试图说明企业作为一个社会单位不再应等同于股份持有人的公司，而是包含其他参与者，特别是员工和管理者，其被构成是通过在经济原理下提供经济的商品或服务，其合法性来自于共同利益，而不是私人利润最大化的努力。从个人主义到社会利益的兼顾，企业法迤逦走来。企业法企图囊括所有企业，而不论其法律形态或者活动的性质，改变企业法律形态的同时淡化传统的法律形态的区别，强调企业的大小而非企业的法律形态。在企业法的法律王国中，企业法律形态的诸侯封疆逐渐被消弭畛域，肩负社会责任的企业新法律形象被日益描绘出来。德国法学界对企业法律形态关注的这种发展趋向为我们提供了可以继续深入思考的空间。在当下中

---

[1] Unternehmensrechtskommission, *Bericht über die Verhandlungen der Unternehmensrechtskommission*, Köln：O. Schmidt, 1980, S. 90. ff, 100f., 352ff., 424f., 429f., 477f.

[2] Ballerstedt, „Was ist Unternehmensrecht？", in *Festschrift für Konrad Duden zum 70, Geburtstag*, Hrsg.：H. – M. Pawlowski, G. Wiese und G. Wüst, *München*：Beck, 1977, S. 15~36; Raiser, „Die Zukunft des Unternehmensrechts", in *Festschrift für Robert Fischer*, Hrsg.：M. Lutter, W. Stimpel und H. Wiedemann, Berlin–New York：de Gruyter, 1979, S. 571 ff.

国，仅仅关注企业法律形态本体论而目无余子，可能造成思维的枯竭、法学的贫困，不利于企业社会责任落实到制度建设层面，而对于企业相关法律形态的研究则可能"缘溪行"，"山有小口，仿佛若有光。初极狭，才通人"，最终豁然开朗，发现别有洞天的桃花源景象。

在法学界，有些学者在论述企业法律形态理论问题时运用形式逻辑学的划分理论进行阐述，认为企业法律形态的确定标准只能是唯一的，批评二元标准论和多元标准论存在逻辑错误，并指出企业法律形态的确定标准只能是企业经济性质与企业组织形式的共同组合，单一的企业所有制或企业组织形式以及其他的企业分类标准都不能充当企业法律形态的确定标准。在此，牵涉到形态学与分类学的方法论问题。分类学（Taxonomy）是分类法的理论研究，包括其基本原则、步骤和规则。分类学这一术语源自被誉为"生物分类系统中的牛顿"的卡罗尔·林奈（Carolus Linnaeus，1707～1778 年）的生物分类著作。归属于某一类的所有对象必定有某种相同特性，这是分类的核心。知识存在于比较分类之间。分类是人类很自然的一个认知过程，存在于所有的知识进展之中。一般说来，分类的核心要素有时间、空间（规模和范围）、过程（内容）、目的和效果。如果说分类学是"区分自然及社会事务的种类并将之分类的理论和实践"，那么形态学所研究的便是自然及社会事务的种类多样性以及相互之间的一切关系，其范围较之分类学更为广泛。

所谓形态，即事物基于自身内部的组织、结构和功能并直接显示出来的形状、样态。作为事物的直观和典型形象，形态也直接蕴涵着事物内部诸要素间的相关性，通过形态的客观性、可认知性和可分析性，我们就可以理解事物的"内部"结构及其功能。可见，形态决不等于教科书意义上的"形式"，其本身就是形式与内容的统一。形态学（英语"morphology"，德语"morphologie"）这一术语来自古希腊语（morphe），意思是研究形状和结构。其关心的是对象的结构和组成部分的排列方式，以及这些组成部分如何配合在一起形成整体或完全形态。研究对象可以是物理的（如生物体、人体或生态系统）、社会的（如组织或利益相关架构）或智力的（语言形式，概念或思想系统）。形态学术语明确被定义为科学方法最早由约翰·沃尔夫冈·冯·歌德（Johann Wolfgang von Goethe，1749~1832年）于1795年在生物学的研究中提出。他把形态学看作是研究形态的构成和转化的学科。歌德的理论突出了形态学的整体性特点。歌德认为形态学与那种把有机体的生物分解成各个单元的解剖学不同，它要求把生命形式当作有机的整体予以系统看待。歌德由于不满意自然科学中过分的理性分析倾向，才有这样的规划与设想。当然，由于历史条件的局限，歌德所说的形态学在正确地反对机械的科学主义的同时，也多少带有新柏拉图主义的神秘因素在内。此后，形态学的概念又有了进一步的发展和变化，并被广泛地应用到植物学、动物学、地质学、地理学乃至语言学等领域。美籍瑞士天体物理学家和天文学家弗雷茨·兹威基（Fritz Zwicky）提出了形态学研究的通用形式，即通用形态学分析法（General Morphological analysis，MA），用于构建和研究包含在多维、非量化复杂问题中的关系全局的方法。弗雷茨·兹威基指出："形态学术语很早就已经在许多科学领域被用于指导研究结构相关关系，如解剖学、地质学、植物学和生物学等。可以对形态学概念进行推广和系统化，使之不仅仅包含几何形状、地质、生物和一般材料结构，同样亦可以研究现象、概念和想法间更抽象的结构化关联关系。"

斯宾诺莎说得好："方法不是别的，只是反思的知识或观念的观念。……好的方法在于提示我们如何指导心灵使依照一个真观念的规范去进行认识。"[1]不但为了求实，而且为了求真，方法的研讨不可或缺。康德本人在《纯粹理性批判》的"导言"中举过一个十分机智的例子：就像飞鸟在空中飞翔需要凭借空气的阻力而不是在真空中一样，人掌握世界也要凭借有形式的现象，而不能通过纯知性或纯理性。事实上，形态学方法采用描述的方法，是和它的学理根据相一致的。形态学方法尊重现象，基于这样一个信念：本质就寄寓于丰富具体的现象之中。它不会再重复那种形而上学的追求，不会脱离现象而去寻求另外的绝对本质或绝对真理。形态学研究方法不同于传统科学的研究方法，它不是从某一先定的概念或普遍本质去推演具体现象的，而是通过对各种现象进行比较和分析，来揭示这些现象各自体现的特性。形态学所寻找的是客体内部的结构。无论是在英语、俄语、法语还是在德语中，"形态学"的内涵都不是指纯粹的"形式（form）"研究。有学者认为，形态学侧重于描述客体的存在形式和外观，而缺乏对客体的内在结构的分析。但事实上，形态学的方法偏重于对对象内构的研究，几乎与形式无关。形态历史学方法所研究的对象或着眼点不是历史"行动和过程"纯粹的"形式"，而是历史的"行动和过程"及其他历史上存在的客体（对象）的整体内构（包括形式在内）。诚然，形态也就是形态要素及运动变化的结果。正体即正统体制，变体即流变体制，别体即个别体制。所以，形态学的方法也是一种"共时性"与"历时性"的结合统一。但形态学侧重研究的不是客体的发展变化过程或轨迹，而是采取"横过来"研究的视角，有意识地忽略研究对象系统诸客体在存在时间上

---

[1]　[荷]巴鲁赫·斯宾诺莎：《知性改进论：并论最足以指导人达到对事物的真知识的途径》，贺麟译，商务印书馆1960年版，第31页。

的细微差别和客体自身在不同时间坐标上内构的细微差别，把它们视为同时态的存在物，对其发展的内构取某个横断面作一种分析研究。

类型学要寻找的乃是复性的结构，而远非简单的线性平面形态。类型学的研究在某种程度上来讲，所寻求的内部结构乃是结构主义所谓的深层结构，即是摆脱了表面的形式研究而进入到更为深层的结构研究。如果说形态学的方法分析缺点就在于只能够看到简单的形式上的研究，但形态学的方法提供了一个分析结构的方法。如果说形态学所寻找的是客体内部的结构，那么，类型学的研究在某种程度上来讲，所寻求的内部结构乃结构主义所谓的深层结构，即摆脱了表面的形式研究而进入到更为深层的结构研究。可以说，形态学的方法是类型学研究方法中的一个重要方面，对于分析其中的横、纵和竖等多个层次的结构构架来说都是非常有用的。找出内里的结构，必须要有形态学的横断面的形式分析，也要有结构主义的纵断面的深层分析，还要有更为重要的竖断面的精神分析，必须看到整个结构的框架，而不是只看到一点而忽略其他几点。不管是形态学的方法还是类型学的方法，所要寻找的共同规律在某种程度上都是结构的分析。这一结构超越了单纯形式的研究和深层模式的研究，而是在复性的结构层寻找一个构架，从而总结出某一类型的基本结构规律和相通性。这里的结构是多元的，能够容纳更多的东西，不仅仅是横切面、纵切面和竖切面，而是具有多维的空间。

法律形态问题属于法律的形态学研究问题，而不是简单的分类学问题，是实然的研究。企业法律形态是包含历史与时间尺度在内的企业样态的多样性有机统一的"构形"（Gestalt），由法律加以"定形""赋形"。其中要素的多个可能的组合本质不是创造（无中生有），而是融合（有中生多）。

　　有关企业的传统理论认为，企业（公司）民主只是一种资本民主的反映，对私有财产行使控制权是财产所有权的应有之义，企业的控制权亦应配置给股东，即股东应当享有控制企业（公司）资源以确保这些资源用于谋取他们自身利益的权利。企业理论中关于股东应当拥有并控制企业的思想，被一些西方学者称为"企业（公司）的所有权观念"（Property Conception of the Corporation）或企业的"财力模型"（Finance Model）。20 世纪 50 年代以来，由于自由民主思想和社会正义理念交相作用，企业所承担的社会责任的范围已经和正在向广度和深度发展。经济活动、企业组织的方式与作业精神呈现出社会化的趋势，劳动者已经不再被单纯视为劳动市场的客体的观念正在日益深入人心。现代企业理论认为，企业的利益同雇员的利益息息相关，企业的稳定发展离不开雇员的积极性和创造性的发挥，企业决策机构在代表企业做出决议或采取行动时不应当单纯考虑股东的利益，还要考虑公司雇员的利益。此种理论被德国、荷兰等国家的法律所采取，对企业相关利益主体提供法律保护的制度得以确立。德国雇员共同决定的立法设计为一时之盛，是积极落实"企业民主"（industrial democracy）精神的表征。此种模式旨在提升员工对企业的向心力，降低员工因无法参与企业经营而产生的疏离感，进而提高企业的经营效能。英国有关公司法也明确规定，公司董事会在代表公司行为时，有考虑公司雇员利益的义务。[1]

　　然而，对此的异议不绝如缕，认为此种理论虽然立意良善，但在实际生活中难于操作，一旦实行，便会妨碍企业的自律性，

---

　　[1]　张民安：《公司法上的利的利益平衡》，北京大学出版社 2003 年版，第 6 页。

严重影响公司效率的发挥，阻却公司董事会管理的积极性并最终使社会经济陷入停顿。[1]此即所谓"职工参与侵害经营权说"。专心致志于利润最大化是唯一一个可以操作的企业目的，而员工代表可能罔顾公司整体政策，影响企业的决策正确性与对外竞争。如果责令公司应负社会责任，一味增加员工参与制度，可能会徒劳而无功，而且会阻碍正常经营，有损自由企业体制（free enterprise system）所立论的基本原则。如此一来，各种各样的利益群落都会向公司提出财产要求，作为市场经济基础的财产私有势必遭到动摇，结果导致类似一场经济内战的社会财富再分配。在批评者看来，这是生长在公司法的私法领地上的茂密公法森林，是法律工具主义入侵的结果，超越了民主的根本法则界限，即权力与责任相匹配原理。[2]企业参决权冠冕堂皇的立论，并非基于经济的理由，而是属于一种"意识形态上的表达"，在很大程度上限制了资本所有者自由处分财产的权利，关乎劳动与资本法律关系的重整，堪称"一种极具颠覆性的学说""冷酷的社会主义化"。企业决定的规则与一般政治权利的行使法则在格调上究属不同，在性质上不能相提并论，牵强附会的应用反而会与民主的真正意旨南辕北辙。事实上，以"资本雇佣劳动"这一体现股东本位的新古典范式和股权滞后于债权获得保障的制度迄今仍没有发生任何根本性的变化。由于全球竞争的结果，传统的颠扑不破似乎再次得到印证，各国的公司法越来越表现为向股东导向的公司法的收敛，使股东

---

〔1〕 张民安：《公司法上的利的利益平衡》，北京大学出版社2003年版，第9页。

〔2〕 邓辉：《论公司法中的国家强制》，中国政法大学出版社2004年版，第180页。

得以重返伊甸园（*return to Eden*）[1]。美国法律经济学家亨利·汉斯曼（Henry B. Hansmann）就认为，除股东之外的其他利益相关者的利益可以通过合同或者政府监管而不是参与公司治理得到有效保护，调整公司治理结构，使之直接回应其他利害关系人利益，将产生更多的困难而不是解决困难。以德国共同决策制度为代表的职工参与模式虽然确曾取得过成功，但最终被证明不具有规范意义，或者说已经失灵。唯有股东利益主导模式处于不败之地，"出资者主权"的企业产权安排理论依然处于中流砥柱地位，这是公司法的历史回归。[2]

和亨廷顿宣布"历史的终结"最终被现实粉碎而不得不自己改口一样，亨利·汉斯曼宣布公司法历史的终结也遭到了学术界的猛烈抨击[3]，即便不能说最终被经过美国繁荣后金融危机水落石出的现实所证伪，但称其已经黯然失色恐怕不为过分。笔者也认为，其发展方兴未艾，宣布尘埃落定尚属为时过早，德国和荷兰关于雇员参与企业决策的体制非但没有以宣告失败告终，反而开始得到欧洲经济共同体的认同。欧盟《公司法第五号指令草案》（The Draft Fifth Company Law Directive）最早于1972年出台，后经1975年、1983年两度修改，于1991年提交给欧共体理事会，其主要内容就是有关职工代表进入双层制企业机构中的监事会及单层制企业结构中的董事会、监事会等问题的规定，体现了欧盟也正在试图推行劳资共同决定制度的端

〔1〕　Jennifer Hill,"Visions and Revisions of the Shareholder", *The American Journal of Comparative Law*, Vol. 48, No. 1, 2000.

〔2〕　See Henry Hansmann and Reinier Kraakman, "The End of History for Corporate Law", *Georgetown Law Journal*, Vol. 89, No. 2, 2001.

〔3〕　David Kershaw, "No End in Sight for the History of Corporate Law: The Case of Employee Participation in Corporate Governance", *Journal of Corporate Law Studies*, Vol. 2, No. 1, 2002.

倪。毫无疑问，面对市场经济瞬息万变的情势，决策机制是否具有效果决定着企业经营的成败。但凡"决策"总是需要一定的独裁决断，而职工代表进入企业机关在一定程度上可能会对企业决策中的独裁决断形成冲击，这种冲击既可能是积极的，也可能是消极的，其结果将会直接影响到企业在"效率"和"平等"之间的艰难选择。职工参与并非提高企业效益的灵丹妙药，两者之间的关系不能被过于简单化地理解。[1]不过，从实证研究材料来看，在德国，尽管由于职工监事的存在导致企业监事会成员同质性受到某种程度的破坏，股东监事代表和职工监事代表常常形成相互对峙的集团，有时甚至出现无法彼此信任的情形，但没有任何证据显示德国的共同参与制度曾经妨碍了企业经营或弱化了德国经济。相反，与其他国家相比，德国企业的工作气氛良好，具有较高的效益，同时劳资之间公开、尖锐的冲突也比较鲜见。在一定程度上，这不能不归功于德国企业的共同参与制度。[2]在现实中，一个公司的存亡和运行也势必攸关许多人的利益，现实中的公司集结着众多的社会关系，也承载着众多的利益。断言公司可以完全无视其他利益相关者的利益，只应为纯粹的股东利益服务，难免过于草率。公司作为一种社会存在，承担着各种社会责任乃是一个不争的事实，任何一个公司都不可能做到只为纯粹的股东利益服务。

企业形态可以分为基础形态（Grundformen）和集中形态（Konzentrationsformen）。正如费肯杰教授所言，是"中小企业经济"还是大型康采恩？是面对竞争风险的个体企业还是国家保

---

〔1〕 周超：《职工参与制度法律问题研究》，中国社会科学出版社 2006 年版，第 13 页。

〔2〕 周超：《职工参与制度法律问题研究》，中国社会科学出版社 2006 年版，第 47 页。

障而基本上没有竞争的企业应该优先？是给合并还是去集中化以更大的机会？这些都是谈论企业的法律概念时必须考虑的问题。因而，人们希望在此同时评论由企业现实存有（Vorhandensein）和付诸实际（Tätigwerden）所提出的企业概念的一般和特殊问题。[1]伴随企业结合形态的生成、发展，作为企业所有主体的法人日益复杂化。生产管理在法律上复数的企业间统一联系的事态普遍化，所谓企业结合形态的分析的重要地位当然无需赘言。企业集中在通常超越了最佳企业的规模时，就会导致官僚化、机构臃肿、决策迟缓和合理化的黯然失色。从社会和民主政治的角度而言，高度集中经济可能会导致在民主制度中不会合法化的社会和政治权力的产生。在危机期间，大规模企业较诸分散的中等规模和小企业甚至更为脆弱，会对整个社会造成创巨痛深。为了经济、社会和政治秩序的稳定，中小企业在德国企业法理论的关怀中占有重要地位。此外，德国企业法的一个特点是，在小营业主（Kleingewerbe）和商人企业（kaufmännischer Betrieb）之间的区别。但是，这些只有在个人企业的范围发挥一定作用，而不是在诸如有限责任公司或股份公司之类法人范围发挥作用。商人的个人企业是单一的贸易商人，确切说，包括单个的小贩妇女、一般合伙（die offene Handelsgesellschaft）、有限合伙（die Kommanditgesellschaft）和有限责任合伙商人企业必须在商业注册机关注册登记。在他们的业务中，基本上是适用商法典。而小营业主企业可以由一个单独个人（小商贩，Kleingewerbetreibender）或一个公司依据民事法律开展活动。这种非商人企业可以自愿进行商事注册登记，然后像商家一样对待。如果他们不采取这种方式，他们在其法律

---

〔1〕 参见 ［德］沃尔夫冈·费肯杰：《经济法》（第 2 卷），张世明译，中国民主法制出版社 2010 年版，第 124 页。

行为领域内原则上受民法典而非商法典支配。在英国，从1998年开始到《英国2006年公司法》（Companies Act 2006）历时8年的公司法改革，也始终贯彻了"优先考虑小公司原则"（"think small first"）的指导思想，以小型企业作为立法的出发点，致力于简化所有私人公司的法律，废除不必要的、详细的、过多的规则，对大公司做出特殊的制度安排。由此可见，围绕企业法律形态关系论的讨论，远远超越了企业法律形态本体论的范围。

新中国成立初期，全国约计有一百三十多万工商业户，除万余家公司外，其余均为独资或合伙组织。在对资本主义私有制的社会主义改造完成之前，虽然在没收官僚资本的基础上建立了国营（国有）企业，但对民族工商业仍然实行保护性政策。因此，1950年12月颁布的《私营企业暂行条例》第3条规定企业的组织形式有独资企业、合伙企业和公司三种，而公司又分为无限公司、有限公司、两合公司、股份公司及股份两合公司。到1966年民族工商业者定息终止之后，由于不断割资本主义尾巴，除几近清一色的全民所有制企业和集体所有制企业以外，其他所有企业形式一度销声匿迹。以企业财产的所有制形式为标准对企业加以分类是社会主义国家普遍采用的一种方式。这种分类表现出了以投资主体为唯一分类标准的特征。

改革开放以后，各种非公有制企业如同雨后春笋般涌现。在20世纪80年代至90年代初，我国的企业形态立法大体沿袭以企业的所有制和行业为标准的做法，相应的立法主要包括《全民所有制工业企业法》（1988年4月13日通过）、《乡村集体所有制企业条例》（国务院1990年）、《城镇集体所有制企业条例》（国务院1991年）、《私营企业暂行条例》（国务院1988年）、《城乡个体工商户管理暂行条例》（国务院1987年）、《中

外合资经营企业法》（1979 年 7 月通过，1990 年 4 月、2001 年
3 月两次修订）、《外资企业法》（1986 年 4 月通过，2000 年 10
月修订）、《中外合作经营企业法》（1988 年 4 月通过，2000 年
10 月修订）等。这些企业立法基本上适应了当时我国经济发展
的需要，为促进国有企业改革、鼓励集体和私人投资、吸引外
资发挥了重要作用。但另一方面，这种立法方式存在着无可否
认的弊端。首先，按照所有制和行业划分企业形态往往意味着
对不同企业的差别对待，即优待国有企业和外商投资企业，而
压抑私营企业和内资企业，难以彰显法律的统一和公平对待性，
结果造成私人为了某些政策优惠而不以真面目示人，通过挂靠、
合作等形式将自己变作"假集体""假国有""假合资""假校
办""假残疾""假知青"（即"六假"）企业，想方设法地争
戴"国营"与"集体"企业的"红帽子"，名实相悖。其次，
以所有制和行业为标准划分企业形态，使第三者对于企业的责
任状态难以一目了然，不利于市场中的经济交往。再次，企业
立法在改革开放初期新旧杂陈，体系紊乱。由于经济改革发展
迅速，面对新问题，缺乏充分的经验，"手快脑慢"的后果是立
法中缺漏、抵牾之处在所多有。例如，关于"联营"的规定，
《民法通则》第 51、52 条和第 56 条所规定的三种联营形式在学
理上分别被称为"法人型联营""合伙型联营"和"协调式联
营"，而国务院《关于进一步推动横向经济联合若干问题的规
定》中出现的却是"紧密型""半紧密型"和"松散型"三种
联营形式。两者之间是否对应，难以悬揣。其他如"法人型联
营""股份制企业""经济联合体"等与"公司"本为同一概念
的企业形式，也因其在不同法规中的称谓而使人如同雾里看花
一般，莫知所循。学术界认为，企业法律形式的构成要素：一
是企业成员的单一与多数；二是企业团体是否具有法律人格；

三是与企业团体有无法律人格紧密相连的企业的出资人是承担有限责任还是承担无限责任。从西方发达市场经济国家企业法律形态模式来看，基本上都根据企业财产组织形式、投资者的责任形式、法律人格等因素，确立了以独资企业、合伙企业和公司为主体的企业法律形态模式。这三种企业法律形态都是市场经济的产物，是市场经济通行的企业法律形态。我国正在建立和完善社会主义市场经济体制，应抛弃或弱化原有的所有制形态为主的企业法律形态模式，学习和借鉴西方发达市场经济体制国家的经验，确立起以独资企业、合伙企业和公司为主体的目标模式。

随着建立现代企业制度成为企业改革与立法的中心话题和核心内容，《中华人民共和国公司法》《中华人民共和国合伙企业法》和《中华人民共和国个人独资企业法》三部专门企业法相继于 1993 年、1997 年和 1999 年出台，从根本上改变了这一局面。国际通行的以组织形式和责任形式为标准划分企业形态的立法体系在我国得以初步建立。这是计划经济时代向市场经济时代转轨的必然现象，也是社会经济基础对上层建筑决定作用的表现。同时，一些特殊行业的企业立法（如《商业银行法》《保险法》等）、有关企业间横向关系的立法（如《关于深化大型企业集团试点工作意见的通知》《关于企业集团建立母子公司体制的指导意见》等）也都取得了一定的积极成果。从此，适应我国社会主义市场经济发展需要的企业形态立法体系基本得以建立。关于合作制企业，原国家体改委于 1997 年发布了《关于发展城市股份合作制企业的指导意见》。此外，随着社会主义市场经济实践的深入发展，相关法律也进行了一定的修改和完善，其中《公司法》分别于 1999 年和 2005 年进行了修订，《合伙企业法》于 2006 年 8 月也进行了较大幅度的修订，增加了有限合伙和有限责任合伙制度，使合伙企业形态更加丰富，颇有美国风格。[1]

　　尽管有的学者从20世纪90年代初就开始关注我国企业形态及法律体系双轨体制的协调完善问题，并提出了一系列建议，但无论是先统一内资企业法，形成与外商投资企业法暂时并列的企业法律体系作为过渡的方案，抑或是在充分认识国外企业法律标准划分体系合理性的基础上，淡化、消除所有制分类标准，逐步走向单一法律标准的方案，均未蒙官方采择。实际的企业形态及其法律体系整合方案并未幡然易辙，另立堂构，仍然是按照强化所有制标准，并不得不同时出台法律形态企业规范的思路进行的，以至于荏苒至今，中国的企业体系以及相应的企业法律体系主要按照所有制属性加以划分，并设置配套的设立登记、经济统计制度。在内资、港澳台商投资、外商投资企业三分法的框架下，内资企业包括国有企业、集体企业、股份合作企业、联营企业、有限责任公司、股份有限公司、私营企业和其他企业八种，分别适用不同层次的法律规范；从港澳台商投资企业与外商投资企业中细分出来的合资经营、合作经营、独资经营企业以及股份公司，也有自成体系的法律法规范。其中虽然隐然可见公司、合伙、独资企业的类型划分，但与先后公布施行的《公司法》《合伙企业法》《个人独资企业法》规范的三类法律形态企业，形成交叉、重合、矛盾、冲突的混乱局面。[2]

---

　　〔1〕　徐强胜："企业形态法定主义研究"，载《法制与社会发展》2010年第1期。

　　〔2〕　吴建斌："从日本公司形态整合看中国统一公司法趋势"，载赵旭东主编：《公司法评论》（第2辑），人民法院出版社2006年版，第5页。

结　语

　　企业法律形态理论是与经济的变动、社会阶层的博弈、文化的差异密切相关联的。这样的结论虽然似乎是在重复马克思早已反复申论的观点，但这种观点的确是不刊之论。法律和法学总是带有地方风情的知识，无论是企业法律形态还是企业法律形态理论均受到一定思维模型的制约，过于定论化的阐述不无值得怀疑之处，很可能就是认识肤浅的表征。国人对于外国的了解的模糊，其实很容易造成对于自我认知的偏差。揽镜以正衣冠，总是要有一面清晰的镜子的。只有对于西方认知得更清楚，疏通知远，察变观风，我们对于自己的认识才能更中国化。法律形态并非是紧身衣，而是一种宽松的运动服。实然与应然未必合致。制度的、一般的企业形态研究目前在国外学术界似乎已经过时，而中国学术界相反则似乎力图进行抽象与概括的体系化工作，这可能与学术发展的不同阶段的水准有关系。不过，正如龟仓正彦在《关于企业形态论研究对象的考察》（龟倉正彦「企業形態論の研究対象に関する考察」）一文中所言，日本学者的企业形态论研究者可以说受到在第二次世界大战以来持续的"1940 年体制"的影响。研究者出生于特定的历史状况，学问不可能不受到世相的影响，两者是共生关系。但与此同时，仍然不能将资本主义的一般法则、原理与时事问题混同，应该在与时俱进的同时，对于资本主义的一般法则、原理进行进逼透视。[1]这其实关系到费肯杰教授所说的法学推参阐述问题。我们固然可以甄采国外的制度设计，但不要以为异国企业

---

　　〔1〕　龟倉正彦：「企業形態論の研究対象に関する考察」，『名古屋商科大学総合経営・経営情報論集』，名古屋商科大学論集研究紀要委員会编，2010 年第 3 号。

法律形态理论构若画一，企业运作在深度治理之下皆有法式，便可以援以为准，企业形态的体与用是非常复杂的问题，要深究其本。卡多佐为我们指出了一条基本的原则："我们必须保持两种警醒。一方面，我们尊崇法律的确定性，但必须区分合理的确定性与伪劣的确定性，区分哪些是真金，哪些是锡箔；另一方面，即便实现了法律的确定性，我们仍须牢记：法律的确定性并非追求的唯一价值；实现它可能会付出过高的代价；法律永远静止不动与永远不断变动一样危险；妥协是法律成长的原则中很重要的一条。"[1]法律，就像一个旅行者，必须准备翌日的旅程。在改革开放的年代，企业法律形态绝不可能不食人间烟火地冥思苦想为封闭的体系结构。后现代思潮的解构作用就在于其对现代性的反思，以非理性主义矫正理性主义的僵化。企业法其实是一种继续革命，是从自制框架解脱。经济法在本质上更是变法之法。企业形态法定化是国家干预社会经济生活的必然结果。目前，中国应该采取企业法定主义原则，提供对企业形态的法律模式选择菜单，备置一格，俾企业人各视其业之所适，及其所愿负担责任之限度，随意采择使用。中国是大国，经济的差异性很大，国家对于企业形态应该实行法定主义。这是由中国大国空间的国情所决定的，是市场经济的铺轨工程。这是降低成本的基础性建设，否则乱象丛生，治丝益棼。这种默示的企业法定主义其实也是中国人惯常的实用理性主义的做法。不过需要注意，在现实语境中，中国公司法本来就具有极为浓厚的公法色彩，过分强调企业法定主义原则也许存在刻舟求剑的危险。

---

〔1〕〔美〕本杰明·N.卡多佐：《法律的成长 法律科学的悖论》，董炯、彭冰译，中国法制出版社2002年版，第12页。

第二章
CHAPTER 2
企业并购与反并购的平衡协调

第一节　相关概念释义

收购（acquisition）是指一家企业以现金、债券或股票购买取得其他企业（又称目标公司）的部分或全部资产或股权，以取得这些企业的控制权的经济行为。其中又包括资产收购（asset acquisition）和股权收购（stock acquisition）。尽管在宽泛意义上"acquisition"也有股权收购的意味，但主要含义还在于资产收购，而后者相当于英语中的"tender off"或"takeover"。对于上市公司而言，鉴于资产收购通常属于上市公司资产重组的范畴，我国《证券法》规范的上市公司收购仅限于对上市公司股权的收购。资产收购以目标公司的全部或实质全部（all or substantially all）资产为交易对象，股权收购以目标公司的控制性股权为交易对象。

在资产收购交易中，收购方用现金、票据或其他资产购买全部或实质上全部的目标公司的资产。以资产收购形式组织一笔交易的主要优点是收购公司可以确定将收购的资产和将承担的债务。收购公司可以选择避开某些已知的负担，如环境负担、税收负担、悬而未决或可能发生的诉讼以及令人不快的合同责任。相较于上游股权收购的方式，收购公司透过资产收购可依本身需要，收购目标公司的特定资产，而将不需要的资产排除在外，且收购公司并不承受目标公司的负债，因此彼此之权利义务较为清楚简单。反之，若透过股权收购，收购公司则无法选定目标公司的特定资产，只能利用所收购股份间接取得目标公司资产，且收购公司基于概括承受原则必须承受目标公司负债，风险较高。因此，收购公司在拟定并购计划时，应考虑目标公司的经营情况，若目标公司处于亏损状态，采资产收购方式较为有利，因为收购公司得以免于承受目标公司的负债及亏损。但收购公司避开目标公司某些负担的能力可能被限制在一定的环境条件下。首先，在一系列关于"接任者义务"的法律条例下，法院已经确认在某些条件下收购公司将承担目标公司的一定责任，即使交易是以资产收购方式组织的。根据公认的"事实上的并购"学说，即使交易以资产收购方式组织，由于政策的原因，法庭可能判决收购公司承担目标公司某些未承担的负债并对其负责。在决定一项事实上的并购是否已经发生时，法庭将注意一些因素，例如管理、人事、地理位置、资产和日常经营业务是否有连续性；目标公司是否在停止其运作、清偿债务，并在交易后不久就解散；收购公司是否承担目标公司持续进行正常商业运作所必须承担的义务。从收购公司的角度看，这种收购方式的第二个优点是，收购公司无须分别和目标公司的股东进行谈判就可以收购目标公司，直接与目标公司而不是其股东们谈判可以极大地简化交易。然而，以资产购买的方式组织交易也有很多缺点。缺点之一是收购公司必须确认正被收购的每一笔资产，并为资产的所有权转让准备必需的文书。如果有很多笔资产，所有权转让的过程会是一项昂贵且费时的工作。缺点之二是目标公司可能持有未经第三方同意或政府批准不能转让的一些有价值的契约、执照和许可证。有些情况下，第三方会由于正试图终止合同关系而不愿同意，而在另一些情况下，第三方则可能愿意同意，但必须为这项许可支付一定的价格补偿。由于收购资产程序远较收购股权冗长繁琐，可能须负担不必要的交易成本，故单纯以资产收购模式进行公司并购的案件并不多。至于资产收购的结果，并无任何公司因资产收购而消灭。换言之，收购公司与目标公司仍分别具有独立的法人人格，此点与股权收购相同，而有别于公司合并将导致法人格消灭的结果。[1]

股权收购根据交易方式可以区分为协议收购（negotiated acquisition，agreement purchasing）、要约收购（tender offer）、集中竞价收购（centralized biding transactions acquisition）、大宗交易收购（block trading acquisition）和司法拍卖收购五种。我国的《证券法》在总结了《股票发行与交易管理暂行条例》的经验及我国证券市场多年实践的基础上，在第 4 章专章规定了上市公司的收购。其中第 85 条规定，投资者可以采取要约收购、协议收购及其他合法方式收购上市公司。第 86 条规定，通过证券交易所的证券交易，投资者持有或者通过协议、其他安排与他人共同持有一个上市公司已发行的股份达到 5% 时，应当在该事实发生之日起 3 日内，向国务院证券监督管理机构、证券交易所作出书面报告，通知该上市公司，并予公告；在上述期限内，不得再行买卖该上市公司的股票。投资者持有或者通过协议、其他安排与他人共同持有一个上市公司已发行的股份达到 5% 后，其所持该上市公司已发行的股份比例每增加或者减少 5%，应当依照前款规定进行报告和公告。在报告期限内和作出报告、公告后 2 日内，不得再行买卖该上市公司的股票。《上市公司收

---

〔1〕 王文宇：《公司法论》（第 2 版），元照出版公司 2005 年版，第 145 页。

购管理办法》对司法拍卖收购的特殊情况作了规定，股权司法拍卖的裁决并不是经常性的，而且司法过程繁琐，不是主要的股权收购方式。在股票收购交易中，收购公司以现金、票据或其他资产从目标公司的股东手里购买全部或至少大多数公开卖出的股票。股票收购交易的优点是它相对简单。一笔股票收购交易通常包括一笔交易，在这笔交易中卖方股东会把股票转让给收购公司。与资产收购交易不同，股票收购交易不包括具体资产的转让或具体负债的承担。目标公司、资产与负债保持完整无缺，因为目标公司作为一个整体不受其股东出售股票的影响。以股票购买方式进行并购的第二个优点是收购公司购买目标公司股票后其负债归于目标公司。在多数情况下，收购公司将通过在股票购买协议中目标公司做出的陈述或担保寻求合同保护，包括任何未被披露的负债。但股票收购交易也存在显著的缺点：首先，在收购目标公司股票的同时，收购公司也收购所有目标公司的负债。然而，由于这些负债归属于目标公司，而目标公司分离和独立于收购公司，收购公司将不直接对这些负债负责。其次，目标公司的一些小股东可能不愿意出售自己的股份给收购公司，因而会阻止收购公司收购目标公司已发行的所有股票。在特定情况下，虽然有一些小股东会投票反对这项交易，但是收购公司可以通过获得绝大部分已发行股票的控制权来进行并购。最后，在很多国家的税收法律中，股票收购通常比资产收购的税收优惠少。

合并（consolidation）是指两个或两个以上的公司合并为一个新设立的公司，相当于我国公司法中的新设合并。因为语言翻译的问题，我国公司法中所谓的"合并"包括了英文中的"兼并"和"合并"。揆诸《中华人民共和国公司法》的规定，公司合并分为吸收合并和新设合并两种形式。吸收合并是指一个公司吸收其他公司后存续，被吸收的公司解散；新设合并是指两个或两个以上的公司合并设立一个新的公司，合并各方解散。就公司合并的法律性质而言，学理上存在人格合一说（人格继受说）与现物出资说的争论。按照人格合一说，合并为直接发生公司合体之组织法上的特殊契约，由存续公司或新设公司概括承受因合并而解散的消灭公司，发生法人格合一化效果。[1]而现物出资说则批评人格合一说仅仅是从表面上对合并的经济说明而忽视了合并法构造的解释，并认为合并在本质上为消灭公司以其全部营业及财产对存续公司或新设公司为现物出资，存续公司或新设公司则以发行新股作为对价，依比例分配给消灭公司的股东。因此，合并应从消灭公司是以全部营业或财产为现物出资的角度加以解读，并非仅是单一契约，而与增资或公司设立的性质相同，应为由合并契约、合并决议、债权人保护程序及合并登记等多数不独立行为所构成的共合性行为。[2]这分别代表了社团法合并观和财产法的合并观。[3]

合并与收购二者的共同点是：(1)它们都可通过股权的转让来达到公司之间的重新组合；(2)都无须通过解散程序就可实现公司财产关系的变更；(3)都可实现对外扩张和对市场的占有；(4)收购可作为合并的手段，成功的收购可使目标公司控制权发生转移，从而促成合并协议的达到。全面收购的成功可直接导致吸收合并的情况发生。企业合并与收购的区别是：第一，合并发生在两个或两个以上企业之间，是企业之间协商交易的结果，即合并行为应完全出于企业间的真实意愿，不许有丝毫强

〔1〕 松本烝治：『日本会社法論』，巖松堂書店，1929年，84頁。
〔2〕 大隅健一郎：「会社合併の本質」，『会社法の諸問題』〔増補版〕，有信堂，1975年，376~377頁。
〔3〕 中村建：「合併本質論の一考察」，『追手門経済論集』第9巻第1号(1974年)。

迫和欺诈，是企业间平等协商、自愿合作的结果。收购则是一个企业或个人与另一个企业股东之间的外在交易，就是说，收购者和被收购者的关系不尽相同，有时被收购企业管理层响应收购并积极合作，有时则会拒绝被收购，拒购时双方则表现为一种强迫与抗争、收购与反收购的不合作关系。第二，合并是特定的当事人各方通过合同的方式进行交易，各方的权利义务通过协议的形式规定下来，主要受企业法、公司法调整。收购则是通过特定的一方向不特定的股票持有人发出要约并接受承诺的方式，从各股东手中直接购得有表决权的股票，所以主要受证券法或证券交易法等调整。第三，合并是全部资产或股权的转让，被合并企业作为一个法律实体消失。收购则有部分收购和全部收购之别。在部分收购的情形中，被收购公司仅仅是控股权的转移，其作为一个法律实体的地位不变，并可持续经营下去，其与第三人的关系可以照常维系。企业合并与收购的主要联系在于，企业在完成收购之后往往会进行第二步的合并，完全实现控制权的转移。例如排挤式合并或第二阶段合并，是以收购为基础的。在以取得控制地位的公开收购成功后，收购者若要完全控制目标企业，就要进行第二阶段合并，把残余的少数股东逐出目标企业。[1]

在英文中，兼并（merger）亦称企业吞并，是指一家企业以现金、证券或其他形式（如承担债务、利润返还等）购买取得其他企业的产权，使其他企业丧失法人资格或改变法人实体，并取得对这些企业控制权的经济行为。兼并等同于我国《公司法》中的吸收合并，指的是一企业将另一企业完全地吞并进来，进行吞并的企业仍然保持其名称与法人地位，并将被吞并的企

---

〔1〕　藤縄憲一：「企業再編における実務上の課題と取組み〔下〕」，『商事法務』第 1656 号，2003 年。

业的资产与债务一并地承揽下来。兼并之后，被吞并的企业不再作为一独立的商业法人而存在。兼并是一个正式的法律程序，通过这个程序以及法律操作将目标公司的所有资产和负债自动地转移到继续存在的公司。兼并交易主要的优点在于：首先，其不包括具体资产的转移和具体负债的承担。相反，目标公司所有的资产和负债经过法律上的操作自动地转移到继续存在的公司。其次，兼并公司只需一步就可以获得目标公司的完全控制权，以至于不需要做第二步兼并去排斥小股东。兼并的主要缺点在于，和股票收购交易一样，收购公司承担目标公司的所有负债。这些负债既包括目标公司披露的，也包括未被其披露或交易时未知的那些负债。兼并交易比股票收购交易不利的一个重要方面是，收购一般发生在企业正常经营状态，产权流动平稳，在股票收购交易后目标公司的所有资产和负债收购后仍归属于目标公司，而兼并多发生在被兼并企业财务状况不佳、生产经营停滞或者半停滞之际，是资产、债权和债务的同一转换，在兼并交易后所有目标公司的负债直接由收购公司承担。因此，在股票收购交易后收购公司的责任被限定在公司股票的投资上，仅在所收购的目标公司的股本范围内承担风险，分享收益，而在兼并交易后继续存在的公司承担目标公司所有债务的无限责任。再次，目标公司投票反对兼并交易的股东将被给予估价权。估价权为持反对意见的股东提供为其股份获取现金而不是分享兼并交易的权利。最后，在某些兼并交易中，可能需要第三方许可来转让目标公司的某些权利，包括合同、许可证以及官方批准。

用公式形象地表达，兼并是"A+B=A"，B公司被并入A公司；收购是"A+B=A+aB"（其中a为控制系数）；合并为

"A+B＝C"，C 是一家完全新建的公司。[1]企业兼并与企业合并本质上并没有什么差别，唯一的不同是两个企业合并之后，变成一个新的企业，即原来的两个企业都不再作为独立的法人而存在，而成为新企业的一部分。所以，企业兼并与企业合并之间的差别主要是法律上的，但所产生的经济后果是一样的：两者都将导致原有的两个企业的资产与债务的合并。作为法人，一公司还可以拥有另一公司的股票，即拥有另一公司的所有权。同样，从狭义角度而言，企业兼并与企业收购这两个概念是有所区别的，主要区别在于产权交易所涉及的目标企业法人地位保留与否。这种区别从法律角度视之甚为明显，但从企业实际控制权视之则无本质的不同：兼并是直接使目标企业的资产处于兼并方的控制之下，收购是使目标企业的法人、进而法人财产受收购方的控制。故而，从广义角度而言，企业收购也可以被看作是企业兼并的一种。在德语文献中，"Fusion unter Gleichen"（merger of equals）是指两个规模相当企业之间的联合。在这种情况下，形成了一个新的法人实体抑或是两个企业仍然保持法律上的独立性，均无关紧要，关键在于，这两个企业各方面都不相上下，得到的评价差不多，而且各自的领导层拥有的权力大体相当。通常，在企业联合之后，两个企业仍然由各自的领导层管理，称为"双峰"体制。规模相当企业之间的合并还有另外一个特征，就是企业可以进行股票交换，例如，企业 A 和企业 B 进行联合，企业 A 和企业 B 的股东都可以将他们所持有股票换成由 A 和 B 兼并而成的新公司的股票。[2]

---

〔1〕 杜莉、何志鹏主编：《中国-欧盟：经济发展与社会公正》，吉林大学出版社 2009 年版，第 90 页。
〔2〕 ［德］马丁·格劳姆、托马斯·赫特施莱因特：《兼并重组》，王煦逸编译，上海财经大学出版社 2014 年版，第 5 页。

并购是"收购"和"兼并"这两个词的合称，用英文表述为"Merger & Acquisition"，简写为"M & A"，指的就是公司兼并和收购的总称。公司兼并（吸收合并）同公司收购存在较大差别，属于两个层次上的概念；收购强调的是行为，而兼并强调的是结果。此外，收购这一行为可能导致兼并的结果。把这两个词放到一起，纯粹是经济学意义上的，都包含着若干经济力量组合凝聚到一起的含义，但从法律上讲，"公司并购"本身并没有确切的含义，在法律上也无从加以准确的定义，不属于法律术语。

资产重组（corporate restructuring）主要是指通过改变现有资产形态和数量的比例，调整不同资产的组合结构，以实现资产增值最大化的目的。资产重组实质上是对资源或生产要素的重新分配，通过对资产结构和数量比例的调整和优化，促使资源的合理流动，以提高资源的利用效率。资产重组通常有企业内部的资产重组和企业之间的资产重组，前者通常不涉及资产所有权的转移，仅对本企业资产进行结构调整，后者通常要涉及企业所有权或控制权的转移，和公司重组有大致相同的含义。公司重组是一个综合词语，是指从兼并收购和企业联盟至资产剥离（divestitures）与独立分立（spin-offs）的这样一系列广泛的活动。在文献中，公司重组行为通常被划分为经营性重组和财务性重组两个具体的类别。经营性重组通常指的是全部或部分出售公司或产品线，或是通过关闭不盈利的或非战略性的部门从而缩减规模。财务性重组指的是公司采取措施改变其总负债与总权益的结构。[1]

欧盟《关于集中概念的通告》将合并分为新设合并和吸收

----

〔1〕 ［美］唐纳德·德帕姆菲利斯：《兼并、收购和重组：过程、工具、案例和解决方案综合指南》，黄瑞蓉、罗雨泽译，机械工业出版社 2004 年版，第 5 页。

合并两种，这与欧盟《公司法第 3 号指令》（The Third Directive on Company Law）以及我国公司法所称的合并的分类是一致的，实质上与所谓的法律上合并（legal merger）所称的合并的分类也是一致的，属于狭义理解的合并。因此，前者实际上是组织合并，即相互独立的两个或者两个以上的企业实行合并。这种合并可以是一个企业取得另一个企业，也可以是两个企业合并成为一个新的企业。以后者而言，有关企业可以保持法律上的独立性，仅仅是有一个永久性的单一经营管理，由此并入真正的经济实体。企业控制另一家企业的方式可以多种多样，可以分成单独控制和共同控制，只要存在施加决定性影响的可能性，即可宣告控制成立。这是一种广义理解上的合并，属于经济性的合并。

在欧盟，对经营者进行集中规制的法律主要是欧共体理事会于 1989 年 12 月 21 日审议通过并于 1990 年 9 月 21 日开始实施的《关于企业集中控制的第 4064 号条例》。根据欧共体第 4064/89 号条例第 3 条的规定，企业结合包括一切有决定性影响或者一方取得了对另外一方控制权的交易行为，涵盖了大多数企业间的合并、获得控制权、建立联营企业、持有少数股份的共同控制等行为。此外，企业结合还适用于拥有一个企业的知识产权和全部或部分财产的使用收益权、签订管理合同等能够对该企业的活动施加决定性影响的行为。由于各国的国情和竞争政策不同，各国关于经营者集中的概念也各不相同。这一法律实施以后，经过多次修订，现在实施的是经过最新修改后的《关于企业集中控制的第 139/2004 号条例》。较之 1989 年的规定，该条例的内容更为完善和合理。第 139/2004 号条例出台后，合并与获得控制权的行为被统称为"集中"（concentration），因为"集中"一词反映了合并与获得控制行为的本质，即合并与获得控制使得企业的资金、规模、市场份额都较以前有更高程度的聚集。根据第 139/2004 号条例序言规定，集中是指导致相关企业控制权发生持续性变化，并进而对市场结构带来持续性变化的行为。如果达到欧共体的层面，就属于条例的管辖范围。该条例仅仅适用于在共同体范围内具有影响的企业集中。也就是说，在欧盟竞争法中，没有采用并购的概念，而采用的所谓企业集中实际上包括合并、控制和设立合营企业三种形式。之所以采取这种分类法，显然是兼具在行为和后果两个层面上调整企业之间的合并行为。[1] 欧盟相关法律中使用的"经营者集中"是指一个企业能够对另一企业施加支配性影响的所有方式。第 139/2004 号条例的第 3 条第 1 款区分了合并和接管（merger and takeover）两种集中的基本方法："由于以下原因，公司的控制发生持久变化时，视为出现了集中：(a) 两个或两个以上原先各自独立的企业全部或部分的合并，或者 (b) 一个或者多个已经控制至少一个企业的自然人，或者一个或者多个企业，通过购买股票或资产、签订合同或者任何其他手段，对另外一个或者多个企业的全部或部分，获得直接或者间接的控制。"第 2 款和第 3 款规定了控制的概念。第 4 款是有关合营企业的规定，如果合营企业持续性地履行独立经济实体的所有功能，则被认为构成企业集中。第 5 款明确将某些尽管与集中类似，但不符合《合并条例》所界定的集中含义的交易类型排除在该条例适用范围之外。从以上欧盟关于经营者集中概念的规定和其他相关规定可知，欧盟的"经营者集中"是指：两个或两个以上的从前独立的企业实施的合并行为；或者至少已经支配了一个企业的一个或一个以上的个人或企业，通过有价证券或资产的购

---

[1] 刘丽、陈彬：《欧盟控制企业集中法律制度研究》，北京理工大学出版社 2013 年版，第 62 页。

入、契约或其他任何方式，获得对其他的一个或一个以上企业的全部或部分的直接或间接的支配权的行为。由此我们可以看出，欧盟经营者集中规制规则所说的"经营者集中"，实际上是一个包括了独立的企业之间发生的合并、获得了对其他企业的直接或间接"支配权"的行为以及企业实施的"集中型合营行为"和"协调型的合营行为"在内的，范围相当广泛的概念。

　　然而，欧盟委员会经常把市场支配地位标准当作一种必要的结构标准。如果合并引起了不合适的市场结构，欧盟委员会经常可能因为合并中一家公司的市场份额超过 40%或者因为三家公司或两家公司的集中度达到或超过 70%就基于结构原因阻止合并。这种结构标准的依据是市场集中度越高，竞争就越可能无效，以及任何单个公司拥有的市场力会通过其拥有的市场份额所表现。然而，这种经常把现实作为结构来衡量的不完美描述并不能总是很好地显示市场内的竞争水平。例如，如果市场条件相对容易形成和维持卡特尔，那么即使在许多公司存在的情况下价格仍然会显著偏离竞争水平，特别是在透明的市场内，所有公司的定价都非常清晰的情况下。纯粹结构标准的根本问题是它没有认识到合并控制的关键所在，即合并是否将损害消费者福利。以 1997 年波音与麦道的合并为例，当事人合并后的市场份额将达到 70%，与合并前的市场份额相比，波音于合并后的市场份额提高了 6%。根据纯粹的结构理由，欧盟委员会没有对合并会怎样有害于消费者作出解释，就认为合并是有问题的。然而，事实上，在该合并中，消费者（如大的航空公司）都支持该合并交易，但是欧盟委员会依然对波音采取了重要的救济措施。市场支配地位标准既可以适用于合并的单边效果，例如 A 收购 B 引起价格的增长或产出的减少而没有涉及市场上的其他企业协调行为和未来的商业策略，也可以适用于协调影响，例如在企业与合并后的企业有集体支配的情况下，合并的效果会引起企业之间的协调行为。但是，标准无法适用于第三种情况，例如市场上第二大公司和第三大公司进行合并，合并的结果不可能出现协调影响，然而在市场上数量不多的参与者实际意味着这将出现不令人满意的结果，诸如消费价格的增长。与市场支配地位标准相比，严重减少竞争标准在这种情况下能够以一种相对直接的方式适用。[1]

欧盟经营者集中的形式包括组织合并、取得支配权、建立合营等，涉及事实合并。[2]我国的"企业并购"主要是指收购和兼并，"经营者集中"的概念比"企业并购"更广，两者的主要区别体现在前者所涉"控制权"的相关内容上，这在商务部《申报暂行办法》中可见一斑。"经营者集中"还应当涵盖能够直接或者间接对其他企业产生支配性影响以致能够改变市场结构的其他经济活动，如两个企业共同建立一个长期的且具有独立经济实体功能的合营企业，即它们共同的子公司。因为这个子公司的建立可以改变市场结构，这在《美国反托拉斯法》和《欧共体竞争法》中都被视为是企业合并行为。[3]美国并没有在成文法中给"企业合并"下定义，成文法上的合并只限于股份收购和资产收购，后法院通过扩大解释将一些涉及企业控制权移转的行为也纳入了《克莱顿法》第7条的管辖范围，并通过判例，认为《克莱顿法》适用一系列的能形成实际控制关系的交易形式。企业合并的真正涵义是指两个或者两个以上相

---

〔1〕 黄晋：《合并控制法：以美国和欧盟为视角》，社会科学文献出版社2013年版，第132页。

〔2〕 赖源河编审：《公平交易法新论》，中国政法大学出版社2002年版，第201页。

〔3〕 史建三等：《企业并购反垄断审查比较研究》，法律出版社2010年版，第57页。

互独立的企业合并为一个新企业，美国竞争法将"企业"的概念从"公司"扩展到"人"，企业合并的形式包括合并、取得股权、取得资产、合营、人事联合等。根据欧共体学者的观点，尽管"concentration"与"merger"在经济学上含义不同，但在竞争法中，二者的区别可以忽略不计。

有的学者则认为反垄断法中的企业兼并不同于企业法或公司法中的企业兼并，从而将企业兼并与企业合并互换使用，甚至将企业合并作为企业兼并的一种。由于企业法、公司法对企业兼并或公司合并进行调整是为了维护公司或企业债权人和股东的合法权益，确保交易的安全和稳定，而反垄断法对有关企业合并或企业兼并的调整是为了规范企业合并对市场竞争关系的影响。同时，反垄断法所关注的又不仅限于一般经济学上所讲的合并或兼并，因而在反垄断法中创设一个有着自身特定含义、包容范围更广的专用术语是必要的。我国《反垄断法》对"经营者集中"的定义借鉴了欧盟的做法。该法关于"经营者集中"概念的规定主要体现在第 12 条和第 20 条。第 12 条对"经营者"的概念进行了界定，第 20 条规定了"经营者集中"的概念，并用列举的方式对其外延作了规定。《中华人民共和国反垄断法》第 12 条规定："本法所称经营者，是指从事商品生产、经营或者提供服务的自然人、法人和其他组织。"第 20 条规定："经营者集中是指下列情形：(1)经营者合并；(2)经营者通过取得股权或者资产的方式取得对其他经营者的控制权；(3)经营者通过合同等方式取得对其他经营者的控制权或者能够对其他经营者施加决定性影响。"简而言之，反垄断法中的经营者的外延包括自然人、法人和其他组织，经营者集中的形式包括合并、持股、持资，以及以合同等方式取得控制权。有学者认为，我国反垄断法采用"经营者集中"的概念，虽然较诸以前的文本中使用的"企业合并""企业兼并"等概念更为准确，但仍不是最合适的，应该借鉴使用我国台湾地区"公平交易法"中的"企业结合"术语，以更适合地表达欧盟和有关国家竞争法上的"合并与获得控制"的含义。所谓企业结合，是指两个或两个以上的企业相互合并，或者一个或多个个人或企业对其他企业全部或部分获得控制，从而导致相互关系上持久变迁的行为。其中，合并包括一切形式的导致两个或者更多的各自独立的企业被一个新企业所取代或者合并成一个新企业的行为；获得控制是指通过股权和其他财产权利、合同等手段获得对一个企业行使决定性影响的可能行为。

第二节　企业并购行为样态

根据联合国贸易与发展会议的定义，并购具体包括两种形式：一是收购（cross-border acquisitions），企业收购当地企业或外国子公司10%以上的股权，将其控制权转移到自己手中。其中控股100%的，为全部收购（full or outright cross-border acquisitions）；控股50%~99%的，为多数收购（majority acquisition）；控股10%~49%的，为少数收购（minority acquisition）。二是兼并（cross-border mergers），当地企业与外国企业的资产和业务合并后建立一家新实体或现有的企业。这种合并可分为法定合并和平等合并。在前种情况下，只有一家公司继续存在，成为新成立的公司，承担起不再是法人实体的另一家公司的全部债务。

一、收购

（一）直接收购与间接收购

按收购企业和目标企业是否接触分为直接收购和间接收购。

与直接收购相比,间接收购受法律规定的制约较大,成功的概率也相对小一些。由于间接收购方式很容易引起股价的迅速上涨,同时,可能引起目标公司的激烈反应,因此,会提高收购的成本,增加收购的难度。

直接收购也称协议收购,是指收购企业根据自己的战略规划直接向目标企业提出购买其所有权的要求,或目标企业因经营不善以及遇到难以克服的困难而向收购企业主动提出转让所有权,并经双方磋商达成协议,完成所有权的转移。协议收购具有以下特点:(1)协议收购的主体具有特定性。协议收购股份的出让方为目标公司的特定股东,受让方为收购者。通过证券交易所集中竞价交易方式收购目标公司股份,其股份的出让方为收购者所不知。以要约收购方式收购股份,受要约方为目标公司的全体股东,股份的出让方具有不特定性。(2)协议收购以订立转让股份协议为形式要件。转让股份协议的内容主要包括股份的种类、性质、转让价格、期限、价金交付方式、股份的登记过户手续等。(3)协议收购的交易程序和法律规制相对简单,可以迅速取得对目标公司的控制权,由于不在证券交易所内进行,不必交任何佣金或费用,可以大大降低收购成本。(4)协议收购对证券交易所的股票价格不直接产生影响,可以减少对股市的冲击,在一定意义上有利于证券市场的稳定。但另一方面,由于协议收购在信息公开、机会均等、交易公正方面具有很大的局限性,政府证券主管部门很难对此实施全面、有效的监管,不利于保护广大公众投资者的利益,因此协议收购在大多数国家并不被允许,目前只有英国、美国、澳大利亚等少数几个证券市场发达、监控措施完备的国家存在上市公司协议收购现象。协议收购在我国的意义,主要在于解决国有股、法人股的流通问题。我国上市公司中的绝大部分都是由国有企业改造而成的，形成了以国有股和法人股为主体的股权结构。在国有资产管理体制改革中，出资人代表不在位的现象比较普遍，相当多的上市公司仍然直接或间接受到行政管理部门的种种不恰当干预。而且相当多的以国有股为大股东的公司是由母公司资产剥离包装后上市的，母公司原有的优良资产和精良人员构成了上市公司的主体，而非主业和不良资产以及辅业人员则留在了母公司，这就使得这类上市公司在人员、业务、利益等诸多方面都与其母公司存在千丝万缕的联系。同时，其董事会成员和经理人员的构成往往难以按全体股东的意愿去选择和确定，既缺乏合理合法的、充分的激励，又缺乏严格规范的、有效的约束。因此，从盘活国有资产，加快国有股、法人股的减持、流通的角度看，协议收购是一种不得不采取的方法，发生于1994年上半年的珠海恒通股份有限公司协议收购棱光实业股份有限公司35.5%的国有股即是显例。但是，这个历史遗留问题一旦得到解决，协议收购便会丧失其积极意义。协议收购本身具有许多弊端，不利于对公众投资者利益的保护。协议收购在对象上只针对部分股东，在价格上每一笔交易各不相同，这就从根本上排除了另一部分股东（其中更多的是中小股东）参与竞争的可能，这就带来了中小股东与大股东之间利益不均衡的问题，很难体现证券市场的公平、公正、公开原则。另外，由于协议收购是私下进行的，有关信息一般并不公开，因此不利于其他股东利益的保护，即使达成协议后及时予以披露，这种信息公开也是不全面、不充分的。因此，世界上多数国家的法律都排除了对上市公司协议收购的合法性，即使是少数允许对上市公司进行协议收购的国家，也对协议收购进行了相当多的限制。例如，在英国，经证券管理部门批准，投资者在特定情况下可以协议收购上市公司，但不得在要约收购期间内进行。

这主要是为了防止投资者在要约收购期间内以高于要约的价格另外购进股份，损害广大受要约人的利益。在澳大利亚，投资者可在要约收购的同时，协议收购上市公司的股份，但协议收购价格不得高于要约价格，否则必须提高要约价格至同一水平。这是为了确保全体目标公司股东在股份上的平等权利，贯彻证券市场的公平原则。在美国，法院的判例确定了一个颇具特色的收购规则：如果协议收购人在以某种方式公开其收购意图的情况下，直接从证券交易场所外购进大量股份，则这种协议收购将在实际上构成一个公开要约，协议收购人必须依照《威廉姆斯法案》规定的程序和格式，向全体目标公司股东发出公开收购要约。美国法之所以作这样的规定，是基于以下的观点：如果协议收购人在公布收购意图的情况下，大量购进目标公司部分股东之股份，那么其余的股东在缺乏对收购人的了解及有关信息披露的情况下，极易作出错误判断。由于害怕目标公司控制权落入不明收购人手中之后影响其权益，即急欲出售其股份，而这无疑会损害这部分股东的权益，因此，在这种情况下，法律应要求收购人公布其身份、背景，披露有关信息，发出保护性的公开收购要约，以贯彻证券市场的公平原则。公司的股东可以从中获得较高的溢价。

间接收购又称要约收购或标购，在美国称为"Tender Offer"，在英国称为"Takeover Bid"，在日本称为"公开买付"，是指收购企业在没有向目标企业发出收购请求的情况下，直接通过在证券市场收购目标企业的股票，取得或强化对目标企业的控制权。要约收购与协议收购的主要区别在于，前者面向全体股东，要约价格也适用于全体股东，而后者则面向部分大股东，收购的价格可以随不同股东而异。要约收购在国际资本市场中发生的比例远高于协议转让。虽然我国于1993年颁布的《股票发行与交易管理暂行条例》、1998 年颁布的《中华人民共和国证券法》、2002 年颁布的《上市公司收购管理办法》都有较多的条文对要约收购做了规定，但直到 2003 年，我国首例要约收购才姗姗来迟，即"南京钢铁联合有限公司对南钢股份的要约收购案"，并且该案及其后发生的"美罗药业要约收购案""大厦股份要约收购案"等案，最终都以"零预售、零撤回"草草结尾。这些轰轰烈烈的要约收购之所以乏人问津，绝非偶然。揆其原因在于，要约收购分为主动要约收购与被动要约收购。主动要约收购是收购方为了获得或者巩固控制权而主动发起的行为；而被动要约收购则并非为了获得或者巩固其控制权，因为触及强制要约收购义务而被迫进行的，必须以全面要约方式。这种纯粹为了履行全面强制要约收购义务的被动要约收购自然会在规则允许的情况下选择最低价格，尽量避免购进股份，根本不需要目标公司股东接受其要约。事实上，此前社会各界对控股权转让时中国证监会几乎无一例外地给予收购方全面要约收购义务的豁免颇为不满，2002 年出台的《上市公司并购管理办法》第一次明确提出了豁免要约收购的条件，南钢联合发起要约就是为了履行因协议收购而触发的全面要约收购的义务，而其后发生的要约收购不过是在豁免尝试未果后受南钢做法的启发发起的例行公事，可谓"逼上梁山"，情非所愿，以全面要约之名行协议收购之实而已，无怪乎被各方指斥为"作秀""走过场"和为了不违背相关的规定而装门面的"非典型性豁免"，无需申请证监会的豁免而得到市场的豁免。《上市公司收购管理办法》第 34 条规定："收购人确定要约收购价格，应当遵循以下原则：（一）要约收购挂牌交易的同一种类股票的价格不低于下列价格中较高者：1. 在提示性公告日前 6 个月内，收购人买入被收购公司挂牌交易的该种股票所支付的最高价格；2. 在提示性公告日前 30 个交易日内，被收购公司挂牌交易的该种股票的每日加权平均价格的算术平均值的 90%。（二）要约收购未挂牌交易股票的价格不低于下列价格中较高者：1. 在提示性公告日前 6 个月内，收购人取得被收购公司未挂牌交易股票所支付的最高价格；2. 被收购公司最近一期经审计的每股净资产值。"根据联合钢铁公司公布的收购建议，240 万法人股的要约价格为每股 3.81 元，是南钢股份公告前 6 个月每股市值的评估，14 400 万流通股的要约价格为每股 5.86 元，为公告前 30 个交易日的每日加权平均价格的算术平均值的 90%。从南钢股份开始上市以来，其价格除在 2002 年底和 2003 年初的一周左右跌到过 5.6 元左右外，其余时间的价格均在 6 元~11 元之间波动，平均价格在 8 元钱左右。特别是在南钢股份要约收购公布以后，其股价更是扶摇直上。出于节省收购成本的考虑，南钢股份提供的要约收购价格为 5.86 元，按照"加权平均价格的算术平均值的 90%"的价格，显然是低于流通股东的持股成本，但却合乎法律的规定，无一股流通股愿意蚀本受约自然尽在意料之中。[1]在我国现有股权分割的市场结构和与其相关的并购监管环境中，在未来相当长的一段时期内，真正出于自愿性的全面要约收购尚难成为证券市场收购的主流模式，但不可否认，要约收购引入了竞争机制，可以有效避免地暗箱操作从而使得收购价格合理化，对推动上市公司并购行为的市场化具有显著的积极意义，应该成为一种积极鼓励的方向。

（二）现金收购、换股收购与综合收购

按收购的出资方式，可将公司收购划分为现金收购、股票收购和综合证券收购。现金收购包括出资购买资产式收购、出

〔1〕 王建文："我国要约收购制度研判与建构"，载《甘肃政法学院学报》2016 年第 1 期。

资购买股票式收购，股票收购包括以股票换取资产式收购、以股票换取股票式收购。

出资购买资产式收购，指收购公司使用现金购买目标公司全部或绝大部分资产以实现收购。以现金购买资产形式的收购，被收购公司按购买法或权益合并法计算资产价值并入收购公司，原有法人地位及纳税户头消灭。

出资购买股票式收购，指收购公司使用现金、债券等方式购买目标公司的一部分股票，以实现控制后者资产及经营权的目标。出资购买股票可以通过一级市场进行，也可以通过二级市场进行。

以股票换取资产式收购，指收购公司向目标公司发行自己的股票以交换目标公司的大部分资产。一般情况下，收购公司同意承担目标公司的债务责任，但双方可以作出特殊约定，如收购公司有选择地承担目标公司的部分责任。在此类收购中，目标公司应承担两项义务，即同意解散目标公司，并把所持有的收购公司股票分配给目标公司股东。

以股票换取股票式收购，指收购公司直接向目标公司股东发行收购公司的股票，以交换目标公司的大部分股票。一般而言，交换的股票数量应至少达到收购公司能控制目标公司的足够表决权数。如此，目标公司就会成为收购公司的子公司，也可能通过解散而并入收购公司中。但不论在哪种情况下，目标公司的资产都会在收购公司的直接控制下。从企业收购角度而言，股份转换或股份交换交易（exchange of shares or share exchange transaction）乃收购公司及目标公司相互间所为的企业组织再造行为，因为股份转换的结果，除公司资本增加、股东结构变动外，更重要者，在关系企业或控股公司的形成导致企业组织结构变动。可见，股份转换实有别于一般所称的股份买卖或交易，因为股份买卖或交易仅为公司股东与他人所为的交易行为，并不能对公司资本或组织结构造成影响。股份转换制度系指公司股份"强制"全部地转换，故须经股东会特别决议通过始得为之，一旦目标公司的股东会通过股份转换案，除反对股东得行使股权（份）回购请求权外，目标公司股东有将其全部股份与收购公司进行换股的义务。反之，股份交换对于目标公司中其他股东并无强制力，目标公司的其他股东得自由决定是否接受收购公司所提出之条件，如不接受，仍得保有其对被收购公司原持有的股权。由此可见，股份交换仅为公司间策略联盟制度，只需董事会决议通过，即可发行新股作为股份交换对价。[1]收购公司以现金或现金与发行新股的组合方式作为取得目标公司全部股份的对价，在美国学理上均被称为股份交换交易，但非股份与股份交换称为股份转换交易在我国台湾地区学界则被认为是名实相乖。股份转换交易的重点在于，其中一公司全部已发行股份于此交易完成后由另一公司所持有，从而达到与三角合并相同的结果。[2]在换股收购中，收购公司需将目标公司的股票按一定比例换成本公司的股票，对于收购公司来说，其虽无需支付大量现金，但新增发的股票会改变公司原有的股权结构，导致股东权益的淡化，甚至可能使原先的股东丧失对公司的控制权，所以在实际上亦等同于支付了收购费用。

综合收购是指收购者用现金、股票及可转换公司债等现金与多种证券组合来进行收购，这一收购方式可以有效地缓解现金收购带来的融资压力。2004 年 12 月，联想以"现金+换股+承担债务"的方式收购了 IBM 全球 PC 业务，交易总金额达

---

〔1〕　王文宇：《公司法论》（第 2 版），元照出版公司 2005 年版，第 147 页。

〔2〕　王文杰主编：《公司法发展之走向》，清华大学出版社 2004 年版，第 214页。

17.5 亿美元，从而一跃成为世界第三大 PC 厂商。这就是典型的综合收购。

（三）杠杆收购和非杠杆收购

按是否利用目标公司本身资产来支付收购资金，可将收购划分为杠杆收购和非杠杆收购。杠杆收购（Leverage buy-out）简称 LOB，指收购公司通过举债（有时可以被收购公司的资产和未来的收益作为抵押）筹集资金，利用目标公司资产的经营收入来支付兼并价款或作为此种支付的金融贷款担保。杠杆是西方公司财务的一个重要概念，意指公司通过借进资本或发行优先股而取得的金融资产。实质上，杠杆收购就是一个公司主要通过借贷来获取收购目标公司的资金。换言之，收购公司不必拥有巨额资金，只需准备少量现金（用以支付收购过程中必需的律师、会计师等费用），加上以目标公司的资产用运营所得作为融资担保、还款来源所贷得的金额，即可收购任何规模的公司。由于此种收购方式在操作原理上类似杠杆，故而得名。亨利·克拉维斯（Henry R. Kravis）和表弟乔治·罗伯茨二人并不是杠杆收购的发明者，但绝对是这种市场力量的最大成就者。他们执掌美国最大的杠杆收购合伙公司科尔伯格-克拉维斯-罗伯茨有限公司（Kohlberg Kravis Roberts & Co. L. P.，KKR），在 20 世纪 80 年代成了华尔街的杠杆收购之王，历史上迄今为止最大的 5 个杠杆收购案例中有 3 个都是出自他们的主导或参与，尤其是其在 1988～1989 年间以 300 多亿美元的价格收购了美国食品烟草企业雷诺兹-纳贝斯克（R. J. R Nabisco），不仅稳坐史上金额最高的融资并购案宝座长达十余年，更是成了畅销书《门口的野蛮人》（Barbarians at the Gate）及同名电影的故事和人物原型。他们轻松地从投资者处募集资金，从银行借款，利用这些资金收购企业，重新梳理和安排这些企业的财务，随后安排被购企业上市并快速获取利润。在杠杆收购中，公司或个体利用自己的资产作为债务抵押，收购另一家公司。同时，收购方以目标公司资产及未来收益作为借贷抵押。借贷利息将通过被收购公司的未来现金流来支付。非杠杆收购又称自有资金收购，指不用目标公司自有资金及营运所得来支付或担保支付收购价金的收购方式，早期收购风潮中的收购形式多属此类。但非杠杆收购不意味着收购不用举债即可负担收购价金。在实践中，几乎所有的收购都是利用银行贷款完成的，所不同的只是贷款数额的多少而已。杠杆收购与传统的以自有资金收购的区别在于：其一，收购公司用于收购目标公司的自有资金与收购总价款相比微不足道，前者往往只占后者的 10% ~ 15%，故又被称为高负债收购；其二，绝大部分收购资金都是通过借贷而来的，贷款人可能是金融机构、信托基金、个人，甚至是目标公司的股东；其三，用来偿还贷款的款项来自于目标公司的运营收入，因此，对于出售股权的目标公司原股东来说，是拿自己将来的收益支付自己当前的售价；其四，筹资结构的变化，使得公司在杠杆收购中引起的负债主要由目标公司的资产或现金流入量来偿还，即贷出绝大部分收购资金的债权人只能向目标公司求偿（如果收购成功后该目标公司仍为独立法人），而无法向真正的借款方收购公司求偿。实际上，贷款方往往会要求在目标公司的资产上设置担保，以确保优先受偿。在杠杆收购中，收购者首先大量举债收购公司，然后对企业进行重组，使其产生较高的现金流，用以支付因收购而产生的高额债务。随着债务的降低，公司的股本价值日益提高，使收购者获得较高的利润。因为需要巨大的负债风险，完成这样的收购往往需要收购者具有精准的眼光和判断力，而且要非常善于运作和运用别人的钱，因此时常被称为"并购艺术家"。因为需要高额的负债，风险增大，在遇到经济衰退或金融风暴时，杠杆收购往往会损失惨重。

银行所仰赖的不仅仅是储户们的存款。随着政府对金融业监管的松懈，银行也开始大张旗鼓地提升其杠杆比例。从银行业的历史来看，银行贷款额往往会高于其自身的资本金，而这中间的差额则通常以拆借的方式来弥补。在 20 世纪 50 年代和 60 年代，这一贷款额和资本金的比例通常为 4∶1 或 5∶1，10∶1 的情况十分罕见。为了获得更高额的回报，金融机构开始大量运用杠杆原理，以求大幅提升贷款额。这意味着银行可以在瞬间如变魔术般地变出更多的现金，这些现金摇身一变，便会为银行带来更多的利润、手续费和红利。2010 年《金融时代》（*Financial Times*）专栏作家马丁·沃尔夫（Martin H. Wolf）撰文写道："现代的货币体系，就是一个钱生钱的机制，除此以外，一无是处。"[1]1974 年，国际金融监管组织在瑞士的巴塞尔召开会议，以制定新规则，来约束银行的杠杆水平。按照《巴塞尔协议》的规定，银行的流动准备金在其投资和贷款额中的比重不低于 8%。但银行很快就发现了协议中的灰色地带，并发明了诸多高风险、新型的金融衍生品进行监管规避。截至 2008 年，全球金融衍生品的市值近 60 万亿美元，相当于全球实物产品和服务产品总和的 10 倍。在 20 世纪 90 年代期间，英国皇家苏格拉银行还只是一家小型的地方性银行，但在数年间就一跃成为全世界顶尖的五大银行之一。其 2007 年的贷款额是其存款金的四十多倍，大大超出了《巴塞尔协议》的规定。同年，高盛、摩根士丹利和美林集团等数家美国顶尖投资银行的"杠杆比率"，也都在 30∶1 至 50∶1 之间。这些只是短期的贷款水

---

[1] [英] 斯图尔特·兰斯利：《财富的逻辑》，陆景明译，中国友谊出版公司 2013 年版，第 138 页。

平，每隔数月，各投行还要针对其债务情况，进行再融资。以前，政府还会对如此高额的放贷行为予以监管，但到了90年代后期，金融界被奉若神明，政府给予了其高度的自由度，各投行为所欲为地扩充其现金基础。在杠杆作用的影响下，全球的流动性现金总量骤然提升，给众多的企业的并购浪潮提供了坚实有力的金融基础。[1]恶意收购的融资方式从银行贷款转变为发行以目标公司资产作为偿还保证的垃圾债券（Junk Bond，风险债券），出价人自有资金只占一小部分。出价收购一旦成功，垃圾债券会以很高的利率获得偿还并完成其循环过程，而偿还该债券的现金来自出价人在收购成功后以目标公司的现金或将其重要资产出售套现所得。发起恶意收购的内线，亟须大量资金，所以会承诺以高利息贷款，由最终屈服的公司在完成收购后支付。超负荷加杠杆收购把企业界和金融界带入了"核金融"时代。收购中银行贷款和垃圾债券的广泛应用，使20世纪80年代早期巴西、扎伊尔或者阿根廷都能从西方银行获取巨资，直至连利息都无法偿还，更遑论归还本金，但即使如此，美国商业银行受制于传统的利润来源，都在寻找新的利润增长点，特别欢迎愿意支付高利息的贷款者。位于芝加哥的伊利诺伊州大陆国民银行等大型银行还是热切期望能抢购高回报，有时甚至是欺骗性的贷款项目。

（四）善意收购与敌意收购、恶意收购

按收购是否取得目标公司的同意与合作，可将收购划分为善意收购（friendly takeover）和敌意收购（hostile takeover）。

在美国和英国，主要的外部治理机制是公司控制权市场。其运行的三种方式是代理权之争、善意收购和敌意收购。代理

---

〔1〕〔英〕斯图尔特·兰斯利：《财富的逻辑》，陆景明译，中国友谊出版公司2013年版，第138页。

权之争被普遍认为是约束管理者的一种无效手段；善意收购可以产生效率收益但并不能解决代理问题；这就使恶意收购成了约束管理者的主要方式，市场能够接管一个管理不善或业绩不佳的公司并替换管理层或改变公司的发展方向。

善意收购也被称为协议收购，通常指目标公司同意收购公司提出的收购条件并承诺给予协助，故双方高层通过协商来决定收购的具体安排，如收购方式、收购价位、人事安排、资产处置等。由于双方均有收购意愿，而且以友好协商的方式进行，所以此类收购两相情愿，成功率较高。

敌意收购或称强迫接管收购，指收购公司在目标公司管理层对其收购意图尚不知晓时，事先并不与目标公司进行协商，而突然直接向目标公司股东开出价格或收购要约或在目标公司管理层持反对态度的情况下，收购方不顾目标公司的意愿而采取非协商购买的手段，强行进行旨在掌握目标公司的控制权的要约收购与集中竞价交易收购的行为。在正常情况下，敌意收购方由于不能获得目标公司董事会的合作，只能另寻他途，绕过目标公司管理层而直接寻求与目标公司股东进行交易，只能采取股权收购的交易形式。私下协议转让（Bulk Transfer）、二级市场爬行收购和要约收购均可作为敌意收购的交易形式，但在实践中由于私下协议转让与二级市场爬行收购获得目标公司控制权的成本过高不易成功，因此，敌意收购一般采取要约收购的交易形式。例如，1999 年英国沃达丰电信公司（Vodafone Airtouch Plc）欲动用巨资收购德国曼内斯曼公司（Mannesmann AG）超过一半以上股权。面对这种敌意收购行为，作为德国老牌电信公司的曼内斯曼强烈抵抗，甚至曾在总部门前挂出上书"非卖品"的巨大横幅。这次收购金额为 456 亿美元，超过了美国在线收购时代-华纳公司的交易金额，被评论家称为成为攻克德国经济体系堡垒的一发举足轻重的炮弹，是盎格鲁-美利坚模式的敌意收购要约在德国获得的首次成功。2006 年，美国最大的电子证券交易所纳斯达克（Nasdaq）在持有伦敦证券交易所（London Stock Exchange，LSE）30%的股票后着手合并伦敦证券交易所，遭到拒绝。于是纳斯达克对伦敦证券交易所展开敌意收购，经过 3 个月的较量，以失败告终。在 1986 年 11 月至 1988 年 10 月的两年间，世界知名跨国公司吉列公司经历了分别来自派瑞曼-露华浓公司和康尼斯顿公司两个敌意收购方的四次收购攻势。

在善意收购、敌意收购之外，还有一种被称为恶意收购的收购活动。敌意收购是与友好收购相对的概念，二者区分的标准为收购行为是否得到目标公司管理层和控股股东的支持。[1]而恶意收购是与善意收购相对的概念，二者区分的标准是对收购行为的动机、目的、手段及后果进行道德判断和价值判断。友好收购是目标公司管理层合作的收购，善意收购是收购方致力于对目标公司妥善经营的收购。敌意收购是目标公司管理层所反对的收购，而恶意收购是指收购方在完成收购后对整个目标公司做出十分不利的处理，如分拆后出卖的"粉碎性收购"。敌意收购在收购完成后可能致力于目标公司的进一步发展壮大，会对目标公司进行妥善经营，而恶意收购方对目标公司则无意持久经营，只求获得收购中的短期利益。因此，"友好收并购不代表收购行为不含掏空或肢解目标公司的恶意，而敌意收购也完全有可能是本着为提升目标公司整体价值的善意而进行。"[2]

---

〔1〕　徐洪涛：《公司反收购法律制度研究》，深圳证券交易所研究报告 2006 年版，第 5 页。

〔2〕　张子学："公司收购防御法律规制研究"，中国政法大学 2008 年博士学位论文，第 6 页。

与善意收购一样，敌意收购也是合法的收购行为，不应因此而当然认为系属不当而加以非难[1]，而恶意收购则可以是对立于善意收购和敌意收购的非法收购行为，是指蓄谋已久、通过不正当手段（如幕后交易、联手操纵、欺诈行为、散布谣言等）而涉嫌违反国家有关法律的收购行为。恶意收购有如下特征：（1）突袭性。收购方选中目标公司，制造一整套收购计划，事先未做充分信息披露和声明而在对目标公司形成包围之势后采取突然袭击的形式掌握某公司控股权或合并某公司，使有关当事人和广大投资者、社会公众利益受到不正当、不公平的损害行为。（2）掠夺性。收购方主要是通过大量举债，即发行"垃圾债券"形式或依靠银行的信贷资金抢购吞并它选中的目标，常常引发信用膨胀。（3）欺骗性。收购方常常会制造种种假象或不真实的信息披露来骗取银行的贷款，或用金钱贿赂有关人士与官员。1999年9月，《证券法》正式施行仅2个月，我国的证券市场就发生了恶意收购事件。广州天马集团上海公司在上海证券交易所大量购入上海家化公司的股票，并据此要求上海家化公司召开董事会，重新选举董事长，以此达到天马集团控制上海家化的目的。此事引起了当时的中国证监会的关注，证监会对此次收购开展了认真调查，查明这是一起广州天马集团经过周密策划而实施的恶意收购事件。9月29日，天马上海公司通过场上交易，已秘密持有上海家化公司上市流通股票的4.56%。而其关联公司——广州天源食品公司和深圳康宝电子公司——在9月28日所持有的上海家化股票即已分别达到4.52%和1.57%，合计达6.09%，因此，9月29日天马集团上海公司及其关联企业持有上海家化公司的股票实际为10.65%。在已经远

---

[1] 新谷勝：『敵対の企業買収——原因と対策に関する法律問題のすべて』，税務経理協會，2004年，8頁。

远超过 5% 的法定报告比例的情况下，天马上海公司于 9 月 30 日下单扫盘（即无论该股票价位多高，一律买进）。在此过程中，天马上海公司的关联企业——天源食品公司和康宝电子公司——于当日将其持有的上海家化公司股票共计 114.77 万股，通过上海证券交易所的交易系统卖给天马上海公司，另外 24.6 万股卖给其他股民。至此，天马上海公司才向中国证监会和上海证交所报告和公告其持股比例已超过 5%。而实际上，上述三个公司合计持有的上海家化股票已达 17.07%。对于此次严重的违法违规行为，中国证监会经过调查后认为，法人在证券市场上通过大量购买上市公司的股票，从而成为某上市公司的大股东或达到控股地位，进而达到"借壳上市"或者其他企业发展目的，是证券市场中的正常现象，对此证券主管部门和证券交易所一般不予干预。但是，这种市场活动必须依照法律的规定来进行。任何单位或个人在股票交易过程中采用非法手段牟取暴利致使投资大众的利益受到损害，一经查处，必须依法进行处罚。广州天马集团上海公司认为自己的收购行为是善意收购，只是在收购过程中疏忽大意而未能及时报告并公告，而中国证监会则认定这是一起明显的恶意收购事件。

敌意收购有如下特征：（1）股份的自由流通性。敌意收购的最主要特征就是不经过目标公司管理层的同意而强行取得控制权，其主要行为就是在证券市场上收购目标公司的股份。因此，企业外部流通股的存在是敌意收购发生的先决条件。（2）流通股股权的分散性。股权分散度越小，股权越集中，企业被敌意收购的机会就越小；反之，被敌意收购的可能性便越大。股权的极度分散使得任何单个中小股东都无法对企业的重大决策造成影响，且在流通股股东中，投资、投机性股东占绝大多数，不愿意付出努力改善企业的经营业绩，"搭便车"行为严重。由于被收购公司的股东可以高价将股票卖给收购者，他们往往同意"敌意收购者"的计划。而按照传统的公司法，经理必须并且仅仅对股东股票价值最大化负责，那么经理就有义务接受"敌意收购"。事实上，被收购公司的股东在20世纪80年代大都发了大财，因为收购者提供的价格一般都比原股票价格高50%甚至100%一倍以上。敌意收购者通常会高价购买目标公司的股票，然后重组公司高层管理人员，改变公司经营方针，并解雇大量工人。日本早在1971年就在《证券交易法》中对要约收购进行了规范。可能是由于政府规制过度，日本证券市场很少有要约收购。在1971~1990年之间，一共只有3宗要约收购。1990年日本修改其有关规定，要约收购逐步增加。直至1993年底，已经有9宗要约收购。目前尚没有出现成功的恶意收购。德国自第二次世界大战以后仅有三个恶意收购案例，这在德国公司治理结构领域反响很大，吸引了众多专家学者和实务界的注意力。这三大恶意收购分别是：（1）1988年以弗利克（Flick）兄弟为首的投资者收购斐尔得穆尔·诺贝尔公司（Feldmuhle Nobel），1989年又由维巴收购；（2）湃尔利公司（Pierelli）于1990年和1991年收购大陆公司；（3）克虏伯公司于1991年和1992年收购霍茨公司。

　　潜在买家在友好收购过程中与目标公司的管理层进行谈判，在敌意收购的框架下（可能是在与管理层的对话失败后）会直接找目标对象的所有者，并在实践操作中形成不同的敌意收购方法：公开收购要约、打包购买以及通过证券交易所购买。如果目标企业的股票不能自由流通，而个别投资者拥有大宗股票，那么买方就可以通过打包购买取得对目标公司的控制权。这里，买方通过支付打包附加费可以直接从所有者那里获得一只或多只大宗股票。用这种方式，买方不必事先宣布公开收购要约，也有可能获得对一家企业的控制权。在这样行动的过程中，《德国证券收购和接管法》（Wertpapiererwerbs – und Übernahmegesetz, WpÜG）要求，如果买方股权界限达到了 30%，那么买方要向所有其余股东提交强制要约。第三种控制一家上市企业的方法是通过证券交易所购买。这时必须注意，由于收购尝试产生的需求增加可能会导致交易所行情上涨，从而导致收购方实际上同样要支付"收购溢价"。此外，这里也适用当买方企业超过 30% 的股权界限时，必须向所有还留下的股东做公开收购要约。[1] 如果一家公司持续经营不善，那么公司的股价就会下跌到低谷，使公司成为其他公司抄底收购的对象。当收购要约被目标公司（卖家）的管理层拒绝时，该收购就会被定义为敌意收购。收购公司（买家）可以绕过目标公司的管理层，以要约收购（tender offer）的方式直接向目标公司的股东购买股票。一旦收购成功，收购公司通常会辞退目标公司的管理层，因为目标公司之前的经营不善通常是由管理层所引起的。这种收购和辞退的威胁，会使上市公司的管理层兢兢业业地工作以防止股价下跌和被收购的厄运。所以，敌意收购会对公司治理产生正面作用。

在这类收购中，收购公司往往会采取突然的收购手段，提出苛刻的收购条件而使目标公司不能接受，目标公司原来的大股东及经营管理人员在得知收购公司的收购意图后不愿意放弃自己对公司的控制权，不愿意看到公司被人控制、兼并，可能采取诉诸反托拉斯法、发行新股以分散股权、回购本公司已发行在外的股份等一系列的反收购措施。同样，收购公司在得知目标公司的激烈反应后也会采取一些手段，包括发行垃圾债券筹资收购、发出公开收购要约、征集目标公司股东的投票书或

[1]　[德] 马丁·格劳姆、托马斯·赫特施莱因特：《兼并重组：企业外部扩张管理》，王煦逸编译，上海财经大学出版社 2014 年版，第 225 页。

高价收购目标企业的股票（称为"标购"）等，强迫目标公司最终就范。在敌意收购中，收购企业不如善意收购那么能够得到目标企业的充分材料，当事人双方采用各种攻防策略，通过收购、反收购的激烈战斗完成收购行为，以强烈的对抗性为其基本特征。善意收购通常采取协议收购方式，而敌意收购主要有两种方法：第一种是狗熊式拥抱（bear hug）；第二种则是狙击式公开购买。

狗熊式拥抱在业内又被称为"高点强攻"或者"帽子戏法"（hat trick），是一种主动的、公开的、比较强势的要约收购策略，指敌意收购者投书给目标公司的董事会，允诺高价收购该公司股票，要求董事会以股东利益为重接受报价，董事会出于责任要把信件公布于全体股东，而分散的股东在收购建议公之于众后往往会受优惠价格的诱惑而迫使董事会接受报价。在这一过程中，收购方要约的高位溢价有很大的吸引力，董事会出于义务必须要把该要约向全体股东公布，部分股东往往为其利益所吸引而向董事会施压要求其接受报价，而董事会又有义务给股东最丰厚的回报，同时面临收购方和股东的压力，使得目标公司的管理层感觉犹如被狗熊拥抱一样，故而得名。[1]严格而论，狗熊式拥抱的方法其实介于敌意收购和善意收购之间，既不像敌意收购那样对目标采取"突袭"策略，也不像善意收购那样与目标公司经营者达成默契，而是采取公开寻求股东支持的方式作为先行措施促使收购成功，攻击性不太强烈，[2]常常会在协议收购失败后被采用。因为绿票讹诈而备受指责的布

---

〔1〕 Patrick A. Gaughan, *Mergers, Acquisitions and Corporate Restructurings*, Hoboken, New Jersey: John Wiley & Sons, Inc., 2011, p. 247.

〔2〕 Patrick A. Gaughan, *Mergers, Acquisitions and Corporate Restructurings*, Hoboken, New Jersey: John Wiley & Sons, Inc., 2011, p. 243.

恩·皮肯斯（T. Boone Pickens）等都是狗熊式拥抱的积极使用者。在后来的并购浪潮中，由于毒丸计划的效力日益增强，狗熊式拥抱的有效性在某种程度上有所减弱。[1]狗熊式拥抱比较省时省力，可以减少敌意收购可能产生的目标公司核心员工流失和员工士气涣散等负面影响。[2]例如，IBM 和软件商莲花公司（Lotus Development Corporation）的并购谈判已经持续很长时间，步履蹇滞。1995 年 6 月，一向保守的 IBM 突然先发制人宣布以 60 美元的价格进行要约收购，在消息公之于众前一个星期，莲花公司的股票价格为每股 30 美元，溢价 100%。IBM 果断提出的敌意开价如此之高，所向披靡，足以令"白衣骑士"望而生畏，退避三舍，使得目标公司的股东心甘情愿地出让其股票，甚至连管理层亦拒之不能。因为 IBM 的现金储备量在 100亿美元以上，没有信口开河的迹象，所以莲花公司的董事会最后化干戈为玉帛，接受了每股 64 美元的收购价格，敌意收购转化为善意收购。[3]作为狗熊式拥抱的变种，铁钳式拥抱的突袭者不仅通知目标公司自己的意图，而且通过宣传其对目标公司股票的竞价来增加压力。

狙击式公开购买，一般指在目标公司经营不善而出现问题或在股市下跌的情况下，收购方与目标公司既不做事先的沟通，也没有警示，而直接在市场上展开收购伏击行为。狙击式公开购买最初通常是隐蔽的，在准备得当后才开始向目标公司发难。在狙击式公开购买中，收购公司会先在市场上购买目标公司的

---

　　[1]　Patrick A. Gaughan, *Mergers, Acquisitions and Corporate Restructurings*, Hoboken, New Jersey: John Wiley & Sons, Inc. , 2011, p. 248.

　　[2]　Patrick A. Gaughan, *Mergers, Acquisitions and Corporate Restructurings*, Hoboken, New Jersey: John Wiley & Sons, Inc. , 2011, p. 249.

　　[3]　[美] 尤金·F. 布里格姆、乔尔·F. 休斯敦：《财务管理基础》，张志强、王春香译，中信出版社 2004 年版，第 837 页。

股票，持有或控制该公司股票的比例通常为 5%（有的国家和地区，如我国规定，这时需要公告该事实，无法隐瞒），接着再视目标公司的反应进行下一步的行动，例如增持股份或增加控制。若收购不成，还可以高价售出股票，从中获利。除了收购目标公司的股票外，收购人还可以收购其中小股东的投票委托书。如果收购人能够获得足够多的投票委托书，使其投票表决权超过目标公司的管理层，那么就可以设法改组目标公司的董事会，最终达到合并的目的。[1]一般来说，这种手段针对的是公司股权相对分散或公司股价被明显低估的目标公司。

　　根据《美国 1968 年威廉姆斯法案》（Williams Act 1968），收购公司在完成"立足点"股票收购以后，如果想要控股 50%以上，必须以要约收购的公司直接向目标公司的股东收购剩余的所有流通股票。因为股票的控制权是非常重要的，要约收购的价格往往高于股票交易所的价格，这种价差被称为收购溢价。一般来讲，美国公司并购的平均溢价水平为 60%左右，这会使得很多潜在的收购公司望而却步。许多企业都希望从其他企业那里购买稀缺的、有价值的资产，然而，正如俗话所说的"只有买错没有卖错"，稀缺的、有价值的资产所有者通常也不会愚蠢地将黄金当成废铜卖。如果不是远远高出市场价值，资产所有者是不会出售的。就最低限度来说，所卖出的价钱与资产在未来所创造的全部利润的折扣价要相等。对于这样的价格来说，除非交易活动的买方能够发现更好、生产率更高的方法来使用这些资产，否则买方最多也就是得到盈亏平衡的结果。尽管这样，不少企业仍然追逐着购买稀缺资产，相信自己在这些资产中可以挤出更多的利润。然而，实证研究的结果表明，试图通

---

　　〔1〕　黄中文等：《企业并购：理论与实践》，社会科学文献出版社 2008 年版，第 334 页。

过购买稀缺资产来盈利的行动并不能获利，相反，一家公司在
收购另一家公司的时候，通常会遇到很多竞争性买家一起竞标，
目标公司和它的股东根据竞标价格的高低决定是否出售股份及
将股份出售给谁。为了在竞标中胜出，收购公司需要给出足够
高的竞标价格以击败竞争对手，胜出者的最终竞价会被过度哄
抬，往往高于目标公司的真实价格及收购带来的协同效应价值，
所费不菲，因而收购公司会面临"赢即是输"的所谓"赢家的
诅咒"（winner's curse），表面风风光光的赢家很有可能反而是
真正的输家，[1]赢了交易却输了金钱，在并购成功签约、挣到
了面子的同时接手的却是一个麻烦多多或者因出价太高而并不
合算的"烫手山芋"。在前述"KKR集团收购雷诺兹纳贝斯克
公司案"中，疯狂的价格战达到了顶点，KKR集团在做出了极
大牺牲后才取得战斗的胜利，但雷诺兹纳贝斯克公司的经营在
并购战争硝烟散尽后一直没有达到预想的状态，在不盈利的状
态下苦苦煎熬数年才被KKR集团卖出。

二、兼并

（一）正向兼并

兼并有四种基本形式。兼并交易的第一个和最基本的形式
是正向兼并。在正向兼并交易中，目标公司的股东会把自己的
股票换成收购公司的股票，并且在兼并交易圆满成功后，目标
公司所有的资产和负债都会自动地转移给收购者。如果目标公
司的股东以收购公司股票的形式获得至少50%的赔偿金，正向
兼并就具有免税待遇资格。然而，正向兼并有几个大的缺点。
一个缺点是收购公司承担目标公司的所有负债。这些负债包括

---

〔1〕〔美〕戴维·德兰诺夫、索尼亚·玛茜娅诺：《凯洛格战略论》，陈荣平
译，人民邮电出版社2006年版，第45页。

目标公司披露的，也包括未被其披露的或交易时未知的。第二个缺点是收购公司在对目标公司进行兼并后可能会失去某些难以确定的权利，包括合同权利、特许经营权、租借权利、贷款协议、政府的许可证和目标公司持有的其他一些难以确定的权利。问题的解决办法之一就是反向兼并（reverse merger）。

（二）反向兼并

第二种兼并交易形式被称作反向兼并。在反向兼并中，收购公司的股东会把其股票换成目标公司的股票，而不是把目标公司的股票并入收购公司。目标公司而非收购公司是继续存在的实体。收购公司所有的资产和负债都会通过法律运作自动转移到目标公司。反向兼并往往被用于非上市公司的所有者促使其公司上市。在反向兼并中，收购公司购买一家上市但已经停业准备出售且没有资产和债务的公司（即壳公司）中有表决权的股票，并将其赢利业务并入该上市公司。收购者通常会更换目标公司的名称，更换管理团队，并选举董事会。买壳上市反向兼并由于不涉及承销费用，所以比原始股上市的成本明显小得多。原始股上市不仅有一笔可观的上市费用，并且承销商不保证发行者能补偿预先的开支。买壳上市后，私人控股公司的股票可以公开交易，股权流动性大幅度增强，较之收购其他目标公司更加具有吸引力。[1]

1970年，当时对未来电视具有前瞻眼光的企业家泰德·特纳（Ted Turner）用很少的现金收购了瑞斯广播公司（Rice Broadcasting）——一家上市公司亚特兰大电视台的运营商（WJRJ-TV）。特纳很会利用资本市场，通过合并从他父亲那里继承的广告牌公司进入广播业。他创立了特纳广播公司以及第一个国家

---

〔1〕 Patrick A. Gaughan, *Mergers, Acquisitions and Corporate Restructurings*, Hoboken, New Jersey: John Wiley & Sons, Inc., 2011, p. 26.

有线电视台——CNN 和卡通网络公司。他后来购买了米高梅电影公司（MGM），并开办了特纳经典电影公司。经过一次购买CBS-TV 网络的失败尝试之后，特纳最终把特纳广播公司卖给了时代华纳公司。时代华纳公司是世界上第二大有线电视运营商，2000 年被世界上最大的在线服务公司——美国在线——收购。

2014 年中国证监会关于《上市公司重大资产重组管理办法》的修订主要是围绕"借壳上市"展开，以降低"壳"的价格，恢复市场估值体系，完善市场估值体系，通过支持并购重组提升上市公司的质量，牵引更多的资金投向实体经济。其中第 44 条第 1 款修改为："上市公司发行股份购买资产的，除属于本办法第 13 条第 1 款规定的交易情形外，可以同时募集部分配套资金，其定价方式按照现行相关规定办理。"据此，如果构成借壳上市，则不能享受上市公司重大资产重组的配套融资"一次审核，两次发行"福利。这一修订直接点明了借壳上市不允许配套募集资金。没有配套募集资金的借壳上市，减少了外来资金的来源，同时也调节了财务数据，一方面减弱了"壳"的吸引力，另一方面也对目标公司提高了资产质量的要求，有效避免了企业试图以借壳方式上市的行为。第 46 条增加了一款作为第 2 款："属于本办法第 13 条第 1 款规定的交易情形的，上市公司原控股股东、原实际控制人及其控制的关联人，以及在交易过程中从该等主体直接或间接受让该上市公司股份的特定对象应当公开承诺，在本次交易完成后 36 个月内不转让其在该上市公司中拥有权益的股份；除收购人及其关联人以外的特定对象应当公开承诺，其以资产认购而取得的上市公司股份自股份发行结束之日起 24 个月内不得转让。"在以往的市场中，借壳上市的频频发生使得"壳"的价值越来越高，也有失公平、公正、公开的市场原则。而新条款的执行，则明确规定上市公司原控股股东要在借壳上市完成后锁定 36 个月，同时要求被购买资产的其他股东一样要锁定 24 个月，这样可以有效地杜绝其余企业赚取入股前后的高额价差。上市公司在借壳上市之前，向非关联第三方转让一部分流动股，这种行为便是"老股转让"。同样，这也是借壳上市方案中重要的构成部分，企业一直关注的壳费也隐藏其中。《上市公司重大资产重组管理办法》明确规定了对该部分股权也需要进行限制销售，对交易对价的博弈谈判和壳费支付的时间进程有着较大的影响。《新重组管理办法》第 13 条规定了"壳"的负面条件：上市公司及其控股股东、实际控制人不存在因涉嫌犯罪正被司法机关立案侦查或涉嫌违法违规被中国证监会立案调查的情形，或者涉嫌犯罪或违法违规的行为终止已满 36 个月；上市公司及其控股股东、实际控制人最近 12 个月内未受到证券交易所公开谴责，不存在其他重大失信行为。这一条款的修订直接限制了存在法律缺陷的壳公司上市重组的道路。

（三）正向三角兼并

兼并交易的第三种形式是正向三角兼并（forward triangular merger）。三角合并在本质上是一种间接兼并。在正向三角兼并中，母公司会成立一家空壳子公司（成立的唯一目的是为了进行并购交易）。子公司随后会转让母公司的股票给目标公司的股东以换取目标公司资产。目标公司随后被并入子公司，在兼并完成后，子公司是继续存在的实体，目标公司的股东现在已经是母公司的股东了。[1]因为目标公司通常在资产被并购后进行清算，其债务保留在子公司，正向三角兼并遂限制了母公司对目标公司承担债务，而子公司从属于这种债务。然而，正向三

---

[1] See William J. Rands, "Corporate Tax: The Agony and the Ecstasy", *Nebraska Law Review*, Vol. 83, Iss. 1, 2004.

角兼并不能解决目标公司兼并前持有的难以确定的有利权利的可能遗失问题。兼并后，存在的是子公司不是母公司，因此目标公司持有的难以确定的有利权利可能不会保存下来。这个问题的解决办法是利用反向三角兼并。日本 1997 年制定的《银行控股公司创设特例法》（『銀行持株会社の創設のための銀行等に係る合并手続の特例等に関する法律』），为创设银行控股公司设计了三角合并方式。即现有的 A 银行先设立一家将成为银行控股公司的子公司 B，然后子公司 B 再设立子公司 C，C 子公司通过吸收合并的方式兼并 A 银行，作为消灭公司的 A 银行的股东被强行要求将持有的 C 子公司的股份以实物出资的方式转移给 B 子公司。这样，B 子公司便成了银行控股公司，C 子公司成了 B 公司的全资子公司。这种日本式的三角合并虽然参考了美国法中的三角合并方式，但其内涵与美国差异甚大。日本社会各界对这种日本式的三角合并贬多褒少，至今没有任何一家银行控股公司是通过该种方式设立的。其主要原因在于使用该种方式时要设立两家子公司，程序过于迂回复杂。[1]

（四）反向三角兼并

兼并交易的第四种形式是反向三角兼并（reverse triangular merger）。在利用反向三角兼并中，母公司投资成立一个子公司。目标公司的股东把自己的股票转换为由子公司所持有的母公司的股票。子公司随后并入目标公司并且目标公司像子公司一样存续下来。由于目标公司是继续存在的实体，其难以确定的有利权利得以保存，而且并购方不需要直接承担目标公司已知和潜在未知的负债。

在美国，反向三角兼并（也被称为反向子公司兼并）经常

〔1〕　王保树主编：《公司收购：法律与实践》，社会科学文献出版社 2005 年版，第 87 页。

被运用。在需要保留目标公司作为现存公司的情况下，反向三角兼并是特别有用的。由于规则和合同的原因，目标公司的资产没有直接转移时，这种类型的并购是一种理想的并购方式。这种形式的兼并也可以用来合并一家美国公司和一家国外公司。1998 年戴姆勒－奔驰股份公司（Daimler Benz AG）利用反向三角兼并并购了美国第三大汽车制造商克莱斯勒公司。为遵守有关增资而不是实物投资的德国法律，由美国交易代理商进行并购是必要的，而不能通过并购公司直接并购，建立子公司即戴姆勒－克莱斯勒公司。美国代理商完成了反向三角兼并，并成为目标公司克莱斯勒公司唯一的股东。前克莱斯勒股东持有的股票被转换为可购买德国并购公司戴姆勒－克莱斯勒股票的权利。美国交易代理商随后以增资而不是实物投资形式将目标公司的股票转让给德国公司，并且将得到的股份作为回报分配给目标公司克莱斯勒公司的前股东们。[1]我国台湾地区于 2000 年、2001 年及 2002 年先后制定的"金融机构合并法""金融控股公司法"及"企业并购法"，就跨国性并购程序及法律适用等问题言之详切。但在这些法规尚未制定以前，依主管单位的早期解释，外国公司不得适用"公司法"有关合并的规定直接与台湾地区公司合并，其后虽采较具弹性的解释，但在未有明文承认以前，外国公司仍无法与台湾地区公司直接合并。以此之故，外国公司当时不得直接合并台湾地区的公司，必须间接采行三角合并模式：如采正三角合并模式，乃先由外国公司在我国台湾地区设立一家子公司，再将我国台湾地区公司与该子公司合并，并以该子公司为存续公司，则外国公司即成为控股公司，而形成关系企业或控股公司之组织型态；如采反三角合并，外

---

〔1〕〔美〕罗伯特·J. 博尔盖塞、保罗·F. 博尔杰塞：《并购：从计划到整合》，伍旭川等译，机械工业出版社 2004 年版，第 79 页。

国公司亦应先在台湾地区设立一家子公司，再将我国台湾地区公司与该子公司合并，并以我国台湾地区公司为存续公司，则外国公司即可取得我国台湾地区公司股权，进而取得其经营控制权。相反，我国台湾地区公司如欲与外国公司进行合并，亦可比照此类模式处理。例如，台湾地区华信商业银行并购美国国家远东银行即采行反三角合并模式，先由华信商业银行于美国分别成立美国银行控股公司，再由该美国银行控股公司设立过渡性子银行，其后由该过渡性子银行与美国国家远东银行合并，并以美国国家远东银行为存续公司。[1]

第三节 反并购措施之间的关联与合法性检讨

反并购与并购相伴而生，如影相随，发盘者和目标公司管理层之间"道高一尺，魔高一丈"相互斗法造成接管市场的风起云涌。最狭义的公司反并购是指在敌意并购发起以后目标公司对敌意并购方采取的反击行为。一般意义上的反并购，是指目标公司针对确定的或者不确定的敌意并购威胁所采取的防御行为，包括在没有收到要约时就未雨绸缪地采取的防御性措施，以及在收到并购要约后进行的反击性措施。最广义的反并购不仅包括目标公司对敌意并购的防御行为，还包括其对善意并购计划的拒绝，以及目标公司在面对竞价并购时对竞价各方实行差别待遇，对公司选定的并购方实行特殊优惠从而在客观上造成对其他竞价方不利的一系列反向对策。曾经被采用过的、最稀奇古怪的并购防御策略可能就是被称为"犹太牙医"（Jewish dentist）的防御措施。这一策略于 1975 年由被称为"防御先生"（Mr. Defense）的马

---

〔1〕 参阅王志诚："企业并购法制与控股公司之创设"，载《月旦法学杂志》2001 年第 68 期。

丁·利普顿相对的"接管先生"（Mr. Takeover）[1]、一流的并购律师乔·弗洛姆（Joseph Flom，1923~2011年）最先倡导。是时，牙科设备制造商斯顿登特公司（Sterndent Corporation）受到了来自外国集团马格斯公司（Magnus Investments LLC.）的攻击。弗洛姆发现马格斯公司10%的股份属于科威特投资公司（Kuwait Investment Company）。因为斯顿登特公司的大部分产品都是出售给牙医的，而许多牙医都是犹太人，因此，弗洛姆指出由阿拉伯人提供资金的并购者会给斯顿登特公司运作带来负面影响，因为公司的顾客会选择其他公司购买设备。弗洛姆也能给斯顿登特公司找到"白色骑士"防御措施，因此马格斯公司最终做出了让步。[2]具体而言，常见的反并购措施主要有三类：(1)诉诸法律保护，通过求助法院确认某项并购不合法；(2)采取管理策略，诸如发行有限制表决权股票、通过密切公司相互持股、采取毒丸措施、在公司章程中置入"驱鲨剂"反并购条款，以防止被并购；(3)采取股份回购等市场化交易策略以防止被并购。从应对并购的时间、主动与否的角度，可以将反并购措施划分为事前预防性反并购措施和事中对抗性反并购措施，前者是指目标公司在并购还未发生时所构筑的并购防御措施体系，以降低自身成为并购目标的可能性，目标公司较为主动，主要属于"章程条款"；后者则是指目标公司在并购激斗实际开始后所采取的抵抗措施，因而面对不速之客稍显被动，主要属于"契约安排"。

〔1〕 Robert Slater, *The Titans of Takeover*, Washington, D. C. : Beard Books, 1999, p. 4.

〔2〕 ［美］罗伯特·蒙克斯、尼尔·米诺：《公司治理》，李维安等译，中国财政经济出版社2004年版，第178页。

一、预防性防御

（一）反接管修正

反接管公司章程修正（anti-takeover constitutional amendments）称为拒鲨条款（shark repellant），又被称为"箭猪条款"（porcupine provision）或"反接收条款"，是一种使用日益频繁的使敌意并购者知难而退的防御阻吓机制。[1] 反接管修正的实施是通过适时修正公司章程实现的，包括在公司章程中植入分期分级董事会条款、超级多数表决条款、股东持股时间条款、董事资格限制条款、企业合并禁止条款、表决权分类条款、偿还条款、员工解雇补偿条款等"楔子"，使得局外人难以控制。[2] 以章程设置反并购条款的法理在于章程一般被视为公司的"自治宪章"，在《公司法》《证券法》未作禁止性规定或其授权的范围内，公司均可以章程形式实现意思自治，其对公司成员乃至第三人的效力不亚于《公司法》和《证券法》。相较于并购过程中的其他反并购措施，在章程中预先设置周详完备的反并购措施无疑因具有未雨绸缪、防患于未然的先见之明，进而可在实践中棋高一手。

（1）分期分级董事会制度（staggered board election），又称董事会轮选制度、任期错位董事会制度、交错董事会制度、限制董事改选数量条款，是指公司章程规定每年只能改选很小比例的董事（1/4 或 1/3），旨在保证即使并购方已经取得多数控股权也无法在短时间内实质性改组公司董事会或委任管理层以

---

〔1〕　Gregg A. Jarrell and Annette B. Poulsen，"Shark Repellents and Stock Prices：The Effects of Antitakeover Amendments since 1980"，*Journal of Financial Economics*，Vol. 19，Iss. 1，1987.

〔2〕　Simon Deakin and Giles Slinger，"Hostile Takeovers，Corporate Law，and the Theory of the Firm"，*Journal of Law and Society*，Vol. 24，No. 1，1997.

获得对公司董事会的控制，从而可以进一步阻止其操纵目标公司的行为。[1]因为董事会的大部分董事还是原来的董事，可以稳操多数表决权而控制公司，决定采取增资扩股或其他办法来稀释并购者的股票份额，达到反并购的目的。若并购方资金实力并不十分雄厚，则当目标公司决定增资扩股时，并购方便会因无力购买更多的股份，而使其所持目标公司股权份额被稀释，进而远离控制权。但这种错列结构并不是一种彻底的反并购措施，如果并购方资金实力雄厚，则该措施只能令并购方对董事会的控制旷费时日而已，最终不能阻止其控制上市公司的大势。实行交错董事会需要修改公司章程，这种章程修改一般需要股东表决。实行交错董事会的公司不得改选任期未满的董事，未实行交错董事会的公司可以随时以股东多数表决改选董事。美国的修正《商业公司法》（Business Corporation Act）第806条对分期分级董事会规定甚详，我国新旧《公司法》都默无所述。对于此类条款的法律效力，我国学者有着不同的观点。王建文、范健将限制董事改选条款视同分期分级董事会制度，并认可了分期分级董事会制度的合法性；[2]伍坚则对限制董事改选条款和分期分级董事会制度进行了严格区分，并认为限制董事改选数量条款侵犯了股东的董事选任权和罢免权。对限制董事改选数量条款法律效力的判断应当严格遵守法定主义。但从基本原则规定来分析，分期分级董事会制度与该法原则性规定不相冲突，在法律上不存在障碍。[3]《公司法》第45条规定："董事任

〔1〕 Lucian Arye Bebchuk et al. , "The Powerful Antitakeover Force of Staggered Boards: Theory, Evidence, and Policy", *Stanford Law Review*, Vol. 55, Iss. 3, 2002.

〔2〕 王建文、范健："论我国反收购条款的规制限度"，载《河北法学》2007年第7期。

〔3〕 伍坚："限制董事改选数量：交错董事会的中国模式？"，载《证券市场导报》2007年第6期。

期由公司章程规定，但每届任期不得超过 3 年。董事任期届满，连选可以连任。"该条文既未禁止董事不同任期，亦未要求所有董事必须同时任期届满，在董事任期方面赋予了上市公司章程以一定的自由，仅就任期届满后的连任问题规定了"连选可以连任"，这就意味着"连任"的前提在于"连选"，选举是继续任职的必要步骤且这种选举应公平公正、不违背股东意志。因此，只要章程未突破《公司法》的禁止性规定，董事任期未超过 3 年，则这种分级分期的董事会制度应属可行。如果人为限制董事改选的数量，必将妨碍股东自由地选出他们信任的候选人，是对股东选任权的违法限制。虽然 2005 年新修订的《公司法》删除了原《公司法》"董事在任期届满前，股东大会不得无故解除其职务"的规定，但这并不影响分级分期董事会在我国现行法律框架内的合法性。而且修改后的《上市公司章程指引》仍然保留了此条。《上市公司章程指引》事实上构成了所有上市公司必须遵循的规范，因此根据该规定，并购人实际上在任何情况下都不得无因解除目标公司董事的职务。因此，这实际上已经构成了并购人控制目标公司董事会的法律障碍，所谓分级董事会在中国法律环境下对上市公司反并购而言意义有限。但分级董事会由于实际上并不限于无因解除的情形，而是无论有因抑或无因，董事每年的改选比例都必须保持恒定，因此也能给敌意并购人改组并进而控制董事会的进程造成相当的阻碍。交错董事会条款从形式到实质均没有剥夺股东选任董事的权利，仅仅是延缓董事会格局的变更，在现行法律框架下缺乏足够理据否定这一中性条款安排的正当性。与董事会有关的反接管修正还有严禁无故撤换董事、固定董事人数以防董事会"拥挤"两种变化形式。在我国 1998 年大港并购爱使股份的敌意并购案例中，爱使股份即运用了貌似分批董事会制度反并购措施。爱使股份的公司章程第 67 条规定，董事会、监事会任期届满需要换届时，新的董事、监事人数不超过董事会、监事会组成人员的 1/2。也就是说，如果大港入主爱使董事会，即使原来董事、监事期满，也只能更换其中的 1/2，大港控制爱使的时间无疑将被滞延。爱使章程的董事任期制度虽然与纯正的分批董事会制度相距尚远，但其反并购的机理别无二致。目前，伊利股份、隆平高科、大众公用、兰州黄河和浙江震元等 A 股上市公司都在章程中设计了分级分期董事会条款。

（2）超级多数修正。又称为"超级多数条款"（super-majority provisions），即要求所有涉及控制权变动的交易都必须获得绝大多数（2/3 甚至 90%）的表决权同意才能通过。在超级多数条款中，一般包括除外条款（escape clauses），或称避开条款（board out clauses），以使公司可以放弃或取消超级多数表决条款。常见的除外条款一般规定超级多数表决条款不适用于董事会批准的公司合并和母子公司合并，这些除外条款一般还规定关联董事不得参与董事会对公司合并的表决。超级多数条款常伴随着所谓的"联锁条款"（lock-in provision），即如果要更改公司章程中的反并购条款，必须经过绝对多数股东或董事同意，以增加并购者接管、改组目标公司的难度和成本。绝大多数超级多数条款都是触发战略，可能由于董事会的行动触发，也可能由于公告投标并购类型触发。[1] 此外，为保护中小股东的利益，还可以在公司章程中规定"少数（股东）的多数条款"（majority of the minority），例如如果并购人已经购买了目标公司 65% 的股份，根据"少数（股东）的多数条款"的规定，该并购还必须经过剩下那 35% 股份持有者的多数同意。这种条款的

---

〔1〕 邹亚生：《并购与反并购的经济学分析》，经济科学出版社 2013 年版，第 136 页。

目的是阻止两步并购中的挤出合并。我国《公司法》第 103 条第 2 款明确规定："股东大会作出决议，必须经出席会议的股东所持表决权过半数通过。但是，股东大会作出修改公司章程、增加或者减少注册资本的决议，以及公司合并、分立、解散或者变更公司形式的决议，必须经出席会议的股东所持表决权的三分之二以上通过。"但相关规定并未对公司章程是否可规定更高比例要求作明确规定，以至于形成两种了对立的观点：一种理解为公司法设定的此 2/3 以上的要求为法定的最低要求，以防止控股股东很容易通过影响公司及其全体股东利益的决议，降低该比例要求显然不利于此目的的实现，而公司根据自己实际情况适度提高该比例要求符合该立法目的，制定超级多数修正的反并购条款可谓师出有名。另一种理解是 2/3 以上的要求为法定比例，其不得由公司自行降低亦不可提高。[1]根据美国法学家梅尔文·爱森伯格（Melvin V. Eisenberg）的观点，公司法规则可分为三类：一是结构性规则（structural rules），规范公司权力在公司机关中的分配及行使权力的要件，以形成良好运作的公司治理架构；二是分配性规则（distributional rules），规范公司财产在股东间的分配方式；三是信义规则（fiduciary rules），规范董事及控股股东的义务，带有一定的道德色彩。另外还可将公司法规范分为其他三类：一是赋权性规则（enabling rules），在这种规则允许范围内，公司参与各方可以自由设定规则，这些规则当然具有法律效力；二是补充性规则（suppletory rules），除非公司参与各方另有约定，否则这些规则被推定适用；三是强制性规则（mandatory rules），不允许公司各方不采纳或者变相不采纳的规范。爱森伯格认为，在公众公司中，分

---

〔1〕　张诗伟："中国上市公司反收购措施的法律分析与设计——以西方常见反收购措施为中心"，载《公司法评论》2007 年第 1 期。

配性规则及一般的结构性规则以赋权性和补充性规则为主，核心结构性规则和信义规则应以强制性为主。公司董事会的改组、表决权的投票机制之类的事项，按照爱森伯格的观点应属于一般结构性规则，是赋权性和补充性为主的规范，也就是说公司参与各方可以通过公司章程来选择公司法条款，可以在公司章程中规定超级多数条款。美国修正《商业公司法》第7.27条就明确规定："公司章程可规定多于本法规定之股东法定人数或通过票数要求。"那么，公司章程能否在公司法规定的事项之外作出超级多数决议条款，在2/3之上规定更高的表决多数？从我国A股上市公司章程可以看出，该措施是应用频率最高的预防性措施。这些上市公司将涉及公司控制权转移事项的通过比例提高到2/3以上，既表明了公司对此类事项的审慎态度，也有效防止了控股股东滥用控股地位，符合私法自治原则且并不违反法律强制性规范原则，对此应予认可。但这个比例显然是有上限的，过高的比例会阻碍有利于公司发展的并购行为，成为管理层利用决议不通过而拒绝转移经营管理权的挡箭牌。对于此类反并购条款法律效力的认定，衡量的维度有两个：一是该条款约束的行为是否确有必要设置较高的比例下限；二是即使确有必要，在实际中又是否具有可操作性，不可因绝对多数比例条款而影响公司的正常经营。如前所说，分期分级董事会制度可以阻碍并购者在得到相当股权的情况下入主董事会控制公司。但应当注意的是，《公司法》规定单独或者合计持有公司10%以上股份的股东请求时，就应当召开股东大会。并购者在持有相当股权时同样可请求召开股东大会，通过股东大会先修改公司章程中的分期分级董事会制度，再行改选董事。这是并购者针对该策略以子之矛攻子之盾的反制方法。因此，在公司章程中规定绝对多数条款可以限制这种反制方法，使更改公司章程中的反并购条款也须经过绝对多数股东或董事同意，从而增加并购者接管、改组目标公司的难度和成本。

（3）公平价格修正（fair price amendments）。该修正强加了非常严厉的超级多数条款，试图强制并购者对所有股份支付溢价，只有在所有购买的股份都得到了公平价格后，才放弃超级多数要求。公平价格修正条款堪称一种特殊的超级多数条款，可以通过与董事会谈判得到一个善意报价来终止超级多数条款，也可以通过为所有目标企业的在外股份取得一个一致报价来终止超级多数条款。其主要是针对以双层要约的并购方式采取的反并购措施。并购者在证券市场上连续不断地并购目标公司股票，必定会造成目标公司股票价格不断上涨，造成并购成本增大。为此，有些买方会使用"两步报价"（"two-steps tender"或者"two tiered offer"，双重并购要约、递进式要约并购）办法，即首先用现金收购目标公司50%左右的股票，达到控股的目的，然后再使用债券换取剩下的股票，或以较低比价用本公司的证券交换目标公司的其余股票，最后彻底接收目标公司。这种双层并购既可以为并购公司赢得从容筹资的间歇时间，而且便于利用目标公司财产作为杠杆收购的担保，达到四两拨千斤的收购要约效果。在典型的前段加重的双层并购要约中，要约人发出要约购买目标公司一定数量的股份，同时附有通知声明在完成第一阶段收购目标后将以一个较低的价格收购目标公司，很容易造成对部分股东的不公平，以至随后的第二阶段的低价要约收购通常被称为"践踏""逼宫交易"。这种做法会对目标公司的股东造成售让压力，使目标公司的股东处于经济学上所说的"囚徒的困境"，而并购人可以混合价格获取控制权。[1]这种

---

〔1〕 Thomas Lee Hazen, *Treatise on the Law of Securities Regulation*, St. Paul, Minn.: West Publishing, 1990, p. 518.

并购过程的特殊动态机制可能会扭曲目标公司股东的选择，唯恐被剩下来成为孤立的少数派的目标公司股东由于不愿收购债券或收购公司股票，而这种恐惧聚集在一起就会使预感到的风险成为现实，使其基于从众心理争先恐后地蜂拥将股票卖给收购方。[1] 1982 年 3 月，美国钢铁公司（United States Steel Corporation）就曾用此战术收购了马拉松石油公司（Marathon oil company）。它首先用现金购买了马拉松石油公司 51% 的股票，再以本公司 12 年期，利率 12%，面值 100 美元的优先债券收购了其余股票，成功地完成了兼并活动。尽管法院曾经规定两阶段股权收购并不违法，但由于提倡平等对待股东的呼吁，美国各州纷纷修改公司法以保证所有接受收购的股东获得平等对待。[2] 继之，许多公司为防止并购者采用两步报价方法从内部分化公司股东，在公司章程上规定公平价格修正条款，使股东在公司被并购时可享受同股同酬的好处，限制了双层并购要约的有效性。[3] 所谓公平价格，通常被定义为某一特定期间要约支付的最高价格，有时还要求必须超过一个确定的关于目标公司会计收入或账面价值的金额。当然，公平价格条款要发挥其应有的作用，必须是收购方向目标公司绝大多数股东发出要约并购买股份，进而要达到能够控制目标公司并与之合并的目的。所以公平价格条款要发挥作用还是有一定条件限制的。公平价格条款与强制要约制度很相似，使并购者被迫向所有的股东发出要约，有利于保护中小股东的利益，同时增加并购人的收购成本，对部

〔1〕 Robert C. Clark, *Corporate Law*, Boston: Little, Brown and Company, 1986, p. 468.

〔2〕 Patrick A. Gaughan, *Mergers, Acquisitions, and Corporate Restructurings*, Hoboken, New Jersey: John Wiley & Sons, Inc., 2011, p. 257.

〔3〕 Patrick A. Gaughan, *Mergers, Acquisitions, and Corporate Restructurings*, Hoboken, New Jersey: John Wiley & Sons, Inc., 2011, p. 258.

分收购和双层要约并购起到阻碍作用。但对并购公司而言，不会增加多少并购成本，因为只要以一、二阶段收购价的加权平均成本来支持目标公司股东即可。

我国证券法允许部分收购，对双层要约没有明确禁止，因此，有必要对公平价格问题进行规制。《证券法》第 92 条和第 93 条规定："收购要约中提出的各项收购条件，适用于被收购公司所有的股东"；"采取要约收购方式的，收购人在收购要约期限内，不得采取要约规定以外的形式和超出要约的条件买卖被收购公司的股票"。我国《上市公司收购管理办法》第 26 条也规定："以要约方式进行上市公司收购的，收购人应当公平对待被收购公司的所有股东"；"持有同一种股份的股东，应受到同等对待"。由此而言，公平价格条款是法律的基本原则的应有之义。公平价格条款往往作为超级多数条款的生效附件来使用，即如果并购中全部股东都得到了公平价格的对价，则超级多数条款不生效，否则就生效，像这样的超级多数条款是附条件的超级多数条款。[1]

（4）累积投票条款（cumulative voting provisions）。累积投票条款是一种与普通的直接投票制（straight voting，亦称直选投票制、联选投票制）相对应的公司董（监）事选举制度。在累积投票制下，每一有表决权的股份都享有与拟选出的董（监）事人数相同的表决权，股东可以自由地在各候选人间分配其表决权，既可分散投于多人，也可集中投于一人，然后根据各候选人得票多少的顺序决定董（监）事人选。例如，某公司共有发行在外的股份 1000 万股，甲有 700 万股，而乙有 300 万股，现要选举 3 名董事。在直接投票制的情况下，甲对每一个董事

---

〔1〕　参见朱锦清：《证券法学》，北京大学出版社 2004 年版，第 222~223 页。

候选人可投 700 万票，而乙对每一董事候选人只能投 300 万票，因此，乙所支持的董事候选人总是落选。如果是累积投票制，则甲拥有的投票总数为 700×3 = 2100 万票，而乙拥有 300×3 = 900 万票，乙可以将其所拥有全部投票数全部集中地投给一个董事候选人。假设甲企图推选其候选人 A、B、C，而乙企图推选候选人 E、F、G，但这六人中只能有三人当选，现在乙将全部投票数集中投在 E 的身上，则 E 至少可得 900 万票，而甲要想将其推选的 A、B、C 全部当选的话，其每位候选人得票不得低于 900 万票，否则不能超过乙推选的 E 所得的票数。甲要想其所有候选人都和 E 有相当的票数，就必须有 2700 万以上的总投票数才行，但甲只有 2100 万票数，所以甲只能选出其推选的候选人中的两位。这种累投票制发明的初衷是保护中小股东的利益，使其把有限的投票权集中使用，在董事会中力保有自己的董事来维护自己的利益，不致造成大股东囊括全部董事名额的局面。其用于敌意并购中可以防止并购人完全改选董事会成员。美国《特拉华州普通公司法》第 214 条、美国的修正《商业公司法》第 7.28 条都对累积投票进行了规定。我国 1993 年《公司法》没有规定累积投票制，但 2005 年《公司法》规定了累积投票制，但未见详细操作性规定。我国《上市公司治理准则》第 31 条则明确规定了上市公司股东大会应积极推行累积投票制度，而且控股股东持股比例在 30% 以上的必须采用累积投票制。

（二）毒丸计划

广义的毒丸（poison pill）计划实际上包括人员毒丸计划和资产/负债毒丸计划。人员毒丸计划的基本方法是公司的绝大部分高级管理人员共同签署协议，在公司被敌意并购后，这些人中有一人在并购后被降职或革职时，则全部管理人员将休戚与共，共同进退，集体挂冠而去。这一策略会使并购方慎重考虑并购后更换管理层对公司带来的巨大影响。企业的管理层阵容越强大、越精干，实施这一策略的杀伤力就越明显。当管理层并非稀缺性资源、对并购方无足轻重时，人员毒丸计划也就无济于事。狭义的毒丸计划就是指资产/负债毒丸计划，又称"股东权利计划"（shareholder rights plan）[1]，是美国著名的并购律师马丁·利普顿（Martin Lipton）于1982年提出的[2]，正式名称为"股权摊薄反并购措施"。毒丸计划的最初灵感来自于1982年12月其帮助德州的埃尔帕索天然气公司（El Paso Natural Gas Co.）抵御北伯灵顿铁路运输公司（Burlington Northern Railroad）的并购。由于埃尔帕索天然气公司当时已经债台高筑，无法运用此前常见的自我收购来抵御北伯灵顿铁路运输公司的并购，利普顿在翻阅公司财务报表的时候，发现埃尔帕索天然气公司还未发行已经获得授权的优先股，于是灵光一闪，想到通过发行优先股来削减埃尔帕索天然气公司对北伯灵顿铁路运输公司的吸引力。这被哥伦比亚和斯坦福大学法学院的罗纳德·吉尔森誉为"自1879年塞缪尔·卡尔文·塔特·多德（Samuel Calvin Tate Dodd）发明洛克菲勒和标准石油以来最重要的公司法创新之一"。[3]

毒丸计划最初的形式很简单，就是目标公司以发送红利的方式向普通股股东发行可转换的优先股，每一优先股均享有一

---

〔1〕 Alan Palmiter and Frank Partnoy, *Corporations: A Contemporary Approach*, St. Paul, MN: West Academic Publishing, 2010, pp. 919~920. 在有些论著中被译为优先股买受权利计划、股东权利计划、股东购股选择权计划。

〔2〕 Wharton Sch. U. Pa., "A Tough and Inventive Corporate Lawyer", available at http://www.wharton.upenn.edu/125anniversaryissue/lipton.html, 2017-3-4.

〔3〕 Ronald J. Gilson, "Lipton and Rowe's Apologia for Delaware: A Short Reply", *Delaware Journal of Corporate Law*, Vol. 27, 2002.

份表决权，其股息与转换后的普通股红利相比较高；发行公司对该种优先股的赎回期设置较长，一般为 10 年以上；当收购者累计持股达到一定比例导致公司被收购，除收购者以外的优先股股东可以要求公司以较高价格用现金回购其优先股，或者将其持有的优先股转换成为市场价值不低于前述情形的收购者的有表决权证券。[1]

毒丸计划在美国是经过 1985 年"莫兰诉家庭国际公司案"（Moran v. Household International Inc）中特拉华州衡平法院的判决才被合法化的，[2] 被认为是一个保证被收购公司的股东可以以合理的价格出售持有股份的合法手段，为目标公司寻求更高的出价方提供了机会。[3] 由于它不需要股东的直接批准就可以实施，故在 20 世纪 80 年代后期被广泛采用。发展至今，所谓毒丸通常指的是目标公司的股东享有以低价购买增发的股票或者以高价向公司出售股份的特殊权利，目标公司为了阻止被收购而安排的这种毒丸计划只有在特定条件下才能发生作用，其通过向股东低价出售企业股票或高价收购本企业股票等一些在特定情况下会对本身造成严重损害的手段，故意抬高收购企业的收购成本，可以使收购者对其降低、失去兴趣或使并购更难以进行，最终达到迫使对方放弃收购的目的。所谓的"特定条件"是指任何恶意并购或积累目标公司股票超过一定比例而使目标公司处于被收购危险境地的这类情况。毒丸计划实际上是目标公司股东的看涨或看跌期权，平常不会生效，只有在企业面临被

---

〔1〕 李劲松："毒丸反收购措施研究"，载王保树主编：《公司收购：法律与实践》，社会科学文献出版社 2005 年版，第 298 页。
〔2〕 Moran v. Household Int'l, Inc., 500 A. 2d 1346, 1357（Del. 1985）.
〔3〕 Patrick A. Gaughan, *Mergers*, *Acquisitions*, *and Corporate Restructurings*, Hoboken, New Jersey: John Wiley & Sons, Inc., 2011, p. 181.

敌意收购的情况下才有价值，[1]在客观上稀释敌意收购者的持股比例，增大收购成本，或者使目标公司现金流出现重大困难，引发财务风险，使敌意收购者一接手即举步维艰。[2]而股东以何种价格出售股票，取决于狙击者收购了目标公司多大比例的股权。毒丸计划在美国具有重要的意义，使得股东可以在有收购企图时以远低于市场价的价格购买股票。根据《德国股票法》第53a条的规定，毒丸这样的协议违反了平等对待原则。然而受到许可的排除带毒丸股东认购权的增资在德国也是被允许的。受许可的排除带毒丸股东认购权的增资，其法律基础是全体股东大会做出企业章程变化的决议。这个决议必须至少包括，在参加投票的股权中3/4以上票数同意。由此授予管理层最多5年的权利，在董事会同意下增资（《股票法》第202条第1款和第2款）。然而增资被限制在授权时原始资本的50%。[3]

依据毒丸计划的发展阶段及内容不同，可将其大致分为三种：优先股毒丸（preferred stock poison pill）、翻反毒丸（flip-over poison pills，突然逆转毒丸、外翻式毒丸、弹出毒丸、转致条款）、所有权翻正毒丸（flip-in poison pill，突然生效毒丸、内翻式毒丸、弹入毒丸、反致条款）。

（1）优先股毒丸（preferred stock poison pill）或优先股计划（preferred stock plans），又称第一代毒丸计划（first-generation poison pills）。这种毒丸在1983年被用于百富门公司（Brown-Forman）对雷诺克斯公司的收购战中。百富门公司是美国第四

〔1〕［法］让-梯若尔：《公司金融理论》（上册），王永钦等译，中国人民大学出版社2014年版，第59页。

〔2〕李雨龙、陈景云主编：《投资并购经典案例法律评析》，法律出版社2008年版，第21页。

〔3〕［德］马丁·格劳姆、托马斯·赫特施莱因特：《兼并重组》，王煦逸编译，上海财经大学出版社2014年版，第226页。

大蒸馏器公司，专门负责制造和销售高档酒类。1983 年，百富门公司企图收购生产高档瓷器的著名企业雷诺克斯公司（Lenox Inc.）。雷诺克斯公司聘请投资银行基德-皮伯第（Kidder Peabody）的马丁·西格尔（Martin Siegel）和马丁·利普顿作为抵御并购的顾问。由于百富门公司作为家族企业，60%以上的表决权集中于布朗家族，极度重视家族对公司的控制权，所以利普顿有针对性设计的防御具体方案是：以股息的形式向雷诺克斯现有股东派发无表决权的可转换优先股，派发比例是每 40 股普通股获得 1 股此种优先股。如雷诺克斯被百富门公司吸收合并，那么，取得可转换优先股的雷诺克斯股东就能以远低于市价的价格将手中的优先股转化为百富门公司的普通股。这样一来，布朗家族在自己公司的股权就将被大大稀释，进而可能丧失控制权。这种抵御措施被马丁·西格尔形象地称为"毒丸"。雷诺克斯抵御方案的直接后果是百富门公司进一步将收购价格抬高到每股 90 美元，并对雷诺克斯的董事长许以合并后公司的董事席位。优先股计划赋予优先股持有者特别权利，在外来者认购了大量的有表决权的股份的情况下，优先股股东可以行使这种特别权利。首先，除大股东外的优先股股东可以要求公司以大股东在过去一年购买公司普通股或优先股所支付的最高价格，采用现金形式购回优先股。其次，如果并购者与公司合并，优先股可以转换成并购者的有表决权的证券，其市场总价格不低于第一种情形中的赎回价格。该种毒丸在有效抵制敌意并购的同时，也凸显出了发行人对优先股的赎回期限过长以及对公司资产负债情况产生较严重的负面影响等弊端，实践中已较少使用。

（2）翻反毒丸（flip-over poison pills），又称第二代毒丸计划（second-generation poison pills），在优先股毒丸基础上发展而来，表现为当收购者持有目标公司股份达到一定比例并且试图继续与目标公司合并时，目标公司股东获得购买并购公司的股份的权利。该毒丸不向股东发行优先股，而是向股东分配买入选择权（call option），使之有权在一定期间内以较低的价格购买一定数量的收购方股票，其实质上分配的是购买收购方股票的选择权。该计划适用的情形是，收购方获得目标公司的控制股份并继续试图进行下一步合并计划以获得目标公司100%的股份。在翻反计划出现之前，毒丸计划作为防御策略并不盛行。在1985年末，利普顿对毒丸计划予以完善，推出翻反计划，从此这种计划成为大受公司追捧的毒丸防御策略。与第一代毒丸计划相比，第二代毒丸计划具有如下优点：第一，由于第二代毒丸计划不涉及发行优先股，因而更易于使用，且更为有效；第二，第二代毒丸计划不会对目标公司的资产负债表产生负面影响。根据这个计划，股东以远高于现时市场价格的执行价购入公司的普通股或优先股。如果合并发生，这种权利翻反为允许持有者以极大折扣购入合并后存续公司的股份。例如，普通股售价为每股40美元的公司给予每一股份一份以100美元购入普通股的认股权利，发生合并时，权利"翻反"，因此，如果使用这种权利，仅需花100美元就可以购买收购公司价值200美元的股份。具体来说，如果合并后存续公司为收购公司，"翻反"允许根据这个计划，股东以远高于现时市场价格的执行价购入公司的普通股或优先股。如果合并后存续公司是目标公司，则除原潜在收购者之外的股东有权以相同折扣购买目标公司股份。后一种情况又被称为"自我交易翻正"。不可否认，翻反毒丸在操作和效力上仍存在很大缺陷。第一，由于其设定的股东买入选择权的对象是收购方的股份，虽然该选择权在收购方掌握一定数量的目标公司股份时就被激活，但却必须在收购方购买了目标公司100%的股权，即实现了合并后完全继受目标公司债权债务时才可实现。如果收购方目标并不在于完全合并目标公司，那么翻反毒丸根本无法阻止意在获得控制权的收购。第二，一旦翻反毒丸被激活，又给目标公司寻找"白衣骑士"增加了难度，降低了潜在的"白衣骑士"对公司的兴趣。毒丸防御的一个例子是仁科软件（People Soft）被甲骨文（Oracle）收购。仁科软件通过决议，允许发行新股充斥市场，有效地使收购完成成本抬高。甲骨文在衡平法院递交诉状，以消除毒丸。弹出毒丸计划看上去是一种强有力的防御措施，任何敌意收购方都不得不严阵以待，但在英裔法国金融家詹姆斯·戈德史密斯（James Goldsmith）在收购克朗·泽勒巴克公司（Crown Zellerbach Corporation）的过程中发展出了一种规避这类防御措施的手段。[1] 克朗·泽勒巴克公司的毒丸计划允许股东在并购后的公司中以100美元的价格购买价值200美元的股票。这种毒丸以购股权的形式发行，当收购方购买了克朗·泽勒巴克公司20%的股票，或者收购方提出了对克朗·泽勒巴克公司30%股权的收购要约时，这种购股权就会被激活。如果收购方购买了公司100%的股票，这种购股权就可以被执行。对于袭击者而言，这种购股权是一个非常棘手的障碍。不过，在戈德史密斯购买的股票超过了20%后，这些购股权被发行，但它们从来都没有执行过，因为戈德史密斯采取围而不攻的策略，仅在买入克朗·泽勒巴克公司50%的股票，获得了公司的控制权后就停止收购，一直没有买入100%的股票。购股权发行之后，克朗·泽勒巴克公司进退维谷，发现很难再选择"白衣骑士"等其他防御措施，因为这种严重减少企业价值的购股权降低了潜在的"白衣骑士"的兴趣。按照中国古代兵法，围城必阙。这就是说，对敌人围城

---

[1] Patrick A. Gaughan, *Mergers, Acquisitions, and Corporate Restructurings*, Hoboken, New Jersey: John Wiley & Sons, Inc., 2011, p.179.

要留一个缺口，给敌人希望，敌人就不会拼死抵抗，攻城就能以最少的伤亡完成。戈德史密斯利用克朗·泽勒巴克公司的毒丸计划反击了克朗·泽勒巴克公司，待天困之，实际上使克朗·泽勒巴克公司变得更容易被收购。克朗·泽勒巴克公司的管理层在经过长时间但无效的斗争后，被迫俯首就范，接受了戈德史密斯的收购。[1]

（3）所有权翻正毒丸（flip-in poison pills）允许其持有人在收购者积累的目标公司股份超过某一界限或触发点（一般是25%~50%）时，以很大折扣购买目标公司股份，而收购者的认股权无效。这种计划使收购者蒙受损失，并且其持股比例被稀释。有些公司规定，对于面向所有已发行股份的现金要约收购，可放弃"所有权翻正"计划。"所有权翻正"计划与"翻反"计划的区别主要有如下三点。第一，翻正毒丸计划是一个创新，用来应对收购方不打算100%收购目标企业的情况，在收购者取得目标公司少于100%的控制权时即可生效，翻反计划则必须在收购者取得目标公司100%股权时方才生效。第二，翻正计划允许权利持有人以折扣价购买目标公司股份，被称为中性反应毒丸，翻反计划则只允许持有人以折扣价购买收购者（即并购后公司）股份，被称为烈性毒丸。在翻反计划中，收购方很容易通过不购买目标公司所有发行在外的股票来规避毒丸计划。在翻正计划中，目标公司以很高的溢价购回其发行的购股权（通常溢价高达100%，即假设市值为20元的流通股股票，目标公司可以以40元以上的必要价格购回），而敌意并购者或者触发这一事件的大股东则不在回购之列，这样就稀释了并购者在目标

---

〔1〕 Patrick A. Gaughan, *Mergers*, *Acquisitions*, *and Corporate Restructurings*, Hoboken, New Jersey: John Wiley & Sons, Inc., 2011, p. 181.

公司的权益。[1]第三，无论收购者是否把收购目标并入其自己的公司，翻正计划均可生效，翻反计划则不然，对部分股权收购的交易不适用：收购公司只要没有收购目标公司100%的流通股，就可以避免毒丸的副作用。控制权实际上常常在股份少于51%时就能获得。这在许多股权分散的公司中颇为普遍，很多股东拥有的股份百分比很小。该种毒丸与突然逆转毒丸相比，生效界点设置更低，在购买者希望获得目标公司的控制权又尚未获得绝大多数股份时即可生效，并且能够更直接有效地降低收购者持股比例，因此，其反收购成功率较高，使用情况亦最为普遍。翻反计划可能包含着一个有效的翻正计划，作为翻反计划的辅助手段，将两者的优势结合在一起从而起到成功抵御敌意收购双保险的作用。[2]

2005年新浪为击退盛大收购而推出的股东购股权计划即属于此种突然生效毒丸。在企业并购史上，中国最大的网络游戏运营商盛大交互娱乐有限公司对中国最具影响力的门户网站新浪网展开的并购，是首例遵循美国法律进行并购的中国案例。通过"先头部队登陆法"获得目标公司的某些股份并以此为基础开展对目标公司股东的收购，是意图取得目标公司股份控制权的袭击者惯用的方法。2005年2月19日上午，在历时一个月、利用四家关联公司出手购股后，盛大在其网站及纳斯达克官方网站同时发布声明，称截至2月10日，已经通过公开交易市场购买了新浪19.5%的股权，并根据美国相关法律规定，向美国证券交易委员会提交了受益股权声明13-D计划表（Schedule

---

〔1〕 Charles M. Yablon, "Poison Pills and Litigation Uncertainty", *Duke Law Journal*, Vol. 54, No. 1, 1989.

〔2〕 ［美］帕特里克·A. 高根：《兼并、收购与公司重组》，朱宝宪、吴亚君译，机械工业出版社2004年版，第111页。

13D)。盛大在计划表中明确表示，此次购买新浪股票的目的是一次战略性投资，可能进一步"通过公开市场交易，以及私下交易或者正式要约收购和交换收购等方式"增持新浪股票，并"寻求获得或者影响新浪的控制权，可能手段包括派驻董事会代表"。[1]此外，盛大还表示，可能出售全部或部分所持的新浪股票。针对盛大的敌意收购，新浪急聘摩根士丹利为财务顾问，迅速制定绝地反击的毒丸计划技术细节。美国东部时间2005年3月7日，新浪董事会为抵御收购而弹出毒丸计划，除盛大之外的新浪每位股东都获得了与手中持股数相同的购股权。按照这份毒丸计划，3月7日记录在册的新浪股东所持每一股股票都能获得一份购股权。如果盛大继续增持新浪股票致使比例超过20%或有某个股东持股超过10%，该购股权将被触发，而此前，购股权依附于每股普通股票，不能单独交易。一旦购股权被触发，除盛大以外的股东就可以凭着手中的购股权以半价购买新浪增发的股票。这个购股权的行使额度是150美元。易言之，这是典型的第二代"内翻式毒丸"。如果触发该购股权计划，除盛大之外，一旦新浪董事会确定购股价格，每一份购股权就能以半价购买价值150美元的新浪股票。假设以目前（截至3月7日）每股32美元计算，一半的价格就是16美元，新浪股东可以购买9.375股（150÷16）。新浪当时总股本为5048万股，除盛大所持19.5%（984万股）外，能获得购股权的股数为4064万股，一旦触发购股权计划，则新浪的总股本将变成43 148万股（4064万股×9.375+4064万股+984万股），盛大持有的984万股占新浪总股本的比例将由19.5%被顿然稀释至2.28%。盛大最终被迫放弃收购计划。

---

〔1〕 周婷："盛大出售近半数新浪股票 退出新浪控制权争夺"，载 https://internal. dbw. cn/system/2006/11/08/050599323. shtml，访问时间：2015年3月1日。

（4）后期权利计划。后期权利计划（back-end plans）又称票据购买权利计划（note purchase rights plans）、撤离权力计划、后端权证毒丸、回致条款。根据毒丸所承载的股东选择权可以分为认股选择权和售股选择权。翻反毒丸和翻正毒丸实质上都是赋予股东以认股选择权，区别在于认股选择权的对象。翻反毒丸认购的对象为完全合并后的收购公司的股票，对阻止满足于获得一家公司的控制权而不影响后端的合并的袭击者不发生效力，[1]而翻正毒丸则为未达到完全合并情况下的目标公司的股票。认股选择权为依附于普通股，与普通股一起交易，其性质为认股权证。认股权计划使发行人的股东可以阻碍挤出合并（Squeeze-out merger）或者其他形式的自我交易（Self-dealing transaction）。而与认股权计划（call plan）不同，后期权利计划是售股权计划（put plan），其设计的目的主要是为了对付双层要约收购中的后端合并。该计划向股东发行售股权，如果收购方持有目标公司的股份超过一般为 15% 的限定比例而不以规定价格要约购买其余股票，那么除了持股超过限定比例的股东以外，售股权的持有者可以向发行人出售所持有的普通股，以换取特定数量的现金、债券或优先股，该价格通常高于公司股票当前的市价很多。售股权不以出现合并为前提，只要收购方持股超过限定比例，售股权就是可执行的。后期权利计划的主要内容包括普通股股东具有条件与翻反计划类似的红利权证，但是其外在目标是为了在二阶段出价中的后期一方设定一指定的最低价格。后期权利计划在 1984 年第一次被使用。根据这种计划，股东得到某种权利股息，如果收购者取得的目标公司的股份超过某一限额，除触发该事件的持有者外，这些权证的所有

---

[1] Charles M. Yablon, "Poison Pills and Litigation Uncertainty", *Duke Law Journal*, Vol. 54, No. 1, 1989.

者被授权用其普通股以设定的后期价格等值交换更高级的证券，有时甚至是现金。其价值等于发行公司（目标）董事会根据权证协议规则确定的某种"后期价格"（back-end price）。后期价格高于该股票的市场价格，为目标公司确定了一个最低收购价格。后期权利计划的主要目的是限制双层要约收购的有效性（事实上，"后期"意指双层要约的后一阶段），低于后期价格的有条件收购要约不会成功，这是由于后期价格较高，权利持有人会选择"搭便车"而拒不出售其股份。从目标企业股东的角度来看，这类防御措施可能合理，但其关键问题在于如何确定投标价的下限。设定太高，后期权利计划可以阻止几乎所有的投标。[1]

（5）毒性卖权（posion put）转售即还（due-on-sale）。毒丸计划赋予普通股股东在敌意收购中一定的权利，毒性卖权则把权利赋予目标公司的债券持有者。如果发生收购行为，毒性卖权允许债券持有人把债券卖给公司。没有保护性条款的公司债券要在收益率之上增加溢价，以补偿债券持有人因可能的并购而造成的损失。[2]换句话说，目标公司发行可执行的看跌期权的债券。当敌意收购触发条款时，债券持有人有权利以此前在债券契约中规定的赎回价格（通常等于或高于票面价值）把债券卖给目标公司。毒性卖权防御策略造成的后果是，一旦收购完成，收购方需要立即准备好对目标公司的债务重新融资。这一防御措施增加了收购公司对现金的需求并提高了收购的成本。[3]

---

〔1〕 邹亚生：《并购与反并购的经济学分析》，经济科学出版社 2013 年版，第142 页。

〔2〕 ［英］迈尔斯·利文斯顿：《债券与债券衍生产品》，周琼琼、李成军译，上海财经大学出版社 2015 年版，第 150 页。

〔3〕 ［美］米歇尔·R. 克莱曼、马丁·S. 弗里德森、乔治·H. 特洛顿编：《公司金融：实用方法》，何旋、李斯克、单晨玮译，机械工业出版社 2015 年版，第345 页。

综上所述，尽管毒丸计划种类繁多，但均始终围绕以下几个核心点进行设置：第一，以预防或阻碍公司被敌意收购为目标。第二，以赋予除收购方以外的利益相关人员特别权利为手段。这种权利在发行之后没有独立的权利证书，通常附随在普通股上并与其一起交易，触发事件一旦发生，发行人会立即将"毒丸"权证的权利证书邮寄给在册的股东。[1]第三，以收购方对目标公司持股比例达到一定界点为生效要件。第四，以收购几乎不可能完成为现实效果。其中，第二点与第四点正是毒丸计划与其他反收购措施的最大不同之处，也是其不可被取代的价值所在。有学者认为，毒丸条款也是在公司章程的框架内设定，所以也可归在拒鲨策略之中。实际上，狭义的拒鲨策略主要是为了加强公司董事会维持控制权的能力。尽管拒鲨策略早于毒丸计划，但在延缓收购和增加收购成本方面的效果好坏参半。拒鲨条款的缺点是灵活性不够强，大多数拒鲨条款都需要对公司章程进行修正，而该修正需要满足向股东大会提交议案及委托书征集的披露要求，得到股东投票表决的批准耗时甚久，因此毒丸计划等更具有创造性的防御措施应运而生，拒鲨策略后来在很大程度上是毒丸防御措施的补充手段，以期在年度或特殊股东大会上通过代理对抗使得收购方更难获得对董事会的控制。相较于其他反收购手段，毒丸计划无疑是最便于使用的。其作为目标公司单方面的防御措施，不必如"白衣骑士"或相互持股一样，需要借助其他公司来摆脱被收购的境地，也不必如帕克曼防御一样，需要大量的资金，同时要求并购方本身是公众企业，且存在被并购的可能性。再次，毒丸计划对敌意收购的反应极快，一旦收购方收购目标公司股份达到一定比

---

〔1〕 李雨龙、陈景云主编：《投资并购经典案例法律评析》，法律出版社 2008 年版，第 21 页。

例，先前设置的毒丸计划迅即被引爆，展开对敌意收购的防御，以最短时间达到得到最有效的防御结果。祭出毒丸计划对敌意收购予以拒绝而不实施拍卖或者建议替代方案，并且不与敌意收购方就收购条件进行讨价还价，而是简单地关闭收购之门，为现有的股东创造一种权利，以防止收购方取得公司的控股地位。换言之，如果收购方未经董事会的批准，试图使所持目标公司的股权比例超过规定的上限，公司原有股东的购股计划便可立即自动生效，股东有权以极低的价格购买公司增发的股票。公司向原股东发售新股，实际上就是在稀释收购方手中的股票，使这些股票变得几乎一文不值，令收购方吞下如鲠在喉的苦果。目标公司这种拒绝被收购的方式是仅仅躲在毒丸计划等措施后面"简单说不"，这种防御是如此有效，以至于毒丸还从未被启动过。这有力地证明了该计划确实能阻止收购方的收购企图，其好处不取决于计划的实施，而是计划盘马弯弓箭不发所产生的备而慎用的威胁。实际上，在毒丸计划被发明和广泛采用以后，敌意接管者是否进行收购只能取决于目标公司的管理者是否废除尚存的毒丸计划。如果目标公司的管理者拒绝废除毒丸计划，那么无论目标公司的股东愿意出售多少数量的股份，敌意接管者都不会购买该公司的股票，殆难以承受触发毒丸的巨大成本，只能发出以赎回毒丸为条件的收购要约。再者，研究表明，公司被出售时，设置了股权计划的公司要比没有设股权计划的公司具有更高的市值。显而易见，毒丸计划通过严格限制袭击者在不触发毒丸的翻正或翻反规定情况下可以采取行动，以对敌对要约提供最大的威慑，与此同时又迫使收购者与目标公司董事会进行直接协商，赋予目标公司董事会以除去毒丸的压制作用的最大的灵活性，授权目标公司董事会有选择性地准许一些收购要约通过，从而使得毒丸作为"拍卖槌"在并购中为股东获得溢价。[1]利普顿发明毒丸计划时就强调，毒丸是一种允许公司对咄咄逼人的收购觊觎"简单说不"（just say no）的机制，而不是允许其"永远简单说不"（just say never）的机制。换句话说，毒丸从未打算阻止一切收购，初衷仍在于允许董事会适当考虑所有提议和为股东寻求最佳的股票价格。[2]尽管董事会对于毒丸计划的启动具有广泛的自由裁量权，股东在投票箱中反抗的可能性可以阻止董事滥用其权力。这种"选票箱安全阀"（ballot box safety valve）可以克服盘踞于董事会的管理者不服于股东利益，而投票箱起义的威胁可以增加董事会撤销毒丸的意愿。可能的收购者无法轻易消除或规避的分期分级董事会，被称为"有效分期分级董事会"（effective staggered board，ESB）。如果目标公司没有有效分期分级董事会，分期分级董事会和毒丸组合规定对收购方而言只是比单纯一个毒丸计划稍大的障碍，投票箱起义是收购方寻求收购的一个可行机制。如果收购方成功使董事会撤销毒丸计划，收购方自然会进行收购。如果收购在这方面的尝试失败，其下一个选项是尝试在投票箱推出代理权之争，以获得目标公司的董事会的控制权，然后撤销毒丸计划，为收购扫清道路。[3]

毒丸防御措施是为保护公司及股东利益而存在，且是事前即加以设置的防御措施，因此如果事后的并购有利于股东及公司，必须要有解除毒丸的设计，才可使并购顺利进行，避免因无法解除而造成股东及公司唾手可得的溢价利益错失良机。故

〔1〕［美］小约翰·科利：《什么是公司治理》，刘江译，中国财政经济出版社2006年版，第57页。

〔2〕 Martin Lipton, "The Quinquennial Election of Directors", *Business Quarterly*, Vol. 55, Iss. 2, 1990.

〔3〕 Jordan M. Barry and John William Hatfield, "Pills and Partisans: Understanding Takeover Defenses", *University of Pennsylvania Law Review*, Vol. 160, No. 3, 2012.

而，该毒丸在设计上须含有解除或赎回条款，以便将来遂行可能发生的合意并购。但这种赎回条款却形成了可突防的破绽，并购公司可先以征求委托书方式取得多数表决权，在不触发启动事由下取得公司多数的董事席次，再由新的董事会赎回该毒丸，俟毒丸计划被赎回后进行目标公司股份的收购，最后完成敌意并购。为了阻止上述情形的发生，在翻正毒丸之后，"死手毒丸"（dead hand poison pill，永久毒丸）和"无手毒丸"（no hand poison pill，无赎回条件毒丸）也被开发出来，发展出连任董事条款（"continuing directors" provision）、延期赎回条款（"delayed redemption" provision）及不得赎回条款（non-redeemable provision），以预防董事会采取行动兑换毒丸或使毒丸无效。连任董事条款，系限定仅先前订定毒丸计划的董事本身或经其同意的继任董事有权赎回毒丸，亦称"dead hand" provision（或译为阴魂条款）；延期赎回条款，则系敌意收购者所提名而当选的新任董事会，将被限制在一段期间内不得赎回或修改毒丸计划，以延缓其解除毒丸计划，亦称"slow hand" provision（或译为缓交条款）；不得赎回条款，系规定若敌意收购者所提名而当选的董事在新任董事会中过半数时，董事会即丧失赎回权，亦称"no hand" provision（或译为不交条款）。在美国，反并购防御措施必须受到比例原则测试的检验。易言之，目标公司经营者虽有权进行防御措施，但是并非绝对而得进行任何苛酷的对抗，防御措施与所受威胁间须为相当。在"尤里纯公司诉美国通用公司案"（Unitrin, Inc. v. American General Corp.）[1]中，特拉华州最高法院采取两步分析法进行比例原则测试，以保持董事与股东之间关于公司权力分配的平衡和确保董事正确

---

〔1〕　Unitrin, Inc. v. American General Corp., 651 A. 2d 1361（Del. 1995）.

履行在公司交易中"守门人"的本分，减少代理成本。第一步，判断防御措施本质上是否具有强制性或排斥性等苛酷情形而对股东造成影响。所谓强制性是指，不仅造成当时股东对于交付委托书及参与公开收购产生压力，即使在将来也都持续地产生影响。换言之，实质上强制股东选择目标公司现经营者的防御，构成强制性。所谓排斥性是指，无论敌意并购者如何收购而且出价如何，都决定性地使收购不可能成立，使股东选择经营者的权利遭受剥夺。第二步，倘若不具有前揭苛酷情形，则审查防御措施是否在合理范围内。这种严格司法审查准则被称为尤里纯准则（Unitrin Standard）。对于"死手毒丸"或持续董事条款规定，法官杰克·雅各布斯（Jack Jacobs）在1998年的"卡莫迪诉托尔兄弟公司案"（Carmody v. Toll Brothers, Inc.）中如是描述：死手毒丸是除了设置毒丸时的在任董事及其指定的继任者以外，新任董事不能赎回的毒丸。[1]从这个意义上说，在永久毒丸被触发的情况下，股东即使赞成交易甚至批准特定要约人的计划，也将被迫投在职董事成员的票，因为只有他们有权赎回"毒丸"并使公司交易生效。[2]这种防御措施自适法性而言有其疑义，且其在剥夺股东判断之机会下亦欠妥当性，因而原则上不应导入。

　　毒丸计划与相关法理存在一定程度的冲突，涉嫌违反股份平等原则。股份平等、同股同权为大多数国家公司法所遵循的基本原则，意为对于同种类型股份应给予同等权利，禁止同种类型股份间存在差别待遇或其他形式的歧视，旨在保护股东地

---

〔1〕 Carmody v. Toll Brothers, Inc. Delaware Court of Chancery 723 A. 2d 1180 (1998).

〔2〕 Brian J. McTear, "Has the Evolution of the Poison Pill Come to an End?", *Delaware Journal of Corporate Law*, Vol. 24, Iss. 3, 1999.

位、权利义务、待遇的平等。然而毒丸计划赖以发挥最强防御作用的主要手段通常就是给予收购方和收购方以外的其他股份持有者以差别待遇，且通常差别极大，可谓待遇悬殊。"毒丸计划一旦实施，就会立即改变公司的控股结构，引发同类股东间股权利益及表决权的重新分配，导致同股不同权、同股不同利的结果。"因此，在某些收购战引起的法律诉讼中，毒丸计划存在的合法性常受到质疑。印第安纳州在 1989 年修改后的公司法转向承认毒丸计划（Poison Pill Endorsements），允许除敌意投标人以外的其他股东以低于公平市场价格的价格购买目标公司的股票，从而稀释收购方股份的投票权和价值，[1]给予公司的董事拒绝赎回毒丸的权利。[2]在 20 世纪 80 年代中期以前，由于融资困难，收购者多采用"前重后轻的双层要约收购"（双重抢先上船现金公开收收购，two tier front-end loaded tender offer）的方法。这给目标公司的股东造成了很大压力。考虑到这种方法的强迫性，法院一般认为目标公司采用毒丸计划是合理的。但到了 80 年代后期，由于垃圾债券的发明，解决了收购者的融资问题，"前重后轻的双层要约收购"的方法已不常用。但法院认识到，由于股东没有讨价还价的能力，其他收购方法也同样会给股东造成压力。尽管被董事完全控制的协商可能对股东有利，但如果董事在谈判中态度过于强硬，收购者可能一走了之，而且可能再也不会有任何价格的收购发生。因此，当毒丸计划将剥夺一次有利的收购为股东带来的利益时，或没有更好的替代者出现时，法院就会出面干涉。长期以来，毒丸在反敌意收购

〔1〕　Paul Mallette and Robert Spagnola，"State Anti-Corporate Takeover Laws：Issues and Arguments"，*Journal of Managerial Issues*，Vol. 7，No. 2，1995.

〔2〕　Carl E. Shepro，Richard W. Shepro and Leo Herzel，*Bidders and Targets：Mergers and Acquisitions in the U. S.*，Oxford：Basil Blackwell，1990，p. 63.

中发挥了显著的作用。但是法院在判决"毒丸"是被允许的同时也指出，这种判决并不表示这一新出现的防御形式自动取得永久性的合法地位，而要根据每个案件的情况分别加以判决。事实也证明，后来出现的另一些"毒丸"就被法院宣布为非法而加以禁止了。如在 1988 年"大都会公司诉品食乐公司案"（Grand Metropolitan PLC. v. Pillsbury）中，大都会公司以高溢价向品食乐公司发起公开收购，并马上就品食乐的毒丸计划向特拉华州法院提起诉讼。特拉华州法院没有立即干涉这一毒丸计划。但数月后，品食乐仍未找到一个大都会公司竞争的要约者，法院命令品食乐赎回毒丸。[1]1988 年，英国出版商罗伯特·马克斯韦尔（Robert Maxwell）成功地挑战了出版商麦克米伦公司（Macmillan）的毒丸计划。根据特拉华州法院判决，麦克米伦的毒丸计划不公正地歧视了马克斯韦尔对纽约出版公司的收购报价，阻止了有效的竞价过程。[2]1989 年美国股市发生崩盘，如火如荼的美国 20 世纪 80 年代的并购浪潮宣告结束，这是由联邦证券交易委员会和美国司法部联合对迈克尔·米尔肯（Michael Milken）和德拉克塞尔·邦汉姆·兰伯特（Drexel Burnham Lambert）提出诉讼并指控它们多重违反证券法案而引发的。当时，迈克尔·米尔肯和其投资公司曾设计了许多有助于冻结接管的金融创新方案。[3]21 世纪以来，由于股东积极主义的反对，毒丸计划的使用范围日趋狭小，实施这一计划来进行收购防御的公司数量减少。越来越多的美国公司董事会开始弃用这一著名的反收购手段，希望给外人以公司治理良好而不是层层防护的印

---

〔1〕 Grand Metro. Public Ltd. v. Pillsbury Co. -558 A. 2d 1049（1988）.

〔2〕 Patrick A. Gaughan, *Mergers, Acquisitions, and Corporate Restructurings*, Hoboken, New Jersey: John Wiley & Sons, Inc., 2011, p. 185.

〔3〕 [美]玛格丽特·M. 布莱尔:《所有权与控制：面向 21 世纪的公司治理探索》，张荣刚译，中国社会科学出版社 1999 年版，第 93 页。

象。一些股东认为毒丸只是有利于巩固管理层和董事会的地位，并无益于股东利益最大化。当一家公司宣布一项新的毒丸计划时，其股价往往会下跌。毒丸使得非敌意收购股东有权以很大的折价（通常为50%）购买公司额外发行的股份。该计划的实施可以使敌意收购股东的股权比例下降，"友好"股东的股权比例上升。稀释股权可以从经济上迫使敌意收购方放弃收购，或者以更高的价格进行收购，或者发起代理权之争来获取目标公司董事会控制权，进而撤销毒丸。随着2008年的股市下跌，股东权益计划被稍作修改重新启用，而且更受欢迎。[1]在英国，毒丸计划因涉嫌与公司法同股同权原则相冲突而被明确禁止。

　　我国立法对其态度也模糊不清。所以，毒丸计划在我国的使用是否合法以及毒丸计划究竟该如何规制，仍然没有明确的法律依据可循。在新浪为击退盛大收购而推出的毒丸计划案例中，作为在美国纳斯达克挂牌上市的公司，被收购方新浪顺利抛出毒丸计划依据的是美国法律规则。所以，我国国内上市公司不能效仿新浪的做法，直接采用毒丸计划进行反收购。2006年，美国凯雷收购徐工集团旗下徐工机械被《华尔街日报》称为"外国收购基金进入中国的分水岭"。[2]在此次并购案中，毒丸计划的再次提出，乃源于2006年6月国家发改委的介入，要求徐工提供防止外资恶意并购的措施。[3]为应对美国凯雷退出后出现同业竞争对手敌意收购，徐工集团向中国商务部提交了"毒丸计划"。该补充协议约定，凯雷未来以公开发行股份上

---

〔1〕　［美］斯托厄尔：《投资银行、对冲基金和私募股权投资》，黄嵩、赵鹏等译，机械工业出版社2013年版，第66页。

〔2〕　李雨龙、陈景云主编：《投资并购经典案例法律评析》，法律出版社2008年版，第3页。

〔3〕　李雨龙、陈景云主编：《投资并购经典案例法律评析》，法律出版社2008年版，第22页。

市的方式退出时，一旦有同业竞争对手获得上市公司15%以上股份（含15%，即徐工集团在合资公司中的持股比例）时，"毒丸计划"将被启动，上市公司即刻向上述企业之外的所有股东，以人民币0.01元或等值外币的价格，按上述企业实际持有的股份数增发新股，以增加其为获得对上市公司控制权而需收购的股份数量及对价。尽管这份毒丸计划最终并未得以实施，但凯雷徐工递交的该计划堪称中国境内上市公司实践毒丸计划的雏形，属于翻反计划，赋予目标公司老股东条件优厚的购股权，用以购买目标公司发行的旨在抵御敌意收购的增发股票。

（三）牛卡计划

牛卡是香港人对"不同表决权股份结构"（dual class equity struture）的英文译音，也称为"双级再资本化"（dual-class re-capitalization）或者表决权计划、双重持股结构、A/B双层股权结构。这种反收购策略是将公司股票按投票权划分为高级和低级两等，低级股票每股拥有一票的投票权，高级股票每一股拥有2票~10票的投票权，但高级股票主要由高级管理者所持有，派发的股息较低，市场流动性较差，低级股票的股息较高，市场流动性较好。高级股票不准或规定届满一定年限后才可以转换为低级股票。在实行牛卡计划后，如果公司管理层掌握了足够的高级股票，即使敌意收购者获得了大量的低级股票，也难以取得公司的控制权。[1]1985年美国纽约证券交易所已核准上市公司采用双级权益结构。由于高级管理人员较理解公司的价值，在与收购公司谈判中，若有高级管理者充当捍卫战士的角色，往往可获得高收购金额，有利于目标公司股东。在某些时候，如果一方收购了某家公司大量具有表决权的股份，大股东

---

[1] Peter L. Simmons, "Dual Class Recapitalization and Shareholder Voting Rights", *Columbia Law Review*, 1987, Vol. 87, No. 1.

以外的优先股股东就享有超级投票权特权，那么，大股东就很难取得表决控制权。在另一种情况下，长期（3 年或更长）优先股股东比短期股东每股享有更多的投票权。这就使收购者很难迅速取得表决控制权。

　　与董事轮换制和绝对多数条款相比，采取牛卡计划作为反收购对策的公司较少。在这种二元制股权结构下，核心控制人以较低的股权获得较高的投票权不需要购买其他股东的股票，也不必担心其他股东抵制其购买股票的行为，从而大大降低了协调和交易的成本，不必担心股权稀释导致的控制权丧失和被收购带来的风险。董事会的重大决策、股东大会的决议以及重要高管的任命都取决于核心领导人的意志，董事会和股东大会角色弱化乃至形同虚设。即使核心控制者缺乏资金和实力，依然可以通过这种设计来保证自己的投票权。然而，股东权利倡导者认为由于"牛卡计划"使小股东无法实现同股同权，这一措施也会在一定程度上降低公司本身的吸引力，进而影响股价和再融资。例如，2012 年 5 月 18 日备受瞩目的脸谱公司（Facebook）正式在美国纳斯达克上市。此前投资者对此抱有很大的期望，然而在首日收盘后脸谱公司的股价却险些跌破发行价。此后，连续几个交易日其股价都大跌，有评论称其为 2007 年以来最糟糕的 IPO。脸谱公司在其招股说明书中披露其股权分为两类：A 类普通股和 B 类普通股，其中 B 类普通股的表决权是 A 类普通股的 10 倍。在首次公开募股（IPO）中发售的股票将是 A 类普通股，B 类普通股并不参与发行。扎克伯格拥有脸谱公司 28.2% 的股权，持有 5.338 亿股 B 类股。根据其此前与股东签订的一系列表决权代理协议，他们在特定情况下授权扎克伯格代表股东所持股份进行表决，即拥有 30.6% 的代理投票权，最终扎克伯格掌握 56.9% 的表决权，是最大的单一股东。"牛卡计划"需要全体股东对 B 类股东尤其是对创始人股东有足够的信任。固定的管理班子能否真正起到良好的决定性作用、能否真正制定好公司的长远规划，都值得怀疑。事实上，"牛卡计划"在某种程度上本身就是内心虚弱的表现，甚至在美国也被诟病为"腐败的治理体系"。"牛卡计划"为管理层提供了工作保护，降低了管理层提高管理水平的压力。管理班子固定的公司削弱竞争对股东的影响，反而易于招致敌意收购。有鉴于此，许多公司上市时并不采纳"牛卡计划"，即便上市时采纳了"牛卡计划"，强大之后也会将其解除。在美国的《公司法》中，公司章程的地位是非常重要的，给予公司的自治权力很大。例如，第 15 条规定公司章程可在与公司法令不相抵触的范围内限制或取消任何类别股的表决权，或给予特殊表决权。第 33 条规定发行在外的股份，不论属何类别对提交股东会议表决的每一事项应有一票表决权，但公司章程另有规定除外。如果公司章程规定在任何事项上某股有多于或少于一票的表决权，那么本法令每次提及股份的多数或其他股份比例时应指上述有权表决的股份的多数和其他比例。由于我国现不存在优先股，《公司法》明确规定同股同权、同股同利，第 104 条规定股东出席股东大会会议，所持每一股份有一表决权。显然，"牛卡计划"在我国法律上不被认可且在实践中无法操作。在英国，伦敦证券交易所不允许挂牌上市公司设立双层股票，仅有少数具有此种股票结构的老上市公司，但这是欧洲大陆使用的更普遍的防御措施之一。[1]"牛卡计划"在 20 世纪七八十年代的香港曾经出现过，之后因为违背公司法一股一权原则，面临扩张管理层权力与保障股东权益之间的矛盾，已经很少为人所用。所以，2008 年百度曾准

---

〔1〕 〔英〕萨德·苏达斯纳：《并购创造价值》，张明等译，经济管理出版社 2006 年版，第 520 页。

备去香港上市，但遇到障碍，香港联交所不允许上市公司有超级投票权的存在，李彦宏最终不得不放弃了赴港上市的打算。美国的上市公司股权分散，大股东的股权比例比较低，相对控股的现象比较普遍，其他股东对其约束作用很大，创始股东为了使自己的利益不受到损害，使企业有统一的文化和发展方向，降低获得控制权的成本，因而实行二元制股权结构。但我国大部分企业的创始股东就是公司的第一大股东，本身就拥有对企业的控制权，即使不采取二元制结构，仍然掌握着企业重大决策的制订权。在我国上市公司的治理结构尚未健全的情况下，一股独大的现象依然存在，掌握公司实际控制权的人有巨大的私人收益：一方面，这些控股股东可以投票权绝对优势直接碾压中小股东的利益而通过新的融资结构方案；另一方面，控股股东作为公司的实际管理者可以"萝卜加大棒"的各种方案来胁迫中小股东通过决议，中小股东的权益很容易遭受控股股东的滥权侵害。如果将来在国内允许公司通过修改章程、换股和增发新股的形式实施双层融资结构，那么就要考虑到如何提升中小投资者的话语权，提高其参与公司治理的积极性，形成对核心管理层的监督制衡。就本质而言，"牛卡计划"是相对于"毒丸计划"而提出的另一种通过修改股权类型的方法进行反并购的措施，与"毒丸计划"一样都是在某类特定事件出现后才启动，但"毒丸计划"旨在摊薄收购方的股权比例，而"牛卡计划"旨在保持对企业重大决策的绝对控制权，形成将能阻碍其他人把公司作为潜在的合并者、收购者或者其他控制权转化的"集权控制"。虽然"牛卡计划"与"毒丸计划"在表面上大相径庭，但在实质上两种计划具有极强的相似性，与"毒丸计划"一样违反我国同股同权的原则，其优势与弊端以及应对策略都与"毒丸计划"相类似。

（四）金降落伞、银降落伞和锡降落伞

敌意并购事实上如同政治领域的政权更迭鼎革，企业并购成功与否，在很大程度上取决于管理层的态度和立场，尤其是职位及其附着利益的存留极为关键，一旦成为顽固的反对力量就会令并购梗阻。而目标公司一旦被收购，盘踞在公司的高层管理者就将可能被扫地出门。这对被收购企业的原管理层不啻飞来横祸。因此，企业管理层在遇到敌意收购时，往往不惜以牺牲企业的利益为代价大搞焦土抗战，为自己争立足之地。"金降落伞"的设置，即给原管理层留一条退路，有助于帮助解决股东和管理层在收购问题上利益矛盾的冲突，使之能够更容易接受敌意收购，与收购方达成妥协，不去利用手中职权来损害公司利益。金降落伞（gold parachute）又称为银轮椅（silver wheel chairs）、黄金再见（golden goodbye）、黄金握别（golden handshake）等，是一种补偿协议，规定在目标公司被收购的情况下，高层管理人员无论是主动抑或是被动离开公司，均可获得一笔巨额的离职补偿金。在敌意并购发生前，公司事先与此等高层管理人员缔结离职补偿金协议包括触发条款（trigger clause）、终止条款（termination clause）、补偿条款（compensation clause）。在发生经营权更迭后（触发条款），如此等人员遭公司终止任用或遭缩减职权而主动辞职（终止条款），即可向公司请求高额离职金（补偿条款）。其中，触发条款界定"控制权变更"的内涵和外延，包括目标公司的所有权变更、对目标公司可行使有效控制权变更、目标公司重要资产所有权变更三种情形。终止条款设定开伞（open the parachute）的条件，可区分为：（1）双开（double trigger）：除控制权变更事实发生外，须此等人员因被终止雇佣关系或是此等人员基于正当理由取得单方终止协议的权利。亦有进一步降低开伞条件者，若有因控制权变更而有被实质削减权力、降低负责层级、职位、薪资、津贴或福利、不利事实发生、变更工作地点等亦得自动提出协议终止，行使请求权。（2）修正双开（modified double trigger）：在控制权变更后之一定期间内，此等人员可不附理由终止协议，行使请求权。补偿条款包括内容、时点、请求权期限等以及是一次给付全额或分期支付。[1] 金降落伞计划中的收益如同一把降落伞让高层管理者从高高在上的职位上安全着陆，故名"降落伞"计划；又因其收益丰厚如金，故名"金降落伞"。这与公司承诺雇员在公司的服务达到规定的时间期限将给予其奖励的保留协议（也被称为金手镣，golden handcuffs）异曲同工，与其作为反收购措施的本质不符。[2] 若所支付的报酬相当高，则金降落伞又被称为铂降落伞（platinum parachutes）。公司将赚得的利润用于建造"经理帝国"（empire for managers），这些薪酬超过其对公司的贡献的董事在英美国家被称为"肥猫"（fat cat），无异于中国人所谓让黄鼠狼来看鸡窝尽可纵情享受。降及20世纪80年代中期，25%左右的世界500强企业在顶层管理者的雇佣合同中都采取金降落伞。我国上市公司对管理层设置的金色降落伞式保护性安排亦不乏其例，如万科在其首份限制性股票激励计划（草案修订稿）第39条中规定："当公司控制权发生变更时，控制权变更前的半数以上法定高级管理人员在控制权变更之日起的三十日内有权书面要求信托机构将本计划项下信托财产立刻全部归属。"[3]

---

〔1〕　Steve Harris and Alisa McMillan，"Employment Contract：Get It in Writing！（Employment）"，*Financial Executive*，Vol. 17，No. 9，2001.

〔2〕　Patrick A. Gaughan，*Mergers，Acquisitions，and Corporate Restructurings*，Hoboken，New Jersey：John Wiley & Sons，Inc.，2011，p. 200.

〔3〕　"万科限制性股票期权激励计划"，载 http://www.docin.com/p-632122726. html，访问时间：2017 年 3 月 1 日。

"银降落伞"和"锡降落伞"的得名，其理与"金降落伞"的得名同出一辙。灰色降落伞（pension parachute）主要是向中级管理人员提供的较为逊色的同类保证，或根据工龄长短领取数周至数月的工资。[1]锡降落伞（tin parachute）是指目标公司的员工若在公司被收购后一段时间内被解雇，可领取员工遣散费。锡降落伞虽然单位金额不多，但聚沙成塔，令收购者大破其财，对阻止敌意收购极具力度。

从反收购效果的角度来看，"金降落伞""银降落伞"和"锡降落伞"策略，能够加大收购成本或增加目标公司现金支出从而阻碍并购。因为一般恶意的企业收购往往要伴随替换高级管理层，所以高级管理层较高的遣散费会导致买方要支付很高的后续费用，这些昂贵的金降落伞往往使对公司心怀叵测的偷袭者望而生畏、于心难忍。

然而，对金降落伞的防御作用持否定态度的学者认为，在大多数情况下金降落伞的开支估计还不到全部收购费用的1%，[2]微不足道，包括金降落伞在内的管理层取得的激励事实上来源于公司股东在收购前在公司中尚未实现的价值（即未从管理层移交给股东的价值），因此金降落伞条款作为收购防御措施的作用有限。实施金降落伞条款的主要目的在于将收购给管理层经济安全和职业安全造成的影响降至最小，激励其从一个客观的角度尽职为股东、公司利益运筹谋虑，缓解高层管理人员与股东的目标不同和利益冲突，减少来自目标公司管理层对有利于双方股东的并购的阻力，有助于管理者有足够的动力积极为股

---

〔1〕 Zahid Iqbal et al. , "Takeovers, Managerial Ownership, and Pension Plan Ter-minations", *American Business Review*, Vol. 17, Iss. 1, 1999.

〔2〕 Ann M. Morrison, "Those Executive Bailont Deals", *Fortune*, December 13, 1982.

东寻求更高的溢价，防止其仅仅从自己的后顾之忧出发阻碍有利于公司和股东的合理并购。但这又存在金降落伞的另一个短处，即支付给管理层的巨额补偿并不能使管理层与股东同心同德，反而有可能会诱导其为了取得巨额补偿金而与收购方通谋、低价出售企业。因此，这历来是一个备受争议的反收购措施。一方面，大权在握的管理层为了防止公司被敌意收购、自己被新股东辞退，极力推动公司在章程里面增加反收购的措施。另一方面，公司章程里面既定的反收购措施，会使公司新任管理层高枕无忧，并激发其肆无忌惮地扩张权力、提高薪酬。金色降落伞频繁地陷入公众批判，一方面被反对者诟病其约定的补偿金数额巨大，对公司和股东造成过重的负担，是管理层以股东利益为代价掘壕自保的工具；另一方面，因为金色降落伞存在被高级管理层滥用的道德风险，可能沦为管理层自我交易的工具，为了获得协定的过于优渥的遣散费，管理层甚至会"卖国求荣"，支持有损于所有者利益的并购交易，可谓"失败的报酬"，[1] 甚至由于此等条款不区分该等人员的绩效皆可获得离职金，反而会阻碍有效率的并购行为。1985 年，美国毕垂斯食品公司（Beatrice Foods Co.）因为杠杆收购而对其 6 名管理者一共支付了 2350 万美元的补偿，而其中的一位得到了 270 万美元补偿的管理者在公司的任职时间仅仅 13 个月；另一位已退休而被重新召回不到 6 个月的管理者也得到了价值 700 万美元补偿。詹姆斯·B. 斯图尔德（James B. Stewart）在《贼窝》（*Den of Thieves*，New York：Simon & Schuster，1991）中描述了 20 世纪 80 年代的内部交易丑闻。他谈道："这一协议原本是为了通过提高收购成本来延迟敌意收购。但实际上它使管理者们变得非常富有。"

---

〔1〕　Greenhouse，"Golden Chutes Under Attack"，*New York Times*，November 4，1985.

降落伞协议形成了不良管理层的保护壳，薪酬包是如此的丰富，使得纵然公司这架飞机坠落，对于持有"金降落伞"的人来说也无需操心，以至于 CEO 宁愿离开也不愿继续工作，反而可能成为其急于出售公司的动机。[1] 在一些极端的公司合并的案例中，由于股东群情激愤，每个股东就兼并事宜进行投票，商定的离职金下降了一半，即便如此，也不能得到股东的同意。[2] 在德国使用金色降落伞并不是完全可行的。根据德国的法律，管理层各种薪酬都必须与管理层成员的任务和绩效以及公司的状况保持适当的比例，并且不允许没有特定理由发给超额的报酬（《股票法》第 87 条第 1 款），而这样金色降落伞的使用就可能是有问题的。在沃达丰成功兼并曼内斯曼 4 年以后，2004 年 1 月，德国杜塞尔多夫州法院正式开庭审理被称为"德国当代最轰动的经济案"。该案涉及 4 年前英国沃达丰公司并购德国曼内斯曼公司时支付的总额为 5600 万欧元的补偿费。根据检察院的指控，德意志银行行长约瑟夫·阿克曼（Josef Ackermann）、前曼内斯曼公司总裁克劳斯·埃塞尔（Klaus Esser）以及其他 3 名高级管理人员在 2000 年初担任曼内斯曼公司监事会成员期间，批准沃达丰公司向曼内斯曼公司高级主管支付巨额补偿费，以此作为并购的条件。检察院认为，曼内斯曼管理层成员通过放弃职务换取了丰厚的报酬，使公司的资金被私吞，并伤害了曼内斯曼公司股民的利益。事实上，曼内斯曼只是使用了国际惯用的"金降落伞"策略。尤其是阿克曼在曼内斯曼公司出售过程中分文未取，故而面对指控时底气十足，而其他人收入补偿金也是

---

〔1〕 李雨龙、陈景云主编：《投资并购经典案例法律评析》，法律出版社 2008 年版，第 150 页。

〔2〕 ［美］约翰·L. 科利等：《公司治理》，李维安等译，中国财政经济出版社 2004 年版，第 132 页。

国际通行的做法，问题关键在于，曼内斯曼的高级管理人员是不是因为这笔补偿费的缘故，在兼并过程中损害了股东的利益。克劳斯·埃塞尔及若干高级经理在兼并过程中尽全力捍卫了公司的利益，使得曼内斯曼的股票价值增长一倍；埃塞尔等人得到的补偿还不到股民增益的一个百分点，符合国际惯例。2004年7月22日，德国杜塞尔多夫州法院作出判决，宣布"曼内斯曼经济案"中的6名被告无罪。对于一审判决的结果，检察院并不满意，提起了上诉。不久之后，联邦法院宣布杜塞尔多夫州法院的一审判决无效，由杜塞尔多夫州法院进行重审。此后，案件又被拖了两年多的时间。2006年11月，杜塞尔多夫州检察院同意由辩护律师提出的中止审理曼内斯曼公司收购诉讼案的请求，但6名被告需支付罚金580万欧元，其中支付罚金最多的正是约瑟夫·阿克曼，高达320万欧元。检察机关认为，在2000年英国"沃达丰公司收购德国曼内斯曼案"中，当时曼内斯曼公司总裁和高级管理人员接受了沃达丰提供的高额"奖金"，这一高额奖金违法，但德国法律并没有相应的条款能够对这些被告作出判决。

　　但是，在美国，由于金色降落伞一般须经过由非利害关系董事组成的董事会薪酬委员会的批准，对其属于自我交易的指责往往不会得到法院的支持。同时，金色降落伞在反收购中的运用不大可能泛滥，尤其是在股票期权被广泛采用以后，其作用会更加有限，原因是持有大量股票期权的目标公司管理层从收购溢价中获得的利益会远远超过金色降落伞的补偿数额。故而波斯纳认为，"金降落伞"会使收购花费更高的成本，但也削弱了经理人员拒绝收购人要求的激励，这两种效果可能会互相抵消。[1]《国内收入税法案》(Interned Revenue Code) 第 280 条规定，凡超过或等于过去 5 年期间经理人员平均报酬 3 倍的收入均视为"超额降落伞费用支付"。第 4999 条规定，在这种情况下，对超过年平均报酬的部分增收 20% 的执照税 (excise tax)，并且该部分不能用来抵减公司应税额。在 1983 年"奔德士并购联合信号公司案"(Bendix–Allied Signal) 发生后，威廉姆·艾吉 (William Agee) 得到了 500 万美元的金降落伞报酬补偿，引起了广大公众的不满，对此立法部门进行了税法补充，增加了两条新规定。1984 年的《赤字减少法案》(The Deficit Reduction Act) 否定了将按现值基础超过接管 5 年前管理人员的平均年补偿金的基本金额 3 倍的金降落伞支付从公司税基中扣除的做法，规定对支付金降落伞报酬补偿的公司和得到超额降落伞支付的经理人员征收 20% 的额外所得税。为了具有法律约束力，金降落伞协议必须至少在整个公司或公司重要部分的控制权发生变动前一年达成。[2]但是，政府规定的最高限额很快成为行业标准。许多公司将其降落伞费用增至年平均报酬的 2.99 倍，正好适用于 20 世纪 80 年代中期兼并黄金期和 20 世纪 90 年代中期的大部分时间。在美国金融危机之后，法案扩大了上市公司股东在高管薪酬和金降落伞条款上的参与和调整权力，通过高管薪酬和金降落伞条款可以对公司的薪酬披露进行检查，并对公司 5 年内的业绩与薪酬进行比较。美国在 2008 年金融危机之后，新法案赋予公司股东更大的权力，允许股东就管理人员能否得到被称为"金降落伞"的丰厚遣散待遇进行不具约束

---

〔1〕 〔美〕理查德·A. 波斯纳：《法律的经济分析》，蒋兆康译，中国大百科全书出版社 1997 年版，第 539 页。

〔2〕 〔美〕J. 弗雷德·威斯通、马克·L. 米切尔、J. 哈罗德·马尔赫林：《接管、重组和公司治理》，张秋生译，北京大学出版社 2006 年版，第 561 页。

力的投票。我国法律并未对金色降落伞设置明确的障碍，考虑到公司收购必然会造成目标公司管理层的控制权损失，该损失的不可补偿性可能对企业收购产生障碍作用，而此种作用在我国国有企业并购中体现得更加明显。为捏合目标公司管理层与股东之间的利益取向，避免在收购来袭时没有退路的管理层动用公司资源对敌意收购进行"玉石俱焚"式的抵抗，建立适当的"赎买"机制即允许设立合理的金色降落伞计划，对于目标公司股东而言应当是有利的。由于"金降落伞"本质上是给予目标公司高级管理人员的报酬，而所谓高级管理人员又包括董事、经理，因此，涉及董事的"金降落伞"合同应该由股东大会最后作出决定，涉及经理及其他人员的合同条款可以由董事会决定，除此之外的其他机构都无权就此作出决定。在上市公司中，兰州黄河即明确将金色降落伞写入公司章程，其章程第10条规定，当发生公司被并购接管的情形时，在公司高管任期未届满前如确需终止或解除职务，必须得到本人的认可，且公司须一次性支付其相当于前一年年薪总和10倍以上的经济补偿（正常的工作变动或解聘情况除外）。

（五）相互持股

交叉持股或相互持股也是反收购的一个重要策略，也就是关联公司或关系友好公司之间相互持有对方股权。具体做法是，一个公司购买另一个公司10%的股份，另一个公司反过来也购买这个公司10%的股份。一旦其中一个公司被作为收购的目标，另一个公司就会施以援手，避免关联或者友好公司被收购。相互持股公司间易形成"连环船"效果，可以集合力量，减少流通在外的股份，从而降低被收购的危险系数。对此，日、韩企业表现得最为典型，时常通过在关系企业中交叉持股的复杂网络来控制子公司。特别是日本的公司往往与其主要银行和其他企业合作紧密，组成在日文里被称为"经连会"（『企業系列』）的利益共同体。在这种交叉持股关系所滋生的环境中，敌意收购公司由于面临牢固的股份相互锁定而难以打开缺口，无法吸纳足够的流通股筹码，或者即使发出要约收购，亦没有足够的股份预受要约。随着日本现实中敌意收购日益增多，原来通过相互持股建立了经营者的"壕沟"的企业，倾向于通过反收购策略进一步强化"壕沟"，企业之间相互持股之风更炽。麦当劳公司曾对其股价的频繁波动感到恐慌，公司认为价格的波动是机构所有权比例较高造成的。于是在 1986 ~ 1994 年间，公司曾鼓励雇员、供应商与特许经营者通过各种办法持股，并使他们手中的股权比例从 7% 增加到 15%。2004 年 9 月 2 日，依靠收购兼并而迅速成长起来的广发证券股份有限公司，面临中信证券的敌意收购。在收购战中，广发证券的交叉持股方深圳吉富创业投资股份有限公司、吉林敖东和辽宁成大三家公司形成反收购"铁三角"，迅速数次增持广发证券的股票，最终以 66.7% 的持股比例形成对广发证券的绝对控股，成功地挫败中信证券的敌意收购。但互持股份也有其缺陷：首先，耗费公司资金，造成资源占压，影响营运资金的使用。其次，在市场不景气的情况下，互控股份的双方公司可能会互相拖累，造成"多米诺骨牌效应"，一家公司经营状况的恶化可能拖垮其持股公司，甚至有可能让收购者的收购袭击达到一箭双雕的结果。最后，如果反收购失败，交叉持股的措施也可能为敌意收购方进一步收购参与交叉持股的关联公司提供便利，造成一损俱损的结果。相互持股的问题在于引发资本的虚增和公司持有自己的股份，如甲公司有注册资本 100 万，乙公司有注册资本 200 万，现甲、乙各向对方投资 50 万，则导致甲的注册资本为 150 万，乙的注册资本为 250 万，总计达到 400 万，比原来的 300 万虚增了 100

万。在公司持有自己股份方面，如甲持有乙公司 40%的股份，而乙又持有甲 30%的股份，这样相当于甲持有自己 30%×40% =12%的股份。公司之间的交叉持股，可能带来公司治理方面的种种弊端，所以历来为各国立法所限制。但以上限制性规定可以通过"环形持股"的设计轻松绕过，由此大大降低了限制"交叉持股"的意义。尽管如此，税收方面的法规仍可能起到间接限制"环形持股"的作用。我国法律一度并不允许相互持股，但现行《公司法》并未禁止公司对外投资，故该措施的适用亦不存在法律风险。交叉持股方便易行，未来极易成为国内上市公司行"合纵"之计、抵抗敌意收购的预设措施。考虑到相互持股的消极作用，应当对其进行公司法上的限制。而且如果相互持股成为主要的反收购手段，也应当考虑在证券法上加以限制。大多数国家公司法，对于相互持股都要给予限制，目前我国还没有相关明确规定。

二、对抗性防御

（一）焦土战术

焦土战术（scorched earth policy）是一种两败俱伤的事后资产结构变化策略，是一种以自残为代价打退敌意收购者的政策，俨然宁为玉碎不为瓦全的气概。自残之举包括大量举债买入一些无利可图的资产（此类资产要么微利性差，要么与目标公司的经营无关，会增加公司的负担），故意进行一些低效益的长期投资（使目标公司短期内资本收益率大幅度降低），大量增加公司负债（恶化财务状况，增加公司破产成本），将公司债务安排在并购完成后即刻到期偿付。广义的"焦土政策"还包括小鱼吃虾米，即目标公司通过并购在短期内迅速增大规模，使得恶意并购方需要筹集更多的资金来完成收购。常用做法主要有两种：（1）"出售冠珠战略"（crown jewel strategy）。公司将引起收购者兴趣的"皇冠上的珍珠"（crown jewels），即目标公司当获知进攻性公司的恶意并购是以获取本公司的某一重要信息或资源为目标而自己实力又难以与之相抗衡时，主动剥离自己最优质的资产或者将这部分资产抵押，坚壁清野，使得收购者的意图无法实现，以避免对方将自己完全收购，弃宝护身。此类皇冠上的宝石一般都具有以下特点：深具盈利潜力但价值被市场严重低估的资产；发展前景极为广阔，有条件在短期内形成大批量生产和拥有高度市场份额的业务或专利条件；对收购公司的发展构成竞争威胁或供需环节威胁的某项业务或某部门。因为收购公司收购目标公司的主要原因是看中了它的皇冠上的宝石，目标公司可将皇冠上的宝石剥离，使收购公司大失所望，兴趣索然。例如，当进攻性公司意图收购自己时，采取各种方式先将目标公司掏空，大量发行高利率的短期债券并约定在公司股权发生大规模转移时，债券持有人可要求立刻兑付，从而使收购公司在收购后立即面临巨额现金支出的沉重包袱，增加收购难度，或者增加大量资产，提高公司负债，从而迫使对方减弱乃至打消收购意图。但是，目标公司面对敌意收购的资产剥离会给市场发出错误信号，市场上知道该公司出于自我保护已诉诸资产剥离后，这类资产的潜在买家将该资产的售价压到最低，甚至低于其市场价格，导致该公司这样激进的防御结构调整的结果获益将是最小的，对公司利益的自残，并不明智。[1]这不但会导致股东可能抛售股票，而且还会将一个有价值的企业组成部分从企业中分离出去。在德国的法律框架中，出售顶尖业务仅仅是在这样例外情况下才是可行的，即当交易是在收购

---

〔1〕 A. S. Dalal, "Analysis of Takeover Defenses and Hostile Takeover", *NALSAR Law Review*, 2011, Vol. 6, No. 1.

要约公布之前就已经是遵循战略的一部分（《证券收购和接管法》第 33 条第 l 款第 2 句选二），否则管理层基本上是不可能以重大公司利益为由出售顶尖业务的。[1]（2）虚胖战术（也有人称之为负债毒丸计划）。公司购置大量与经营无关或赢利能力差的资产，使公司资产质量下降，且由于该等资产缺乏盈利能力，将导致公司负债大量增加，财务状况恶化；或者是做一些长时间才能见效的投资，使公司在短时间内资产收益率大减，且由于长期项目通常风险较大，公司经营风险加大。通过采用这些手段，使公司从精干变得臃肿，导致股票价格下跌，而敌意收购方如果系通过股票质押杠杆融资进行的收购很容易由于存在平仓压力，不得已出卖所持有的上市公司股票甚至爆仓，即便收购之后亦将不堪重负。与出售冠珠战略的剥离现存资产相对立，虚胖战术是收购新资产式防御。[2]焦土战术如同"聪明的鱼"自己先吃上一点毒药以避免被人类捕杀猎食的命运，其主要目的在于使并购方在并购成功后接管的是满目疮痍的烂摊子，降低收购者的收购收益或增加收购者风险，以"残胜""惨胜"或者"负创取胜"的结局预期达到击退敌意收购的目的。1984年，美国久负盛名的动画片制作厂商沃特–迪士尼公司（Walt Disney Company）面对斯坦伯格控股公司（Steinberg Holding Corp.）的收购就采取了收购另一家房地产发展商阿威达公司（Arvida Corp.）的策略：收购采取的是股权置换的主式，即迪士尼公司用公司新发行的股票换取阿威达公司的股票。这一策略不但使迪士尼公司大量未开发的房地产项目得以运作，而且还使收购

---

　　〔1〕　〔德〕马丁·格劳姆、托马斯·赫特施莱因特：《兼并重组》，王煦逸编译，上海财经大学出版社 2014 年版，第 228 页。

　　〔2〕　邹亚生：《并购与反并购的经济学分析》，经济科学出版社 2013 年版，第145 页。

方斯坦伯格控股公司对迪士尼公司的持股比例由 12.1% 下降到 11.1%。但这种两败俱伤的策略却使企业往昔的辛苦经营毁于一旦，严重损害了公司股东和债权人的利益，故被各国法律严格限制。焦土战术是公司董事会和管理层为了保住自己的位子，从自己的利益出发而采取的反收购措施。此外，在运用焦土战术进行反收购时可能会导致另一结果：公司股价走低，股东意见加大，由此会导致新的被收购可能。英国法律规定，被收购公司的董事会获知收购要约后，不得再使用"焦土政策"。在我国，该措施在实践中也多有采用。例如，在 1998 年大港油田收购爱使股份过程中，爱使公司将最具盈利能力、利润回报率最高的上海海的通信连锁有限公司股权全部出让；又以 800 万元购买了延中属下的上海新延中企业发展有限公司 80% 的股权，把即将被淘汰且前景堪忧的饮用水生产作为公司发展的主业，直接造成爱使公司 800 万元的资产外流。这种"败家子"式措施亦有违背相关法律法规的规定之虞，存在合规性问题。根据《上市公司收购管理办法》第 33 条的规定，收购人作出提示性公告后至要约收购完成前，被收购公司除继续从事正常的经营活动或者执行股东大会已经作出的决议外，未经股东大会批准，被收购公司董事会不得通过处置公司资产、对外投资、调整公司主要业务、担保、贷款等方式，对公司的资产、负债、权益或者经营成果造成重大影响。因此，公司通过购买新资产或者出售已有资产等方式进行防御，需要股东大会的批准，而当收购方已经获得很大比例的股权时，采取该措施将难以得到批准。

（二）白衣骑士或白衣侍郎

白衣骑士（white knight）是指目标企业为免受兵临城下的敌意收购而寻找的善意收购者。公司在面临收购危险时，为不使本企业落入敌意收购者手中，可选择对现任管理层态度较为友善并且有收购意向的第三方，向其提供各种必要的信息和优惠条件，造成善意收购者与敌意收购者竞价收购目标公司股份的局面，利用第三方友好收购抵消敌意收购，这种把目标公司从不受欢迎的擅闯者的魔爪下解放出来的第三方叫"白衣骑士"。反之，帮助敌意收购的第三方被称为"黑衣骑士"。这里的黑衣骑士与 19 世纪初沃尔特·司科特（Walter Scott，1771~1832 年）小说《艾凡赫》（*Iranhon*）里出现的黑衣骑士不同，只有象征意义，白色象征光明或肯定，而黑色则象征着相反一面。"我们的朋友就是我们的敌人的敌人（the enemy of our enemy is our friend）"，目标公司可以与友好公司联手，通过公司法和证券法允许的操作来挫败敌意收购。白衣骑士作为救援者出现挺身挽救也许会令狙击者望而却步（因为狙击者为了完成收购必须寻求资金支持），从而公司可以以相对较低的价格出售给白衣骑士。如果目标公司与白马骑士假戏真做，则被称为"防御性合并"（defensive merger）。因为白衣骑士的出价应该高于袭击者的初始出价，[1]所以白衣骑士计划的必然结果就是会发生对于目标公司控制权的激烈争夺，目标公司的股票价格在收购轮番竞价过程中大幅飙升，对于敌意收购者来说，目标公司收购的成本增加可能会阻止收购行为的继续。寻找"白衣骑士"的基本精神是"宁给友邦，不予外贼"，但也不是在任何情况下都适合使用"白衣骑士"策略。"白衣骑士"策略使用要考虑以下因素：一是恶意并购者出价的高低。一般而言，如果敌意收购者出价较低，目标企业被白衣骑士拯救的希望就大；若收购公司提出的收购价格很高，则留下的竞价空间较小，能够找到

---

〔1〕 李雨龙、陈景云主编：《投资并购经典案例法律评析》，法律出版社 2008 年版，第 149 页。

适合的"白衣骑士"就非常困难。即使找到"白衣骑士",其解救目标企业的成本亦相应提高,从而,目标公司获救的机会势必会相应减少。二是"白衣骑士"的实力。如果"白衣骑士"的实力远不如恶意并购者,目标公司被解救很难成功。三是相关法律法规规定的收购时间限制。敌意并购的时间有限(一般要约收购的时间为30天~60天),我国《证券法》和《上市公司收购管理办法》都规定要约收购期限不得少于30日,并不得超过60日。这使得白衣骑士没有足够时间对目标公司进行全面、深入的调查,增大了其收购风险,在经济下滑时还会出现临战怯场的情况。白衣骑士策略在国外的应用频率极高。美国1978年至1984年间78起成功的反收购案例中,有近一半是被"白衣骑士"拯救的。目前亦已成为我国实践中广泛应用的反收购策略之一。白衣侍郎(white squire,白衣护卫)与白衣骑士相似,是白衣骑士策略的修正形式,二者的区别在于前者不允许友好公司掌握控股权,不是将公司的控股权出售给友好公司,而是将公司很大比例的股票转让给友好公司。白衣骑士谋求对目标公司的控制权,而白衣侍郎不会控制目标公司。相反,目标公司将一大部分股份出售给白衣侍郎,他们认为白衣侍郎是友善的,并会在投票时支持目标公司的管理层。对白衣侍郎可能附加其他一些条款,如白衣侍郎投票时要支持管理层,白衣侍郎在一定时期内不能获得目标公司更多股份的停滞协议,以及限制白衣侍郎出售那部分股份等。对那部分股份的售出限制通常包括目标公司拥有最初的拒绝权。白衣侍郎可能在购买股份时享受折扣,获得目标公司董事会的一个席位以及超常股利。[1]白衣侍郎与相互持股都是一种通过股份锁定提高

---

〔1〕 〔美〕J. 弗雷德·威斯顿、萨缪尔·C. 韦弗:《兼并与收购》,周绍妮、张秋生译,中国财政经济出版社2003年版,第216页。

目标公司股权集中度而进行反收购的方式，因此相互持股也可以被视为白衣侍郎的一种形式。

目标公司的管理层和职工本身就是一个潜在的"白衣骑士"。管理层收购（management buy-outs，MBO），又称经理层清购、经理层融资收购，是公司的管理者以其自有资本或利用其他资本以自己的名义购买公司的股权，对公司股权结构的重组并控制公司，实现管理者与所有者合一的理想状态。当收购主体是目标公司内部管理人员时，LBO 遂演变为 MBO。这是企业经理层运用杠杆收购的方式，利用借贷所融资本购买本公司股份从而改变本公司所有权结构和实质控制权，使企业原经营者变为企业所有者，进而达到重组公司目的并获得预期收益的一种收购行为，堪称杠杆收购的一种特殊形式。[1]与股权激励的模式不同，管理层收购模式的核心在于管理者即股权激励对象由管理者变成公司的实际控制人。股权激励制度的本意是公司所有人通过股权部分让与股权激励对象，使股权激励对象与公司共同发展，最终实现与公司所有人共赢的局面。而管理层收购模式则彻底颠覆了股权激励的最初设想，实际上为公司控股股东让出控制地位，使管理层成为最大股东，完成对公司的股权收购。在一定意义上而言，管理层收购模式并非是股权激励制度，管理层收购模式是一种公司的并购重组。

19 世纪末和 20 世纪初的两次并购浪潮分别以形成横向一体化的企业及纵向一体化的康采恩为主要特征，而始自 20 世纪中期的第三次浪潮更催生了庞大的混合联合企业集团。企业在汲汲追骛追求规模效应和市场份额垄断优势的同时，管理难度增加造成管理效率降低、经理主权凌驾业主主权之上等副作用逐

---

〔1〕　Robert C. Clark, *Corporate Law*, Boston：Little, Brown and Company, 1986, p. 500.

步积累，"多元化发展"最终遭遇滑铁卢，演变为"多元恶化"。始自 20 世纪 70 年代，欧美众多企业开始实施"归核化"瘦身战略，从而导致了与以往完全不同的第四次大规模并购：一些多种经营集团逆向操作，剥离非核心业务，分化亏损资产，以便集中力量塑自己的核心业务。这种被剥离出去的公司往往由原来经营公司的管理层购买，所有权变更而管理层不变，由此管理层收购开始大行其道。早在 1972 年美国 KKR 公司就成为全世界第一家实施管理层收购的公司，到了 20 世纪 80 年代管理层收购制度逐步完善，在西方社会得到广泛应用。仅美国 1987 年管理者收购交易总值即达 380 亿美元。我国管理层收购在 1999年才正式起步，第一个尝试者是四通集团。该集团于 1999 年率先进行了大胆的探索，并由此引发了我国管理层收购的热潮。[1] 在 20 世纪 30 年代末 40 年代初，恒源祥就已为上海家喻户晓的知名品牌，但后来被湮没在历史记忆之中。直到 20 世纪90 年代初，时任上海黄浦区百货公司南京路毛线商店经理的刘瑞旗又重新打出恒源祥品牌，使之重新焕发青春，迅速成为国内毛线产业的第一名牌。2001 年，刘瑞旗以其所登记注册的上海恒源祥投资发展有限公司为操作平台采取管理层收购方式收购恒源祥。到了 2002 年，证监会《上市公司收购管理办法》等规章的发布被认为是从法律层面对管理层收购的一个明显的肯定，管理层收购达到一个高潮。但在 2003 年后，交易价格过低、国有资产流失的问题开始显现，关于国有企业的产权改革的争议在学术界和大众传媒间激荡共振，引起巨大的影响，监管层面对管理层收购的态度亦愈发严格。2004 年末至 2005 年初，因管理层收购引发争议，格林柯尔公司、伊利集团高管先

---

[1] 张国平：《当代企业基本法律制度研究》，法律出版社 2004 年版，第 215页。

后被调查并最终被处以刑事处罚，相关的活动终于进入沉寂。《上市公司收购管理办法》第34条规定，要约收购中非流通股（其中绝大多数为国有股）的收购价格"不得低于被收购公司最近一期审计的每股净资产值"。然而，我国上市公司管理层收购价格低于公司的每股净资产在所多见，并且收购者对收购资金的来源大都讳莫如深，留给人们"空手套白狼"的巨大想象空间，无怪乎被称为"没有管理的管理层收购"。例如，"粤美的"每股净资产4.07元，而两次收购价格分别为2.95元和3.00元。虽然粤美的管理层对转让价格低于公司每股净资产的解释是考虑了内部职工对公司的历史贡献等因素，并没有违反现有的有关股权转让规定，但这并不能完全消除粤美的的管理层收购存在法人股贱卖的嫌疑。更为严重的是，由于我国企业"内部人控制"严重，企业管理层完全可以采用隐藏企业利润等会计手段扩大账面亏损，做小净资产，然后以相当低廉价格实现收购目的。如果资产管理部门不同意，则继续操纵利润扩大账面亏损，直至上市公司被ST、PT后再以更低的价格收购。例如在宇通客车的管理层收购中，该公司管理层为降低收购成本，在编制1999年年报时，编造虚假记账凭证，将"银行存款"虚减1883.80万元，"其他应收款"虚增1883.80万元。郎咸平认为，中国的管理层收购实际上不是MBO（management buy-out），而是MBI（management buy-in），不是收购上市的股票，而是收购不上市的国有股和法人股，且又缺乏公开竞价的过程，完全由管理层自己定价，对公平和效率都没有任何好处。

职工持股计划（employee stock ownership plans，ESOP）最早由美国经济学家和律师路易斯·凯尔索（Louis Orth Kelso，1913~1991年）提出。他认为人具有通过劳动和资本获得收入的基本权利。据此，凯尔索及其追随者设计了一套能使企业每个职工，既能获得劳动收入又能获得资本收入的计划。[1]职工持股计划是指由企业内部员工出资认购本企业部分股权，委托一个专门机构（如职工持股会、信托基金会等）以社团法人身份托管运作，集中管理，并参与董事会管理，按股份分享红利的一种新型股权安排方式。中国《股票发行与交易管理暂行条例》规定，任何个人都不得持有一个上市公司5%以上的发行在外的普通股，这限制了个人收购的可操作性。《证券法》规定内部职工持股量不能超过公司发行在外社会公众股的10%。1993年，国务院办公厅转发国家体改委等部门发布的《关于立即制止发行内部职工股不规范做法意见的紧急通知》指出，职工持股会的资金仅限于购买目标公司的股份，不得设立企业，不得用于购买社会发行的股票、债券，也不得用于向职工所在公司以外的企事业单位投资。通过组建职工持股会进行收购的行为因此具有法律上的障碍。

目标公司在寻找白衣骑士抵御敌意收购时，往往与白衣骑士达成各种"锁定"协议（lockups agreement）。根据白衣骑士的权益内容的不同，锁定协议可以分成三种不同的类型，即股份锁定协议（stock lockup agreement）、资产锁定协议（asset lockup agreement）和非售协议（no-shop agreement）。[2]所谓资产锁定协议，即目标公司在白衣骑士获得目标公司的股份达到一定比例时，授予其以一定的价格（多为优惠的价格）购买目标公司最有价值的财产、分公司或子公司等被称为"皇冠上的明珠"的权利。这种资产锁定协议不需要经过股东的同意，因为其并非是对目标公司的"实质性全部资产"的出售。这样，

---

〔1〕 李雨龙、陈景云主编：《投资并购经典案例法律评析》，法律出版社2008年版，第173页。

〔2〕 殷召良：《公司控制权法律问题研究》，法律出版社2001年版，第152页。

针对白衣骑士的出售冠珠战略就会使目标公司对入侵者的吸引力大为下降，而迫使入侵者放弃收购。所谓非售协议是指目标公司和白衣骑士订立协议，在白衣骑士收购目标公司之时，目标公司管理层不得再寻找更高出价收购者，不得和潜在的其他收购人就收购事宜签订协议。所谓股份锁定协议是目标公司与白衣骑士达成的一种反收购协议，其核心内容是赋予白衣骑士在特定的情形下以非常优惠的价格购买目标公司章程授权发行但尚未发行的股份的权利。白衣骑士所享有的这种权利也可以被称为锁定股份购买期权（stock lock-up option）。由于白衣骑士在一定的期间内有权以某种价格购买目标公司章程授权发行但尚未发行的股份，所以如果白衣骑士行权，其能够持有目标公司很大比例的股份而与敌意收购者相抗衡，阻挠敌意收购者对目标公司的控制。目标公司采取股份锁定协议进行反收购的策略，称为股份锁定策略。根据股份锁定协议，如果白衣骑士对敌意收购的抵御失败，股份锁定协议还可以为其提供一条利益补偿的途径。当白衣骑士对目标公司的收购价被敌意收购者所超出时，白衣骑士可以依股份锁定协议购买目标公司的股份并将所购买的股份出售给出价更高的收购者，从而获取一定的利益补偿。股份锁定策略必须在授权资本制下才可以运用，而且该策略的有效实施需要目标公司有足够的尚未发行的授权资本，由此才能以股份稀释股份，使入侵者无法获得对目标公司的控制权，否则白衣骑士只能持有少量的股份，势单力薄，无法与敌意收购人对抗。因此，在法律和公司章程允许的情况下，出于防御收购的目的，目标公司对于授权资本的数额及结构必须事先进行合理设计。从防御的有效性来看，目标公司需要有尽可能多的尚未发行的授权资本。在授权资本制下，授权资本的数额及其增加必须经股东大会批准，但授权资本的具体发行则由董事会决定。运用股份锁定策略实际上是授权资本具体发行的一种特殊方式。作为一个原则，目标公司董事会可以自由运用股份锁定策略抵御敌意收购，但这并不意味着董事会运用股份锁定策略当然合法有效。美国许多州法院的判例表明，商业判断规则（business judgment rule）仍然是评判董事行为的合法性的一个重要标准，也就是说董事采取股份锁定策略必须是为了维护公司和股东的利益，而不是为了避免其职位被取代。另外，法院还会审查白衣骑士购买目标公司股份所支付的对价是否公正和合理，以防止其行使锁定股份的购买权而损害目标公司其他股东的利益。在此策略中对价格的确定可能使目标公司董事会面临一个两难问题：如果价格过高，则对白衣骑士而言并无吸引力，也就无人愿意充任白衣骑士；如果价格过低，则又将损害目标公司及其股东的利益，从而违反保护公司和股东的利益的防御敌意收购的基本原则。邀请友好公司对自己进行收购，使其加入和敌意收购人的竞价之中的这种竞争本身能够给公司带来更多的溢价收益。在此，目标公司管理层最应该做到的是保证友好公司和敌意收购人竞价的平等，倘若友好公司得到倾斜性的"照顾"，敌意收购人将不可避免地遭到歧视。在白衣侍郎的场合同样如此，友好公司往往冒着危险为目标公司充当"救火队员"的角色，所以目标公司常常给予友好公司锁定期权或者费用补偿协议等承诺，而此时收购公司甚至还根本没有产生对目标公司进行收购的念头，孰知等待他们的却是必须将自己高价购买的股份以低价甚至"甩卖"的形式让与给友好公司的局面。在此情况下，证券法规应禁止目标公司与友好公司结成歧视他方的利益同盟。换言之，在对于竞价收购者不存在歧视行为的条件下，"白衣骑士""白衣侍郎"方可被目标公司使用，防御收购公司的敌意收购。至于定局交易，法院一般持否定态度，因为这种交易尽管可以吸引另一个要约者参与竞争，可能对股东有好处，但其同时有效地排除了第一个收购者，不是引入了竞争而是提前结束了本来可以进行的收购竞争，违反竞争法所肯定的有效竞争、公平竞争的精神。另外，因形势所迫，目标公司的董事无法对公司的财产做恰当估价，也无法与救援者做充分的讨价还价。因此选择权中所定的价格往往低于财产的实际价格，构成对目标公司财产的掠夺。定局选择权之所以能够吸引"白衣骑士"参与收购竞争，是因为"白衣骑士"可以从选择权中得到利益，而不是从未来对目标公司的经营中获得利益。因此，这种选择权一方面是对目标公司财产的掠夺；另一方面，造成社会财产的浪费，因为获得公司的人并不是可以使公司财产价值最大化的人。[1]

（三）帕克曼防御

帕克曼防御（The "Paco-man" Defense）或"反噬防御"、套险战略，也是被收购企业可能采取的咄咄逼人而又无可争议的以牙还牙"反击"（turnabout）[2]方式。目标企业购买收购者的普通股，使其无法行使表决权，以达到保卫自己的目的。其以20世纪80年代初一部流行的电子游戏命名。在该游戏中，每一个角色都试图在被敌手吞并之前疯狂吞并敌手。这是一种个性鲜明的反并购肉搏战措施。当目标公司面临收购公司的收购时，目标公司会以牙还牙，反戈一击，提出标购还盘，对进攻者发动攻势，主动大量收购收购公司的股票。这样一来，目标公司和收购公司的角色便发生了互换，使收购方自顾不暇，达到围魏救赵的目的。1982年，帕克曼式以进为退的反收购战术

---

〔1〕　张舫：《公司收购法律制度研究》，法律出版社1998年版，第195页。

〔2〕　Robert C. Clark, *Corporate Law*, Boston：Little Brown and Company, 1986, p. 575.

正式出现于收购战中，马丁·马里埃达集团（Martin Marietta Corporation）对袭击者本迪克斯重型机械和航空工业集团（Bendix Corporation）发动的标购，虽然未能反过来吃掉本迪克斯，但不仅使本迪克斯的收购计划流产，亦使本迪克斯铩羽暴鳞，造成本迪克斯空前的财务危机，以致本迪克斯于半年后为坐收渔利的第三者阿利德技术公司（Allied Corporation）所兼并。[1]这种以其人之道还治其人之身的方式由于具有造成互相收购、互相进攻、拼个两败俱伤的态势的极端性，通常被认为是"末日机器"（doomsday machine）。有学者认为，帕克曼防御遵循"有效的进攻是最好的防御"的理念，可使实施此战术的目标公司处于进退自如的境地。"进"可使目标公司反过来逆袭收购袭击者；"守"可迫使袭击者回守撤退以保护自己的阵地，无力再向目标公司挑战；"退"可因目标公司拥有部分收购公司的股权，即使战败也能分享到收购公司的收益。但前提是被收购者与收购者的力量对比并不悬殊，防御者具有较强的资金实力和融资能力，袭击者最好比目标公司小，否则难免蛇吞象。帕克曼防御是一场非常残酷的收购战，具有牺牲股东权益的嫌疑，最后的胜利者往往是那些实力雄厚、融资渠道广泛的公司。如果收购战的双方实力相当，其结果很可能是两败俱伤。没有明确的研究结果表明收购双方股东能从中受益。在采取这一策略时，目标公司必须考虑自身的资金实力是否足以与收购方抗衡，而且必须要以适当的速度准备和执行这些措施，而在敌意收购要约时做到这一点是很困难的。故而，这种战略在操作实践中鲜被采用。根据德国法律，当对出价企业的要约不依赖于出价企业对目标企业的要约时，是允许进行反吞噬的（《证券收购和接

---

〔1〕[法]多米尼克·诺拉：《华尔街的企业兼并》，凌志存、张尚稚译，中国对外经济贸易出版社 1991 年版，第 225 页。

管法》第 83 条第 1 款第 2 句）。否则，在出价人的要约变得众
所周知之后再向出价人的股东们提交一项要约，有时候会被认
为是"预防行为"而受到惩罚，因为根据《证券收购和接管
法》第 33 条第 1 款第 2 句预防行为是违法的。[1]例如，在
"2005~2012 年大众/保时捷的收购案"中，大众成功运用帕克
曼防御术，最终反被动为主动，收购了保时捷公司。[2]当目标
公司反向收购收购公司的股票时，实质上便涉及相互持股问题。
目标公司若使用帕克曼反并购，则说明目标公司已经同意并购，
只是双方角色进行了互换，此时目标公司就必须放弃反垄断诉
讼等法律手段。目前，我国法律对帕克曼防御并无任何禁止性
规定。该种反收购措施在中国法律环境下是可行的，但由于目
标公司自身发起要约收购敌意收购人股份的行为构成对外投资，
因此会受到相互持股中对外投资同样的法律限制。此外，该等
反收购措施亦仅在敌意收购人或其控股股东/实际控制人为上市
公司时才具有用武之地。

（四）绿票讹诈

绿票讹诈（green mail）是由"green"（美元的俚称）和
"blackmail"（讹诈函）两个词演绎而来。在并购中，敌意收购
者事先大量购买目标公司的股票，然后公开宣布收购意图，使
目标公司的股票市价暴涨。收购公司的目的非实际的收购，而
主要是谋取暴利，将已有股票按虚涨的高价抛出于市场，甚至
由收购者主动向公司发出勒索信函，威逼利诱目标公司以较高
的溢价实施回购。收购公司将已有价值虚涨的股票返售给目标

---

〔1〕 ［德］马丁·格劳姆、托马斯·赫特施莱因特:《兼并重组：企业外部扩
张管理》，王煦逸编译，上海财经大学出版社 2014 年版，第 229 页。

〔2〕 ［德］托马斯·M.J. 默勒斯:《欧洲资本市场法的最新发展——从德国的
视角》，申柳华等译，中国政法大学出版社 2016 年版，第 201~218 页。

公司的欲擒先纵的做法即被称为"绿票讹诈"。[1]在"绿票讹诈"这种反收购方式中，由于公司需要支付较高的溢价才能实现回购收购人所持其股份，其情形犹如目标公司被收购人绑架，而目标公司作为被绑架者为获自由而被迫向作为绑架者的收购人支付高额赎金，以化解目标公司被并购或经营者遭更迭的危机。所以，投资银行家布鲁斯·沃瑟斯坦（Bruce Wasserstein，1947~2009年）将企业为了从不受欢迎的投资者手中收购回其股票所付的钱称为"赎金"。

　　20世纪60~70年代，世界石油工业经历了大动荡、大改组。石油输出国组织经过艰苦斗争，把世界市场石油价格的决定权从"石油七姐妹"手中夺了过来，废除了作为殖民主义产物的石油租让地制度。各石油生产出口国完成了石油工业国有化，大跨国石油公司失去了在那里的绝大部分储量和产量，导致石油价格大幅度上涨，出现第一、第二次石油危机。在此期间，许多石油公司把兼并作为调整经营战略、迅速扩大石油储量、补充上游实力的主要方法。在石油公司大兼并浪潮中，布恩·皮肯斯于1956年创办的梅萨石油（Mesa Petroleum）公司呼风唤雨，频频向大石油公司发起攻击。皮肯斯设定了一套屡试不爽的风险套利策略，即在选定目标公司后，囤积相当数量的股票，继而逼迫其出售，再诱使别的公司来收购，等目标公司的股票在按照这种自编自导的剧本情节演绎而暴涨后，精准把握时机把买进的股票抛售而从中渔利。1985年2月，梅萨持有加利福尼亚联合石油公司（即优尼科，Unocal）在外股票的9.7%，4月更增加到13.6%（2400万股），于是提出将以比市价（每股41美元）高24.1%的价格（每股54美元），出资34

─────────

〔1〕［美］詹姆士·哈格："敌性吞并与对策"，立言、赵彦译，载《国际政治研究》1989年第3期。

亿美元，再吃进 6400 万股，预计将掌握优尼科在外股票的
50.9%，从而取得控制权。梅萨通过收购佯攻大捞一票，迫使优
尼科按每股 72 美元的高价购回 5000 万股，在这场收购战中赚得
数亿利润，而优尼科却因为所采取的防御措施使公司债务增至
50 多亿美元，一度面临破产的危险。[1]

　　在反并购中，绿票讹诈又叫"溢价回购""定向回购"，是
指目标公司通过支付高溢价向大股东回购股票，以换取该股东
在将来不会并购目标公司的承诺。其基本原理为目标公司以一
定的溢价回购被外部敌意收购者先期持有的股票，以直接的经
济利益赶走外部的收购者。同时，绿票讹诈通常包含一个大宗
股票持有人在一定期限（通常是 10 年）内不准持有目标公司股
票的约定。这种政策可以视为内部人使公司出钱摆脱了进行
"绿票勒索"，[2]管理层与狙击者以股东利益为代价达成的一种
合谋，在一定程度上涉嫌商业贿赂。[3]前述反收购措施的共同
点是被收购公司的管理层与外部敌意收购者始终处于一种对立
的状态中，最后或者以外部投资人依靠很强的实力扫除一系列
障碍最终入主目标公司董事会，或者目标公司管理层运用各种
手段击退敌意收购者。首先，绿票讹诈策略通过给予外部攻击
者一定的直接经济利益的方法换取并购大战的和平解决和目标
公司管理层的稳定，让目标公司其他股东不仅失去了一次以溢
价出售股份的机会，而且使这些股东股份的价值由于公司以远
超过未来的恶意收购人的成本的溢价回购已被其所获得的股份而

〔1〕　Unocal Corp. v. Mesa Petroleum Co., 493 A. 2d 946, 950 (Del. 1985).
〔2〕　Robert C. Clark, *Corporate Law*, Boston: Little Brown and Company, 1986, p. 146.
〔3〕　李雨龙、陈景云主编:《投资并购经典案例法律评析》，法律出版社 2008 年版，第 151 页。

被稀释，引发其他股东的愤慨。[1]其次，这是一种歧视性的行为，并非所有的公众股东都享有这样的权利。这违反了公平对待所有股东的基本义务。再次，支付绿票讹诈的权宜之计是一种被迫的行为，以金钱换和平的怀柔羁縻方案，虽然可以敷衍了结眼前的危机，但开启不好的先例，可能会导致遭受进一步的胁迫。[2]最后，支付"绿票"贿币由于直接以牺牲股东利益为代价来换取管理层的稳定，一般受到各国监管当局的严格禁止，基本上属于公司私下里的行为，一旦东窗事发，通常会被处以严重的惩罚。

美国法院裁定，对大股东的高价支付只要有合理的商业理由，即属于合法。但"合理的商业理由"是如此的宽泛，以致产生公司管理层损害股东以获取私利的空间。管理层可能声称，为实现公司未来增长的宏伟蓝图，需要在当前阻止任何企业对该公司的并购，以确保该公司在正确的方向上发展。法院的解释使管理层有能力抵御那些仅仅是为了在短期内收购并变卖公司资产的恶意并购，有利于使管理层有能力保持公司的长期发展战略，但也有学者批评这种宽泛的解释确立了管理层的牢固地位却损害了股东利益。美国联邦政府于1987年底实行的新税法力图通过税收政策抑制以绿票收益等短期获利行为为目的的恶意收购行为，从恶意收购中赚取的绿票报酬需支付50%的税费。日本公司在发现已被他方收购时，担心来历不明的投机家成为大股东，往往会与收购者协商，将其已被收购的股票买下，然后再转卖给另一个稳定的股东。这种收购被奥村宏（おくむ

---

[1] Robert C. Clark, *Corporate Law*, Boston: Little Brown and Company, 1986, p. 574.

[2] Robert F. Bruner, *Applied Mergers and Acquisitions*, New York: H. John Wiley & Sons Inc, 2004, p. 23.

らひろし）称为"日本式的包买"或"日本式的买占"。[1]由于包买者在向被收购公司转让被包买股票时可以获得丰厚的利润，因此此类事件屡见不鲜。在 1983 年日本上市公司中，有 154 家公司发生了这样的收购，约占日本上市公司总数的一成。[2]这种日本式的包买与绿票讹诈的界限模糊，因为包买者的真正目的是为了套利还是为了控制一个公司殊难确定。

（五）诉讼

接到恶意接管要约后，目标公司通过诉讼程序对收购公司在证券、反垄断等方面所存在的违法行为提起控告、申诉或诉讼，是反收购战中常用的外部手段。目标公司提起诉讼的目的有三：①拖延收购者的收购进度，以便争取宝贵时间，在收购方应付调查听证之际部署下一步的反收购计划和构筑反收购工事；②迫使收购公司提高收购价格；③迫使收购者为了避免法律诉讼而放弃收购。其中，可资诉讼的收购方违法行为主要存在于如下环节：

（1）信息披露不充分。证券法或证券交易法中一般对证券交易及公司收购的程度、强制性义务、程序的公开性和透明度等都有规定，收购方一旦疏忽，目标公司就可以控告其收购违法。具有戏剧性的是，在沃达丰恶意兼并曼内斯曼的过程中，以"反敌意收购"见长的高盛却充当了收购方的"帮凶"，而它的老对手、开创敌意收购先河的摩根士丹利则成了反收购的"战士"。一年之前，高盛还与曼内斯曼携手合作，不仅为曼内斯曼发行新股，还充当曼内斯曼 7 年期欧元债券的承销人。而

---

〔1〕［日］奥村宏：《法人资本主义》，李建国译，生活·读书·新知三联书店 1990 年版，第 82~88 页。

〔2〕奥村宏：『企業買収——Ｍ＆Ａの時代』，岩波新書，1991 年，110~116 頁。

在这一次收购大战中，高盛却受聘于曼内斯曼的对手，掉转枪口对准曼内斯曼。正如人们常说的那样，商场上没有永远的敌人，也没有永远的朋友，只有永远的利益。因为沃达丰以过千亿美元的价格收购曼内斯曼将为它的投资银行——高盛——带来高达 1 亿美元以上的财务顾问收入。面对如此高额回报的诱惑，高盛自然决意要在 20 世纪最大的收购案中与摩根士丹利一决高下。1999 年 11 月，曼内斯曼公司上诉英格兰及威尔士高等法院，要求免去高盛作为沃达丰财务顾问的权利。曼内斯曼的起诉理由很简单：高盛手中掌握着曼内斯曼的内部资料，而它可能会利用这些资料帮助沃达丰。

（2）收购的反垄断效应。反垄断法是各国维护正常市场经济秩序的基本法律之一。如果某一行业的经营已经高度集中，部分收购可能会使收购方获得某一行业的垄断或类垄断地位，目标公司可以此作为诉讼理由。这是目标公司提出诉讼最常见的理由。沃达丰公司收购曼内斯曼的举动可能会引发有关国际移动电话漫游费的反托拉斯争论。争论在于，英国的沃达丰在和德国的曼内斯曼合二为一后，可能利用新成立的国际电话网络大幅削减漫游费用。这一行为将使其客户获利，但同时会给它们的一些竞争对手造成麻烦，因为这些公司缺少相关的大容量网络以降低成本、吸引客户。欧盟委员会的反托拉斯当局在调查的基础上，决定对沃达丰收购曼内斯曼第一阶段的行动放行，仍将这一收购行动的调查再延期 4 个月。2000 年 4 月，欧盟有条件批准了沃达丰与曼内斯曼合并案。欧盟提出的条件是，沃达丰必须分拆曼内斯曼此前收购的英国第三大移动电话运营商 Orange，并允许其竞争对手使用沃达丰及曼内斯曼的电信网络。欧盟的反垄断官员蒙蒂表示，由于两公司业务有所重叠，为防止垄断，Orange 必须拆分。为了尽快将曼内斯曼揽入怀中，沃达丰公司接受了欧盟的条件，同意出售曼内斯曼的子公司 Orange。

（3）收购操作过程中存在欺诈等犯罪行为。目标公司提起诉讼，就能够在法庭裁决此案件之前暂时禁止收购者继续收购其股份。这就给猎物公司赢得了时间，使之有可能在这段较短的时间内，聘请有关方面的反收购专家，就收购者提出的收购条件和收购方的资信、经营状况以及收购者收购猎物公司后的管理能力、战略方向，作出具体的分析和考察，从而采取有效的措施与收购方进行顽强的抗争。事实证明，对狙击者提起诉讼也是对付收购行之有效的手段。因为，即使狙击者自信能够赢得官司，对簿公堂的巨额费用也会降低收购的吸引力。但是，这种诉讼对具有强烈收购欲望的收购者而言，只能起到拖延时间的效果，很难对并购行为构成被称为"演出终结者"（showstoppers）的真正有效的阻止。[1]反垄断或某些其他侵权诉讼只有在极少数情况下才能"一剑封喉"，导致法院要求袭击者放弃标购。在"由比萨公司（Beazer P. L. C.）和雷曼兄弟公司（Shearson Lehman Brothers Holdings，Inc.）、奈特威斯特（National Westminster Bank PLC，Natwest）两家投资银行合建的名为 BNS 合伙控股公司（BNS Partners）标购科伯公司（Koppers Company）案"中，科伯公司就运用过此策。BNS 公司最终的控股人是英国的比萨公司，而在收购发生时，美国的大型投资银行雷曼公司亦拥有46.1%股权。美国的地区法院接到科伯的控诉后，认定猎手方的标购信息披露存在严重缺陷。[2]据此，地区法院赋予科伯公司

---

〔1〕 Charles M. Yablon，"Poison Pills and Litigation Uncertainty"，*Duke Law Journal*，1989，Vol. 54，No. 1.

〔2〕 "Complaint for Civil Penalties for Violation of Premerger Reporting Requirements of the Hart-Scott-Rodino Act"，available at https://www. justice. gov/atr/case-document/file/628326/download，2017-3-1.

禁止令，强制猎手方收购科伯股票。后来，经联邦政府和 BNS
公司的呼吁，第 9 轮巡回审判推翻了禁止令，这才使 BNS 公司
的收购最终取得成功，但收购进程却因科伯公司起诉一举大为
推迟，而且为了避免垄断嫌疑，BNS 公司放弃了科伯公司的一
家工厂。

第四节 反并购措施发起的决策权归属

在敌意收购发生时，股东和董事对于反收购行为决策权如
何分配一直是理论界和实务界必须面对的真问题，而非假议题。
对于董事会于敌意并购发生时是否应具有中立的义务，抑或得
基于保护全体股东利益而积极采取防御措施，不同的观点可以
分为两大阵营：董事会优位主义（director primacy，经理中心主
义）和股东优位主义（shareholder primacy，股东中心主义）。[1]
前一种观点主张董事会决策，即董事应有广泛的反收购决策权，
包括简单否定敌意收购的权利。后一种观点激进派主张强式股
东选择，即董事对于敌意收购应保持完全的被动，不能采取任
何主动的反收购措施。温和派的半强式股东选择观点，认为在
股东集体行动问题存在时董事可以采取反收购行动，但董事仅
仅是股东的讨价代理人，只能补救股东在作出接受要约决定上
的扭曲行为，为股东寻求最高的收购报价。[2]

美国敌意收购制度主要渊源包括 1933 年《证券法》、1934 年
《证券交易法》、1968 年《威廉姆斯法案》《美国示范商业公司
法》及各州公司法、各州继《威廉姆斯法案》后相应立法及司

---

〔1〕 许可："股东会与董事会分权制度研究"，载《中国法学》2017 年第 2 期。
〔2〕 Frank H. Easterbrook and Daniel R. Fischel, "Takeover Bids, Defensive
Tactics, and Shareholders' Welfare", *The Business Lawyer*, Vol. 36, 1981.

法判例。美国在 1933 年的《证券法》中，对以股换股收购的登记和信息公开进行了简单的规定。由于受到威胁的管理者强烈抗议，美国国会于 1968 年通过参议院银行与货币委员会的证券小组主席哈瑞森·威廉姆斯（Harrison A. Williams，1919 年~2001 年）提出了规制公司收购的法案，即《威廉姆斯法案》。以"披露法案"著称于世的《威廉姆斯法案》并不是一个独立的法律，而是被纳入《证券交易法》中，成为《证券交易法》的 13 节中增加的（d）（e）条、第 14 节中增加的（d）（e）（f）条。[1]《威廉姆斯法案》不仅规范要约收购，而且对公开市场收购和协议收购也进行了规制。其规定：目标公司必须将有关所要采取的反收购行为在收购过程中予以披露；同时有将其对收购要约的看法公开化的义务；目标公司如果要对其规定提出其他建议，就应当在此类意见公开或者到达股东之前提出，并且呈报美国证券交易委员会；当目标公司进行股份回购时，也应当在回购之前向美国证券交易委员会提供相关资料并予以公布。该法案是美国反收购制度上第一次明确规范公司反收购行为的立法，旨在维护收购行为中目标公司股东的利益，涵盖了必须充分披露收购信息的要求和不得欺诈的条款。根据该法规规定，上市公司收购过程中应该充分、及时地披露有关重要信息，以使股东能够得到足够的信息，来决定在收购过程中其应持有的态度，采取何种行动。在《威廉姆斯法案》最初通过时，该披露信息的持股比例界限为 10%，但后来经过证券市场的发展及不断检验，该比例下降为 5%，其原因是美国股权的高度分散，对于大公司而言 5%便具备大股东或主要股东的身份。该法案是收购公司与目标公司之间利益的平衡，对目标公司的抵御收购提供了

---

〔1〕　张舫：《公司收购法律制度研究》，法律出版社 1998 年版，第 47 页。

预警时间，同时也赋予了收购竞争对手公司和目标公司的解救者进入收购竞争的时间和机会，使得目标公司可以获得一个更好的价格，有助于消除敌意收购中意外的、高收益的因素，并使局外人需要付出更高的代价才能发起一次成功的投标，但并没有终止敌意收购。

美国联邦法律并不一定是优先各州法律，各州法律可独立于联邦法律应用，联邦当局对属于州法律范围权限不具有管辖。[1]敌意收购企业的兴起显然促使许多州通过了反收购立法。[2]从1968年弗吉尼亚州开始，到1982年美国联邦最高法院对伊利诺伊州《企业收购法案》（The Illinois Business Take-Over Act）的裁决为止，美国已经有36个州陆续颁布了各类反收购法。第一代反收购立法是对《威廉姆斯法》的补充，表现为美国州层面的证券法"蓝天法"的一部分。各州立法一般规定由各州的某个政府部门对上市公司收购要约提出披露的要求，从公平角度出发，赋予各州官员以举行听证会对收购要约披露事宜及该要约是否"合理"进行评估的审查权，这就是公司收购的前置条件。因为这些州的反收购立法对公司管理层的惯常行为和对公司收购导致的不确定性，美国证券交易委员会对这些法规提起了违宪性指控，1982年美国联邦最高法院在"埃德加诉米特公司案"（Edgar v. MITE Corp.）[3]中裁定伊利诺伊州《企业收购法案》中所包含的反收购条款违反宪法，认为伊利诺伊州有关反收购的法规中对于特定披露要求和赋予州政府对其认为不公正的收购行为行使否决的权利，干预了公司的自主经营，有悖

〔1〕 瀬領真悟：「競争政策・独禁法と私訴制度利用について一損害賠償制度の利用を中心に一」，『滋賀大学経済学部研究年報』第3卷，1996年。
〔2〕 John S. Jahera, Jr. and William Pugh, "State Takeover Legislation: The Case of Delaware", *Journal of Law*, *Economics & Organization*, Vol.7, No.2, 1991.
〔3〕 Edgar v. MITE Corp., 457 U.S.624 (1982).

于《威廉姆斯法案》的目的，将管理层的利益凌驾于股东和收购人的利益之上，导致州际商业活动成本的增加。这一裁定标志着美国各州第一次反收购立法浪潮的终结。[1]

但第二次反收购立法浪潮旋即接踵而至。在吸取过去立法经验教训的基础上，各州第二代反收购立法与证券法独立开来，融入州公司法中，以免重蹈覆辙。[2]因为根据联邦制原则和尊重各州主权原则，证券法属于联邦立法权限，公司法属于各州保留的立法权限，各州的公司法可以对收购涉及公司事务的行为，例如登记、注册地的变更、资产变动等做出规定。为了吸引投资落地、防止本州公司被他人收购、保护本州现有的工作机会，各州立法甚至朝底竞争，对公司恶意收购加以限制，对目标公司的反收购行动采取比较宽松的态度。联邦政府将影响州际贸易的垄断行为纳入反垄断的规制，而各州遵循州行为原则（the state action doctrine）运用公司法的立法权，将反收购措施纳入各州公司法，通过公司法的角度确立股权收购的各项原则，可谓另辟蹊径，表现出了对立与统一的平衡。为保护本地企业免遭"金融大鳄"的吞噬，印第安纳州、新泽西州、纽约州、特拉华州和宾夕法尼亚州等州不顾联邦最高法院的裁定，以反恶意收购为突破口又进行反收购立法。如俄亥俄州的反收购立法起因于固特异轮胎对德史密斯的敌意收购，宾夕法尼亚州的反收购立法起因于加拿大贝尔泽伯格家族敌意收购阿姆斯特丹世界工业公司，特拉华州则根据尤诺卡与米萨石油、莫兰与豪思厚德两个敌意收购案件出台反收购法。此外，印第安纳

〔1〕 John S. Jahera, Jr. and William Pugh, "State Takeover Legislation: The Case of Delaware", *Journal of Law*, *Economics & Organization*, Vol. 7, No. 2, 1991.

〔2〕 ［美］托马斯·李·哈森:《证券法》，张学安等译，中国政法大学出版社2003年版，第571页。

州、北卡罗来纳州、华盛顿州的立法分别源于"卡明斯发动机公司案""伯林顿工业公司"和"波音公司案";明尼苏达和佐治亚州则分别与"戴顿·哈德逊公司案"和"市民和南方国民银行敌意收购案"有关;亚利桑那州的反收购立法则完全是为了"灰狗公司案"。联邦最高法院也终于在 1987 年改变了反对反收购的态度,在"西迪斯公司诉美国动力公司案"(CTS Corp. v. Dynamics Corp. of America)[1]中对印第安纳州的反收购立法没有破坏收购人和目标公司之间的平衡给予了支持,认为各州可以通过公司法禁止敌意收购。

传统的公司和公司法系以个人(股东)本位为出发点,认为最大限度的盈利,从而实现股东利润最大化是公司最高,甚至唯一的目标,公司是投资人(股东)的公司,谁投资、谁拥有、谁受益、谁负责,这是一个不言自明的道理。"股东资本主义"曾是美国式资本主义在很长一段时间里的金科玉律。20 世纪 60 年代,一贯奉行"股东利益至上"观念的英美等国经济遇到了前所未有的困难,长期以来的"股东至上"的单边治理逐渐受到质疑,而德国至少在第一次世界大战之后就开始流行企业自体学说[2],更多地体现"利益相关者"思想的德国、日本及东南亚等国经济这一时期的迅速崛起对美国理论界产生了深刻的刺激,"利益相关者"共同治理越来越深入人心,并逐渐形成较完善的利益相关者理论。利害关系人理论(stakeholder theory)之论理前提是:公司在运使它的力量的过程中,将产生并影响为数众多但又可彼此独立的利益问题。即确定股东是公司最为核心的利益相关者,但"股东至上"的单边治理思想应

---

〔1〕 CTS Corp. v. Dynamics Corp. of America, 481 U. S. 69, 82~83 (1987).

〔2〕 参见张世明:"企业法律形态理论研究管见",载《法治研究》2015 年第 3 期。

被摒弃。玛格丽特·布莱尔（Magarete M. Blair）作为一名经济学家和法学家，在《所有权与控制：面向 21 世纪的公司治理探索》（*Ownership and Control*：*Rethinking Corporate Governance for the Twenty-first Century*，1995）中着重从法律的角度来剖析现代公众公司"所有权"的经济学含义。其指出：股东是大公司所有者的说法是一种误导；股东并没有像理论所假定的那样承担全部风险，其他参与者也没有像理论假定的那样超然于风险之外。股东不是唯一的所有者，只能拥有企业的一部分。从承担公司的风险角度来看，也并不是只有股东承担剩余风险，雇员、债权人、供应商都可能是剩余风险的承担者，所有利益相关者的投入都可能是关系专用性资产。因此，公司不是简单的实物资产的集合物，而是一种治理和管理着专业化投资的制度安排。也就是说，公司不是静态的，而是一个动态的包括股东在内的相关利益人员的互动组合。布莱尔曾说过这样一段颇为著名的话："由于股东享有有限的责任，因此他们并不总是唯一的剩余索取者，有限责任意味着股东的损失不会高于他们在公司里已有的投资。当公司的总价值降低到股东所持股票的价值等于零这一点时，根据界定，债权人对公司索取权的价值也开始减少，债权人便成为剩余索取者。"[1]利益相关者理论使"股东至上"向"利益相关者整体利益最大化"转变，既然企业是利益相关者缔结的一组契约，而利益相关者依约向企业投入了专用性资本（包括人力资本），这些专用性资本构成企业剩余生产的物质基础，而任何控制着这些专用性资本中任何一种的一方，必然会要求获得由整个企业所创造财富中的剩余。换句话说，在配置资源时，必须考虑企业全部利益相关者的利益要求，而作为

---

〔1〕〔美〕玛格丽特·M. 布莱尔：《所有权与控制：面向 21 世纪的公司治理探索》，张荣刚译，中国社会科学出版社 1999 年版，第 22 页。

配置主体的利益相关者也就拥有了剩余的索取权与控制权，追求利益相关者整体利益最大化也就成了必然。主张公司社会责任者认为公司的目标可以是二元的，除最大限度地实现股东利润外，还应尽可能地维护和增进社会利益。既然股东不是公司唯一的所有者，利益相关者也是公司的所有者，那么，公司经营阶层在采取反收购措施维护股东利益的同时要确保社会的利益，在股东利益和利益相关者的利益之间尽量达到平衡，而不是只着重于个体（例如，股东）的利益。因此，布莱尔的利益相关者理论正是反收购的重要理论依据。

与英国反收购权归于股东大会不同，美国在敌意收购事件中将反收购权赋予了董事会。其原因有三：首先，赋予董事会反收购权的直接原因在于20世纪80年代，美国的敌意收购浪潮严重损害公司利益相关者的利益，目标公司股东囿于自己时间、精力及专业技能的不足，往往对公司的经营状况、发展前景等均不甚了解，与有备而来的收购者相比，明显处于劣势。而在收购危机来临之际，熟悉公司业务且有丰富专业知识的董事会类似消防队，能够平衡股东利益并兼顾公司利益而做出决策，有能力挫败收购人实施的旨在获取公司控制权后掠夺公司资产的行为。其次，与股东会中心主义向董事会中心主义变迁的时代背景有关。随着科技的发展和生产力水平的提高，公司的所有权与经营权日益分离，董事会的地位得到加强，董事会中心主义顺应社会经济生活的发展潮流已成大势所趋，这为目标公司管理层享有反收购决定权提供了最直接和最有力的依据。董事会更关注公司的长期发展，更看重公司潜在的增长能力，其做出的决策可以与公司的长期发展相符合，而非短期投机行为。最后，董事会能拥有反收购决定权有深刻的社会背景：一方面，美国证券市场的股权结构十分分散，股东大会空壳化严重，另一方面董事会成员利用掌握的各种资源获得了广泛的社会支持，包括法律界支持；各州政府对要约收购存在地方保护主义倾向。

英国对目标公司反收购行动的规制主要采用了纯粹被动性规则或调整的被动性规则。英国传统公司法理论认为，公司经营者是公司或股东的受托人，必须以公司或股东利益最大化为行为准则，如果董事采取反收购行动是为了保护自己对公司的控制，这种行动就是不正当的。目标公司股东是公司的真正所有者，理所当然有权决定该公司的最终命运，由于目标公司经营者与股东之间存在利益冲突，允许目标公司经营者介入股东和收购者之间是非常危险的。所以，与美国不同，英国法将反收购的决定权赋予目标公司股东，采取股东会决定模式。目标公司管理层面临即将发生或已经发生的收购未经股东大会同意，不能采取任何反收购策略剥夺目标公司股东接受要约的机会，不得擅自阻挠敌意收购的进行。英国20世纪50年代出现的敌意收购以及经理层的防备反应，使得机构投资者在促成规制并购行为的法规中颇为活跃。经历了1958年~1959年对英国铝业公司（British Aluminium Co Ltd）的一场丑恶的争夺战后，一些机构投资者召开会议并发布公开声明，要求未经股东同意，董事不应该进行一些重大行为（如向其倾心的竞购者发行股票）。自此，来自机构投资者的代表就在1959年《关于英国商事合并的注意事项》（Notes on Amalgamations of British Businesses）的起草中发挥作用。[1]1968年，该注意事项被内容更加详尽的规范，即英国收购与兼并委员会发布的指导收购的规范性框架准则《伦敦城收购与合并守则》（London City Code on Takeover and

---

〔1〕［英］约翰·阿默："英国公司治理中的执行机制：全景式展现和经验性评估"，载吴敬琏、江平主编：《洪范评论》（第11辑），生活·读书·新知三联书店2009年版，第265页。

Merger，《城市法典》）所取代。后者包括 1 条说明性质的导论、10 条基本原则、38 条规则、对这些规则所作的注解和说明以及 4 个附则，涉及范围远比《威廉姆斯法案》广泛，[1]一脉相承地体现出了以股东为本的理念，要求目标公司董事会在收到收购要约后所采取的一切行动，均应以协助股东会作出是否接受该收购要约的决定为出发点。其基本原则是禁止董事会在收到善意的收购要约（Bona fide offer）后，未经股东大会批准采取任何可能抑制收购要约或者阻止股东大会就公司收购事宜表决的决策。《城市法典》基本原则第 7 条规定："无论何时，当一项真正的要约已被提交给目标公司董事会，或目标公司董事会有理由认为即将发生一项真正的要约时，非经股东大会批准，董事会不得采取任何与公司事务有关的行为，在效果上令该项要约受到阻挠或使受要约公司股东被剥夺了根据要约利弊决定是否接受要约的机会。"[2]该基本原则也被称为"无挫败行动"原则（"no frustrating action" principles）。《城市法典》第21条和第37条进一步明确列举了目标公司董事会未经股东大会同意不得采取的防御措施种类：除非受要约公司的股东在公司股东大会上通过决议同意采取此项行动，目标公司董事会未经股东大会同意，不得：（1）发行任何已售出但未发行的股份；（2）就任何未发行股份予以发行或给予期权；（3）创设或发行，或准许创设或发行任何附有转换为该公司股份或认购该公司股份权利的证券；（4）出售、处分或取得，或同意出售、处分或取得重大价值的资产；（5）在日常业务过程以外订立合同等；（6）《城

---

〔1〕 Simon Deakin and Giles Slinger，"Hostile Takeovers，Corporate Law，and the Theory of the Firm"，*Journal of Law and Society*，Vol. 24，No. 1，1997.

〔2〕 City Code on Takeovers and Mergers，available at http://www. thetakeoverpanel. org. uk/wp-content/uploads/2008/11/code. pdf，2016-3-1.

市法典》第 37 条第 3 款规定受要约公司董事会不经股东大会同意不得回购本公司的股份。该规定的基本理念在于，应当由公司股东而非公司管理层来决定是否接受要约。同时，现行《城市法典》对要约持续期间，受要约公司的董事会在反对要约收购时所选用的防御战略和战术进行严格限制，除允许受要约公司的董事会给股东提供建议外，几乎禁止采取任何其他形式的阻挠行为。由此可见，英国的立法者仍是信奉股东中心主义，仍是将股东的利益放在首要的位置，将一项要约收购视为对股东来说是一次获得溢价的机会，董事会不能褫夺股东的获利机会，在管理层的反收购权的设置上遵循"不挫败原则"，限制管理层的反收购决定权，将反收购最终的决定权由股东大会行使。这客观上减少了管理层自保的可能性，从而有利于敌意收购的发生。

主张目标公司管理部门无权采取反收购措施的股东会决定模式理论的基础在于：第一，公司收购可以增进股东利益，目标公司的股东可以从中获得较高的溢价。目标公司采取反收购措施的结果是保护了管理层的利益却减少了股东的利益。第二，公司管理部门是由股东选任的，其任务在于负责公司的业务执行，无权决定由谁控制公司。第三，在公开收购中，收购人是与目标公司股东进行股份转让交易，证券市场为股东提供了足资参考的大量信息，股东完全可以自己处理股份的转让事宜，公司经理层无权阻止股东自行决定以何种条件以及向谁出售股份。第四，在公开收购中，目标公司管理部门不可避免地涉及利益冲突问题。如果收购成功，目标公司管理层可能会丧失其在公司的现有地位以及一切既得利益，有特殊的"抵御癖"，不可能保持完全中立，因此董事会决策模式有可能在实质上造成限制股东自由转让股份的权利，应限制公司的管理层采取反收购措施。此外，公司管理层的薪酬也是事先通过谈判而固定好的，如果公司经营不佳，他们最多失去奖励报酬，至多不过挂印而去，甚至是乘着所谓的"金降落伞"戢戢以归。英国的股东大会决定模式的理论基础在于立法者不考虑目标公司董事的主观因素，而是采取了客观标准，即认为在公司收购中，目标公司董事和股东之间存在利益冲突，如果将表决权赋予公司管理层，另一个弊端便会凸显出来，即公司所有权与经营权的分离，将导致产生高昂的代理成本。如果以高昂的代理成本为代价，来换取集体决策成本的降低，恐怕得不偿失。而股东则不同，公司进行经营决定，对股东而言，就意味着是"一种对不确定的机会的冒险行为"去承担风险。公司经营的好坏与其休戚相关。公司盈利，股东方可获得股息与红利；公司亏损，股东不但不能获得股息与红利，甚至连股本都保不住；公司解散或破产，股东也是最后顺位受偿人。可以说，只有股东的利益与公司兴衰与共。所以有人指出，可争论的问题仅仅是管理部门是否例外地有权或有义务采取反收购措施。[1]《城市法典》相关规定秉持的严格中立原则要求管理层在收到收购要约或收购的威胁已经很明显时，没有股东大会的批准，不准采取任何实质性的反收购措施。这一原则虽然可以有效地防止管理层采取任意的反收购措施，从根本上来保证股东利益，减少董事会与公司股东之间的利益冲突，但也存在一定的局限性。《城市法典》虽然对目标公司经营者在收购发生前的反收购行为没有予以规范，给目标公司经营者在收购发生前采取各种预防性反收购措施留下了一定的操作空间，但目标公司经营者的预防性反收购措施依然受到英国公司法的许多限制，而且，由于机构投

---

〔1〕　P. J. Kozyris（ed.），*Corporate Takeovers Through the Public Markets*，The Hague：Kluwer Law International，1996，pp. 196~197.

资者在英国公司中占据股权优势，而这些机构投资者要求其投资的公司股票流动性好，回报率高，大多不希望对公司收购设置过多的障碍。因为将反收购决定权完全交给股东大会，在公司收购期间操作起来是很困难的，现实中存在的信息不对称问题、时间问题、集体行动问题，都可能导致股东大会不能召开或者不能及时召开，其并不可能真正有效地抵制一项不利于公司或股东利益的敌意收购。

　　董事的信义义务是由判例法逐步演变所形成的，因此英美公司法学者中对这种义务的分类持有不同的看法。主要的差异体现在注意义务是否属于信义义务。英国公司法学者高维尔（Laurence Cecil Bartlett Gower，1913 年~1997 年）从董事与传统的受托人之间的共同点来看，董事对公司负有与受托人相似的忠实义务（duty of loyalty，也被称为公正交易的义务）和诚信义务（fiduciary duty，受信义务），但是，涉及董事的注意与技能的义务（duty of care and skill），就与受托人判然有别。受托人的义务是谨慎和避免信托资金遭受风险，从事商事经营的管理人则必须接受风险，以求为公司及其股东们赚取利润。高维尔认为，董事的义务可以方便地分为信义义务和注意义务。其中信义义务包括：（1）行为诚信；（2）依照正当目的行使权力；（3）不得放弃经营自主权；（4）在未经公司知悉及同意的情况下，董事不得把自己置于个人利益与公司利益相冲突的地位。由此可见，高维尔是把董事与受托人相似的义务称为信义义务，而董事的注意义务则属于独立于信义义务的特殊义务。美国学者罗伯特·W. 汉密尔顿（Robert W. Hamilton，1931 年~2018 年）也认为，董事作为"受信人"（fiduciary）对公司负有与"受托人"（trustee）一样的信义义务，而注意义务则是独立的义务类

别。[1]美国特拉华州判例法则认为，董事的信义义务包括注意
义务和忠实义务。注意义务包括在作出经营决策之前了解所有
相关的、可以合理得到的重要信息；合理地了解不同的决策方
案。决策事项愈重要，对了解和考虑决策方案的要求程度就愈
高。忠实义务包括积极地保护公司利益的义务和避免从事对公
司有害的行为或夺取公司的利益，忠实义务在特定的情况下还
包括披露义务。忠实义务的核心是公司董事承诺忠诚于公司，
在承担职务时必须把公司及其股东的最佳利益置于董事个人利
益之上，不得为了自己的个人利益而牺牲公司利益或放弃公司
的最佳利益而追求私利。因而可以说，忠实义务是道德义务的
法律化；注意义务的核心是董事作为全面负责公司业务经营的
管理人对公司负有积极的作为义务，必须以诚信的方式、以普
通谨慎之人应有的注意从事公司经营决策和业务监管，不得怠
于履行职责。董事信义义务的内容并不来源于双方的约定，而
是由法律直接进行规定，且不能约定免除，为法定义务而非约
定义务，包含积极的作为义务和消极的禁止性义务。积极的作
为是指董事在管理公司时应依法运用自己的才能、知识、判断
和经验来保护公司的利益，即注意义务；消极的禁止性义务是
指董事在公司的管理中不得利用自己的权力损害公司利益而谋
取自身利益，即忠实义务。董事作为对公司发展有重大影响的
公司管理者，享有法律、章程及股东会所授予的处理全公司所
有的业务的权力，左右着公司的命运，其与公司间的委任关系
实质是一种管理义务（management duty），这意味着董事须以一
个合理的谨慎的人在相似的情形下所应表现的谨慎、勤勉和技
能履行其职责，积极地参与公司事务的管理，尽到合理的谨慎

〔1〕 Robert W. Hamilton, *The Law of Corporations*: *In a Nutshell*, St. Paul, MN: West Publishing Co., 1986, pp. 302~305.

义务。

弗朗克·H. 伊斯特布鲁科（Frank H. Esterbrook）和丹尼尔·
R. 费雪（Daniel R. Fischel）认为："受托的原则是对详述的许
诺和外部监督的一种替代，它用威慑力量代替事先的建议，就
像刑法适用于对银行抢劫犯的处罚而不适用于处罚任何一进入
银行时击掌的人一样。"[1]从法律上说，董事由于自身对公司忠
诚性上的漏洞和不能采用适当的措施监督公司经营所造成的损
失必须负有法律责任。但是，法院却已经非常不愿意去"被动
推断"（second-guess）董事会或经理人员，除非是纯粹的渎职
行为或决策和行为中含有自我盈利的因素已遭到了抗议。[2]美
国对于董事会的反收购行为采取了相当宽容的态度，董事会只
要行为本着最大化公司及股东利益的宗旨，且在决策过程中做
到合理谨慎，便有权采取任何种类抵制敌意收购的行动。不过，
从美国反收购的司法实践来看，司法天平并没有绝对地偏向董
事一方。这是由于，一方面，过多干涉董事的经营决策将不利
于公司的正常运营和董事经营积极性的发挥，这在美国司法界
已经达成共识；另一方面，法院深知对处于利益冲突的董事的
经营决策不能寄予过多的信赖，因此美国法院一直努力在二者
之间寻求一个平衡点，通过举证责任倒置等方法修正了传统的
商业判断规则在反收购领域中的适用形式，要求董事在决策中
以公司利益而非个人私利作为决策的出发点。美国在判例法中
确认目标公司董事会原则上有权采取反收购措施，但要受到董
事对股东信托义务的制约。由于美国授予了董事会行动的权力，

---

　　〔1〕〔美〕玛格丽特·M. 布莱尔：《所有权与控制：面向 21 世纪的公司治理
探索》，张荣刚译，中国社会科学出版社 1999 年版，第 46 页。
　　〔2〕〔美〕玛格丽特·M. 布莱尔：《所有权与控制：面向 21 世纪的公司治理
探索》，张荣刚译，中国社会科学出版社 1999 年版，第 47 页。

所以其对反收购行为的规制的重点在于目标公司董事会的行为而不在于授权。对目标公司反收购行动的规制虽然与英国一样也运用信托义务的原理，但在反收购案件的审理中确立并发展了以信托义务为基础的商业判断规则（business judgment rule）。商业判断规则正视了商业活动中的正常风险，将因正常的商业风险而造成的公司损失和因董事未尽法律义务而造成的公司损失区分开来，以寻求保护董事经营决策权与维护公司利益之间的衡平，成了美国判例法中关于董事可以免责的标准。在复杂的商业环境中，董事在做出决定时，对是否在客观上符合忠诚义务与注意义务往往并不十分清楚，而如果动辄让董事负责，势必使董事举足挂网，摇手触禁，谨小慎微，畏手畏足，不利于公司事业的发展。因此，美国法院首先假定董事在作出商业决定时是出于善意，是本着对情况的充分了解行事，真诚相信所采取的行动符合公司的最大利益。任何人如果认为董事的决定违反信托义务，必须对此承担举证责任，否则，董事就会受到商业判断规则的避风港保护，即便目标公司及其股东因董事的决定遭受损失，公司董事亦无需为此承担法律责任。由于目标公司经营者的反收购行动被美国法律视为公司商业活动的一部分，目标公司董事在采取反收购行动时，只要按照商业判断规则的要求履行了对公司股东的信托义务，就受到商业判断规则的保护。可见，美国法律允许目标公司董事行使反收购的决定权。[1]目标公司董事受到注意义务的约束，通过不断发展的商业判断规则对其行为进行衡量，以保证董事的行为符合公司和股东利益最大化的标准，在决策中做到合理的谨慎。美国法律赋予公司董事会反收购的权利，但同时要求董事尽董事忠实

---

〔1〕 张国平：《当代企业基本法律制度研究》，法律出版社 2004 年版，第 237～238 页。

义务和注意义务，注意义务的检验规则为商业判断规则，只要求董事在交易中无利害关系、对经营问题的判断是根据当时情况下充分的信息所作出的，且合理地认为自己的经营判断符合公司的最佳利益。此规则的主要作用在于确保董事对于纯因其判断错误而给公司造成的商业损害免责。商业无定数。在通常的情况下，董事总是现在行动、以后总结。如果停下来细为研究，再行决策，其结果常常会使商业机会稍纵即逝。但是，正如曼尼教授所言："经营者不像法官，有能力同时也愿意就特定的案件争论不休，以求得正确的答案；经营者不像学者那样一丝不苟地去追求真理，也不像科学家在高度专业化的领域中精益求精地探求更为完善的方法。"[1]也正是在这个意义上，法官对此不能作"马后炮"的思维，体现了"不以成败论英雄"的理念。罗伯特·W. 汉密尔顿对商业判断原则确立的基础有一段精彩的描述："从更广泛的意义上说，商业判断原则反映了这样的基本原则，即董事在公司的经营管理方面享有自由裁量权，并且此种裁量权的行使，一般不受司法机关的审查，也就是说，绝大多数法官不是能对此种自由裁量权的行使进行第二次审查的人。"[2]该规则的精华即在于，如果董事的决策符合在信息充足的基础上诚信为本、以实现公司的最佳利益为己任等特定的假设条件，即便法院处于当时的决策环境可能做出不同的经营决策，或事后情势发展表明董事最初的决策是错误的，该决策的独立性仍将受到尊重和保护，而不会被法院认为正确的决策方法取而代之。这无疑有助于鼓励拥有技能和信息的董事各展

---

〔1〕　Bayless Manning, "The Business Judgment Rule and the Director's Duty of Attention: Time for Reality", *The Business Lawyer*, Vol. 39, No. 4, 1984.

〔2〕　[美] R. W. 汉密尔顿：《公司法》，刘俊海、徐海燕译，中国人民大学出版社 2001 年版，第 386 页。

长才，按照其对经济风险的评估进行资源的配置，具有巨大的
社会效用。

　　1962 年的"贝内特诉普罗普案"（Bennett v. Propp），[1]是
适用商业判断规则于反收购的第一案。该案不仅假设董事的决
策是在利益冲突之下作出的，而且还进行了举证责任的转换，
不再由原告而是由董事证明其决策是为了公司利益作出的，否
则就不能受到商业判断规则的保护。在 1964 年的"蔡夫诉马西
斯案"（Cheff v. Mathes）中，法官进一步指出："对反收购行为
合法性的判断，是以董事存在利益冲突为假设前提的，即要求
董事必须先行证明：（1）有合理的依据确信收购对公司现行的经
营政策及经营效率构成威胁；（2）采取的措施对于公司面临的威
胁而言是合理的。"[2]也就是说，如果董事能证明其决策是为了
公司或股东的利益，是经过仔细的调查和慎重研究作出的，应
为正当的商业决策并从中免责。被喻为反收购审判史里程碑的
1985 年"优尼科诉梅萨石油案"（Unocal v. Mesa Petroleum）[3]
提出了三个原则，即合理性原则、相当性原则和证明性原则，
对商业判断规则做出了进一步的修正，设置了严格的被称为
"优尼科测试"（the Unocal test）的双重审查标准，即通过各种
因素的综合分析，对反收购行为的客观性和适当性进行双重审
查。其中，第一重审查标准是决策的客观性、合理性，要求管
理层的决策是在合理觉察到收购将给公司的经营政策和已存在
的有效性造成威胁，并经过认真调查后作出的；第二重审查标
准是决策的适当性，要求管理层的反收购决策与收购要约将带
给公司的威胁相适应，即该措施在合理的范围内。法官一般要

〔1〕　Bennett v. Propp, 187 A. 2d 405（Del. 1962）.
〔2〕　Cheff v. Mathes, 199 A. 2d 548（Del. 1964）.
〔3〕　Unocal v. Mesa Petroleum Co. , 493 A. 2d 946（Del. 1985）.

求管理层举证其措施是经过认真分析，并对可能造成的后果进行理性评估的情况下合理作出的。如果公司董事会主要由外部董事组成，并且聘请了独立的财务顾问参与反收购决策，将有助于证明前述两重标准的测试。优尼科规制所确立的三项原则尤其是第二项原则对反收购措施的实施权力进行了重大改革，表明法院的干涉已经进入管理层的商业决策之中，被认为是反收购规制的重要发展。优尼科规制与传统的商业判断规则本质的区别在于举证责任的倒置。在传统的商业判断规则下，法庭假定董事是在掌握充分信息的前提下做出决策，董事的行为被认为是可以实现公司利益的最大化，原告在诉讼的过程中必须提出合理的证据证明董事采取的措施并非出于公司利益的考虑，否则其将承担举证不能的后果；而强化的商业判断规则要求董事必须证明反收购措施的合理性以及妥当性。美国的司法实践允许董事会在面临敌意收购时采取反收购措施，并通过一系列判例逐渐确立了反收购措施的规制规则，即"高度审查标准"和"商业判断规则"。高度审查标准指收购的公正性要受到高度严格的司法审查，要求董事会在采取反并购计划时"必须善意地表明，有合理的理由认为存在危及公司政策及效率的危险；必须表明，相对于引起的危险而言，所采取的应对措施必须是合理的"。商业判断规则要求董事会"必须证明自己是善意的，尽了忠实义务、合理的注意义务；公司采取该行为是出于合理的商业判断；该判断最符合公司的利益，且不存在个人利益和公司利益冲突的现象；并且该决策有充分合理理由"。[1]上述两项规则的设立是为了防止董事会在反收购过程中面临利益冲突时，选择维护自身利益而牺牲公司或股东的利益。在实践中，

---

〔1〕　苗壮：《美国公司法——制度与判例》，法律出版社 2007 年版，第 525页。

一般要求董事会在法院对其适用商业判断规则之前必须首先符合高度审查标准。此点与英国截然相反。而在美国长期以来占主导地位的观点是，如果目标公司董事会合理地认为抵制一项敌意性出价收购符合公司的最佳利益，并且该行为符合董事的忠实义务，并非用来或主要用来巩固董事个人在公司中的地位和对公司的控制权，那么，就可以适用商业判断原则，认定目标公司董事会的抵制行为合法有效。而美国受到社会责任理论的影响，即使该抵制行为损害了公司及股东的利益，但只要符合董事善管义务的要求，就可以根据商业判断规则免除董事的个人责任。

在收到收购要约之后，英国模式下目标公司董事处于中立地位，主要承担"道德"上的忠实义务，严格限制其实施防御措施。公司一旦收到敌意收购要约，董事会就须要承担如下几项义务[1]：第一，目标公司董事会在收到敌意收购者发起要约收购的通知后，必须立即将这一消息通过新闻媒体对外公布。收购方也必须毫不迟疑地对外宣布收购要约的具体内容。第二，目标公司董事会必须迅速将媒体所登载的收购新闻或其他收购通知送达股东。第三，目标公司董事会必须取得由独立适格机构发布的关于该收购要约的法律意见书，并将其送达股东。第四，如果董事会倾向于将公司转让给某一收购者，那么向该收购者提供的信息应当同样传送给其他善意的收购者或潜在收购者。第五，董事会必须针对收购要约确定自己的立场，并迅速告知股东对于该收购要约其态度是赞成、反对抑或中立。英国判例法在处理对敌意收购的反收购行为的合法性问题上主要运用

---

[1] Thomas Hurst, "The Regulation of Tender Offers in the United States and the United Kingdom: Self-Regulation versus Legal Regulation", *North Carolina Journal of International Law and Commercial Regulation*, Vol. 12, Iss. 3, 1987.

董事的忠实义务来判定其行为是否符合被授权力的目的。从反收购层面上看，目标公司董事的行为规制主要是围绕忠实义务展开的。在司法实践中主要适用"利益标准"和"正当目的标准"。法官认为，如果董事的行为是为了保护自己对公司的控制，那么这种行为是不正当的，因为这损害了股东对自己股份处分的决定权。在1967年"霍格诉格兰普霍恩案"（Hogg v. Cramphorn）[1]中，目标公司董事会获悉将会发生对本公司的收购，但认为收购行动不符合公司股东的最大利益，因为收购会在公司雇员中引起混乱，通过保留现在的经营者，股东的利益会得到最好的服务。因此，董事会以公司雇员为受益人设立了一个信托机构，受托人由董事会指定。公司向该信托机构出借大量现款，并使其利用这些现款认购本公司已被授权但未发行的股份。这些新发行的股份与公司董事自己掌握的股份相结合，足以防止收购的发生。在本案判决中，法院对目标公司的反收购行为持否定态度，认为公司管理层未经股东授权而发行新股，剥夺了股东对收购要约的决定权。董事的这一行为虽然在主观上可能是为公司股东的最大利益而设计的，但从客观上看，这种行为显然是为了保护他们对公司的控制，不符合"目的正当"标准（criteria for "proper corporate purpose"）。因为公司章程并未授权公司董事利用发行新股的权利来剥夺股东就是否接受要约而作出决定的机会，董事的行为违反了信托义务。

　　而在美国，商业判断规则实行举证责任倒置：法院首先假设目标公司的经营者在反收购决定中存在私人利益和自我交易，如果董事能举证证明其决定是为了公司或股东的利益而非个人利益善意的，该决定是经过仔细的调查和慎重研究作出的，则

---

〔1〕　Hogg v. Cramphorn Ltd〔1967〕Ch 254.

为正当的经营判断，董事可以免责，否则就要负责任。1994 年，特拉华州的法院在"派拉蒙通讯公司诉时代公司案"（Paramount Communications, Inc. v. QVC Network, Inc.）[1]中确立了露华浓规则（Revlon rule，又称拍卖规则）的触发，即：目标公司在应对敌意收购时先后经历两个阶段，即回应阶段和拍卖阶段。在回应阶段，目标公司董事可以采取反收购措施，董事在这一过程中的行为受到必要性与相对性原则的约束；当目标公司的反收购失败时，公司被收购已成定局，法院认为此时目标公司进入拍卖阶段，董事的身份从公司的护卫者转为公司的拍卖者，董事的义务随之由保护公司作为法人主体的独立性转为将公司卖给出价最高的收购者，以实现股东的短期财务收益的最大化，对信义义务进行了限缩解释。董事可寻找一个友好的公司，使其以更高的价格向目标公司的股东发出要约，以挫败敌意收购者。收购要约之间的竞争能够形成目标公司股份的最佳价格，使目标公司的股东均可按此价格出售股份获得高溢价。但从总体上看，商业判断规则中实际上适用的是主要目的检验规则。主要目的检验规则所关注的是，董事会采取反并购措施所要达到的目的是否正当，主要是考察董事会采取行动的主要目的是为了维护公司的利益还是为了延续或加强董事的地位。在衡量反措施的合法性时，该规则常常取代商业判断规则而被适用。其次，在考虑并购对非股东主体的利益的影响时，应当允许董事为顾及非股东主体的利益而采取反并购措施，但前提是这些非股东主体的利益不会严重影响公司股东的长远利益。

董事会中心主义的公司治理结构，使得董事作为公司的经营管理者，被赋予了几乎所有公司日常经营事务的决策权，在

---

〔1〕 Paramount Communications Inc. v. QVC Network Inc. 637 A. 2d 34 （Del. Supr. 1994）.

进行商业判断时有很大的自由度，而股东并不进行有关公司运营的日常商业判断，其权力相对被压缩，只存在于某一些问题上，其中最重要的就是选举公司董事的权力。股东对于感到不适当的商业行为一般只有两种防护措施，或者将股份转让给第三人从而退出公司，或者通过合法的程序更换董事会成员。因而对股东表决权进行干预是特别严重的事件，不属于董事会的商业判断，否则会降低正当性的标准从而使所有的情况都成为商业判断。事实上，商业判断规则使董事免于负担几乎所有决策责任的一个原因即在于，不满意的股东可以通过选举对董事加以罢黜替换。尤其是在反收购中，在目标公司董事采取反收购措施会影响到股东选任董事时，法律必须施以更加严格的限制条件，要求董事提出充分的理由，从而避免董事权力的过度放大。一般不得干预股东原则是指除非董事会有"令人信服的理由，否则不可以在反收购中干预股东权"。该原则出自于1988年"布拉西斯工业公司诉阿特拉斯公司案"（Blasius Industries, Inc. v. Atlas Crop.），因此又称布拉西斯原则。在该案中，布拉西斯公司为了推行其杠杆重组计划，计划将阿特拉斯公司的董事会由原有的7名增加至15名，从而控制其董事会实现重组计划。但是阿特拉斯公司董事会在征求了专家顾问的建议后，认为这一计划不利于公司的发展，于是阿特拉斯公司董事将董事成员增加至9名，意欲阻止阿特拉斯公司的股东按照委托征集书的内容选任阿特拉斯公司董事会大部分成员。布拉西斯公司认为，阿特拉斯公司董事的这一措施是出于个人利益的保护而非出于公司或股东利益的考虑，因此向法院提起诉讼。根据布拉西斯原则，董事在反收购中的行为可以分为两类：一类是涉及公司财产的行为，此类行为的客体是公司的资产，并不涉及董事与股东之间的利益；另一类是影响董事与股东之间利益的行为。针对前一类行为是否符合董事的信义义务由商业判断规则加以判断，后一类行为则适用一般不得干预股东权原则。这一原则包括强化股东地位和加强对董事行为监督两方面，旨在通过较之普通商业判断规则更加严格的司法审查对股东表决提供保护。特别是法院规定，当一家公司面临转让时，董事们必须尝试寻求最佳的价格，而不能只与一个投标者进行单独的交易。例如，在 1985 年 "史密斯诉范高尔科姆案"（Smith V. Van Gorkom）[1]中，特拉华州最高法院断定联合运输公司（Trans Union Corporation）董事并没有有效地向股东公布公司提出转让时全部资产的价值，也没有让商业裁决规则去保护已经认同了的协议价格。在该案中，有关投标的谈判是由联合运输公司总经理杰罗·范高尔科姆（Jerome W. Van Gorkom）私下进行的，董事们在接受最初的投标方案时没有履行其受托责任，在没有任何外部顾问参加咨询、仅持续了 2 个小时的会议上批准了这个方案，以致使公司的投资银行无法去寻找一个更好的出价者。特拉华州最高法院认为，公司董事在达成收购协议的问题上并没有在掌握充分信息的合理范围内作为。本案中，公司董事会没有获得公平性意见的这一事实显然是其败诉的致命原因，使董事无法隔绝于法律责任之外。法院最后判处 "范高尔科姆案" 中的 9 名董事和高级职员为其批准以低于公司内在价格出售公司的行为向股东承担个人责任。在 20 世纪 80 年代飓风般的收购狂潮中，"范高尔科姆案" 成了一个航标，使董事们在面对敌意收购所引起的固有利益冲突时，必须为了股东的最佳利益掌舵，以绕过抵制策略这样的暗礁险滩。在 "范高尔科姆案" 裁决之后，法院已经使用 "有依据的商业裁决" 标准，要求董事们在特定

---

[1] Smith v. Van Gorkom 488 A. 2d 858（Del. 1985）.

的条件下，在确保他们具有所需要的所有相关信息去做一项有依据的决策过程中，必须采取恰如其分的努力。

　　英国和美国代表了两种不同的反收购决定权的归属。其核心表现就是所谓的董事会中心主义和股东会中心主义之争。美国采取的是董事会中心主义，董事会有权决定采取反收购措施，但要受到商业判断规则的约束。英国采取股东大会中心主义公司治理结构，将反收购的决定权赋予目标公司股东会，从源头上彻底断绝目标公司董事独立行使反收购决策权的可能，以避免董事会借反收购谋取私利，危害股东利益。不同的立法理念于中悉尽可见：美国更注重公司整体经营的利益，而英国更侧重保护股东的利益。英国反并购规定中隐含的基本观念体现了公司法的根本前提：股东是主人，股东大会是公司的"大脑"，是各种经营管理活动的决定机构，在公司中处于最高的地位。作为公司所有者的股东有权决定公司的最后命运，上市公司的股票和控制权可以由它们的主人自由转让，董事会是股东大会的执行机关，只能以股东的受托人身份行事，增进投资者的集体利益。[1]而熊掌和鱼兼得是美国人在敌意收购中对董事会的期待。其既要董事会发挥能动性，又要其不损害股东和公司利益，而不似英国人那样使董事会消极无为，这显示出了美国人更为进取冒险的性格，而英国人则显得更为保守。在美国，当公司面临一起敌意收购时，董事会有权采取反收购措施，但同时要尽注意义务，要披露信息，要如实陈述，不得有欺诈、欺骗行为。不过，美国法律的环境适宜充分发挥董事们的主动性。美国法上严格的受托人义务是由法院在一定的程序法中加以维

---

〔1〕　Phaedon John Kozyris（ed.），*Corporate Takeovers Through the Public Markets*：*General and National Reports*：*XIV Congress of the International Academy of Comparative Law*，*Athens*，*August*，1994，The Hague：Kluwer Law International，1996，p. 45.

护的，而这一程序法倾向于保护原告一方。虽然美国制定法与判例法在反收购领域给予董事会相当广泛的保护，但美国的股东派生诉讼制度却也极为发达。"股东理念"运动正是源起于美国，尔后才席卷欧洲。与之相反，英国虽然限制了董事会的反收购权力，但在派生诉讼制度方面则倾向于保护管理层的利益，对股东派生诉讼权的行使限制颇多。事实上，两国公司法在公司收购规制与派生诉讼制度方面的区别可以归结为两国朝着不同的方向为降低代理成本而努力。在美国，立法试图控制公司收购的力度，却通过赋予股东广泛的行使派生诉讼的权力，在微观层面上通过个案对董事的监控，以达到控制代理成本的目的，而英国则更加依赖公司控制权市场来控制代理成本。

德国的《公司收购法》是由德国财务部在 1975 年成立的一家私人咨询机构制定的"自愿"性质的收购法案，只有签署该法案的公司才受到约束，从而对其产生法律效力。长期以来，德国的公司哲学认为股份公司是一个协会，股东则是其会员，股东持有的股票不仅仅代表资产和金钱，还代表会员资格。这与英美仅将股票视为资产的公司哲学不尽相同。在德国，法律比较注重权力的平衡，在倾向于股东利益保护的同时，也考虑到其他利害人包括雇员的利益。雇员是监事会的代表，具有决定是否接受收购的发言权。就收购规则的实质而言，英国模式无疑最具吸引力。甚至可以说，英国模式已经发展成为欧洲大陆的标准。西班牙、葡萄牙、意大利、瑞士、奥地利、丹麦、瑞典、挪威和芬兰的现代收购法规，均受到英国规则的极大影响，甚至连《欧洲议会和欧共体理事会关于公司公开收购的第13号公司法指令草案》（The 13 th European Directive）也不例外。英国模式的影响体现在收购法规的许多准则中，如信息和披露、收购程序、要约行为、部分收购要约以及竞争收购要约，更值得强调的是两个相互对立的问题，即委员会的中立性与强制收购。中立性原则已经为几乎所有制定有关收购的成文法或者收购法典（守则）的欧洲大陆国家所采用。德国的《证券收购和接管法》自 1995 年生效，1998 年经历首次修订，第二次修订的文本于 2002 年 1 月 1 日起生效。[1]在德国，对中立原则的采用问题长期是各种意见争论的焦点。大多数人认为，在敌意收购中管理委员会有权采取一切必要措施，从而使公司不受损害。管理层的尽职原则这一概念（见德国《股份公司法》第 76 条）与股东所有权彼此抵触。然而，最后采纳的意见是管理委员会被视为股东的受托人，而第 76 条则被视为是民法关于委托的一般原则，即委托人有决定权这一原则的扩展。1995 年《证券收购和接管法》明确采用了中立原则，2002 年的第二次修订的文本沿而袭之，但同时保留了诸多例外条款。[2]

　　为了更有效地规制管理层的反收购行为，2002 年出台的《德国证券收购和接管法》第 33 部分第 1 段和第 2 段作了以下规定。(1) 从收购人对外公布发出收购要约的决定起至要约收购结果公开止，目标公司董事不得采取可能阻碍收购要约的措施，但这不适用于与该并购无利益冲突的、一般性了解与该并购有关的所有必要信息，为寻求更高价的收购要约而采取寻找白衣骑士的防御措施，或者得到目标公司监事会批准的防御措施。(2) 要约收购期间，股东大会在其权力范围内作出的授予董事会对抗收购要约的防御措施的决定应当列明董事会可以使用的防御措施种类。该授权有效期最长为 18 个月。股东大会的决定

〔1〕　Wertpapiererwerbs – und Übernahmegesetz vom 20. Dezember 2001 （BGBl. I S. 3822）.

〔2〕　［德］克劳斯·霍普特主编：《比较公司治理：欧洲的理论与实践》，焦津洪等编译，中国友谊出版公司 2004 年版，第 7 页。

应当经过出席股东大会参与表决的掌握 3/4 以上股权的股东的批准。公司章程可以对此提出更高的要求。董事会根据本段第一句话采取的防御措施须得到监事会的认可。德国新《并购法》对严格中立原则的变更在于，允许有 3/4 以上出席股东的决议事前授予管理层采取反收购的具体措施，并且管理层享有的这种反收购权仅可持续 18 个月。这意味如果管理层滥用手中的权力，下次召开的股东大会不可能再授予管理层采取同类反收购措施的权力。另外，对严格中立原则最显著的变更，就是管理层可以通过取得监事会的同意，绕过股东大会采取反收购措施。当然，德国新《证券收购和接管法》授予监事会的这种权限仅用于分拆或出售公司。德国新《证券收购和接管法》对受要约公司董事会和监事会的行为虽然进行了合理限制，但采取原则禁止例外允许的反收购立法态度，并没有完全排除董事会在面临收购时采取反收购措施的权力。事实上，与《欧盟收购指令》所规定的"董事会的严格中立义务"相比，德国更倾向于对目标公司管理层的反收购行为采取宽松的态度，赋予管理层一定随机应变的自由裁量空间。根据规定，目标公司董事被允许采取下面的反收购措施：（1）不受要约影响的谨慎勤勉公司业务执行人采取的措施。这允许公司正常经营中的行为以及实施公司重大决定的行为。（2）寻找竞价要约的行动。（3）获得监事会批准的行为。如果上述行为属于股东会决议事项，应取得股东会批准。有学者因而评论说，德国已经朝着股东资本主义深入发展了。即使对于最大型的公司而言，敌意收购也都留待股东加以判断和决定。这似乎是受到 2000 年英国沃达丰并购德国曼内斯曼的重大敌意收购案影响的结果。国家将不再对改变低效率的控制地位而设置人为障碍，因为这是一种对股权特征的人为决定。[1]德国新并购法对严格中立原则的显著变更，使一些欧洲学者开始考量这一传统原则的合理性，并探讨吸收美国修正商业判断规则的可能。该法案的解释文件谈到，该法案的立法考虑是在由监事会行使审批权的前提下，允许董事在其职责范围内采取防御措施。由于大部分德国公司监事会的一半成员由员工代表组成，因此董事会反收购的提议被监事会批准的可能性比较大。

我国绝大多数学者都认为，我国公司法采股东优位主义，公司权力配置模式仍然属于股东绝对主权主义，公司被视为股东财产的延伸，董事会不过是股东对公司控制权延伸的手臂。股东是股权的拥有者。股权的内容按公司法的规定主要是资产受益权、重大决策权和选择管理者的权利。由股东决定是否采取反收购措施，既是对股东权的尊重，也是公司法保护股东利益的体现。[2]由于目标公司董事在反收购中与公司利益存在冲突，且对其行动缺乏有效监督，而反收购行动与公司股东的利益又最为密切，故应赋予股东大会以决定是否采取反收购行动的权力。按照《公司法》第4条的规定，公司股东作为出资者按投入公司的资本额享有所有者的资产受益、重大决策和选择管理者等权利，而公司反收购所争夺的公司控制权的主要含义是指对公司董事的选举和更换的能力。该法第98条又指出，股东大会是公司的权力机构。《公司法》第37条和第104条的规定，"对公司合并、分立、解散、清算或者变更公司形式作出决议"，"修改公司章程"和"公司章程规定的其他职权"都是公

---

〔1〕 ［美］杰弗里·N. 戈登、马克·J. 罗：《公司治理：趋同与存续》，赵玲、刘凯译，北京大学出版社 2006 年版，第 206 页。

〔2〕 胡鸿高、赵丽梅："论目标公司反收购行为的决定权及其规制"，载《中国法学》2001 年第 2 期。

司股东大会和股东会的专门职权。由此可见，对公司合并等重大事项的决定权归属于股东大会，而可能关系到公司存亡的反收购显然属于对公司有重大影响的事项，故从现行法律规定看，将反收购的决策权赋予股东大会是《公司法》在将对公司的合并、分立、解散、清算的决策权归属于股东大会的应有之义。法律虽然废弃了股东大会万能主义，股东会能够决策的事项仅限于法律规定的具体事项，并不得自行跨界，但这并不意味着对股东大会监督公司经营的最高决策权的废弃。股东大会达成的意志是董事会执行业务职能的来源，董事会只能在股东大会的批准之下才能从事对公司有重大影响的决策行为。《上市公司收购管理办法》第33条规定明显体现了股东大会对上市公司反收购决定权的掌控，正是延续了《公司法》对股东大会和董事会权力划分的结果。

从我国的立法和实践的现状来看，在股东会和董事会的两权分离之中，整体倾向是将权力上收给股东会，强化股东对公司的控制。董事责任制度和股东保护机制尚不完备，股东权的保护意识薄弱，根本无法保障目标公司管理层在采取反收购措施时对公司尽到诚信义务，反收购极可能成为经营者巩固地位、维持自己利益的工具。这种现实决定了董事中心主义不符合我国国情，不宜将反收购的决定权交给目标公司董事会，而应效仿英国确保目标公司股东大会在公司控制权转移过程中的话语权。我国学术界主流观点认为，我国现行立法没有采用美国的董事会决定模式，而是采用英国模式，即股东大会决定的模式，遵循纯粹被动性规则或调整的被动性规则，否定了目标公司管理层反收购的权力，董事会只享有建议权，而将股东置于反收购决定掌舵人的地位。在我国法律并未因为经营者的裁量权扩大而赋予经营者更大的责任前，如允许经营者可以牺牲公司股东的利益，可能导致经营者擅断而难以监督的情形。进一步言之，是否要平衡其他利害关系人之利益乃立法政策问题，不宜由私人公司的董事来承担；且即使我们不承认"利害关系人理论"，在现行法下尚有其他法规得用以保障其他利害关系人的权利。虽然公司经营阶层往往对恳求考虑"非股东身份者"利益之主张充耳不闻，但是在面临其他公司并购者时，却会引用"其他利益相关者"（other constituents）的概念来拒绝其所提出的巨额出价，借此继续掌控公司的经营权，永保权位。[1]赋予经营者可以采行防御措施的权利，除在敌意并购发生前有弱化外控机制之疑虑外，也可能在敌意并购发生后经营者有借以作为与并购者私下交易筹码的空间，牺牲股东利益以换取经营者个人利益，或基于自身利益考量动用公司资源以掘壕捍卫经营者个人地位，抑制有利于公司的并购交易，[2]无法确保行权人全心全意地为公司和相关利益者服务。在"章程之战"中，部分公司章程会赋予董事会自行认定"恶意收购"的权利，并规定董事会可不经股东大会审议，自行决定采取何种反收购措施，在动机不纯的所谓"反收购"战中，这一条款可能沦为架空股东大会、侵犯中小股东权利的工具。在这种境况下，我国公司股东与董事之间存在激烈的利益冲突，代理问题突出的公司治理难题，决定了将反收购决策权归属于股东大会，有助于解决我国内部人控制和代理问题。

公司收购涉及公司控制权的转移，属于关乎公司生死存亡的基础性交易；反收购决策权的本质是一种决策权，而不是一

---

〔1〕刘连煜："公司社会责任理论与股东提案权"，载楼建波、甘培忠主编：《企业社会责任专论》，北京大学出版社2009年版，第501页。

〔2〕See Lucian Arye Bebchuk, "The Case Against Board Veto in Corporate Take-overs", *The University of Chicago Law Review*, Vol. 69, No. 3, 2002.

种执行权。反并购决定权所涉及的内容关乎公司重大经营利益甚至公司今后的命运，权力的行使对公司、股东利益影响至深且巨。易言之，对于目标公司的股东而言，并购意味着其决定是继续自己原本的经营方针、经营路线、投资决策等，还是接受收购要约、出售股份、退出所出售股份上的公司权力。公司收购不同于一般的商业判断，是否接受收购要约，涉及的是"所有权问题"（ownership issues），即股东决定是否出售自己所持有的目标公司股份问题，而不是有关公司运营和发展战略的"经营权问题"（enterprise issues）。这是对将来公司何去何从的决定，而非对原本经营路线的延续性执行。一般性商业事务判断中的股东协同问题以及由此而产生的委托给代理人行使的必要性不复存在，股东不愿也没有理由把收购事项命运的决定权交给管理层行使，股东能够为自己决定是否出售股份。企业并购应经股东会决议的理由，主要乃是企业并购结果，将导致人的组织及物的组织的重大变动。[1]从法理而言，结构性战略决策是在公司运营框架之外、对公司结构造成实质变更的特别决策，既包括公司章程修改、增资减资、公司解散等基础结构变化，也包括分立合并、营业转让、公司收购、形式转换、公司上市等组织结构变化，还关乎股东会表决方式和权限调整、任命董事和监事、董事会和监事会规模、表决方式及其权限调整等权力结构变化。这种结构性战略决策应为股东会的专属权力。原因在于以下几点。首先，公司基础结构变化与股东权利密切相关，应该由股东大会乾坤独断。卢西恩·本伯哈克（Lucian Bebchuk）即言："公司股东出卖公司这一行为不同于后座驾驶，而是要把车卖出去。不管这种买卖行为是否能为其带来收益，股

---

〔1〕 王志诚：《企业组织重组法制》，北京大学出版社 2008 年版，第 20 页。

东们都有出卖的自由。"[1]其次，公司组织结构变更的决策更多地需要投资技能，而非单纯的经营技能。例如，合并或收购甲公司所需经验与股东投资现有公司并无二致，与董事会驾驭公司的能力（如雇佣人员、组织生产或进行业务交易）迥然有异。该等并购的基础信息亦不为董事所专有，股东完全可从专业机构出具的调查报告和咨询意见中获得。正如一些公司法学者所说的："在要约收购的情形下，股东的判断最终往往比职业化的管理层的判断更加可靠。"[2]最后，这种权力结构调整关乎董事任职、薪酬、职权等根本权益，当家作主的不应该是董事会。如果将相关权力赋予董事会，凡此种种不受控制的自己强化、自我授权必然存在"风险敞口"，引致利益冲突和不可估量的代理成本。[3]因此，对于可能对公司和股东权益产生直接重大影响的措施应当遵从"所有者决定"的原则，赋予股东大会以充分的决策权。诸如"毒丸计划""出售冠珠战略"，是对公司资产的直接处置，事关公司的生死存亡。若将决策权赋予董事会，则无疑会置公司所有者的权益于风口浪尖。单靠董事的自我约束，产生的道德风险往往会成为股东们不能承受之重。而对于在章程中植入反收购条款，公司章程是公司的自治性文件，是公司内部的"小宪法"，其效果是在公司与其成员以及各成员之间产生约束力。股东借此明确与公司及其管理者的权益和职责分工。对于这样的根本性文件，应当由作为所有者的股东作出相关决议。至于"降落伞"计划、股权激励计划，由于

---

[1] Lucian Bebchuk, "The Case for Increasing Shareholder Power", *Harvard Law Review*, Vol. 118, No. 3, 2005.

[2] Lucian Arye Bebchuk, "Toward Undistorted Choice and Equal Treatment in Corporate Takeovers", *Harvard Law Review*, Vol. 98, No. 8, 1985.

[3] 许可："股东会与董事会分权制度研究"，载《中国法学》2017年第2期。

其本质上是利用了管理者的收益报酬，由管理者自我决定显然是不合适的。[1]

论者或谓，将股东会视为能够对所有公司事务进行决议的"万能机关"，系大陆法国家的早期认识。较诸普通法国家，大陆法系公司法固然仍保留着股东优位主义的余韵，但随着"所有与经营"的分离，股东会人员的多极性、组成的偶然性和非专业性等结构性缺陷凸显，董事会权力不断增大。较诸国家经济体制改革委员会于 1992 年 5 月发布的《股份有限公司规范意见》和《有限责任公司规范意见》，我国 1993 年《公司法》凸显了限制股东会权力的立法意图，这不但体现在将上述规范意见中"股东会是公司的'最高'权力机构"的"最高"二字删除，还体现在股东会不再拥有资产负债表、利润表和其他会计报表的批准权以及少数股东提案的审议权。其次，即使股东会是董事会权力合法性之所依，董事会执行其股东会在职权范围内所作的决议、对其负责，但这并不能证明股东会凌驾董事会之上。再次，我国《公司法》（2013 年修正）第 37、46、99、103 条分别列举了股东会和董事会的职权，却没有沿袭股东优位主义，规定应由董事会决议之事项外，均应由股东会决议行之。据此，就公司法和公司章程未规定事项，是否皆属股东会权限，仍有解释余地。最后，根据《公司法》的列举式规定，我国股东会相当数量的职权是对董事会或监事会提出议案的"审议批准权"，而非直接决定权，此与股东优位主义对股东会权力的主动性认定并不相符。事实上，与其说是股东会享有关于结构性战略事项的广泛决策权，毋宁说只有对相关议案批准与否的权力，此即"董事积极行动，股东消极投票"（boards act and sha-

---

[1] 陈奕婷："论反收购决策权的分配"，载《硅谷》2008 年第 14 期。

reholders react) 的权力分配机制。与旨在事前控制的决策批准不同，股东会决策监控的重点落在了对董事会的事后监督上。作为"最终的监控权"，被各国（地区）普遍承认的股东会罢免董事之权犹如达摩克利斯之剑备而不用，给董事以强大的压力，督促其勤勉尽责。[1]

我国现行《公司法》《证券法》并没有关于反收购的规定，唯有《上市公司收购管理办法》对此有所规制。根据修改后的2006 年《上市公司收购管理办法》第 33 条的规定，"收购人做出提示性公告后，被收购公司董事会除可以继续执行已经订立的合同或者股东大会已经做出的决议外"，不得提议的事项包括："1. 发行股份；2. 发行可转换公司债券；3. 回购上市公司股份；4. 修改公司章程；5. 订立可能对公司的资产、负债、权益或者经营成果产生重大影响的合同，但是公司开展正常业务的除外；6. 处置、购买重大资产，调整公司主要业务，但是面临严重财务困难的公司调整业务或者进行资产重组的除外"。首先，在这一条款中，收购人作出提示性公告后至要约收购完成前，被收购公司除继续从事正常的经营活动或者执行股东大会已经作出的决议外，未经股东大会批准，被收购公司董事会不得通过处置公司资产、对外投资、调整公司主要业务、担保、贷款等方式，对公司的资产、负债、权益或者经营成果造成重大影响。从上述条文看，法律几乎没有给上市公司董事会的反收购留下空间，但该管理办法仅将限制反收购措施的具体规定局限于针对收购人就收购要约"作出提示性公告后"的时段，对目标公司可能在事前采取的反收购安排缺乏约束力。其次，该条款仅仅适用于上市公司的收购，对于非上市的股份有限公

---

〔1〕 许可："股东会与董事会分权制度研究"，载《中国法学》2017 年第 2期。

司，有限责任公司以及其他企业的收购，尤其是外资收购，法律并未限制、更未禁止反收购。再次，这一条款虽然规定了面对收购时董事会不得采取的反收购措施，但未规定董事会不得采取其他措施。现行《上市公司收购管理办法》第 8 条规定："被收购公司的董事、监事、高级管理人员对公司负有忠实义务和勤勉义务，应当公平对待收购本公司的所有收购方。被收购公司董事会针对收购所做出的决策及采取的措施，应当有利于维护公司及其股东的利益，不得滥用职权对收购者设置不适当的障碍，不得利用公司资源向收购方提供任何形式的财务资助，不得损害公司及其股东的合法权益。"观诸《上市公司收购管理办法》的这一规定，其原则上禁止董事行为损害公司和股东的利益，然后具体罗列了董事禁止从事的行为，并且规定了董事的忠实义务和勤勉义务。忠实义务的着重点在于董事行为的目的和做出决策的出发点是否正确，是否是为了公司的利益最大化；勤勉义务的着重点则是董事行为本身和做出决策的过程是否尽职和是否到位。显而易见，禁止董事损害的原则规定并不能反向解释为对董事所有反收购行为的禁止。该限制规定另一方面也蕴含着，不禁止目标公司董事会在有利于维护本公司及其股东的利益情况下提出有关反收购的议案和采取反收购措施。由此而论，法律是允许董事采取反收购行为的，唯不得损害公司和股东利益。既然明言"被收购公司董事会针对收购所做出的决策及采取的措施"，如果采取反对解释，董事会的地位并非完全消极，无所作为，具有一定的决策权。在敌意收购中，如果董事有充分的理由相信所面对的敌意收购可能造成对公司和股东利益的掠夺，或者有损于公司和股东的长远利益，董事有权采取反收购行为。例如，在敌意收购发生后，目标公司向有关机构起诉收购方违反了某项法律，以此击退敌意收购方，或者拖延收购时间以便采取其他反收购措施。因此，这些学者甚至认为，我国当前对于反收购的监管更偏向于美国立法例，即《上市公司收购管理办法》在对公司董事会作出原则性限制的前提下，事实上对公司实施反收购措施采取了认可的态度。在敌意收购发生时，是否应卖而改变公司股权结构，此等决定应属股东的权利，而非属公司经营阶层可为决定范畴，董事会如发表该并购是否有利于公司或有关收购条件是否合适的评论，不会因此被认定为违反中立义务。[1]

　　原则本身就意味着对理念的追求，对于左右摇摆的骑墙态度冰炭不容，但原则与例外并不排斥。原则因前置条件的改变而不适用，与原则本身的贯彻性不可混为一谈。正如分工并不排斥合作一样，董事积极地发挥能动性并不否定股东大会的最终决定权。并购关系綦重，所以反并购决策权必须最终归集于股东大会，但也正因为关系綦重，所以董事会必须有权处置其权力范围内的危机事项。大多数国家和地区公司法通常均将不超过本公司10%的资本或股份额度作为支付对价的对外收购决策权纳入董事会的权限。但在我国大陆地区现行法律下，这种收购的客体如果是目标公司的人格，形成吸收合并，就需要获得股东会批准，如果收购客体是目标公司的资产，则究竟应当归属于股东会还是董事会批准，权限并不明晰。[2]我国台湾地区的相关规定区分长式并购（long-form mergers）和短式并购（short-form mergers）。前者要求按照正常并购程序，经双方公司董事会同意，并经双方股东大会批准。短式并购适用于控股公

---

〔1〕　陈彦良："反收购措施法制之研析（上）"，载《台湾本土法学》2006年总第86期。

〔2〕　邓峰：《代议制的公司：中国公司治理中的权力和责任》，北京大学出版社2015年版，第46页。

司对其子公司进行并购。对于非对称合并（"企业并购法"第
18条第6项）、简易合并（"企业并购法"第19条）、简易营业
受让（"企业并购法"第28条第1项）或跨国简易营业受让
（"企业并购法"第28条第2项）等情形，因得由董事会决议行
之，而不必召集股东会。[1]在典型的母子公司架构中，由于母
子公司之间的意志往往并不独立，母子公司容易出现两个人格
受同一意志控制的情形，实践中，母公司往往会通过以重大资
产出资设立子公司转移资产的行为，以规避、排除股东会的决
策，隔离股东会的监督。有鉴于此，子公司的设立和运营本固
然属母公司的经营性战略或战术事项，无须召开股东会决议，
但在子公司发生收购、合并、重大资产出售等变更事务且足以
影响到母公司组织结构时，应由母公司股东会取代董事会直接
进行表决，以避免多层级导致的股东利益减损，此即"表决权
穿越"（pass-through voting）规则。《欧盟收购指令》虽然建议
成员国公司考虑采取董事会保持中立模式，但中立义务并非要
求董事会完全处于被动状态，而是指董事会不得实施阻碍收购
要约的行为。《欧盟收购指令》实施至今，许多重要的成员国，
例如比利时、卢森堡、丹麦、德国、芬兰、波兰等国均将董事
会采取防御措施作为默认规则，而拒绝选择董事会中立义务规
则，甚至原本采纳中立义务规则的匈牙利在《欧盟收购指令》
实施后，也采纳了将董事会有权采取防御措施作为默认规则。
正是如此，法律课其勤勉义务和忠实义务，这种义务的课加意
味着权力的赋予，否则便成了"既要马儿跑得快，又不给马儿
吃草料"。赋予勤勉义务并不意味着作为可以越位。董事会可以
利用公司法、反垄断法或证券法进行的诉讼措施。例如，《上市

---

〔1〕 王志诚：《企业组织重组法制》，北京大学出版社2008年版，第15页。

公司收购管理办法》第 26 条对收购人的要约收购报告书应当载明的事项详细地列举了十项；第 5 章"监管措施及法律责任"对收购人未按规定履行报告、公告义务的以及收购人的报告、公告等文件中有虚假记载、误导性陈述或者重大遗漏等情形规定了惩罚措施。所谓反收购宣传是指目标公司董事会利用公司资金，通过发布董事会意见、召开新闻发布会、刊登报纸广告等方式劝说目标公司股东不要接受敌意收购者的要约。该种反收购措施是所有反收购措施中效力最微弱的，完全可以由目标公司董事会单独决定采取。由于信息披露原则是目标公司反收购制度的核心原则，而信息披露义务的主要内容就是要求目标公司董事会将其对收购要约的内容评价及所持立场及时传达给目标公司股东。因此，在一定情况下，反收购宣传甚至构成了目标公司董事会的义务。寻求白衣骑士战术在很多情况下属于管理层在公司遇到"危急"情况时对已有商业往来资源的调用，可以通过增加竞争者使买方提高收购价格，股东的直接利益得到加强，还可以给予白衣骑士优惠的购买公司资产和股票的条件。[1]

因此，有学者根据目前我国《公司法》第 37、46 条与第 103 条规定认为我国对于目标公司反收购的决定权是一种由董事会行使提议权和股东大会享有决议权的双层结构模式：第一，在决定是否采用反收购措施时，赋予目标公司董事会提议权；第二，股东可通过股东大会决议的方式决定是否采纳董事会的建议，或者是否授权董事会进行反收购。但反对者认为，此种理解表面上兼顾了股东与董事双方的利益，消解了内在的矛盾冲突，使权力分配平衡协调，实际上却隐瞒权力归属的真

---

〔1〕　陈奕婷："论反收购决策权的分配"，载《硅谷》2008 年第 14 期。

相，势必引发新的纠葛与纷争。按照该共决机制，第一步是董事会享有提议权，因此，是否应该提出建议、如何提出建议以及建议的内容遂尽在董事会毂中。只要一项收购对己不利，董事会势必会强烈要求开展反收购措施，以至于反收购的前提条件完全由董事会所包揽把持，使得股东被玩弄于掌股之间。第二步是股东大会享有决定权。但这一权力的行使是以董事会的提议为前提的；决定的作出也是以董事所提供的各类资料信息为基础的。可以说，股东虽然在表面上享有最终的决定是否进行反收购的权力，但受时空条件限制，股东在股东会上已无法进行主动的献可替否意思表示，其意思已经被量化为"同意""反对"和"弃权"三种有限的用"手"投票形式，然然可可，充其量是简单地用"脑"投票，否则唯有用"脚"投票出局离场。

美国证券法之父路易斯·罗思（Louis Loss）感叹道："作为并购规范的《威廉姆斯法案》的各种表达都是极度小心的结果，以避免监管规则的天平有利于管理层或向收购出价的人倾斜。原则上，现任管理层在保持掌权方面不存在被保护的利益。但是，正像不是所有收购要约人都是'袭击者'或'海盗'一样，不是所有管理层都是'平庸的老笨蛋'。"[1]2015年以后，由于股市暴跌，套利空间出现，上市公司控制权价值凸显，我国资本市场近期以宝能系举牌万科为代表，敌意收购迭起，构成股市的白热化谈资，并不断挑动市场神经，令公司在位的管理层面对真实或假想的强敌和暗处躁动的资本如坐针毡。自"宝万之争"后，我国A股资本市场近1/3的上市公司在2016年纷纷公告修改公司章程，大幅增加反收购条款，以图增加

---

[1] ［美］路易斯·罗思、乔尔·赛里格曼：《美国证券监管法基础》，张路等译，法律出版社2008年版，第438页。

"野蛮人"通过举牌控制上市公司的难度，防止面对敌意收购束手无策，造成企业的控股权旁落。其中，初级版的反收购条款只是对章程中某一项或者少数条款作出调整。例如被"开南帮"举牌的＊ST新梅，在2014年对方收集筹码的过程中，亦有修改公司章程之举。当时修改的核心内容是将发起股东大会临时提案的股东资格由"单独或者合并持有3%以上股份的股东"提高到了需"连续持股12个月"；在董事的选举或更换方面，则加入了"董事会换届选举时，更换董事不得超过全体董事的三分之一"等条款，其核心是防止收购方利用持股优势进行"大换血"，全控董事会。"章程之战"火花四溅，加剧了充实管理者反并购"军火库"中"防御武器"的军备竞赛，越来越多的上市公司闻风而动，如法炮制，"八仙过海，各显神通"，利用反收购条款限制股东的合法权利，使得我国上市公司章程自治下的反收购条款既是一个"富于成长性"的领域，同时如何判断反收购条款的合法性也是一个"富于争辩性"的法律空白。上市公司诸多反收购条款都给自身赋予了过多的权力，触碰了法律的底线，将上市公司的控制权变成了布满尖刺和倒钩的"铁王座"。其中，抬高股东行权门槛已是最主流的做法。许多公司在章程中都提高了《公司法》规定的股东行使"改选董监高提案权""自行召集股东大会权"所需的持股比例、持股时间要求，个别公司甚至在修改章程要求连续持股两年以上，且持股比例在15%以上的股东才有权提出改选提案。例如，山东金泰设置持股10%股东还需持股270日以上方能自行召集和主持股东大会。但《公司法》第101条第2款规定，连续90日以上单独或者合计持有公司10%以上股份的股东可以自行召集和主持股东大会；第102条第2款规定，单独或者合计持有公司3%以上股份的股东，可以在股东大会召开10日前提出临时提案。另一显著的趋势是给现任管理层设置"保护条款"，即限制董监高改选人数、任期或者决策程序。有的规定每年或每次改选时董监高可更换的比例；有的对董监高的任职资格作出特别限制，如要求执行董事的任职条件包括"在公司任职 10 年以上"。此外令人诟病的还包括将信息披露义务触发时点"下移"至 3%。根据《证券法》《上市公司收购管理办法》相关规定，投资者直接或间接持有上市公司股份达到总股本的 5% 时，应在事实发生的 3 日内履行信息披露义务，在此期间不得继续买卖该公司股票。如世联行等公司修改后的章程均规定，投资者持有或与他人共同持有占公司发行股份 3% 时应当向董事会出面报告、期间不得再买卖，同时，每增加或减少 3% 都应按上述股东操作。这一做法显然与法规不符。在上述种种设计的基础上，反收购方引入的"恶意收购"概念，更是成了对抗收购的万能钥匙。一旦触发了公司认定的"恶意收购"，上市公司现任董事会的权力就会被放大。例如，有条款规定，董事会可采取章程规定的以及虽未规定，但法律、行政法规未予禁止的且不损害公司和股东合法权益的反收购措施，而无需另行单独获得股东大会的决议授权，甚至包括为公司选择其他收购方，以阻止他人收购。形形色色的反收购条款是否合理，取决于公司自治和股东权利保护之间的制衡安排是否合理。否则，在一个僵硬而缺乏包容性的法律体系固然可以高度稳定，但其实际效果却是维护既得利益，阻碍新生力量对此提出挑战，窒息商业机制的创新。如果放任不管，此风渐长，收购的成本将被不当抬高，会影响到收购制度的功能发挥，甚至造成"一票否决"的格局，以维护自己对上市公司的控制乃至垄断地位，偏离了公司治理的正确方向。隐藏在公司章程条款变更中的"自治乱象"引发条款合法性的司法识别与认定的法律障碍，也引起了监管层的重视，山东金泰、金路集团、雅化集团、中国宝安等上市公司的行为遭到交易所问询。交易所要求这些公司对修改公司章程的合理性、是否限制股东权利作出说明。在遭受交易所问询后，部分公司或取消公司章程修订，或将"过度"的反收购条款进行修改，以便符合法规规定。例如，四川金路集团 2016 年 8 月 23 日公告拟修改公司章程，其中多项涉及反收购条款。包括限制董事成员改选，在董事局任期届满前，连续 12 个月内改选董事的总数不得超过章程所规定董事局组成人数的 1/4；非经原提名股东提议，且现任当选董事在不存在犯罪行为或能力不足等问题时，任期内一旦被解除董事职务，公司应按向该名董事支付其本人在公司任职董事年限内税前津贴总额的 6 倍支付赔偿金等。8 月 26 日，交易所向金路集团发函，要求公司详细说明本次修订《公司章程》的原因、背景及内部审议决策程序，赔偿金支付标准的合法性及合理性，是否损害公司及全体股东利益，是否涉嫌利益输送，以及董事任命条款是否存在不合理地维护现任董事地位的情况。公司 8 月 29 日发布公告，决定取消此前董事局通过的《关于修改公司章程的议案》，并不再提交第二次临时股东大会审议。山东金泰在上交所问询和山东证监局约谈的监管合力下，对其前期提出的章程修订案进行了调整，仅保留"有召集权和提案权股东需满足连续持股 270 日以上"的一项要求，对其他条款的修改均被取消。面对敌意收购的现实威胁，在缺乏上市公司章程关于反收购条款的指引下，各上市公司竭尽心思创设五花八门的反收购条款，不仅导致缔约成本高昂，监管复杂，还引发了反收购条款合法性认定的难题。因此，与其耗费司法成本，对争议中的反收购措施的合法性进行个案判断，不如在《上市公司章程指引》或《收购管理办法》之中，列明可以供上市公司选择的反收购条款的默认菜单，为上市公

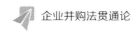

司章程创设的反收购条款树立合法性裁判标尺。[1]

结　语

　　收购活动和反收购活动各有其积极的一面和消极的一面，二者相互制约。收购作为公司外部治理的重要工具，如果该工具得以适当应用，可以有效地促进证券市场资源的优化配置。公司被视为信托的财产，而董事则是看护者，董事的决策必须以股东利益最大化为导向。现代公司制度的核心是股东主权原则。而赋予股东大会以反收购决策权，正是股东至上的原则和股东大会是公司最高决策机关的立法理念的自然逻辑顺承。将反收购的权利交由股东大会行使，相当于赋予了股东自主选择管理者的权利，而这一权利本来就是股东固有的法定权利。如果管理者可以任意决定反收购措施的使用，抵抗他人收购并在收购成功后改组董事会，那么，管理层壁垒将会被强化，并购这种外部治理机制就会失去其应有的价值。着眼于社会责任的学说则认为，公司应当承担社会责任的观点是以公司的合同理论为基础的。该理论将公司的本质视为包括投资者股东之间的投资契约、公司与董事或经营者之间的代理契约、公司与职工的劳动契约、公司与产品购买者之间的销售契约等在内的一系列合同的联结，由此，各参与者得以建构与公司之间的权利义务关系。股东仅是股本的投入者，作为诸多合同联结点的公司不能仅仅追求股东利益的最大化，还要考虑公司事业的长远利益以及雇员、客户、供应商、社区甚至国家的利益。一方面，正如彼得·德鲁克（Peter F. Drucker, 1909 年 ~ 2005 年）的分析，

---

[1]　傅穹："敌意收购的法律立场"，载《中国法学》2017 年第 3 期。

公司管理层的权力在 20 世纪达到了顶峰，却不像民选总统那样具备"合法性"。所以，他们的权力大厦基础被撼动是极正常的事。但另一方面，市场短视理论（market myopia theory）或短期行为论认为，"短视"的资本市场和投资者只关心眼前的利益而往往忽视公司和自己的长远利益。制定长期经营计划并为研究开发新产品、新技术投入大量资金的公司的股票会在市场上下跌，从而使这些公司成为收购的目标。公司管理者在为股东"利润最大化"的同时，并不能自动导致资源配置最优化。为避免被收购的命运，公司管理层只好投市场及投资者所好而从事短期行为，用短期利益来讨好股东，最终使得公司成为短线交易和短线利益的追逐者，丧失了具有远见的公司行为的活力。接管的汹涌狂潮已经把短期利润最大化的战略强加于企业，公司管理层只是为了"股东价值"亦即"最大限度地提高股东的价值"，而不是"尽可能为股东的均衡利益着想"。1993 年，IBM 公司面临崩溃，大家希望将公司下属的大型机、个人电脑、软件和服务业分拆，这在短期内确实会大大提高股东价值。但新上任的首席执行官路易斯·郭士纳（Louis V. Gerstner）却力挽狂澜，维护 IBM 统一与整体品牌的力量，并因此发挥整体优势，辟出电子商务解决方案这一服务品牌，使得 IBM 的股东价值超过分拆的价值。这又在证明，只考虑短期利益极可能不是摧毁就是损害企业创造财富的能力。在某种程度上以"管理层了解最优"为前提条件的股东福利假说指出，董事们通过阻挠违背股东利益的收购来优化股东利益。不得不承认，恶意收购并不创造财富，只是将雇员以及其他利益相关者的利益转移给了目标公司股东和恶意收购者，受益方的所得和受损方的所失是相等的，具有"投机资本主义"（speculator's capitalism）的性质。而且，在恶意收购中，一批被指为是"袭击者""猎食者"

的收购者进行小鱼吃大鱼式的杠杆收购，在这种"野兽精神"的支配下采取激烈、强暴的方式向目标公司发动突然袭击，使之措手不及，沦为被吞噬的牺牲品，然后将其分拆出售以牟取暴利。就市场功能而言，收购也不能简单地和优胜劣汰画等号，恶意收购不适合戴上优化资源配置的桂冠。仅仅受财务方面的驱动而实施的此类收购投标缺乏实质性的经济内容。在并购过程中，股价在一夜之间飙涨，有些股东自然会由于对短期利益的追求而抛售持股，然而，恶意收购往往与企业的长期利益相冲突，企业于多年间建立的社会联系和稳定的社会格局会被打破。收购人在收购成功后将公司分拆出售，不仅会破坏公司长远计划的施行，而且会造成大量工人失业，苦心经营的销售网及供应渠道毁于一旦，社会资源遭到巨大浪费。由于公司成了恶意交易的对象，中小股东作为利益相关者的一员，最终将成为投机者盘剥的对象。公司的社会责任使得公司不再仅为股东谋求利润最大化的工具，公司股东与董事会必须同时兼顾其他利益相关者的利益。因此，在反收购过程中，虽然仍要坚持以股东利益最大化为基本原则，但同时也要兼顾利益相关者的利益。董事只能基于社会责任运用其自由裁量权来阻遏收购人的机会主义行为。英国的《伦敦城收购与合并守则》在序言中明确宣示："该准则不涉及公开收购在财政上或商业上的利益或不利。"美国联邦最高法院在一系列案件中也明确表示威廉姆斯法的政策基础是"市场中立原则"，即对公开收购持中立态度。从微观角度，在反收购活动中，目标公司的控股股东、管理层、中小股东、其他利益相关者之间利益需求不同，因而存在不同的利益冲突。反收购法律规制的目的就是化解不同的利益冲突，在不同利益主体之间构建利益平衡机制，并且发挥市场规律的应有之意。20 世纪 80 年代，过多的敌意收购使美国身负重病，

此病甚至殃及了已跻身美国五百家巨富行伍的公司。敌意收购
有时是致命的，公司出卖、破产，业务支离破碎，雇员情绪低
落。股东的钱财与至关重要的管理人员的时间、精力都被消耗
在了抵抗"侵吞者"方面，上市公司的高管层瑟缩在金降落伞
的保护之下，而对恶意并购者及其作为致命武器的垃圾债券充
满恐惧。一些公司为筹资抵抗收购和补偿股东的损失而债台高
筑，另些公司则不惜忍痛出卖公司的重要组成部分作为集资手
段，牺牲长期利益以维持短期性防御计划。无论是对收购，还
是对反收购，中立性的立场都是平衡各方利益的产物。收购和
反收购的成败影响到收购公司和目标公司股东、管理层、员工、
债权人、供应商、消费者、竞争者、所在社区，乃至政府、国
家的利益。各方利益价值取向各异，有时甚至相互对立、尖锐
冲突。可以说，这种"中立"是各方利益博弈的必然产物。或
言之，考虑并力求平衡各种利益诉求的结果本身便是一种平衡。
为了实现收购公司与目标公司之间的"精巧的平衡"，对目标公
司所欲采取或能采取的反收购措施，立法上必须"谨慎限制"，
至少也要满足于对收购公司采取的约束措施的攻守平衡，确保
"均衡的游戏场"。从宏观角度，毒丸计划作为公司反收购措施，
可以在收购活动和反收购活动构建一个平衡的机制，加强了对
收购者的机会主义行为的能力的限制。收购活动和反收购活动
各有其积极的一面和消极的一面，二者相互制约。反收购措施
要得到法律的支持和保护，必须满足以下要件：首先，计划本
身或反收购手段本身必须具有合法性；其次，利用这种手段的
行为者本身必须有合法；最后，有以上条件的行为者主观目的
必须合法。这三个要件缺一不可。

第三章
CHAPTER 3

企业并购重组中异议股东股权（份）回购请求权研究

第一节　异议股东股权（份）回购请求权的内涵及历史沿革

异议股东股权（份）回购请求权（repurchase rights for dissent shareholders, dissenting shareholder's right of redemption）是对日本法学中"反对株主の株式买取请求権"的译词，又称现金选择权、异议权、估价权、评估权（appraisal right, appraisal remedy, dissenter's right, right of dissent and appraisal）、退出权、解约补偿权、回购请求权等，国内学者对此概念论述色色不一。有的称之为公司回购，指出公司回购也可称股份回购，股份回购是从回购客体的角度抽象出的概念。公司回购是从回购主体的角度抽象出的概念，是指有限责任公司股东对符合法定情形的股东会的决议投反对票表示异议，公司依该股东的请求将其持有的股份购回的行为。[1]按照通说，异议股东股权（份）回购请求权本质是一种保护少数股东利益的救济措施，是指当公司股东（大）会作出对股东利益有重大影响的决议时，对该决议表明异议的股东，享有依法定程序要求公司以公平价格购买

---

〔1〕　周友苏：《新公司法论》，法律出版社 2006 年版，第 294 页。

其持有的股份（股权）从而退出公司的权利。[1]其基本规则是，在公司的特定交易中，异议股东有要求公司支付其股份的公平价值以使其得以退出公司的权利。如果公司不能支付股份的公平价值，异议股东可以诉诸法院寻求司法救济。其含义通常有广义与狭义之分，狭义上的概念仅指有限责任公司中异议股东的股权回购请求权，而广义上的概念则还包括股份有限公司异议股东的股份回购请求权。我国新《公司法》基本上坚持了广义说，以立法的形式认可了有限责任公司与股份有限公司的异议股东均享有请求公司回购其股份的权利。

异议股东股权（份）回购请求权制度起源于美国，在20世纪初期是作为缓和股东对基础交易（fundamental transaction）的通过规则所创立起来的，[2]立法者授予异议股东评估权显然是对并购投票要求宽松的代价，[3]厥后逐渐成为现代公司法的一项基本制度而为各国公司法所仿效。在美国公司法历史上，19世纪的公司立法要求，对于诸如并购等基础交易通常要求股东一致同意，[4]意味着任何单一股东即能阻止该交易，而在这期间，股东的扩张提出了严重的抵抗的问题。[5]随着商业文明的

---

[1]　江平、李国光：《最新公司法条文释义》，人民法院出版社2006年版，第234、357页。

[2]　Melvin Aron Eisenberg, *The Structure of the Corporation: A Legal Analysis*, Boston: Little, Brown, 1976, p.75.

[3]　Barry M. Wertheimer, "The Shareholder's Appraisal Remedy and How Courts Determine Fair Value", *Duke Law Journal*, Vol.47, No.4, 1998.

[4]　William J. Carney, "Fundamental Corporate Changes, Minority Shareholders, and Business Purposes", *American Bar Foundation Research Journal*, Vol.5, No.1, 1980.

[5]　William J. Carney, "Fundamental Corporate Changes, Minority Shareholders, and Business Purposes", *American Bar Foundation Research Journal*, Vol.5, No.1, 1980.

不断发展，商业信息量急剧增加，人们对商业信息及其相关价值的判断渐呈多元化和复杂化，往往很难就一项基础交易达成完全一致的看法，如果依然坚持"一致同意"这条底线不动摇，势必使得许多商业决策无法付诸实施，使公司诸所措置可能因此而濡滞失机。在现实中，美国的公司实践开始发展出一条新的规则，即一项决议只需由大多数同意而允许一个小的少数反对，并不强求一致同意。这样使得许多基础交易便能在股东那里顺利获得通过从而见诸施行，但同时也意味着，对于"小的少数"来说，其反对意见漫不为重。客观地说，大多数同意并不意味着此交易的正确性，真理往往掌握在少数人手中，况且还有可能出现控股股东挟持的现象。为了平衡和救济在基础交易当中投反对票的股东的权利，异议股东被允许享有以一个评估价卖出相应股权的权利。异议评估权全然属于立法创设，一般而言，仅当法律有明文规定时方可援用，即评估权具有法定性。进一步言之，股东并非在任何情况下均享有评估权，评估权的适用范围必须要有法律的明文规定，而且只有在特定的交易中，股东才能够享有该项权利。不过，对于英美法系来说，由于判例法的传统，也有一部分案例并无法律的明文规定，而是由富有创造性的法院自己创设类似评估的救济。随着公司法的发展，这项救济制度在今天则主要是作为确保控股股东提供一个公平的价格，以期小股东能够获得现金退出。

异议股东股权（份）回购请求权最早见于美国俄亥俄州1851 年的法律，起初仅适用于公司合并时异议股东股份的回购，后逐渐扩张至公司章程修改、营业转让、资产出售等事项。降及 1927 年，美国至少有 20 个州制定了有关股份回购请求权的法律。时至今日，美国所有的公司立法几乎均涉及股份回购请求权。不幸的是，20 世纪上半叶，大多数评估权法规中漏洞在所多有，被管理者所利用，以避免评估权诉讼，加之受制于各种复杂程序的先决条件，评估救济的萎靡乏力遭到了学术界的诟病，被指责评价充斥着"实质性缺陷"[1]或"救济的绝望"[2]。最严厉的批评者无疑当推耶鲁大学法学院教授贝利斯·曼宁（Bayless A. Manning，1923年~2011年）在1962年对评估救济的批评。[3]逐出合并固然可以促进高效和理想的结果，但被打造为相对于少数股东优势明显的大股东的一个有力的武器[4]，贪婪的控制股东可以通过压价立即从其他股东攘夺价值的现象比比皆是。在具有开创性的"温伯格诉通用石油产品公司案"（Weinberger v. UOP, Inc.）[5]中，法院试图重塑评估权以减轻滥用逐出合并。

　　日本、英国、加拿大、意大利、西班牙、葡萄牙、德国、俄罗斯、智利、巴西、菲律宾、韩国、中国澳门以及欧盟等国家、地区和国际性组织的公司立法同样也存在这项制度。我国最初在1994年和1997年分别以部门规章的形式确立了异议股东股权（份）回购请求权，但囿于立法文件效力较低、适用范围过窄、缺乏可操作性等局限，在实践中并未能发挥应有的保护小股东的作用，甚至沦为了公司和多数股东侵害少数股东利益的工具。随着我国市场经济的快速发展，公司并购重组、分立成为资本效益最大化的重要手段，公司中关联交易的大量出现，

　　〔1〕　Joel Seligman, "Reappraising the Appraisal Remedy", *George Washington Law Review*, Vol. 52, 1984.

　　〔2〕　Melvin Aron Eisenberg, "The Legal Roles of Shareholders and Management in Modern Corporate Decisionmaking", *California Law Review*, Vol. 57, Iss. 1, 1969.

　　〔3〕　Bayless Manning, "The Shareholder's Appraisal Remedy: An Essay for Frank Coker", *Yale Law Journal*, Vol. 72, No. 2, 1962.

　　〔4〕　Guhan Subramanian, "Fixing Freezeouts", *Yale Law Journal*, Vol. 115, No. 2, 2005.

　　〔5〕　Weinberger v. UOP, Inc., 457 A. 2d 701（Del. 1983）.

股东利益冲突愈发明显。现行《公司法》在第三章有限责任公司的股权转让第 74 条以及第五章股份有限公司的股份发行和转让第 142 条框架性地规定了异议股东在公司合并时享有异议股东股权（份）回购请求权。在立法的模式上，二者略有不同：对有限责任公司异议股东的股权回购请求权，法律采取的是直接规定的模式，即以明确的法律条文列举了可以要求回购股份的具体情形；而对于股份有限公司的异议股东回购请求权则采取了蕴涵规定的模式，即在列举公司可以收购自己股份的几种情形中涉及了异议股东可能提起回购请求的情形。我国《公司法》第 74 条规定："有下列情形之一的，对股东会该项决议投反对票的股东可以请求公司按照合理的价格收购其股权：（一）公司连续五年不向股东分配利润，而公司该五年连续盈利，并且符合本法规定的分配利润条件的；（二）公司合并、分立、转让主要财产的；（三）公司章程规定的营业期限届满或者章程规定的其他解散事由出现，股东会会议通过决议修改章程使公司存续的。自股东会会议决议通过之日起 60 日内，股东与公司不能达成股权收购协议的，股东可以自股东会会议决议通过之日起 90 日内向人民法院提起诉讼。"我国《公司法》第 142 条规定："公司不得收购本公司股份。但是，有下列情形之一的除外：（一）减少公司注册资本；（二）与持有本公司股份的其他公司合并；（三）将股份奖励给本公司职工；（四）股东因对股东大会作出的公司合并、分立决议持异议，要求公司收购其股份的。公司因前款第（一）项至第（三）项的原因收购本公司股份的，应当经股东大会决议。公司依照前款规定收购本公司股份的，属于第（一）项情形的，应当自收购之日起 10 日内注销；属于第（二）项、第（四）项情形的，应当在 6 个月内转让或者注销。公司依照第 1 款第（三）项规定收购本公司股份，不得超过本公司已发行股份总额的百分之五；用于收购的资金应当从公司的税后利润中支出；所收购的股份应当在 1 年内转让给职工。公司不得接受本公司的股票作为质押权的标的。"另外，中国证监会于 2006 年发布的《上市公司章程指引》第 23 条以及《到境外上市公司章程必备条款》第 149 条对此规则也有涉及。《上市公司章程指引》第 23 条规定，公司在下列情况下，可以依照法律、行政法规、部门规章和本章程的规定，收购本公司的股份：（1）减少公司注册资本；（2）与持有本公司股票的其他公司合并；（3）将股份奖励给本公司职工；（4）股东因对股东大会作出的公司合并、分立决议持异议，要求公司收购其股份的。除上述情形外，公司不进行买卖本公司股份的活动。第 24 条规定，公司收购本公司股份，可以选择下列方式之一进行：（1）证券交易所集中竞价交易方式；（2）要约方式；（3）中国证监会认可的其他方式。第 25 条规定，公司因本章程第 23 条第（1）项至第（3）项的原因收购本公司股份的，应当经股东大会决议。公司依照第 23 条规定收购本公司股份后，属于第（1）项情形的，应当自收购之日起 10 日内注销；属于第（2）项、第（4）项情形的，应当在 6 个月内转让或者注销。公司依照第 23 条第（3）项规定收购的本公司股份，将不超过本公司已发行股份总额的 5%；用于收购的资金应当从公司的税后利润中支出；所收购的股份应当 1 年内转让给职工。《到境外上市公司章程必备条款》第 149 条规定，公司合并或者分立，应当由公司董事会提出方案，按公司章程规定的程序通过后，依法办理有关审批手续。反对公司合并、分立方案的股东，有权要求公司或者同意公司合并、分立方案的股东，以公平价格购买其股份。较之以前的立法，新公司法对异议股东股权（份）回购请求权的规定不仅仅在立法层次上大大提高，而且在制度设计上予以全面提升和

突破，为异议股东提供了切实可行的救济途径。[1]

从以上对行使条件的分析，我们可以比较明显地看出，法律对于有限责任公司股东行使股权回购请求权的条件规定得十分宽泛，对于股份有限公司股东则要求较为苛刻。之所以如此规定，主要是考虑到两种不同组织形式的公司在特性上的差异。有限责任公司具有较强的封闭性与人合性，这些特性决定了其股东无法通过公开市场自由转让其股权，常常很难找到愿意购买其股份的第三人。赋予异议股东股权回购请求权，有助于纾解有限责任公司封闭性和人合性所带来的问题。而股份有限公司所具有的高度资合性以及其发行股票本身的高度可流转性，决定了股份有限公司的股份转让较为自由，也更为容易通过公开的市场找到合适的买家。尤其是公开上市公司的异议股东，可以随时通过证券市场卖出股份，"用脚"投票。

第二节　异议股东股权(份)回购请求权法律性质

股权（份）回购请求权从权利性质来说并非民法上的请求权。民法上的请求权是派生性权利，其产生方式或者作为基础性权利效力而产生，或者作为基础性权利的救济权而产生。股权（份）回购请求权并无相对应的民法上的基础性权利依据，而只能是来源于公司法对股东权的特别规定。因此，其权利性质是公司法上的请求权，不能援引民法上关于请求权的一般规定，也就自然不能援引民法上关于抗辩权即能够阻止请求权效

---

〔1〕　宋智慧：《资本多数决：异化与回归》，中国社会科学出版社 2011 年版，第 195 页。

力的权利的一般性规定。[1]异议股东股权（份）回购请求权具有如下特征：

一、法定性

异议股东是否享有请求权以及其适用范围和行使程序是以法律的明文规定为基础的。实际上，异议股东股权（份）回购请求权的设立是对资本维持制度的一种例外。既然是例外，法律当然应该严格控制其运用。以受法律强制的程度为标准，股东权分为固有权和非固有权。固有权是指未经股东同意，不得以章程或股东大会决议剥夺或者限制的权利，固有权与股东的地位紧密相连，密不可分，故此，固有权又被称为法定股东权。非固有权，指可由公司章程或股东（大）会决议剥夺或限制的权利，故此，非固有权又被称为非法定股东权。[2]当今各国公司立法之所以赋予了异议股东的股权（份）回购请求权，乃在于避免公司法所贯彻的资本多数决原则异化为"多数资本的暴政"，成了大股东损害少数股东利益的合法工具。纵观各国立法例，为保护少数股东的利益，股权（份）回购请求权均在相关法律中被明确规定，成了反对公司重大事项的少数股东所固有的、法定的权利，除非该异议股东的个别同意，公司或多数股东不得以任何形式加以剥夺。在这种意义上，异议股东股权（份）回购请求权属于法定权或固有权之范畴。

二、股权（份）回购请求权是单独股东权

根据权利的行使方法，可以分为单独股东权和少数股东权。

---

〔1〕　甘培忠、刘兰芳主编：《新类型公司诉讼疑难问题研究》，北京大学出版社2009年版，第278页。

〔2〕　刘俊海：《股份有限公司股东权的保护》，法律出版社2004年版，第55页。

前者是指不问股东持股数额多寡，仅持有一股的股东即可单独行使的权利；后者是指持有股份占公司已发行股份总数一定百分比的股东才能行使的权利。异议股东股权（份）回购请求权是股东在公司发生重大变动时退出公司、收回投资利益的最后保障防线，是每一位具有股东资格的股东所享有的一项权利，故而属于单独股东权。

三、异议股东股权（份）回购请求权属于自益权

股东权以其行使目的为标准，可分为自益权和共益权。自益权又可被称为"受益权"，泛指股东为从公司获取财产利益而享有的一切权利，这种权利同时也是股东仅为自己的利益而行使的权利。自益权类型的股东权实质上多系一种消极性的权利，在公司针对特定事项做出决议后，被动或反射性地接受公司分派其盈余或剩余财产，或要求公司收买其股份，故其权利行使只是在支配属于自身份额的公司资产，一般不会对其他股东造成影响，而仅与股东自身利益休戚相关，服膺股份平等原则。相对于此，共益权又可被称为"治理权"，泛指股东为参与公司决策、经营、管理、监督和控制而享有的一系列权利，不含直接的财产内容。从另一个角度看，共益权也可以解释为股东为自己的利益兼公司的利益而行使的权利，多属于积极性的权利，并非消极等待股东会决议或公司经营结果如何被分配予利益，而系主动参与公司经营的权利，主动对公司经营行动借由违法行为制止请求权、股东代表诉讼等加以监督并要求改正。共益权的行使具有外部效果，其妥当行使会厚泽广波于其他股东。在共益权中，除表决权恪守股份平等原则之外，其他类型的共益权则需以股东平等原则绳之。自益权是股权的本旨所在，是一种目的性权利；而共益权则是一种手段性权利，共益权行使

的根本目的乃在于实现股东所享有的各种不同类型的自益权。股东因自身利益直接受损而提起的自益权诉讼属于直接诉讼，与基于共益权的派生诉讼截然不同，前者诉讼机理与一般民事诉讼无异，后者打破了传统诉讼理论中将可以提起诉讼的主体局限于利益直接受损的当事人的制度藩篱，即使股东最终胜诉，胜诉后的判决收益也只能归公司所有，作为原告的股东只能根据《公司法》的规定与其他股东分享此收益。显而易见，异议股东股权（份）回购请求权由股东个人根据自己的意志和经济利益决定行使，所得股票价款归于行使该权利的股东个人，自应属于自益权之一。

四、排他性

异议股东一旦选择了此权利作为救济手段，一般情况下不能再提起公司行为无效诉讼。支持排他性的理由在于，少数异议股东通过行使股权（份）回购请求权后，已然使自己的利益得到了保护，不应再赋予其异议股东（大）会决议的救济手段，以期阻止少数股东滥用诉权破坏公司的预期目标。但这种排他性并非绝对，如果公司行为具有违法性或者欺诈性，异议股东股权（份）回购请求权的行使并不排斥其采取其他救济手段，如提起公司行为无效之诉。反对排他性的人则认为，异议股权（份）回购请求权是一种极为不充分的救济，缓慢而又昂贵，风险巨大。如果请求权人在复杂的法定程序中遗漏一步，即会丧失这种权利，这种制度也不利于进行分摊成本且聚合资源的集体诉讼。

《美国示范公司法》(The Model Business Corporation Act, MBCA）与纽约州法都规定了异议股东股权（份）回购请求权的排他性，除非这种行为对股东或公司而言是违法的或是具有欺诈性质的。这似乎使得股东不可能控告一项合并的交换条款的不公平，除非他能证明和合并有关的代理报告及其他文件中关键的信息出现了误导或遗漏。但"欺诈"（fraudulent）一词并不等于"欺骗"（deceptive），对此应作宽泛的解释，允许在股东大会仅作为点缀门面的帷幕而合并实质上构成自我交易且该交易不公正时，异议股东可对合并交易合法性提起诉讼。《加利福尼亚公司法典》（The California Corporations Code，CORP）第1312条规定，评定补偿基本上是排他性的，但有一个重要例外，即持异议的股东持有的股份属于某公司，该公司却被另一公司控股或普通控股，而控股公司正是要进行的重组或简式合并的另一方，也就是说，当出现组织利益冲突时，不受该法条规定的排他性限制。[1]也有学者主张除控股合并之外，在明显的长臂合并（arm's-length merger）中，被并公司的管理层也可能经受不住诱惑而以被并购公司股东的利益为代价索要或接受不正当的报酬，[2]法律能循此路线再前进一步，兼容作为监督不重复发生的经理不法行为的有效工具的派生诉讼（the derivative suit）。

五、具有形成权的特征

所谓形成权（Gestaltungsrecht），是指依权利者一方之意思表示，得使权利发生、变更、消灭或产生其他法律上效果之权利也。[3]这一概念是由德国学者埃米尔·泽克尔（Emil Seckel，1864年~1924年）在路德维希·埃内克策鲁斯（Ludwig Ennec-

[1] Robert C. Clark, *Corporate Law*, Boston：Little，Brown and Company，1986，p. 456.

[2] Robert C. Clark, *Corporate Law*, Boston：Little，Brown and Company，1986，p. 457.

[3] 史尚宽：《民法总论》，中国政法大学出版社2000年版，第25页。

cerus，1843 年~1928 年）对"取得之权能"（Erwerbsberechtigun-
gen）这一难以纳入权利体系中之"权利"的发生及本质探索基
础上，于 1903 年在其名著《民法上的形成权》（*Die Gestaltung-
srechte des bürgerlichen Rechts*）一文中正式提出的。泽克尔以创
造性的文字将游离于传统支配权、请求权之外的，得依单方行
为产生法律效果的"法律上能为的权利"（Recht des rechtliehen
Könnens）——诸如追认权、撤销权、先买权、选择权、解除权
等——概括为"形成权"，从而使这组个性鲜明的权利集合，有
了简明而妥帖的上位概念，适应了权利体系完善的需要，为程
序法上的形成之诉找到实体法上的根据。其被德国著名法学家
汉斯·德勒（Hans Dölle）誉为"法学上之发现"，将其与耶林
关于契约上过失的发现、基普（Louis Theodor Kipp，1862 年~
1931 年）关于法律上双重法律效果（die Doppelwirkung im Recht）
的理论[1]、萨维尼关于国际私法上法律关系本据说等理论相提
并论。[2]形成权以单方的形成宣告做出或者为对方当事人所接
收而发生法律效力，导致法律关系的变更或消灭，不必经过对
方当事人的同意或者认可，因而又被学者称为变动权或能权。
形成权是一个权利集合，其所包含的各种具体形成权，特别是
法定形成权，体现了法律对形成权人的保护。一般来说，在特
定的法律关系中享有形成权的当事人，都是因一定的形成原因
使其处于不利地位或可能使其利益受到损害或其利益已经受到

---

〔1〕　Theodor Kipp,"Über Doppelwirkungen im Recht, Insbesondere über die
Konkurrenz von Nichtigkeit und Anfechtbarkeit", in *Festschrift der Berliner Juristischen
Fakultät für Ferdinand von Martitz zum Fünfzigjährigen Doktorjubliläum am 24，Juli 1911*,
Berlin：O. Liebmann，1911，S. 211f.

〔2〕　Hans Dölle，"Juristische Entdeckungen"，in Deutscher Juristentag, *Verhand-
lungen des 42，Deutschen Juristentages* 1957，Bd. 2，Tübingen：J. C. B. Mohr，1959,
S. B 19 ff.

损害的人。法律赋予一方当事人变更法律关系的"单方形成"之法力，主要目的并不在于尽速确定和简化法律关系，而是在于对当事人之间失衡的权利义务关系进行矫正。使用形成权改变法律地位的主体，对一个明确的法律状态具有受保护的权益。权利人通过形成权对一些在法律状况多种可能的有效性表达其约束力的决定。[1]

我国公司法学者大多认为异议股东股权（份）回购请求权属于形成权，但《公司法》第 74 条却采用了"股东可以请求公司按照合理的价格收购其股权"的表述。这种表述容易令人将异议股东股权（份）回购请求权视为请求权而非形成权。表面视之，若将异议股东股权（份）回购请求权定为形成权，则采用"请求"的术语殊觉不伦。"请求公司按照合理的价格收购其股权"，既可以强调"请求收购而非补偿"，也可以强调"公司必须收购但要支付补偿"。异议股东行使异议股东股权（份）回购请求权，究竟是要求公司收购其股权，还是要求公司支付合理价格？《公司法》第 74 条语焉不详。实际上，这种困惑来自于对日本法学中"反对株主の株式買取請求権"的概念继受。事实上，为了不使得这种救济成为纠斗滥诉的工具，美国 1978年修订后的《示范公司法》（*Model Business Corporation Act*）更多地借助"异议者权利"（dissenters' rights）而不是"评定补偿权"（the appraisal right）来为持异议者的股份取得补偿。[2]

正是因为日本法学界采取"反对株主の株式買取請求権"的概念，所以有学者认为股份回购请求权是"出资返还请求

---

[1] Michael Becker, "Gestaltungsrecht und Gestaltungsgrund", *Archiv für die Civilistische Praxis*, Bd. 188, H. 1, 1988.

[2] Robert C. Clark, *Corporate Law*, Boston: Little, Brown and Company, 1986, p. 449.

权"。其理由在于，股份公司虽属资合公司，但股东的出资是针对公司章程规定的特定营业目的进行的出资，并非无条件地出资。公司章程是公司与股东之间的契约，股东有权要求公司遵守公司章程确定的营业目的，并保持公司的组织结构持续如初。如果公司违反少数股东的意愿进行公司事项的重大变更，反对股东有权解除契约并收回出资，因此，股份回购请求权在本质上属于"出资返还请求权"。[1]这种说法在我国学术界很难获得认可，与法人财产权制度相冲突。因为股东原有的财产一经出资就会变成公司财产，公司财产具有独立性，股东对出资物不再享有所有权，不存在取回或返还的问题，即使经解散清算，股东取回的也不是当初的出资，而是依其持有的股权可以分得的剩余财产。在法律上，异议股东行使股份回购请求权是在股东与公司之间形成股份转让关系，而不是股东放弃股权取回出资；在经济上，异议股东获得的是股份的当前合理价格，而非其当初缴纳的出资。股份回购请求权属于法定权利，无论是实体内容还是形式程序均由法律明文规定，属于强制性法律规范，必须严格遵循法律的规定，而不能以公司章程作出不利于少数股东的修改及限制。尤其是在严格资本维持原则之下，无论是有限责任公司还是股份公司，都是具有资合性质的商业组织，公司的信用以公司资产为基础，股东完成出资之后，原则上无权要求公司收买其股份，公司收买其股份将构成出资返还，而出资返还恰恰是法律所禁止的，可能会影响包括债权人权益在内的第三方利益。所谓异议股东股权（份）回购请求权是在符合法定特殊条件的情况下，出于保护少数股东的需要而作出的

---

〔1〕　田中誠二：『會社法詳論』，勁草書房，1968 年，413 頁；西島弥太郎：「株式買取請求権」，田中耕太郎編：『株式会社法講座』〈第 3 卷〉，有斐閣，1956年，983 頁。

例外规定，必须具有严格的适用范围，否则例外将成为普遍，无所谓例外。公司章程只能在法律规范的框架内对这种股权（份）回购请求权的内容及程序作出细化规定，不能以公司章程扩大股权（份）回购请求权适用范围，与少数股东权益保护的目的相违背。[1]

形成权和请求权皆为相对权。与同为相对权的请求权相比，形成权有诸多特点。形成权是一种相对的主观权利，基于有效形成行为（Gestaltungsgeschäft）的前提条件，单方建立新的权利或者更变、取消既存法律关系。首先，形成权的行使乃依当事人的意思表示为之，而请求权需要得到请求对象的配合方能遂行。形成权具有某种"支配性"，无需通过诉讼程序，即可产生法律关系变更或消灭的效果。请求权仅为要求相对方为一定行为或不为一定行为，而无"支配性"属性，不发生法律关系消灭或变更的效力。[2]不可否认，形成权在权利作用上对实体利益的实现是间接的，需要在法律关系形成的基础上，经由支配权或请求权来最终实现权利人的利益。从这层意义上说，这种"形成"具有中间性、手段性、期待性，而非终局性、目的性、现时性。然而，形成权赋予权利人以自己的单方行为得行使之力，具有不可抗拒性，俾权利人依单方面的意思表示即可创设某种权利状态，相对人因此而受到约束，而必须容忍此项形成及其法律效果。因此，形成权对法律关系的"形成"是直接的。其实现无须相对人行为的介入，只要权利人将变动法律关系的意思表达于对方，按照法律的规定即可自动产生相应的效果，

---

〔1〕 王东光:《股东退出法律制度研究》，北京大学出版社 2010 年版，第 107 页。

〔2〕 ［德］迪特尔·施瓦布:《民法导论》，郑冲译，法律出版社 2006 年版，第 143 页。

既不需要相对人的行为或不行为，也不需要相对人对该意思表示同意或不同意。其次，形成权的效果通常不必事先经过法院诉讼程序即可产生。因为对于这些权利的发生基础法律已经作出明确规定或者当事人已经作出明确约定，只要存在这些理由，权利人即可行使，既无须强制执行，也无须求助于法院，而且，一旦形成权人依法正确实施即发生相应的法律效力。诚然，一方当事人行使形成权，他方当事人可能质疑其行使形成权事由的存在，为创设明确的法律状态，遂有由法院审究认定形成权的要件是否具备的必要。但法院介入和判断本身不是行使形成权的必要条件，而是法律特别设置的控制手段，旨在防止当事人滥用形成权。法院在确认当事人系正当行使形成权后，遂产生形成权的效果，即导致法律关系的变更和消灭。而请求权乃请求相对人为特定行为的权利，须有相对人的协助或法院的强制执行才能实现。在请求权的实现中，原则上当事人只能请求公权力介入，而不允许当事人采用"私力救济"手段。最后，权利人在行使请求权时必然导致对方当事人承担或履行某种义务，而形成权就性质而言不需要也不可能允许所谓的义务相对待而存在，不以对方当事人承担义务作为存在前提，行使形成权也不导致对方当事人义务的产生。与该权利相对的不是义务，而是对于某种结果无可抗拒的必须承受。相对人在形成权的法律关系中不负有相对应的义务，仅受到一个相应的"约束"或称"法律上的拘束"（rechfliche Gebundenheit），须容忍此项形成及其法律效果。[1] 这种所谓"法律上的拘束"与法律义务（Rechtspflicht）明显不同。法律义务是指法律制度作为一种规范命令使人承担的特定应为（Sollen），义务可以是针对特定行为

---

〔1〕 王泽鉴：《王泽鉴法学全集·民法总则》（第 11 卷），中国政法大学出版社 2003 年版，第 100 页。

的作为（Tun），也可以是不作为（Unterlassen）。而法律对形成权相对人的"拘束"体现在，当对方当事人基于形成权将对法律关系的变化强加给他时，尽管他本人对此并不愿意，但必须允许这种形成，以及允许通过该形成来中断原来的法律关系，并且还要允许这种做法有效。德国学者爱德华·伯蒂歇尔（Eduard Bötticher）在《私法中的形成权与屈从》（*Gestaltungsrecht und Unterwerfung im Privatrecht*，Berlin：De Gruyter，1964）中论述形成权相对人的这种法律上的拘束或容忍时即使用了"屈从"一词，意味着对方必须承受权利人行使权利后强加于其权利义务范围的后果。正如德国法学家安德列亚斯·冯·图尔（Andreas von Tuhr，1864年~1925年）所言，"对于容忍义务，从概念上看是指某人有义务不提出反对或异议，但这种反对或异议他本来是有权提出的"，而对于不作为义务则是"对于某人的一个行为，他本来就不能或不允许阻止，就更无所谓容忍了"。[1]相对于作为义务而言，支配权对应的不作为义务指义务主体不去做法律规定或当事人约定所禁止的行为，属于消极的义务，形成权对应的这种法律上的拘束、"容忍"的法律状态就更为消极，不作为义务尚有不履行的可能性，而"拘束"则为不可抗拒的必须性，相对人须无条件接受，容忍权利人如是举措而不得反对或提出任何异议。

叶林认为，美国公司法将异议股东股权（份）回购请求权称为"估价权（appraisal right）"，这一概念并未正面解释异议股东股权（份）回购请求权的性质，而是将规范重点置于股权的价格补偿上。这样，只要异议股东一经行使估价权，即发生解除股东与公司之间关系的效果，而公司无权阻止异议股东行

---

[1] Andreas von Tuhr，„Der Allgemeine Teil des Deutschen Bürgerlichen Rechts"，Bd. I，*München*，*Duncker & Humblot*，1910，§ 4V，zu Anm. 40.

使估价权。在大陆法系，公司法学界在学说上也基本上接受了美国式异议股东股权（份）回购请求权的观念。就此而言，无论是估价权还是异议股东股权（份）回购请求权，都属于形成权而非请求权。股东行使异议股东股权（份）回购请求权是为了解除与公司之间的关系。将异议股东股权（份）回购请求权定位于形成权，能够更好地反映其制度价值。在公司与股东的关系中，无论是发生公司组织结构还是经营活动的重大改变，法院几乎都无法干涉或控制，法官亦难以判断类似商业活动的合理性。法官即使能够一时限制多数派股东通过的股东会决议，却无法阻止股东会以变换方式再次通过类似决议。如果将其定位于请求权，将导致极端不合理的后果，必然增加股东行使权利的难度，公司获得了拖延的理由，偏离了立法者规定异议股东股权（份）回购请求权的初衷。[1]将异议股东股权（份）回购请求权的性质确定为形成权，则能够合理降低异议股东行使权利的难度。反正，如果异议股东股权（份）回购请求权被解释为要求公司收购，则需要进一步解释公司何以承担强制缔约或收购义务，还要判断公司拒绝收购股权的合理性，势必导致治丝益棼。按照《公司法》第74条的规定，异议股东收购请求权的行使并不需要对方的意思表示，而仅仅需要异议股东发出请求购买的意思即可发生，无须征得公司的同意。如果异议股东提出股份买回请求，只要该请求满足法律要件，即自动成立该股东与公司之间的股份买卖合同。易言之，在满足一定条件的情况下，股东一旦行使该权利，便直接产生法律效果，在公司与股东间已形成股权回购法律关系，公司必须按照合理的价格收购该股东股权，公司承诺与否与股份买卖合同的成立没有任何关系。

---

[1]　叶林："反对股东异议股东股份回购请求权的行使与保障——《公司法》第74条评述"，载《社会科学》2012年第9期。

第三节　异议股东股权(份)回购请求权的理论基础

关于创设异议股东股权（份）回购请求权制度的理论基础，比较典型的学说有期待利益落空理论、不公平待遇救济说、衡平理论等。

一、期待利益落空理论

期待利益落空理论（the theory of defeated expectation）源于经济学领域的"公司契约说"，是英美法系构建异议股东股权（份）回购请求权制度最重要的理论基础。继续性法律关系理论抽象于传统的合同和契约。前者以合伙合同为典型，后者以租赁、委托、保证、代理和承揽等为典范。合伙人基于共同目的而在较长时间内保持合伙关系，租赁也绝非一次性交易，而是长期存在的权利义务关系。传统的继续性法律关系，以双方当事人彼此承担持续性义务为特征，从而在事实上形成了当事人之间的相互制约。在民法上，继续性法律关系的当事人得因重大事由而解除相互之间的法律关系。一方当事人无理由提出解约，难免遭遇对方向其主张补偿或要求赔偿损失的风险。股东与公司虽未签订合同，却存在继续性法律关系。股东缴纳出资后，"依法享有资产收益、参与重大决策和选择管理者等权利"。公司在收受股东出资后，应向股东履行保护、协助转让、通知或告知、决议分配后给付利益等义务。股东出资义务是一次性义务，股东出资后在原则上不再对公司承担义务。公司收受股东出资后，却要持续履行保护义务，但股东难以进行有效约束。在继续性法律关系中，随着时间的推移，周遭环境可能发生质的变化和量的变动。在股东和公司的关系中，"质的变化"指公司合并或分立决议从根本上改变了股东与公司之间的既存关系。在合并和分立前，股东与原公司存在股东与公司的关系；在公司合并后，原公司股东不得不与新设或存续公司形成新的关系，从而导致股东与公司关系的根本改变。"量的变动"，主要指在诸如连续不分配股利、转让重大财产以及存续期限届满后继续经营等情形下，股东与公司之间的权利义务关系发生了量的重大改变，同样改变了股东的期待。

　　期待利益落空理论认为，以公司章程这一契约化载体为中介将股东、股东与公司以及公司与政府联系起来。对于该契约的全面、实际履行是每一位股东都有权期待的权利和利益，即股东在加入公司时有权期待公司的人格和特定的经营特征保持一种持续性。美国学者罗伯特·C.克拉克（Robert C. Clark）认为："一个特定的公司总是有自己的一系列特征，一个人在某公司购买股份后，就有权期望自己作为该公司的投资者身份得以延续，无论谁都不能强迫其变成另一个完全不同的企业的投资者。"[1]按照期待落空理论，如果一个人在某公司购买了股份，或股东对公司进行投资，即享有一种存在合法基础的实际期待利益，有权期待公司的人格及特定的经营特征保持持续性。公司须保持其持续性，并为公司和股东利益最大化而实施各种行为，以实现股东期待利益。公司的人格及特定的经营特征一旦发生根本改变，股东的期待利益即告落空。特别是由于有限责任公司的人合性和封闭性特点，股东更加易于陷入被锁定的境况，缺乏外界的监督，大股东亦更加倾向于专制，各种纠纷易于产生且难于解决，如果不赋予持异议股东相应诉权，有限责任公司制度难以得到长足发展。19 世纪下半叶，资本多数决取

---

　　〔1〕　Robert C. Clark, *Corporate Law*, Boston：Little, Brown and Company, 1986, p. 443.

代"全体一致决"作为现代公司的议事规则，公司股东期待权的落空屡见不鲜。而传统的司法观点认为：不应当命令解散一个有偿债能力的正发达的营业，除非其生命的延续会损害公司及其股东的利益或解散会使他们受益。是故，在公司作出对股东利益有重大影响的决议时，公司立法赋予反对该决议股东请求公司收购自己所持股权（股份）的权利，对异议股东期待利益的保护而言，不失为切实可行的救济路径。期待利益理论遭到了很多的反驳。反驳者认为其不够谛当的主要理由是，随着现代大型企业的控制权从所有者（股东）手中转移到管理层手中，股东的地位发生了沧桑巨变，有关股东的观念须加以根本的修正。若从高度修正的观念来考虑，股东遭遇不同程度的权利削弱，在经营上的参与权丧失殆尽，变成单纯的资本供给者，其地位与公司债权人并无二致。股东在公司中全部权力遭到剥夺的最后结果是，将难以通过"举手"投票发出自己声音的股东驱逐到证券市场，依靠所谓的"华尔街规则"（Wall Street Law）而行动，不得已"用脚"投票。[1]多数决原理（the majority rule）主宰股东会之意思形成似乎已是不可避免的宿命。在表决战场上挫败后，股东消极主义产生在所难免，大多数股东作为投资者资微言轻，往往选择"理性冷漠"，面对管理层肆意妄为或侵蚀公司利益的自利行为选择明哲保身，噤而不语，对于以股东身份监督管理层这一使命明显缺乏兴趣，鲜因感情或理想而依恋某一特定的公司。其所萦怀关心者唯投资收益率、股价的波动，汲汲于通过低买高卖赚取差价的方式获取回报，公司结构发生的重大变故对投资者来说无关紧要。此论固然不无道理，但在实际生活中投资者对于公司可能确实抱有某种期冀，

---

[1] 钱玉林：《公司法实施问题研究》，法律出版社 2014 年版，第 22 页。

例如，期望公司在投资者熟悉的领域开展业务而不是转到一个对于投资者完全陌生的领域，因为这样的改变可能使投资者的期待悬待冥漠不可知之数，公司的经营策略是否有利于自己的投资的保值增值殊难预料。

二、衡平理论

衡平理论是指在公司议事规则采用"资本多数决"为多数股东谋求利益、追求公司效率的背景下，为避免"多数资本对少数资本的专政"，真正实现股东平等，应对中小股东合法权益予以必要保护，赋予异议股东股权（份）回购请求权。股东平等原则是指股东在与公司的法律关系中平等地享有权利。它包含两层含义：一是指形式的平等。公司发行的每一股份所代表的股东享有的权利、利益和股东对公司承担的责任、风险程度应该是相同的，即一股一权。各股东之间利益的分配和表决权的行使依照各股东的股份数额来确定，这是一种比例的平等（proportionate equality）、股份的平等。二是指股东间实质的平等。即按照股东所持有的股份的性质和数量实行平等对待，不得在股东之间制造人为的不平等待遇。平等对待是人类理性永恒的追求，而平等对待的精髓就是"相同之事同样对待，不同之事不同对待"，但这种差别待遇只能建立在基于股份种类和数量的差别之上，而不是其他任何因素之上。是故，从结果而言，股东平等包括"绝对性平等"和"比例性平等"。质询权、查阅权等绝对性平等的权利，系但凡具有股东身份都享有平等的权利，持股多少可置诸不问；比例性平等的权利，如利益分派请求权、表决权、剩余财产分配请求权，是按股东各自持有的股权比例赋予平等的权利。因此，在适用股东平等原则时，对于比例性权利，应遵守比例性平等原则；对于非比例性权利，应遵守股东人人平等原则。[1]这既是经济、效率价值目标的应有之义，亦符合法律公平、正义的一般要求。因为公司是资本企业，"主要是解决出现在筹措巨额资本过程中的一些问题的方法"[2]，其最基本的经济价值就在于其具有聚合资本的功能，可以在瞬间将若干分散资本集合起来，从事任何一个单个资本都难以问津的事业，实现任何单个资本根本无法获得的、非单个资本简单相加而可以获得的利益，使资本变得神奇起来。因而，在公司制度下，股东个人身份并不重要，重要的是资本。股东身份被资本遮蔽，资本面前人人平等，拥有等质等量的资本即拥有相同的权利和利益。当公司作为拟制法人需要一定的机制作出意思表示时，股东（大）会便以最高权力机关和意思机关，通过资本进行表决，集合股东意愿，形成股东（大）会的决议。依据资本的多寡进行表决，是资本民主的要求，有利于鼓励股东的投资热情，确定股东投资风险系数与投资回报率之间的正比关系，以补偿股东为此而承担的风险代价，具有合理性。出资额多的股东对公司经营资本贡献大，承担出资风险高，在公司事务中相应拥有更多的发言权。随着工业化的推进，公司资本规模不断扩大，股东人数不断增加，从而使得公司在稍纵即逝的机会面前求得全体股东的一致同意难之又难。而且，一致同意规则虽然保障了小股东的期待权，但所根植的哲学基础是绝对平等观，实乃一种结果平等。[3]这种绝对的平等观阻碍了公司的行动，导致公司运营的低效率，且容易造成小股东滥用权利，践踏大股东以及公司利益的格局，成为公司发展、

---

〔1〕 钱玉林：《公司法实施问题研究》，法律出版社 2014 年版，第 54 页。

〔2〕 ［美］理查德·A. 波斯纳：《法律的经济分析》（下卷），蒋兆康译，中国大百科全书出版社 1997 年版，第 514 页。

〔3〕 宋智慧：《资本多数决：异化与回归》，中国社会科学出版社 2011 年版，第 36 页。

经济增长的障碍。法官和立法者意识到公司灵活的必要性以及小股东蛮横的可能性，对公司所处的困境报以同情的态度，并"开始筹维允许一个股东阻碍多数股东同意变化的情形之合理性"。[1]19世纪下半叶之后，一致同意规则逐渐被以充分但非所有为成立条件的资本多数决原则所取代。

　　资本多数决原则又被称为"股份多数决定原则"或"福斯规则（rule in Foss v. Harbottle）"，是指股东在股东（大）会上的表决权与其所持有的股份成正比，股东（大）会依持有多数股份的股东的意志作出决议，法律将持有多数股份的股东的意思视为公司的意思，并对少数派股东产生拘束力。[2]其优势主要体现在改变了过去公司决策和运营在一致同意规则下的滞缓和僵化，增强了公司决策和运营效率。资本多数决原则可以弥补"全体同意规则"过于僵化的缺陷，但"资本多数决"并非尽善尽美，为控制股东提供了一种"制度上的利益"，即资本多数决原则下的表决权本身所蕴含的一种因介入公司利益和其他股东利益而产生的追加利益。控制股东往往可以通过其多数股份左右公司的意思而追求比小股东优越的利益，并为实现其优越性利益的最大化而施加影响力；同时还有可能将造成的不利后果转嫁到中小股东身上。中小股东没有决策的权利，却要承受决策的后果，以至于"有权者无责、有责者无权"。持有多数股份的控制股东主要通过在股东（大）会上对公司重要决议事项行使其强大的表决力，或者通过影响董事、经理等经营管理者操纵公司事务的方式，直接或间接行使其实质性支配权。股

---

　　[1]　Mary Siegel, "Back to the Future: Appraisal Rights in the Twenty-First Century", *Harvard Journal on Legislation*, Vol. 32, No. 1, 1995.

　　[2]　梅慎实：《现代公司治理结构规范运作论》，中国法制出版社2002年版，第375页。

东（大）会审议的决议事项所包含的自由裁量余地越大，对公司利益和股东利益的影响越深，控制股东行使表决权时对公司利益和其他股东利益的支配权限也就越大。这种权限实际上已经超过了股东为维护其自身利益所需要的权利的限度。也就是说，控制股东通过资本损害公司和少数股东的利益被蒙上了合法的外衣。这是因为，在资本多数决原则的公司权力架构中隐含着一种控制股东滥用控制权、获取超额利润的"道德危险"，即在缺乏有力的权利制衡机制时，控制股东必然具有寻求追加利益以外好处的冲动，并且会不择手段。资本多数决原则又使控制股东通过合法、合情、合理地行使表决权将自己的意思转换为公司的意思。以此为护身符正当化其作为，不仅能一般性地获取"制度上的利益"，而且由于资本多数决原则的掩盖，这种"制度上的利益"还会被数倍放大，为大股东或控股股东滥用多数股权并损害公司或小股东利益广开方便之门，成为控制股东牺牲小股东利益而对公司予取予求、谋求自身利益的得心应手的利器。例如，当涉及公司的合并、分立、公司组织章程的重大变更、公司重要资产出售等公司重大事项时，由于资本多数决让资本说话，拥有多数资本的股东的意志总是巍居支配地位，少数股股东的意志总是在资本的天平上缺乏具有足够重量的砝码，所以大股东往往凭借资本优势将自己的意志直接转化为公司意志，对中小股东的合理主张竟置膜外，有时甚至会以牺牲和侵害中小股东的合法权益为代价，造成对少数异议股东进行排挤，有损公平，致生乱阶。在这种情况下，立法者既要充分尊重基于"资本多数决"形成的公司意志，不能对其轻言否定，亦不能坐视其弊，必须对弱势股东进行必要的救济保护。因此，出于利益平衡的考虑，为维护法律意义上的公平，异议股东股权（份）回购请求权制度应运而生，作为一种对中小股东的救助措施而被创设为在资本多数决规则下的紧急出口。[1]
这样，合并能够以近乎一致允准的方式推进，而少数股东如果
反对转变方向，可以有一个脱身而出的机会。

从本质上讲，异议股东股权（份）回购请求权是"法律在
效率与公平、在多数人的民主与少数人的利益之间进行合理平
衡的结果"。[2]多数决定规则有助于保证公司经营决策的高效
性，提升公司运行效率，也容易漠视少数派股东意见，进而容
易造成对少数派股东的"客观损害"，甚至成为多数派股东压制
少数派股东的法律手段。鉴于多数决定规则的两面性，立法者
基于实质公平和正义的立场，既要坚持多数决定规则，又要兼
顾少数派股东利益。少数派股东应当承受多数决定规则造成的
商业风险，却不应承受公司组织结构或由其他重大事项变动而
带来的不利益。在公司章程发生重大修改、股东权利存在减损、
公司重要目标发生改变、公司组织结构出现重大变化、公司上
市等多种情形下，立法者应当确认异议股东的股权（份）回购
请求权。至于其他事项变动，可视为少数派股东应当承担的风
险，无需在立法上确立异议股东的股权（份）回购请求权。但
在异议股东股权（份）回购请求权的行使条件和程序上，各国
公司法通常规定较为狭窄的触发事由和较为严格的法律程序。
换言之，即使多数决定规则存在重大缺点，也不足以自动产生
异议股东的股权（份）回购请求权。

三、不公正行为救济说

不公正救济说是基于大宗公司交易中不公平待遇的威胁

---

[1]　Robert B. Thompson, "Exit, Liquidity, and Majority Rule: Appraisal's Role in Corporate Law", *Georgetown Law Journal*, Vol. 84, No. 1, 1995.

[2]　蒋大兴:《公司法的展开与评判——方法、判例、制度》，法律出版社
2001 年版，第 768 页。

（the risk of unfair treatment in major corporate transactions）。该说从公司的经济效益出发，认为在现代公司中，普遍实行所有权与控制权相分离，由于公司的日常经营管理主要由管理层操作，股东与管理层对于公司的情况存在信息不对称，同时，大股东与小股东对公司的情形的了解也不免多所疏逸。由于公司重大决策方案往往由管理层提出、策划和执行，由大股东通过，所以大股东或管理层可能会为了追求自身利益最大化作出损害小股东权利的决策，为了对这种不公正行为给予救济，应当赋予异议股东股权（份）回购请求权，给不堪忍受大股东不公平挤压的小股东开启一扇逃跑的户牖。但该说亦存在着局限性，该说无法解释在公司股东（大）会所通过的决议没有不公正行为时，异议股东行使回购请求权的合理性。[1] 从历史上看，异议股东股权（份）回购请求程序是基于这样一种假设：持异议者不想被迫在发生重大变化的企业继续投资，正好与反对排斥的小股东的情形相反。[2] 贝利斯·曼宁在其于 1962 年发表的论文中认为，异议股东股权（份）回购请求权的立法不足以实现股东因基本性变更受到影响的救济保护这一目标，只能单纯解决19 世纪当时的概念需要，即补偿异议股东因丧失公司所承受之法律上的创伤，而非因丧失公司所生经济上的损失。虽然法律所认可的异议股东股权（份）回购请求权适用于由股东或董事的行为引起的基础性变更（例如企业章程的修改），但并不适用于所有股东或经理批准的基础性变更，也不适用于由债权人、客户、供应商或其公司外部他人带来的任何基础性变更，

---

〔1〕 川島いづみ：「少数派株主に対する不公正な侵害行為等の救済制度（一）——カナダ会社法における制度の展開——」，『民商法雑誌』第 98 巻第 5 号，1988 年。

〔2〕 Robert C. Clark，*Corporate Law*，Boston：Little，Brown and Company，1986，p. 508.

除非表达异议股东股权（份）回购请求权在经济上有意义的
功能，否则应作为公司的一种过时观点的痕迹而摒弃拒绝评估
救济。

四、偏好性协调理论

彼得·莱特索（Peter V. Letsou）在 1998 年提出了偏好协调
理论（preference reconciliation theory）对股权回购请求权的立法
目的予以解释，与以往的学说不同，彼得·莱特索的风险偏好
协调理论呈现出价值中立性，基于人心各别的客观事实，并不
将评估权视为一个道德问题，而是一个技术问题，并不将评估
权视为监督或发现多数股东违规行为的工具，而是影响其决策
的一种机制。他认为，公司中的股东对于风险偏好是不同的，
当公司中作出足以变更公司风险的决议时，可以通过股权（份）
回购请求权加以调和。当产生变更公司市场风险的投资决议时，
即便是多数股东没有违规行为的交易，也可能改变股东的利益
状态，使具有风险偏好的股东受益，而风险规避的股东却为之
受害，不能副其所望。如果没有股份评估权，根据资本多数决
原则，少数股东就注定要付出代价。在这种意义上，股权（份）
回购请求权的设计，可使风险规避的股东由此提出补偿请求，
由风险偏好的股东负荷所产生的成本，从而使得多数股东在进
行决议时，不得不忖度自身将获得的收益和为补偿异议股东所
付出的代价，只有确信在补偿异议股东后仍然有利可图，才会
谋定而动，以保证异议股东的利益不被减损而多数股东的利益
有所增加的交易得以发生。[1]监督和惩罚违规行为是控股股东
的信义义务、衍生诉讼制度的职能，而并非是评估权制度的宗

---

〔1〕　Peter V. Letsou, "The Role of Appraisal in Corporate Law", *Boston College Law Review*, Vol. 39, Iss. 5, 1998.

旨。偏好性协调理论实际上是在公司契约理论的基础上对异议股东权利保护提出的一个新的理论支撑，不仅在分析股权回购请求权的产生原因上有重要作用，而且在界定适用范围上有着独特的意义。股东最初加入公司契约时都有着各自的风险预期，因此，当公司作出超过其风险预期的决议时，就有必要给予股东一个资本退出渠道，使之"顺人而不失己"。

第四节　异议股东股权(份)回购请求权的制度价值

富勒认为，法律人的基本任务就是寻找人们能够成功地在一起生活与工作的各种方法。因为，如果没有一些组织原则来解决冲突和促进合作行动，那么人们就无法在一起生活与工作。在富勒看来，有四种这样的基本方法来达致必要的秩序：(1)联手发现与承认共同需要；(2)确立一些制定规则的权力；(3)通过裁断来解决冲突；(4)利害关系方之间的商谈与达成成一致。对应于这四种基本方法，同样也就存在四种"规序原理"(principles of order)，即共同需要原则、法定权力原则、裁断原则与合同原则。[1]在这四项规序原理之中，共同需要原则是最基本且不可缺少的，是一个上位阶性质的、唯一有某种终极意义的原则，而其他三项原理则是共同需要原则的必要补充和实现共同需要原则的策略或程序。[2]现代各国都将股权平等作为公司立法的基本原则。唯其如此，才能使公司制度真正对投资者产生激励，确保社会的闲散资金能够源源不断地聚沙成塔，百川

---

〔1〕　Lon Fuller, *The Problems of Jurisprudence*, Mineola, NY: Foundation Press, 1949, p. 694.

〔2〕　王家国：《作为目的性事业的法律：朗·富勒的法律观研究》，法律出版社 2012 年版，第 106 页。

汇海，为社会财富积累与增进创造条件。公司股东（大会）会议决议采取的是基于"一股一权"而非"一人一票"的资本多数决规则，旨在维护股份平等，这是基于资本表决力的平等，并非基于股东资格的平等，因此，实现股份平等的结果往往以牺牲股东平等为代价。严守"股权平等原则"则可能带来这样的效果：在公司中，股东持股数额的不同将导致其利益实现的状况差异悬殊。大股东持股数额大，其在股东会议表决过程中享有的表决权自然较多，最终通过的决议更容易与其利益相一致，其权利一般能够获得充分保障；而小股东则不同，其在公司召开股东（大会）会议时所持表决权的比例较小，对公司的决策往往无法左右，其利益更容易被忽视。如此，资本多数决在实际运作中难免产生异化。依据资本多数决原则，多数股东意志被径行转化拟制为公司的意志，中小股东的意志被多数股东意志所吸收或者征服，被淹没在多数股东权利的扩张之中。多数股东为了自身利益滥用资本多数决原则，从而导致公司权力的偏移。[1]由于多数资本持有人的意思表示吸收了少数资本持有人的意愿，导致持有少数资本的股东不得不遵从大股东的意愿，形式平等的资本多数决最终导致事实上的不平等，并因此而给大股东滥用资本多数决的权利留下空间，在行使表决权时有可能违反诚实信用原则或多数股东信任义务原则，形成侵害少数派股东、公司或第三人利益的决议。"多而合一"的资本多数决逻辑表明，多数决的结果是拉丁语中所谓"由多数产生一（E pluribus unum）"，多数权利意味着全部权利甚至滥权，少数权利意味着无权旁身。易言之，多数与少数的意义仅仅表现于表决权行使的过程之中，而最终的结果总是对多数股东的

---

　　[1]　王丹：《公司派生诉讼论：理论基础与制度构造》，中国法制出版社2012年版，第79页。

意志和利益的全部肯定和对少数股东意志和利益的全部否定，即所谓胜者通吃，多数就相当于全部，少数则形同于无。尤其是在股权高度集中的公司内部，所谓资本民主势将只是大股东的民主，对于散居四方的众多中小股东而言，民主的希冀只能是一个虚无缥缈的美丽神话。这正是发生在表决权上最为奇特也最为普遍的现象，可以被称为权利的吞并或权利的淹没。因此，公司法规定了诸如累积投票制、异议股东股权（份）回购请求权等制度，以维护少数股东的利益。股权（份）回购请求权作为一种法定的弥补性权利，能够将利益与不利合理地在股东之间进行分配。在公司面临重大结构变化，如合并、分立、重大资产出售、修改章程时，异议股东的期待利益落空，唯有赋予其股权（份）回购请求权，才能维持股东间的利益平衡，从而实现股东之间的实质平等。在"资本多数决"表决机制下，当公司存在重大变更时，如与其他公司合并，可能存在持有不同意见的少数派股东因为持股比较少而导致其声音被大股东所淹没，可能被迫留在一个与其加入时的公司有着重大不同的新公司中。在这种情况下，赋予异议股东股权（份）回购请求权既能使公司按多数股东意志做出重大决策，符合效率原则，又能使持不同意见的少数派股东在被补偿的前提下离开与先前预料不同的公司（部分解散），[1]是对少数异议股东利益保护的一种有效机制，体现了法律对实现不同利益之间平衡的追求，符合实质公平原则。尤其是在股东压迫产生、决议严重背离其利益需求时，少数派股东常常或者是坐以待毙，或者是牺牲自己的利益无奈"走开"。此时，法律需要给予特别关注和保护，以有效地矫正其间失衡的利益关系。异议股东股权（份）回购

---

〔1〕 神田秀樹：「株式買取請求権制度の構造」，『商事法務』1879 号，4 頁。

请求权制度即是一种矫正性的机制。其实质是赋予那些对公司股东（大会）会议决议持反对意见的股东要求公司以合理、公平的价格收回其股份的权利。少数异议股东通过行使股权（份）回购请求权退出公司建立起新的利益平衡机制，既使得异议股东选择"走开"而不再受"多数决"形成的决议的约束，同时又能够通过要求公司回购股份而获得合理而公平的补偿，使其既不享受其不同意之合并产生的利益，也不承担其不同意之合并所致的风险，从而既保证了"资本多数决"这一公司法基本原则，又避免了该原则衍变为"多数资本的暴政"，达到一和多的相容。[1]确认异议股东股权（份）回购请求权对公司的控制股东也有好处。因为法律为持不同投资意见的中小股东预留退出通道之后，中小股东可以轻而易举地通过异议股东股权（份）回购请求权而退出公司，自适其适，双方不必兵戎相见，如此一来，控制股东当然可以"我的地盘我做主"，"两旁俱无碍目人"，将大股东意志上升为公司的意志，并排除中小股东干扰。

　　股权（份）回购请求权能解决因高昂的诉讼成本而使股东对维护自身权益望而却步的情形。依据传统公司法理论，如果股东大会（股东会）作出对少数股东不公平的决定，股东可以选择的救济措施主要有诉请法院强制公司解散、诉请法院确认股东会或股东大会决议无效或撤销等。《公司法》第182条规定："公司经营管理发生严重困难，继续存续会使股东利益受到重大损失，通过其他途径不能解决的，持有公司股东表决权百分之十以上的股东，可以请求人民法院解散公司。"在公司和股东之间的关系陷入僵局、公司无法开展有效的经营、股东加入

---

　　〔1〕　郝磊：《股东诉讼的实施问题研究》，中国法制出版社2012年版，第123页。

公司的期特权和利益有可能落空时，该股东可以诉请法院强制解散公司。但行使此种权利普遍存有举证难的问题，且行此种方式毕竟是一项最为严厉的救济措施，从经济分析角度而言，动辄解散公司，成本过昂，不唯不利于社会经济发展，甚或违背少数股东自身的利益。有鉴于此，在股东遭受不公平行为损害的情况下，英美法院往往会放弃残忍的终局性解散救济，而采取其他一些替代性的合理措施来指导、规范和调整公司事务，以符合公司主体维持原则和替代救济措施优先原则。另外，在公司实践中，股东也往往不愿意通过派生诉讼途径来请求法院对公司并购决议予以撤销或宣告无效，其主要原因有三：一个是基于诉讼成本的考虑。一个是证据问题，由于信息不对称等因素，诉讼股东经常无法提供充足的证据来证明自己的权益，而经理层决策往往以商业判断原则为奥援。还有一个是法院倘非事实昭然若揭，也不愿多方究诘，以苛为察，以刻为明，而且阻止一项合并还可能阻碍合并可能带来的实际价值的增长，谨慎的方略乃是诉诸富有弹性的、更弱的公平性原则提供一种相对温和的救济。[1]

异议股东股权（份）回购请求权制度恰好能够弥补上述司法救济手段的不足。行使股权（份）回购请求权时，异议股东承担较少的举证责任，对少数股东来说较为便利。当公司交易有违公平时，少数股东享有多种救济权，如提起股东会决议无效、撤销之诉等。然而，提起这些诉讼，少数股东就必须对其不公正性举证。在广大中小股东与公司管理层及大股东信息不对称的情况下，要中小股东证明股东（大）会所作的决议的不合理，实属勉为其难。而股权（份）回购请求权则不同，股东

---

[1] Robert C. Clark, *Corporate Law*, Boston：Little, Brown and Company, 1986, p. 445.

只要认为公司交易不符合自己的愿望就可行使，无需举证股东
（大）会所作的决议的不合理性，相比其他的救济手段而言当然
更具有可实现性。控股股东拥有绝大多数的股份，其与公司利
益关系相对于中小股东与公司的利益关系更为密切，因此对于
公司的经济效益更为关注，对公司的经营策略考虑得更全面。
从这个角度说，由控股股东作出的决策应当是实现公司利益最
大化的良方，如果仅仅因为拥有公司股份不多的中小股东的反
对就改变股东（大）会的决议，对公司而言得不偿失。因此，
在中小股东行使股权（份）回购请求权时，公司只要将异议股
东的股份回购，就能顺利实施自己的经营策略。这无论是对于
控股股东还是中小股东而言不失为最佳选择。行使异议股东股
权（份）回购请求权无需证明股东（大）会的决议具有违法
性，且异议股东股权（份）回购请求权行使起来更为经济。正
如有的学者所言，行使异议股东股权（份）回购请求权的"成
本较低，持续时间较短，且无须证明股东（大）会的决议具有
违法性，能够使少数股东较为轻松地摆脱受压迫的地位，而且
行使权利的收益都归提出要求的股东，又能激励少数股东积极
维护自己的权利"。[1]从经济分析法学的角度而言，异议股东股
权（份）回购请求权正是在对异议股东的各种救济性措施的成
本效益分析的基础上建立起来的，完全可以在上述股东救济措
施中获取自己的一席之地。

---

〔1〕　伍坚："美国公司法中异议股东股份评估权研究"，载《上市公司》2001
年第 12 期。

第五节　我国异议股东股权(份)回购请求权制度的构成分析

一、主体条件：意思表示作出的主体

我国《公司法》第74条规定："有下列情形之一的，对股东会该决议投反对票的股东可以请求公司按照合理的价格收购其股权……（2）公司合并、分立、转让主要财产的。"因此，我国公司合并中的异议股东股权（份）回购请求权之适用主体必须是享有表决权并且已经对股东会决议投反对票的股东。股权（份）回购请求权制度设立的功能之一是对股东期待利益落空的弥补。有表决权的股东对于自己对公司控制力的期待会比无表决权股东高，而无表决权的股东往往会享有分红时的优先权以及听任公司发生重大变动的预期。规定主体是否限制在有表决权股东的范围体现了立法者对股东期待利益范围的考量。另外，排除其他主体也更加经济和效率。因此，《公司法》的规定也在情理之中。这里对其他相关主体是否应该享有该权利做一探讨。

（一）无表决权的股东

按照我国《公司法》现行的规定，只有表决中投反对票或持异议的股东才具备行使股权（份）回购请求权的资格。在此，对无表决权股东是否享有股权（份）回购请求权缺乏明确规定。持反对意见者认为，持有无表决权股票的股东的持股目的，本身就是只参与公司的盈余分配而非参与日常经营，如果赋予其在因对公司经营上的决议持反对态度而可采用的回购权，实质上不符合其持股的本意，也在事实上违背了回购请求权旨在提高公司决策效率、避免决策难产的初衷。在美国公司法中，除

《科罗拉多州商事公司法》外，几乎所有州都采取否定主义立法例，不承认无表决权股东的评估权，但在简易合并中，母公司股东不享有此权，法律将评估权赋予被消灭的子公司无表决权股东享有。殆因此种合并对母公司股东权利不会具有实质性影响，而对子公司少数股东的权益往往造成侵犯。从《日本公司法典》（『会社法』）第 116 条第 2 款、第 469 条第 2 款可以看出，无表决权股东被赋予了回购请求权。[1]《加拿大商业公司法》（Canada Business Corporations Act）第 190 条第 1 款也采取肯定主义立法例，明确规定公司任何类别股份持有人均可提出异议。[2]关于无表决权的股东是否可以被赋予股权（份）回购请求权的问题，我们可以看到，无论是有表决权的股东还是无表决权的股东都是享有股东资格的，而一个无法回避的前提就是在股东资格与股权（份）回购请求权之间存在等价性，如果否认其具有股权（份）回购请求权，显然就人为地动摇了股权（份）回购请求权存在的根基。而且，与有表决权股东相比，无表决权的股东虽期待利益相对薄弱，但完全剥夺其在公司发生重大的基础性变更的情况下行使股权（份）回购请求权退出公司的权利难免有失偏颇。

（二）受让股东

讨论受让股东的股权（份）回购请求权实质乃讨论股权（份）回购请求权可否转让之问题。对此问题无论是立法例还是学理都多持否定态度，认为在公司计划公开后取得股份的股东无评估救济之必要。[3]从立法例看，享有股权（份）回购请求

---

〔1〕　『会社法』（平成 17 年 7 月 26 日法律第 86 号）。

〔2〕　Canada Business Corporations Act, R. S. C., 1985, c. C-44.

〔3〕　［韩］李哲松：《韩国公司法》，吴日焕译，中国政法大学出版社 2000 年版，第 407 页。

权的异议股东将其股权（份）转让与第三人后，即已达到行权目的，该股权（份）回购请求权因股权（份）转移而消灭。例如，《加利福尼亚州公司法》（California Corporations Code，CCC）第 1309 条第（b）款规定："如果在被提交签注之前股份被转让，或者依公司章程之规定被转换为他类股份的，此类股份持有人将由此丧失异议股东的资格，丧失要求公司收购其股份的权利。"[1]股权（份）回购请求权旨在救济原始股东期待之落空，而对于明知公司计划而获得股份的受让股东授予此权显有不当。但这种否定应是针对转让取得股票之情形，因受让人受让股份之行为发生于股东会决议之后，并无权利就决议事项表示意见，且在受让股份时已知晓存在该等决议的情况下仍受让该等股份，已然认可该等决议，自无所谓异议股东之身份可言，从而无权行使股权（份）回购请求权。[2]而对于因继承而取得股票的情形需另为考虑，乃以在继承取得股票时，成为该公司成员并非继承人之意思，应准许该继受股东同时取得股权（份）回购请求权，享有退出公司的权利。

（三）上市公司股东

对于上市公司股东是否享有异议股东股份回购请求权的问题，首先要解决异议股东股份回购请求权是否适用于上市公司的问题。我国《公司法》规定股权（份）回购请求权制度适用于有限责任公司和股份有限公司，但不能简单理解为凡适用于股份有限公司的规定就必然适用于上市公司。英美法系国家公司种类基本可分为：(1)封闭式公司（private company，close cor-

---

〔1〕 参见 https://law. justia. com/codes/california/2005/corp/1300 - 1313. html，访问时间：2017 年 3 月 8 日。
〔2〕 林仁光："论公司合并及其他变更营运政策之重大行为与少数股东股份回购请求权之行使"，载《东吴大学法律学报》1995 年第 2 期。

poration），又译"不公开公司""私公司""非公开招股公司"等，是指股份全部由设立该公司的一定限额的股东拥有，且其股份不能在证券市场上自由转让的公司，类似于大陆法系国家中的有限公司及股份公司中的非上市公司；(2) 开放式公司（public company，share corporation），又译"公开公司""公公司""公开招股公司"等，是指可以公开招股，股东人数无法定限制，股份股票可以在证券市场公开进行自由转让的公司，类似于大陆法系国家和地区中股份公司中的上市公司。美国大部分州将股份评估权的适用局限于封闭性公司，原则上不承认上市公司或股份分散到一定程度以上的公司股东享有异议股东回购请求权。因股权（份）回购请求权的目的是给予异议股东的股份以公平价格而填补其期待利益之损失，而上市公司之股东可以在公开交易市场上以市场决定的价格出售股票或按市场上已经形成的交易价格计算，股票的市场价格能够较为准确地反映股票内在价值，没有必要对上市公司股东加以股份回购请求权保护。因此，持有"可流通证券"的股东不得行使股份评估权，亦称"上市公司否定主义"。"可流通证券"是指在全美证券交易所（American Stock Exchange）上市交易的公司股票以及登记股东超过 2000 人的公司的股票。全美证券商协会自动报价交易所（National Association of Securities Dealers Automated Quotations，简称 NASDAQ）交易的证券也属于可流通证券。

在 20 世纪 60 年代，美国传统的公司立法都基于以投资者理性为核心的"有效市场理论假说"（efficient market hypothesis，EMH）或者说"有效市场理论"（effcient market theory，EMT），认为股票市场的价格能准确地反映出其内在的真实价值，股票在公开市场上的现行市场价格应视为与股票公平价值或内在价值相等，股东通过在股票市场上的股份出售即能得到公正补偿，没有必要赋予公开公司股东以股份评估权。[1]所以，构建于"有效市场理论假说"之上的异议股东股权回购请求权自然而然地就承认曼宁最早在其评估权研究里程碑式论文中提出的"市场例外原则"（market exception doctine），服膺于有效率市场较之法官对股东股份公平价值保护更具优势的理念。美国半数州的公司法令之所以限制异议股东股份价值评估权制度适用于股票公开交易的股份公司，就是认同股票市场可以对中小股东利益提供充分的保护。市场例外原则暗含者这样的理论：评估补偿的目的是向异议股东提供一个司法制造的市场，评定补偿权仅适用于"被锁定在公司中的少数派股东"（minority shareholders locked into the corporation），对于其股份已经具有交易市场的异议股东而言，其尽可以简单地在公开交易市场上以市场价格决定的价格出售股票，摆脱自己不希望参与的合并后新企业，市场价格最接近公正价格，令法定评估补偿无用武之地。我国学术界也有人认为，行使股权回购请求权主体仅限于有限公司、非上市的股份公司，上市公司的异议股东可以随时通过证券市场卖出股份，用"脚"投票。对于股份有限公司，我国的公司立法鉴于其资合性的特点和证券市场的存在，即仅将适用范围限定为公司合并和分立。揆其理由，乃是考虑到第74条第1款和第3款在股份有限公司、特别是上市公司的实践中较少出现，纵然出现公司转让主要财产的情况亦能通过证券市场实现资本的退出，其资本退出渠道相较于有限责任公司更为充分。

然而，国内外股票市场剧烈动荡的经济现实都表明，完美的股票市场只是理论上抽象的观点，现实世界中股票市场可能混乱不堪，并非总能反映股份的真实价值或公平价值，单纯依

---

[1] Joel Seligman, "Reappraising the Appraisal Remedy", *George Washington Law Review*, Vol. 52, 1984.

赖股票市场退出机制无法有效保护中小股东的利益，异议股东股份价值评估权制度的"市场例外原则"缺乏令人信服的理论基础。《美国示范公司法》于 1969 年修改时，与许多州的公司法（如《特拉华州 1967 年公司法》）一样，均采纳评定补偿权的市场例外原则。反对者认为，这种立法以资本市场有效为前提，而这种前提在现实生活中恰恰常常不具备。在"资本市场无效"的现实生活中，异议股东并不能获得反映真实的股票价值的价格，通过市场交易可能会造成更大的利益损失，对于这些股东仍有必要用股份回购权予以保护。1978 年，《美国示范公司法》又一反其故，取消了市场例外原则，但特拉华州等公司法则一仍其故。《美国示范公司法》1978 年之所以废止评定补偿权的市场例外原则，其原因就在于，在 20 世纪 70 年代中期的公开公司退市高潮中，许多手中有控制权的内部人基于"位置优越洞察力"，利用股市不景气，通过现金合并和其他技巧，用普遍认为不公平的价格强行买断公共股东的股份。在这些交易中，尽管付给公共股东的金额都高于其股份的市场时价，但较之 20 世纪 60 年代末股市景气时期在公司上市时所支付的价格，或与在随后的股市回升时期同类公司的股票所达到的市场价格相比明显偏低。这种表面冠冕堂皇而实际严重不公平情况使得包括一些在其他方面与管理层看法完全一致的公司律师都产生了怀疑。这种看法削弱了市场价格作为持异议者应得价值的基本检测标准的可靠性。

　　一般而言，并购者以公开收购方式进行股权收购时，收购价格较市价自然会高，但却未必会高于目标公司股份的现在价值（即公司在现任经营者手中的价值）。而只要收购价格比股份现在"价值"低，纵使高于"股份市价"，此并购仍可能会造成价值减损的结果。面对此情况，为了达成效率极大化的结果，目标公司的股东应拒绝应卖，不让使经营较无效率的并购者取得公司的经营权。然而，国内外许多研究结果皆显示，目标公司股东仍相当有可能会同意以低于股份价值的收购价格，应卖其股份。此即所谓"应卖压迫效果"（coercive effect）。[1]这是因为：(1)股东未必知悉股份的真实价值。在收购价格高于市价的情况下，必有股东会因此而将股份应卖予并购者。同时，发动公开收购的时间点取决于并购者，根据美国的经验可知，并购者往往于目标公司股价相对低时进行公开收购，股东应卖的诱因因而增加。(2)纵或某些股东知悉此收购价格低于股份真实价值，该讯息亦未必能在股东间充分传播，也未必能获得多数股东支持，且以一致行动拒绝应卖，从而抵制并购者的低价并购。(3)股东间对于股份价值高低判断各异。可以肯定的是，只要收购价格高于市价，必然会有股东应卖其股份，个别股东很难影响公开收购的结果。(4)在预测其他股东极可能会应卖股份导致收购者公开收购成功而取得目标公司控制权的情况下，对于知悉收购价格事实上低于股份价值的股东而言，即陷入是否要应卖的"囚徒困局"的不利地位。理由有二：(1)知悉收购价格事实上低于股份价值的股东知悉收购价格低于真实价值，表示并购者并非较有效率的经营者，所以其在目标公司股份的价值亦将低于公开收购前的价值。如此一来，知悉收购价格事实上低于股份价值的股东不仅没有取得高于市价的收购价格，其所持股份价值也低于公开收购前的价值，对知悉收购价格事实上低于股份价值的股东而言，不应卖将面临双重损失。(2)依据美国的实证经验，收购者在以公开收购方式取得控制性持股后，往往会继续进行目标公司与并购者间的合并，并且多会以现金

---

〔1〕 方立维、徐步云：《兼并与收购上市公司的反垄断规制》，知识产权出版社 2011 年版，第 97 页。

合并（cash-out merger）的方式进行后端现金资遣合并（back-end cash-out merger）。收购者由于已经取得目标公司的控制权，对于此目标公司与并购者间的合并条件，例如合并时间点与合并价格，具有决定的权力，也有相当动机选择对自己较有利的时间点和条件与目标公司进行合并。例如，并购者会选择目标公司股价较低的时刻进行合并，甚至在并购交易之前通过操纵公司的经营活动对股票市场上的公司股价进行打压，刻意操弄目标公司的盈余以创造目标公司的低市值。在此种情况下，股票市场上的股价并非公司内在价值的反映，以此决定小股东的权益价值显失公允。不同意被低价现金并购的知悉收购价格事实上低于股份价值的股东，唯一的救济途径，即主张异议股东股份回购请求权。

鉴于"市场有效性理论"实证性缺陷的存在，《公司法》第74条规定的适用情形亦应适用于股份有限公司，并且应相应将适用范围扩大。我国《公司法》仅仅笼统地规定合并是异议股东股权回购请求权制度的适用情形之一，并未将合并中的相关问题进一步予以明确。按照一般理解，因我国法律并未作特别限定，所以有限责任公司、股份有限公司、上市公司的股东均可以成为股权（份）回购请求权主体。我国《公司法》的这一立法实践等于否定了"市场例外原则"，而"市场例外原则"又是建立在"市场有效性理论"的基础上的。因此，这一立法实践实际上就是否认了股票市场的有效性，但又在逻辑上给了异议股东在出现该制度的适用情形时股票市场这一救济途径。这必然导致逻辑上的自相矛盾。由于股份评估权的意义在于协调股东的不同利益与风险的分配，与股票的流动性无关，可以都适用于上市公司和非上市公司、开放性公司和封闭性公司。卢西恩·贝布查克（Lucian Behchuk）指出，股份公司的股东应该在公司"游戏规则决策"（rule-of-the-game decisions，包括关于公司章程修改与注册地变更的决策）、"游戏终止决策"（game ending decisions，包括并购、资产出售以及清算等决策）、"缩减规模决策"（scaling-down decisions，即以现金或非现金形式的分配来缩减公司规模的决策）等三方面拥有提议及批准的权利。[1]我国台湾地区、日本以及修改后的《韩国商法》都将股份评估权适用范围扩大至所有的股份公司。鉴于我国上市公司中流通股与非流通股股东并存、国有股东"一股独大"等独特的公司制度特征决定了多数派股东可以通过形式多样的关联交易抽取上市公司及中小股东的利益，中小股东在公司重大事项上与大股东发生不可调和的分歧时应被赋予回购请求权。尽管限制异议股东股份价值评估权制度在股份公司中适用的"市场例外原则"仍存在于美国许多州的公司立法中，但只应被视为是司法界解决诉讼过程中股票定价困难的实用性工具，而不应被看作是对有效市场假说的称颂，至少，其在公司控制人与小股东的利益冲突型交易中，应当完全废除"市场例外原则"。

我国《公司法》规定异议股东退股权具有为受排挤的小股东提供公平退出机会的目的，[2]2005年最终通过的修正案还规定，股份公司股东在法定情形下也享有异议股东退股权。这是因为我国证券市场还不成熟，监管不力，信用制度体系还不够完善，市场规则也没有被有效地贯彻执行。市场不能充分体现股份的真正公平价值是一个事实，使市场例外原则适用的前提条件消失，上市公司之异议股东往往得不到很好的保护。进一

---

〔1〕 Lucian Bebchuk, "The Case for Increasing Shareholder Power", *Harvard Law Review*, Vol. 118, No. 3, 2005.

〔2〕 参见洪虎："全国人大法律委员会关于《中华人民共和国公司法》（修订草案）修改情况的汇报"，载《全国人民代表大会常务委员会公报》2005年第7期。

步言之，是否排除上市公司所有股东异议股东股份回购请求权亦不能一概而论，应区分可流通股股东与非流通股股东。流通股股东不宜赋予股份回购请求权或股份评估权，因为公开的交易市场可以确定股份的真实价格，司法裁定也不等于可以判断公开市场的价格不公正。持有限制流通股票的股东应享有股份收购的请求权，以确定公正价格。由于国外也没有类似我国公司中复杂的股份结构，对上市公司股东的股份回购请求权宜作针对性处理。对于可流通股股东暂且可以适用市场调节机制，但由于非流通股股东的股票价格不能得到市场之有效调节，应适用该权利以确定公正价格。

（四）存续公司股东

在美国、日本等国，股权（份）回购请求权不仅适用于消灭公司的股东，而且适用于存续公司的股东，其中，以美国最为典型。这样规定的立法出发点在于，公司合并对合并各方的股东都会产生重大影响。对存续公司股东而言，公司股权结构、资金状况、负债率、产品结构的变化甚至公司章程重新修订等所产生的影响既深且巨，也不容泄泄视之。正是这样，公司合并才需双方股东同意，也理应对双方公司的异议股东赋予评估回购请求权。这种方式的好处在于对股东的保护充分、范围广泛，不利之处是可能影响合并的效率。在德国法中，股权（份）回购请求权的范围仅限于消灭公司的股东。这样规定的立法出发点在于：公司合并中利益受影响最大的是消灭公司股东，公司合并使消灭公司股东赖以投资获利的公司失去法律人格，股东或者完全失去股东身份，或者转为存续公司股东，固应对消灭公司股东赋予股权（份）回购请求权。但存续公司股东受影响要相对小得多，不应享有股权（份）回购请求权：在以股份为合并支付手段时，合并只引起存续公司新股的增加；在以现金为合并支付手段时，合并只引起存续公司现金的支付，类似于公司用现金购买资产。公司合并不会引起存续公司人格的丧失、股东身份的变化，一般也不会引起公司经营范围的变化。这种对股权（份）回购请求权的界定较科学严谨，兼顾了公平与效率原则，既保护了合并中受影响最大的股东的利益，又有利于合并的顺利有效进行。

二、意思表示作出的程序

公司合并中异议股东回购请求权告知义务是保证异议股东股份回购之意思表示及时、有效作出的前提条件。评估权的告知（notice of appraisal rights）是公司的义务，旨在使股东了解该交易的性质及其对股东的影响，以便股东正确判断是否行使异议权。[1]公司在召集股东会讨论该交易的通知中必须告知股东所享有的权利，说明该交易可能产生异议。我国《公司法》规定，有限责任公司如果召开股东会，公司仅负有通知召开的义务，除非公司章程另有规定或全体股东另有约定；对于股份有限公司而言，公司法规定公司须将大会审议之事项在召开大会之前通知各股东。上述规定没有要求有合并意向的公司在拟召开股东（大）会之前负有告知股东享有异议股东股权（份）回购请求权并告知其内容和行使方法的义务。

股东收到公司合并结果的异议告知后，如果对决议存在异议，应在股东（大）会就该事项作出决议之前向公司提交书面反对通知。这是异议股东之义务。对公司而言，股份回购可能造成严重的资金流失，对异议股东回购意向的把握有助于公司研究其所拟行动意向的可行性，并预为绸缪。对于股东是否应

---

〔1〕 施天涛：《公司法论》，法律出版社 2006 年版，第 563 页。

该参加上述决定合并与否之股东（大）会表明态度，各国家和地区有不同的规定：日本和我国台湾地区规定在参加表决中该股东投反对票方可主张股权（份）回购请求权；美国《示范公司法》规定不投赞成票之异议股东可以主张权利；而韩国规定只要表明对股东会决议持不同意见即可，没有必要再出席股东（大）会进行反对。对于有限责任公司我国《公司法》第74条规定必须是"投反对票"的股东才可以主张权利；而对于股份有限公司，我国《公司法》第142条规定股东应对股东大会作出的分立、合并决议"持有异议"，并未提及是否应在股东大会上投反对票。管见认为，对于有表决权的股东应做肯定解释，即须"投反对票"。据此，如果在股东（大）会前已经作出反对通知的股东在股东（大）会上又赞成公司的决议，则其此前所为的反对通知失效。而对于无表决权的股东只要其提出反对意见即可。股东（大）会决议通过合并决议后，公司须在法定的时间内告知异议股东该合并的结果，以便其行使股权（份）回购请求权。

　　基于异议股东股权（份）回购请求权具有形成权的特征，如果异议股东向公司提出股份回购之请求，只要该请求满足法律要件，即自动成立股东与公司之间的买卖合同，公司承诺与否与股份买卖合同的成立无涉。[1]回购请求应采书面形式，既确保回购意思表示之明确性，也方便保证日后提起诉讼证据之充实，同时也可给公司一种确定性。日本、韩国和我国台湾地区规定，异议股东应自股东会决议之日起20日内，向公司提交载明其股份种类、数量的书面文件，请求公司收买其持有的股份。《美国示范公司法》也规定，在决议获得股东大会通过后，

---

〔1〕　陈丽洁：《公司合并法律问题研究》，法律出版社2001年版，第68页。

异议股东应在 30 日~60 日内向公司提出支付请求并存放股票，否则丧失回购请求权。为保持这种确定性，许多国家法律规定，提出股份收购的股东只有得到公司的同意才能撤销股份回购的意思表示，因为此时请求回购的股东的地位已不复是公司股东，而是准债权人。

三、评估方法的确定

（一）内部决定模式

内部决定模式即在公司内部确定收购价格的程序，即公司与股东为双方主体对评估价格的协商。我国《公司法》第 74 条规定异议股东可以在股东会决议通过之日起 60 日内启动与公司的谈判程序，如果协商未果可向人民法院提起诉讼。值得注意的是，股东与公司启动股权收购协议的谈判并非必要的前置程序，而是立法者推出的一个倡导性规定。所以，如果股东跨越与公司的内部决定程序而径直向人民法院提起诉讼亦无不可。但我们可以看到，内部程序自有它的优势所在：第一，内部协商模式是当事人意思自治原则的体现，且具有很大的灵活性；第二，内部协商模式更有利于节省时间和诉讼费用，经济价值十分显著。

协商的估价方式为美国、日本、韩国等多数国家立法所肯定，唯其具体内容存在细微差别。其中，美国采取"先履行"的协议模式，加拿大、日本、韩国等则采取"先谈判"的协议模式。[1]具体来讲，"先履行"是指在公司股东（大）会通过合并决议时，应先向符合要求的异议股东支付其认为的代表公平股份价格之款项及任何应予计算但尚未支付的利息，而不考虑价格是否为异议股东所接受。如果异议股东对公司开价不满意，

---

〔1〕 何美欢：《公众公司及其股权证券》，北京大学出版社 1999 年版，第 172 页。

其可以对公司反提价，双方再进行协商。而"先谈判"是指公司和异议股东先就后者所持股票的价值加以协商，在达成合意之后方可对其加以支付的模式。"先谈判"协议模式比较符合交易习惯，但常常导致公司滥用协商权，以充分谈判为名拖延付款，不利于保护异议股东利益。在"先履行"模式中，公司虽然可能利用其在资金、信息等方面所具有的优势谋求利益，从而危及持股占少数的异议股东之合法利益，但比较而言，"公司先决"还是较为合理的：首先，由公司先决定回购价格，如价格合理可能会省去冗长的协商过程，相对来说更加快捷；其次，公司先决至少可以使异议股东较早地获得一部分流动资金，无疑更符合股东的经济利益；最后，公司为了顺利完成合并可能会在回购价格上做让步之考虑。

另外，韩国存在一种独特的异议股东股份回购价格评估决定模式——会计专家确定模式。当异议股东和公司协商不成时，应由会计专家确定回购价格。"从语义学和公正、合理角度解释，不宜将会计专家局限为注册会计师，应理解为公认的会计专家。并且，该会计专家应由提出收买请求的股东和公司签订协议选定。但由于收买人不能形成集团，由收买人集体和公司协议选定没有现实性，在实践中，最终只能由公司来选定。"[1]从这个角度理解，会计专家确定模式可以说是一种公司与异议股东协商僵局的非诉救济措施，实质仍属公司内部决定模式。

（二）外部决定模式

外部决定模式是指如果公司与异议股东不能就回购的股份价格达成一致意见，或直接越过协商程序，由法院对股份回购价格作出裁决之程序。我国公司法并未规定股份回购价格裁决

---

〔1〕〔韩〕李哲松：《韩国公司法》，吴日焕译，中国政法大学出版社2000年版，第410页。

诉讼程序，而民事诉讼法中的诉讼代表人制度亦不能对其予以完善解决。所以，例如提起评估诉讼之主体模糊、评估机构之产生、评估费用之分担，特别是评估方法之选择等关键环节更是无法可依，这给公司合并过程中的异议股东回购请求权司法救济渠道——当然也是最后之救济途径——带来了极大障碍。

提起股份评估权诉讼首先要解决的问题是诉讼主体的问题。《美国示范公司法》第 13. 12 条（a）款规定，若公司与股东未就收买价格达成协议，公司应当在收到支付要求后 60 日内请求有管辖权的法院决定股票的公平价格及由此滋生的利息。如果公司未启动此程序，则应支付异议股东所要求的金额。这种公司义务型模式将提起诉讼作为公司免于支付股东所要求价值的义务，使得公司有足够的积极性来提起诉讼，在客观上有利于保障异议股东利益，与"先履行"的协议模式基本思想相一致。在德国的"裁决程序"中，价格评估诉讼之启动权被赋予了异议股东，公司无权提起。而在特殊情况下对该提起诉讼异议股东之类型也有限制，例如在公司吸收合并中只有被兼并公司的异议股东有权提起。还有一种模式，即股东和公司都有权提起价格评估诉讼，且两者无顺序先后之分。如《加利福尼亚公司法典》规定，如果公司与股东未就股份的公平市场价值达成协议，任何异议股东或相关利益公司在一定期间内均可以请求法院确定异议股份的公平市场价值。[1]我国《公司法》仅在第74条规定有限责任公司的异议股东有权提起评估诉讼，而对股份有限公司却没有提及。

赋予公司起诉之权利实质上是保护公司和异议股东双方利益。第一，《公司法》对异议股东作了自股东会合并决议通过之

---

〔1〕 California Corporations Code § 1304（a）.

日起 90 日内起诉之时间限制，所以股东在该除斥期间内不起诉相当于对权利的放弃，而如欲起诉可能因为举证责任的原因难免给维护自身权利带来困难，所以，利用一些制度"逼迫"公司提起诉讼有利于平衡举证责任，进而保护异议股东利益。第二，可以防止一些恶意股东滥用诉权、敲诈勒索公司或与公司串通侵害其他没有参加诉讼的异议股东的利益。第三，公司合并中股份有限公司异议股东所处的地位与有限责任公司异议股东并无实质不同，因此对于股份公司也理应赋予其异议股东和公司同样的起诉权利。第四，在诉讼程序能够充分保证异议股东股份回购请求权实现的前提下，应排除异议股东在公司合并时之股东大会决议无效或可撤销诉讼，以免形成诉讼程序的冲突和混乱。

四、异议股份的价值评估

异议股权（份）的价值评估是异议股东股权（份）回购请求权的核心。只有对异议股权（份）价值进行公正的评估，才能真正保护少数股东的投资。公正的估计主要表现在估价的方法、少数股份折扣、评估的程序和利息计算等方面，这些方面的考虑应适应现代异议股东股权（份）回购请求权的功能定位，而不仅仅局限于少数股东退出机制。在美国，对享有评定补偿权的股东的股份进行评定的方法有一个发展的过程。原来的评定方法被称为"传统的'固定方法'"（traditional "block method"），包括过去收益价值法（past earnings）、市场价值法（market price）和资产价值法（asset value）。过去收益价值法，是根据公司在发生合并等交易前的收益表来计算公司的收益能力，并以此作为股票的评定价值。市场价值法，是根据股票的交易价格或者这些股票本来可以卖给一个愿意购买的人所同意支付的价格来确定被评定的股票的价格。这也被称为比准法。

其主要包括:(1)市场价格比准法,不是指不同公司之间的横向比较,而是该公司在终止上市前和终止上市后的纵向比较。如公司中止上市时间已经很久,则一般不再比较中止上市前的价格。(2)类似公司比准法,是以类似行业、类似规模、类似成立和经营期的公司最近通过司法裁量认定的价格作为比较对象。(3)以往事例比准法,是以过去类似公司发生的案例或该公司在过去的并购中形成的价格作为参考。资产价值法对判定价格的计算依据有二:一是资产负债表上的收益减去负债之后的价值,二是公司的"清盘前揭价值",即公司的可加以变现的财产价值。这三种传统评定方法的理论依据是,公平价值必须是持不同意见者反对的公司行为生效之前的时间节点的股票的价格。由于这三种方法各有其合理之处,特拉华州法院采取一种折衷的"权重平均法"(weighted averages),又称为特拉华版块法(Delaware block method),即评定者根据案件情况使这三种方法在评定中各占一定的权重,再用评定出的过去收益、市场价值和资产价值分别乘以其所占的百分比,从而尽可能地使股份的估价接近公平。但是,这些传统的固定价值计算法忽略了这样一个事实:如同其他投资一样,股票之所以有价值,就是因为其属于对未来收益的承诺。因此,应该对股票的未来价值进行评定,其中最常用的方法就是现金流贴现法(discounted cash flows)。简而言之,现金流贴现法就是法院在倾听双方专家的意见后预测公司的未来收益,以过去一段时期公司的现金流为参考,推断将来可预期的现金流,乘以业务发展的折扣率。[1]

---

[1] Robert W. Hamilton and Richard D. Freer, *The Law of Corporations in a Nutshell*, St. Paul, MN: West Academic Publishing, 2011, p. 383; Barry M. Wertheimer, "The Shareholder's Appraisal Remedy and How Courts Determine Fair Value", *Duke Law Journal*, Vol. 47, No. 4, 1998.

五、异议股东股份的收购主体

对于收购主体，绝大多数国家规定为公司；少数国家规定为大股东（如英国）；也有的规定为公司、同意股东均可以收购，如我国的规范性文件《到境外上市公司章程必备条款》中的规定。目前，我国《公司法》第74、142条均规定收购主体仅为公司。我国可以规定由公司或同意股东收购，既可以由公司来购回异议股东持有的股份，也可以由同意公司合并的股东来受让异议股东持有的股份。[1]将同意股东作为收购义务主体可以迫使他们在行使表决权时持一种更为负责和谨慎的态度，使得公司决议照顾到尽可能多的股东的利益。

六、持异议股东股份的寄存

要求公司以公平价格购买自己股份的股东应当将自己的股份寄存在公司，是为了防止公司小股东在提出要求公司购买自己股份的请求以后作出某些不应当作出的行为。如果没有寄存公司股份这一要件，则公司小股东在提出正式请求以后可能会持"见水脱鞋"的机会主义心态：公司组织机构的变更持续地不利于公司小股东，则小股东可能会继续要求公司以公平合理的价格购买自己的股份；如果公司组织结构的变更有利于公司小股东，则其可能会放弃此种价值评估权而将自己的股票拿到市场上出售。根据美国法律，一旦股东的股份被寄存在公司，则其转让股份的权利即受到限制。《美国修正示范公司法》第13.23条规定，公司小股东一旦对公司提出书面支付的请求，便必须根据公司对其所作的书面通知的要求将自己的股份寄存

---

〔1〕　周友苏：《新公司法论》，法律出版社2006年版，第480页。

在公司。异议股东不按照规定寄存自己的股份，则会丧失所享有的价值评估权，不得要求公司购买自己的股份。这虽然可能使异议股东失去正常的市场出售机会，但有利于合并的顺利完成，也可为日后可能的评估程序提供保证，是对股东和公司共同利益的保障。

第六节　中国故事的展开：异议股东股权（份）回购制度完善刍论

当某一法条在理解和适用中引起质疑时，过去倾向性的做法是对立法提出批评，而这种做法有时是必要的，但有时却略显草率，因为并非所有的问题都出在立法，有的问题实质上出在法律的实践，即法律究竟如何正确实施方面。事实上，对公司法的实践多加关注和研究，改变一味地指责或批评所谓的立法"缺陷"，也是公司法学者应当正视的一种研究范式。[1]

在近年发生的上市公司收购中，收购方在异议股东股份回购请求权主体范围上方案设计颇不一致，多采取"异议股东现金选择权"的概念。现金选择权一词源于金融投资领域，其原先是指在交易过程结束以后需要交付标的物的一方可以选择实际交付标的物，也可以选择以现金方式履行交割手续。推原论始，现金选择权制度是换股并购在我国资本市场渐渐成为并购市场主角后的独创制度安排，在 2004 年的"上海市第一百货商店股份有限公司吸收合并上海华联商厦股份有限公司案"中被首次使用。当时，我国《公司法》尚未明确规定异议股东回购请求权制度，异议股东没有完善的退出机制，使得并购过程耗时长久。"百联集团发明了现金选择权来保护中小股东的利益，

---

〔1〕 钱玉林：《公司法实施问题研究》，法律出版社 2014 年版，第 73 页。

使得吸收合并顺利成功。"[1]《上市公司收购管理办法》第 27 条规定："收购人为终止上市公司的上市地位而发出全面要约的，或者向中国证监会提出申请但未取得豁免而发出全面要约的，应当以现金支付收购价款；以依法可以转让的证券（以下简称"证券"）支付收购价款的，应当同时提供现金方式供被收购公司股东选择。"现金选择权的定义见诸深交所 2011 年修订后重新发布的《深圳证券交易所上市公司现金选择权业务指引》（以下简称《深指引》）以及上交所于 2012 年修订后重新发布为《上市公司重大资产重组信息披露工作备忘录第六号上市公司现金选择权业务指引（试行）》。《深圳证券交易所上市公司现金选择权业务指引》（2011 年修订）第 3 条对现金选择权作出如下定义："现金选择权是指当上市公司拟实施资产重组、合并、分立等其他重大事项时，相关股东可以按照事先约定的价格在规定期限内将其持有的该上市公司股份出售给第三方公司或者该上市公司的权利。"[2]异议股东回购请求权是我国《公司法》明确规定的权利，具有法定性和强制性，不得通过约定排除适用。对于现金选择权，虽然深圳证券交易所和上海证券交易所规范性文件中规定了现金选择权的申报程序，但在权利主体、义务主体、现金选择权价格等方面没有明确规定。在公司实践中，股东享有该权利的前提是有人愿意提供现金选择权，即给予股东现金选择权是公司、第三方的权利，而非法定义务。因此，股东行使权利没有任何保障，完全取决于公司的单方意愿。即使公司为股东提供了现金选择权，对哪些股东提

---

〔1〕 《中国企业并购年鉴》编委会编著：《中国企业并购年鉴：2005 年》，人民邮电出版社 2006 年版，第 51 页。

〔2〕 "深圳证券交易所上市公司现金选择权业务指引"（2011 年修订），载 http://www. docin. com/p-226605701. html，访问时间：2016 年 5 月 4 日。

供权利、由谁提供现金选择权、现金选择权的价格完全由公司自己决定，其实也无法律强制性。此外，公司法给予了异议股东股份回购请求权，但在上市公司合并重组中，即使异议股东提出了股份回购的请求，也很少有公司会直接走股份回购的程序，因为股份回购即意味着有限责任公司需要走减资程序，而股份有限公司也可能在 6 个月内走减资程序或予以转让，使得本就资金紧张的并购方增加大量的现金支付，加大并购的难度。而现金选择权不以相关股东在股东大会上对并购事项投出有效反对票为条件，具有灵活性、自主性，可以由第三方履行现金支付义务，在上市公司合并实践中得到了广泛的运用。现金选择权的初衷是上市公司并购中控股股东通过第三方公司收购股票来提高换股并购效率、减少并购阻力，并无保护小股东利益、实现并购公平的作用，若执意要求相关股东对并购事项投反对票，反倒不利于决议的顺利通过。以投反对票为条件的现金选择权制度安排近年来之所以在在皆是，乃是因为基于限制股东选择的设计，有意吸收采取异议回购请求权的制度。在 2009 年"东航换股吸收合并上航案"中，行使现金选择权的异议股东是指表决时投出有效反对票并持续保留股票至股东回购请求权实施日的股东。[1]同年，唐山钢铁吸收合并邯钢、承德钒钛的方案规定，有权行使现金选择权的异议股东是指邯郸钢铁、承德钒钛股东大会正式表决时投出有效反对票，并且一直坚持有股份直至回购请求权实施日的股东。[2]据此，提供的现金选择权

---

〔1〕 参见"中国东方航空股份有限公司换股吸收合并上海航空股份有限公司报告书摘要"，载 http://quotes. money. 163. com/f10/ggmx_ 600115_ 495984. html，访问时间：2016 年 5 月 4 日。

〔2〕 参见"邯郸钢铁（600001）关于唐山钢铁股份有限公司换股吸收合并本公司事宜的实施公告"，载 http://www. cfi. net. cn/p20091215000693. html，访问时间：2016 年 5 月 4 日。

不仅条件苛刻，而且存在自相矛盾的地方。整合方案要想获得通过，上述两家必须有 2/3 的股东投赞成票，此时，剩下的 1/3 投反对票的股东才会具有行使现金选择权的权利。与此类似，新湖中宝吸收合并浙江新湖创业投资的方案不仅规定只有在股东大会表决本次合并方案时投出有效反对票，并且一直持续持有代表该反对权利的股票，直至回购请求权实施日的股东，才有权行使异议股东回购请求权，而且还明确规定，异议股东在新湖中宝股东大会股权登记日后买入的或先卖出后又买入的新湖中宝股份不属于有权行使回购请求权的股份，不得行使回购请求权，[1]而东航、唐钢对此则没有明确规定。一种观点认为，现金选择权的涵义似乎比异议股东股份回购权更广，或者说前者包含后者。理由在于，现金选择权提供的是一个异议股东退出的机制，在适用条件、权利义务主体的设定、适用范围上均可涵盖乃至超越股份回购请求权，既可以是由上市公司作为现金选择权提供方作出的股份回购，也可以是由非上市公司的第三方（可以是上市公司的关联方，也可不是）作为现金选择权提供方作出的股份收购。在盐湖钾肥换股吸收合并 ST 盐湖的过程中，关于现金选择权与回购请求权两者的关系引发了论战。并购方盐湖钾肥的股东提出质疑，认为现金选择权是专门用于保护上市公司中小异议股东的权利的。但相反的观点认为，现金选择权是被吸收合并方股东的选择权，仅有目标公司 ST 盐湖股东才能享有这种权利，有异议并购公司股东完全可以行使异议股东回购请求权退出公司，不能申报行使现金选择权。但在葛洲坝股份有限公司换股吸收合并中国葛洲坝水利水电工程集

---

〔1〕　浙江新湖创业投资股份有限公司："关于新湖中宝股份有限公司换股吸收合并本公司现金选择权实施公告"，载 http://file. ws. 126. net/quotes/pdf/sh/2009/ 2009-7/2009-07-30/449341. pdf，访问时间：2016 年 5 月 4 日。

团有限公司的过程中，以第三方向收购方股东提供现金选择权，由于被收购方是有限公司，故给其股东提供异议股东退出请求权，与盐湖钾肥换股吸收合并 ST 盐湖方案的现金选择权与异议股东退出请求权的配置方向恰恰相反。现金选择权和异议回购权之间的实质性差别在盐湖钾肥换股吸收合并 ST 盐湖等并购方案中没有得到解释，但殊堪浩叹的是，"得志猫儿雄过虎，落架凤凰不如鸡"。异议回购权徒托空词，流通股东进行异议股份回购的请求，而上市公司落地还钱，以低价回收股份，无论在收益方面还是在便捷性方面，其连现金选择权都不如。从《公司法》的规定上看，异议股东回购请求权是股东的法定权利，但我国《公司法》对异议股东回购请求权的规定非常概括笼统，具体操作规则缺略，使其应有的制度价值难以体现。也正因异议股东回购请求权制度的缺失和不完善，导致现金选择权代替异议股东回购请求权在公司实践中盛行。

在理论上，股权（份）回购请求权是为了保护少数股东利益而由法律特别赋予的权利，属于股东的固有权利和基本权利，公司章程不得违背法律的规定，强行规定股东放弃或不享有该项权利。如果公司章程作出这样的规定，应按无效处理。但是，如果公司章程扩大了股东可以提出异议并要求收购的情事范围，则应当允许。有限责任公司的股东必须是"股东会该项决议投反对票的股东"，而《公司法》第 142 条未提及是否应当在股东大会决议过程中投反对票，规定股份有限公司的股东是"对股东大会作出的公司合并、分立决议持异议"的即可。前者要求股东必须参加股东会，并且决议投反对票。因此，没有参加股东会或者在股东会表决时弃权的股东均不享有股权（份）回购请求权；后者仅要求股东持有异议即可，反对与弃权均可纳入异议的范围。除同意股东大会决议的股东外，其他股东包括参加了股东大会投反对与弃权票的股东以及未参加股东大会的股东，都可以提出股份收购请求。股份有限公司享有请求权的股东范围可以完全以与有限责任公司类似的方式基于在股东大会投反对票而明确身份，而不是以"持异议"为标准。在股东大会的表决上，规则要明确有表决权的异议股东必须投反对票。无表决权但又依法享有股份回购请求权的股东，要求其在股东大会决议前书面表明异议意思。无表决权的异议股东即使不出席股东大会，决议时也应将其加算在反对票之中。法院在认定是否属异议股东时，应当要求股东提供书面的证明材料。

　　不同于异议股东回购请求权的功能，现金选择权仅仅赋予异议股东在未来期间内以某一价格卖出股票的看跌期权，有限锁定了下跌风险。而缺少约束条件的现金选择权可能导致公司和股东利益共损，在熊市中现金选择权制度却可能阻碍并购。如果并购公司在换股吸收合并后股价走弱，选择行权的目标公司股东将会蒙受损失。如果目标公司股东选择行使现金选择权，则其虽然可以在并购协议约定的期限里立即将手中股份变现离场，避免了将来并购公司或者新立公司股价走弱，进而使其产生损失的风险，但是同时也意味着这部分股东将失去未来因为并购公司股价走强而产生的获利机会。正是因为目前不公平的定价机制损害了中小股东的利益，行使现金选择权的收益一般低于参与换股的收益，在东航、唐钢、新湖中宝等并购重组中，虽然有异议股东，但最终现金选择权申报期间鲜人行权，相关的设计也沦为制度性花瓶，没有实际价值。此外，由于现金收购价格是提前确定的，一旦在停牌期间股市发生大的波动，也将影响公司和股东的行为。在"唐钢并购重组案"中，为了应对唐钢股份、邯郸钢铁、承德钒钛三家上市公司的异议股东，该集团公司采取了很多的措施，包括具有保护机制的现金选择权。在重组方案中，河北钢铁或其关联企业向邯钢异议股东提供的现金选择权价格为 4.1 元/股（而邯钢净资产为 4.42 元）。承德钒钛方面的价格为 5.76 元/股。这次并购重组确确实实做大做强了河北钢铁集团，增强了该集团在钢铁行业的话语权、竞争力，提高了该集团在世界钢铁行业的地位，为淘汰落后产能、技术升级改造、优化产业布局、产业结构调整创造了条件、提供了可能，但中小投资者的利益却没有被考虑，政府及大股东的利益反倒得到了过多的考虑，以至于机构散户最后都不能接受以 20 日均价作为参照的方案。三大钢铁企业复牌后股价大幅下挫的原因正在于此。在牛市里，人们不愿意接受现金选择权，在熊市里则改为热烈追捧，因为股价越下跌，股票的市场价格距离现金选择权的价格就越远，无风险的利润也越大。尤其是在我国资本市场不成熟的情况下，僵化的现金选择权制度很容易导致现金选择权可以为二级市场投资者，特别是机构投资者带来巨大的中短期无风险套利投资机会。当董事会单方确定的现金选择权价格低于公司股价时，将没有股东去行使现金选择权，股东投反对票也无法获得公平的补偿，这就间接成了强迫股东投赞成票的工具。当现金选择权价格高于股票市场价格时，则会有更多的股东为了套利而投反对票，当反对票超过 1/3 时就会导致合并失败。在"云天化重组案例"中，时值股市低迷期，标的股票价格持续走低，现金选择权价格更具有吸引力，间接地导致了并购的失败。2007 年攀枝花新钢钒股份有限公司（简称"攀钢钢钒"）换股吸收合并攀钢集团重庆钛业股份有限公司（简称"攀渝钛业"）及攀钢集团四川长城特殊钢股份有限公司（简称"ST 长钢"）案中，鞍钢集团担任本次重大资产重组的现金选择权第三方，相关上市公司不愿意参与换股的原流通股股东可以特定价格将所持股份出售给第三方

（第一次现金选择权）。[1]其后受各种因素的影响，市场景气度下降，股市暴跌，市场前景暗淡，现金选择权的价格大大高于攀钢系股价，因而引发套利的队伍急剧膨胀，加剧了第三方的现金支付压力。为了减轻第三方向行驶现金选择权的股东支付现金对价的压力，鼓励流通股股东参与换股，第三方追加一次现金选择权，即三公司流通股参与换股合并后，持有的目的公司的证券除获得现金分红外，在两年后仍可以以特定价格向第三方出售股份（第二次现金选择权），其方案更具吸引力。股民的起诉书称，攀钢钢钒在发行权证时风险提示存在瑕疵，重组时为减少70余亿元的现金支出而通过公告误导投资者的行为均不具有合法性，其单方主张的在行权前重组的行为，将损害广大投资者利益。针对股民的起诉，攀钢钢钒在反击的函件中指出，钢钒认购权证持有人享有现金选择权并无法律依据和合同依据。由于攀钢钢钒公司剩余6.14亿份权证未行权，如全部行权将新增公司股本约7.37亿股，而若获得现金选择权并行使，鞍钢需为此支付71亿元，此举使鞍钢集团因担任攀钢钢钒重大资产重组现金选择权第三方所支付现金的最高额升至270多亿元。[2]

最后，较之我国台湾地区"公司法"和《日本公司法》，我国《公司法》缺乏股票交付与价款支付期间的规定。如果没有股票交付与价款支付期限方面的规定，股东可能不能在合理期限内获得股份价款，公司与股东之间也可能会产生诸如谁先交出股票、谁先支付价款的争议。我国台湾地区"公司法"规

---

[1] "攀枝花新钢钒股份有限公司关于鞍山钢铁集团公司担任公司本次重大资产重组现金选择权第三方的公告"，载《中国证券报》2008年5月9日。

[2] "500位钢钒权证持有人起诉攀钢 理由是涉嫌权证违规"，载《每日经济新闻》2008年11月6日。

定自决议之日起 90 日内支付价款，股份价款支付与股份交付同时为之。《美国示范公司法》第 13 章规定，如果公司估定了异议股东所持股份的价值，就应当立即支付该笔金额，而不能等待评估程序的最终结果。在支付的同时，公司还应将有关资产负债表、财务说明、公司对于股份公正价格的陈述、利息计算的说明等文件一并送达异议股东。如果股东不满意公司的开价，还可以要求公司按照自己的股价支付。我国《公司法》理想的制度设计是，在收买价格确定后，公司应组织一个专门负责收购的临时组织负责与异议股东的股份收购有关的事项。该临时组织中必须有债权人代表，以监督和参与整个程序，防止公司与股东恶意串通损害债权人利益。股款的支付和股份的收购可以分次进行。异议股东在取得股款的同时应交付相关证明，证明其已经向公司或证券登记机构缴存了股票。

结　语

异议股东回购请求权法律制度在中国的引入呈现出逾淮为枳的困境，有限责任公司的异议股东回购请求权遭遇冷落，上市公司采取的现金选择权成为强制收购的合法工具，与异议股东回购请求权的真义貌合神离。回购请求权起源于股东平等原则，现金选择权其实仅仅是现金公开收购（cash tender offer）、以券易券的公开收购（stock tender offer）、现金选择权交易收购（cash option transaction）三种交易方式之一，重在"选择"，将二选一的交易选择泛化取代异议股东回购请求权，与公平的精神尚有一间未达。必须明确的是，现金选择权不含有权利的高大上，更无从言及异议股东回购权。异议股东回购权强调的是异议股东所具有的权利，而现金选择权强调的是异议股东实现这种权力的方式，异议股东回购权自身在起步阶段精神缺钙，无法岸然挺身直立，甚至被贬值、阉割为连现金选择权也不如的空头支票，或者为现金选择权所李代桃僵，如同落溷飘茵的风尘女子，成为赤裸裸的控制股东非协商化现金挤出中小股东的利器。股份回购制度被"看上去很美"的现金选择权鱼目混珠，习非为是，带来的是监管套利问题，成为一种事件驱动的套利投资形式。现金选择权虽然被标榜为当事人之间意思自治的结果，作为对反对派股东的救济方式而被赞誉为"任意的救济"，但究其实，乃相当于由一方面单独确定价格的格式合同，各种不同的设计方案多系在没有章程规定的情况下由董事会单方面设计，容易造成董事会权力的滥用，行权价格确定为公司所操纵，中小股东无缘置喙，缺乏与公司就价格进行平等协商的能力或机会，且对于价格的公平性没有司法救济的管道。取法乎上，往往仅得其中。相对于具有丰富内涵的股份回购制度，因陋就简的现金选择权正义感空空如也，但袭外观，不求内蕴，打着保护中小投资者的幌子行胁迫民意之实，散发出拿点碎银子打发中小投资者的轻蔑气息，成了威逼中小投资者将自己对企业的所有权拱手相让的榨汁机。

第四章
CHAPTER 4

并购控制实体标准：从欧盟与美国的经验进行反思

第一节　实体标准的概念及其构成要素

美国著名经济学家萨缪尔森指出："在企业变成一头垄断的野猪时，就应该防止它到处乱撞。"[1]这昭示我们，在强调经营者集中（并购）所带来的优点的同时，不可忽视并购的副产品，应防止企业通过并购蜕变成为"垄断野猪"。[2]固然，"大象也能跳舞"，但"大即是美""规模就是优势"的理念值得商榷，"强身"在某些情境中也需要适当地"瘦身"，以简而精取代大而全。对费肯杰所谓"大象婚礼"（Elefantenhochzeiten）[3]的并购控制（Zusammenschlusskontrolle，Fusionskontrolle）并不等于限制企业规模，反对大企业，而是旨在将那些对市场结构和有效竞争造成重大负面效应的并购遏制在萌芽状态，实现市场竞争活力与规模经济的和谐统一。企业并购反垄断审查（经营者集

〔1〕〔美〕保罗·A.萨缪尔森、威廉·D.诺德豪斯：《经济学》（第12版），高鸿业等译，经济科学出版社1985年版，第83页。

〔2〕刘和平：《欧盟并购控制法律制度研究》，北京大学出版社2006年版，第5页。

〔3〕〔德〕沃尔夫冈·费肯杰：《经济法》（第2卷），张世明译，中国民主法制出版社2009年版，第340页。

中审查）有两大基本问题：一是判断何种并购交易应被纳入审查的范围，即审查对象问题；二是如何对纳入审查范围的并购交易进行实质性评估，以判断其是否具有反竞争的法律效果，即实质审查问题。[1]其中，审查对象问题的判断相对简单，实际上是经营者申报标准。如果说规则（rules）是一种界限标准和明确的判定准则，其设定由于内容简单和直接，因此成本低廉，但欠缺灵活性，那么，标准（standards）作为个案的判定准则却具有灵活性且能够考虑到具体情境的变化。标准通常人为地表现出不确定性，虽然对预设的行为所能够提供的指引非常有限，但由于其具有灵活以及事前、不明确的特点，能够带给法院或者决策者较之严格的判定规则更大的裁量空间。[2]广义的经营者集中申报标准包括申报行为标准和申报规模标准。狭义的经营者集中申报标准仅指申报规模标准，即达到何种规模标准的经营者必须事先申报其集中行为，不包括申报行为标准。申报行为标准是反垄断法关于何种行为属于经营者集中的规定。实质审查与形式审查相对，是整个企业并购反垄断审查制度的重中之重，而其中又以审查的实体标准为主要内容，其他问题都围绕着这一实质审查标准展开。企业并购控制的实体标准，又称为违法性判断标准，是指界定一项并购行为是否具有违法性，并提出一定可资判断和认定的实体法标准和规范。实体标准是反垄断主管机关监控企业并购的核心标准和主要依据。企业并购控制的实体标准应主要包括三个层面，即一般规定、具体准则以及一般规定的例外。一般规定主要是企业并购控制实

---

〔1〕 史建三等：《企业并购反垄断审查比较研究》，法律出版社 2010 年版，第 157 页。

〔2〕 ［美］丹·L. 伯克、马克·A. 莱姆利：《专利危机与应对之道》，马宁、余俊译，中国政法大学出版社 2012 年版，第 163 页。

体标准的原则性规定；具体准则则是围绕企业并购控制标准的
原则性规定而展开的分析；一般规定的例外则是指企业并购控
制的豁免，规定本应被禁止的并购因法定事由而不适用反垄断
法。并购控制的实体标准（the substantive test）是画线标准
（carbon test）、硬性标准，实际上就是并购规则的生存标准
（raison d'etre），构成了各国并购监管体系的核心，决定了哪些
集中交易应该被反垄断法所禁止。标准模糊导致权力监管困难，
为权力寻租提供空间。一旦并购的关键因素游离于法律之外，
并购方将不能依法对并购产生合理预期。

第二节　欧盟实体标准嬗变的制度逻辑

欧盟并购反垄断审查实体标准主要经历了三个发展阶段：
（1）《欧洲经济共同体条约》（《罗马条约》）第 86 条确定的
"滥用市场支配性地位"标准；（2）1989 年 12 月 21 日通过并于
1990 年 9 月 21 日开始实施的《第 4064/89 号并购条例》确立的
市场支配性地位标准（Market Dominance Test，MD）或"创建
或加强支配地位测试"（Creation or Strengthening of Dominant Posi-
tion Test，CSDP－Test），在德语法律文献中被称为"Marktbe-
herrschungstest"；（3）2004 年欧盟部长理事会通过的《第 139/
2004 号并购条例》（新并购条例）确立的"严重妨碍有效竞争"
（significantly impede effective competition，SIEC）标准。新《并
购条例》第 2 条 2 款规定："一项并购，尤其是由于其未产生或
加强企业的支配性地位而严重妨碍共同体市场或其相当部分地
域的有效竞争的，应当宣布为与共同体市场相容。"第 3 款规
定："一项并购，尤其是由于其产生或加强企业的支配性地位而
严重妨碍共同体市场或其相当部分地域的有效竞争的，应当宣

布为与共同体市场不相容。"

一、滥用支配性地位实体标准

欧盟并购反垄断审查实体标准的演变，反映了实体标准的评价模式由行为主义向结构主义再向结果主义的转变，由一元评价模式向多元评价模式的转变。1957 年的《欧洲经济共同体条约》没有专门的控制经营者集中的规定，在《第 4064/89 号并购条例》实施前的 33 年中，除煤钢产业外，欧共体并没有成文法规定的经营者集中实体审查标准。"滥用市场支配地位"标准是由"1973 年大陆制罐公司案"（Europenballage and Continental Can V Commission）确立的，故而被称为"大陆制罐原则"（die Continental Can-Doktrin）。[1]该案审理法院指出：居市场支配性地位的企业，通过并购手段加强该地位，导致并购行为发生前存在的市场竞争被消灭者，构成对第 86 条之违反。"滥用市场支配地位"标准的确立在欧盟企业并购规制制度史中具有里程碑式的意义，体现了其对于通过扩张解释《欧洲经济共同体条约》第 86 条来规制并购活动的肯定，为早期的企业并购规制实践提供了明确的依据。但是，第 86 条确立的滥用支配性地位实体标准的缺陷亦昭彰显见。该标准只适用于本身已经具有支配性地位的企业，而对于通过集中才取得市场支配地位的企业则无法规制。例如，在同一产品市场上，有 A、B、C、D、E、F、G、H 数家小型企业，每家企业的市场占有率都不到 10%，无从谈起具有市场支配地位，但是在上述企业并购后，市场集中度将明显增高从而扰乱市场的有效竞争，"滥用市场支配地位"标准的适用遂不免绠短汲深。按照欧共体法院判例，对于一些集

---

〔1〕 ［德］沃尔夫冈·费肯杰：《经济法》（第 2 卷），张世明译，中国民主法制出版社 2009 年版，第 332 页。

中有应用第85条和第86条的可能，但无法涵摄可能扭曲竞争的所有行为，因此有必要制定规则来建立一个新的法律框架，从作为共同体的竞争结构有效运作角度监视任何集中。[1]此外，《欧洲经济共同体条约》第86条没有申报程序和对必要的从属性限制（ancillary restrictions）予以豁免的规定，不便于操作，也使得该实体标准的适用范围大为限缩。因此，委员会在《第4064/89号并购条例》实施前处理并购案件颇为谨慎，所审查的并购案件数量甚为有限。

二、《第4064/89号并购条例》确立的市场支配性地位标准

1969年欧洲经济共同体的过渡时期结束后，欧共体委员会开始了一系列试水实验，测试其按照《欧洲经济共同体条约》第85、86条下的权力。1973年"大陆制罐公司案"试图根据《欧洲经济共同体条约》第86条进行并购控制，就是这种实验的证据。[2]"大陆制罐公司案"后，欧共体委员会即向理事会提出了制定一部系统的并购控制条例的建议，但委员会的地位是时存在争议，[3]故而理事会对此趑趄不前。1985年欧共同体委员会主席雅克·德洛尔（Jacques Delors）在就职演说中引发的单一市场运动，也成了欧洲竞争政策的发号令。在单一市场中，委员会的执法变得更加大胆，更具创新性，但在欧共体层面缺乏并购控制工具的弊端开始日益凸显。欧共体委员会竞争总司专员彼得·萨瑟兰（Peter Sutherland）就得出结论，如果作

〔1〕 清水贞俊：「欧州における最近のM&Aについて」，『立命館経済学』第43卷第3号，1994年。

〔2〕 Andreas Weitbrecht, "From Freiburg to Chicago and Beyond—the First 50 Years of European Competition Law", *European Competition Law Review*, Vol. 29, Iss. 2, 2008.

〔3〕 Claus-Dieter Ehlermann, "The Modernization of EC Antitrust Policy: A Legal and Cultural Revolution", *Common Market Law Review*, Vol. 37, Iss. 3, 2000.

为最重要实用工具的并购控制，仍然完全掌握在国家竞争管理当局，委员会将永远不能成为执行欧洲竞争法的首要机构。[1]迄止1989年《第4064/89号并购条例》出台，欧共体委员会才对企业并购的申报与审查、管辖权等做出详细的规定，汲取德国竞争法的经验，确立了市场支配性地位标准。

《第4064/89号并购条例》第2条第3款规定，一项具有共同体规模（Community Dimension）的并购因其使企业产生或加强市场支配性地位并严重妨碍共同体市场，或其相当部分地域的有效竞争的，应宣布为与共同体市场不相容。根据这条规定，如果企业并购将产生以下两个结果就会被认为涉嫌垄断而予以禁止：（1）产生或加强市场支配地位；（2）严重损害欧共体市场或其他重大领域的有效竞争。"产生或加强市场支配地位"中的"产生"是指并购前没有市场支配地位的企业通过并购而具有了市场支配地位；"加强"是指并购前原本就具有市场支配地位的企业通过并购增强了其市场支配地位。较之滥用市场支配性地位标准，市场支配性地位标准在条文上增加了"企业并购能够产生市场支配地位，使欧共体市场或其重大领域内的有效竞争受到严重损害"的规定。这样，如果若干家小企业在并购前并不具有市场支配地位，但是并购后将产生市场支配地位并有严重损害欧共体市场内的竞争，也能被纳入规制的范围。标准采结构型定位的规制政策，即企业通过并购所获得的或增强的支配性地位，因改变市场竞争结构，应加以规制。构成滥用市场支配性地位的前提是并购企业已经获得了支配性地位，并购会增强支配性地位，这种并购是绝对禁止的。支配性地位标准增加了对并购产生支配性地位的审查，即便企业在并购前没

---

[1] BAT and R. J. Reynolds v. European Commission（142/84& 156/84）[1987] E. C. R. 4487.

有获得支配性地位，只要并购会产生或加强支配性地位并严重妨碍有效竞争，就需申报审查。滥用市场支配性地位标准与市场支配性地位标准之间的差别主要表现为：（1）滥用市场支配性地位标准以参与并购的企业中至少有一个处于支配性地位为先决条件，而市场支配性地位标准则无需该前提条件。（2）在法律后果上，前者应予以禁止，所为的滥用行为属于非法的无效行为，而后者应予以控制，是否合法，需待主管机关根据具体案情进行审核后认定，只有那些因产生或加强支配性地位，显著损害共同体市场有效竞争的，才宣布为与共同体市场不相容，并加以禁止。（3）前者强调支配性地位的滥用与增强，后者除包括支配性地位增强情形外，亦适用于产生支配性地位的行为。（4）前者只调整企业增强支配性地位的并购行为，并不禁止取得和维持支配性地位，属于一种典型的行为型定位，而后者采取结构型定位，但凡并购减少竞争者数量或通过并购改变市场结构、提升并购企业的市场地位或提高进入壁垒，均应予以监管甚至禁止。（5）从滥用市场支配性地位标准到支配性地位标准的转变，区隔了反垄断法所规制的滥用市场支配地位和并购两大对象的不同监管标准，更为科学，为委员会大规模并购审查提供了明确的是非判断标准。较诸滥用市场支配性地位标准，"市场支配地位"标准有着很大的进步。"市场支配地位"标准不但包括了支配性地位的增强，还适用于产生支配地位的行为，拓展了标准的适用范围。不同于原来的对"滥用市场支配地位"一律禁止，就"市场支配地位"标准而言，产生市场支配地位仅为进行深入审查的初阶，最终是否加以禁止尚需结合经济效率、消费者福利等诸多因素综合考察，显著损害共同体市场有效竞争的情形才被加以控制。《第4064/89号并购条例》被贯注了结构主义的精神，对市场支配地位的产生或加强本身予以规制，而这种地位是否已构成滥用则置而不论。由于其认定标准较为灵活，给反垄断主管机关的具体操作预留了一定的自由裁量空间。

由于《欧洲经济共同体条约》第 86 条只能规制单个支配地位企业，这种法律的空白产生了集体支配地位的概念。《第4064/89 号并购条例》没有特别指出一个支配地位由一个或两个甚至更多的企业通过没有协议而达成的共谋所持有。集体优势的概念是为了应对越来越多的需要考虑集体优势的并购案，而随着时间的推移，在以个案为基础的法律实践中逐步发展形成的。1992 年欧共体委员会在"雀巢/巴黎水案"（Nestlé/Perrier）中第一次应用了集体支配地位的理论，由单一支配地位扩展到可以由多个企业共同拥有。1991 年，IFINT 作为隶属于意大利阿涅利（Agneli）的家族公司，发出要约以获得对矿泉水业的法国巴黎水公司（Perrier SA）的控制权。在该要约之后，瑞士跨国集团雀巢公司（Nestlé SA）发出反要约，先前与必胜公司（BSN）达成协议，这两个公司都是矿泉水行业表现活跃的企业。经过了一段时间的不确定后，雀巢公司最终获得了这场要约收购战的胜利。根据协议条款，雀巢公司要将巴黎水公司的富维克泉（Volvic）出售给必胜公司。经过深入调查后，欧共体委员会认为，这样的运作将会导致雀巢公司和巴黎水公司在法国矿泉水市场中获得共同优势地位，使得相关市场中的大企业的数量从 3 个减少至 2 个，使并购后的企业雀巢-巴黎水公司虽然在瓶装矿泉水市场只有较低市场份额，但却很有可能和该市场上的另一家带头企业必胜进行私下的勾结，从而产生协同效应，在法国矿泉水市场上造成集体支配地位。出于对了诸如集中程度、价格透明度和对双寡头垄断者市场行为的监管、价格的不可收缩性以及市场进入的高障碍等因素的考虑，欧共体委员会决定："在过去，企业已经认识到联合抬高价格的激励和可能性，计划中的集中将会便利和加强实施这一策略（共同优势）的可能性。"[1]"然而，委员会决定接受雀巢公司提出的补救方案，对巴黎水公司的并购加之向必胜公司转让富维克泉被批准，条件是雀巢公司必须将其所有的其他品牌出售给矿泉水市场中非特定的独立企业（除了必胜公司外）。"如果优势地位一词仅指单个企业的优势地位，委员会作出的该决定则是一项创新，首次使用集体优势的概念来禁止并购，市场支配性地位标准的适用范围从最初的单一支配地位发展到集体支配地位。不过，在《第4064/89号并购条例》下使用集体优势概念仅仅是一种技术性的解释。[2]此后，《第4064/89号并购条例》的范围可以触及集体支配地位的规制实践相沿不替。1999年的"天旅/首选案"（Airtours/First Choice）使"市场支配地位"标准进一步完善，表现为单一支配地位和集体支配地位两方面。在该案中，天旅和首选是两家英国短途假日旅行社。1998年英国短途假日旅行社市场中四家最大竞争者的市场份额分别为：汤姆森公司（Thomson）30.7%，托迈酷客（Thomas Cook）20.4%，天旅19.4%，首选15%，其他所有的竞争者的市场份额都低于3%。欧盟委员会继续适用集体支配性地位理论，认为天旅和首选合并后在短途涉外假日包办游（short-haul foreign package holidays tour）市场上将占有37%市场份额，将可能造成并购后的天旅/首选集团和另外两家带头企业汤姆森公司和托迈酷客在英国市场上的集体支配地位。因此1999年4月29日收到并购申报后，经过第二阶段的调查，欧盟委员会于同年9月22日将该并购宣布为与共同体市场不相容而予以禁止。因此，确认集体支配地

---

〔1〕 Case No IV/M.190-Nestlé/Perrier〔1992〕OJ L356/1.
〔2〕 刘丽、陈彬：《欧盟控制企业集中法律制度研究》，北京理工大学出版社2013年版，第114页。

位需要具备以下三个条件：充分的市场透明度，使得每一个企业可以准确而迅速地确认彼此的市场行为方式；在形成共同的政策之后，寡头间具有对背离行为足够的报复能力，以确保寡头企业有长期共谋的动力；企业一旦执行这种共同政策，将不必由于竞争者或者消费者的预期反应而承担风险。[1]

　　在司法实践中，滥用市场支配性地位标准和支配性地位标准二者可谓泾渭分明，在嗣后并购控制案件中不能再以前者代替后者。在"芭比丽丝案"（BaByliss SA v Commission of the European Communities）中，赛博（SEB）是法国一家生产和销售个人保健、烹饪及保洁等家用电器设备制造商，万能（Moulinex）是赛博在法国的竞争对手，并已申请破产。该两公司的产品皆在全欧盟境内销售。尽管赛博生产和销售的这些产品非常普通，但它们都能够适应不同的技术要求、满足不同客户的偏好，并已在欧盟各地形成系列知名品牌，具有组合势力（portfolio power）。2002 年 1 月 8 日，欧盟委员会作出附条件地批准在欧盟九个成员国内赛博并购万能的决定，但不认为该并购在其他五个成员国（西班牙、芬兰、爱尔兰、意大利及英国）引起严重的竞争问题，并未附加任何限制性条件便加以批准。委员会认为赛博并购万能后的企业所在的全部小家电设备市场并不重要，因为此时零售商具有抵消反竞争的购买势力（即反组合效果，inverse portfolio effect），即使并购当事人企业居于强势市场地位，该并购所引起的反竞争问题也不存在，并购当事人企业在任何其具有支配性地位的市场滥用市场势力时，将直接导致在其他市场对赛博和万能产品认购量的减少。欧洲初审法院认为，零售商对并购后企业滥用支配性地位的惩罚仅仅表明其有可能防止赛

---

〔1〕　Case No. T-342/99-Airtours plc v. Commission〔2002〕ECR Ⅱ-2585.

博-万能滥用优势地位，委员会并未证实零售商将按该方式采取行动且不将提高的价格转嫁给最终的消费者。然而，《第4064/89号并购条例》的目标是禁止产生或加强该支配性地位，而非禁止滥用支配性地位。委员会决定中的分析并未消除在其他五个成员国因并购引起的竞争问题，该部分决定应予以撤销。[1]

不可否认，市场支配地位蕴含着损害竞争的可能性，可能会对竞争秩序产生破坏作用，但其本身并不违法。市场支配性地位标准虽然具有一定明确性，可以增强企业的法律预期，但该标准也存在不足，其在实践中逐渐暴露的缺陷，足以导致假阳性的错误类型Ⅰ和假阴性的错误类型Ⅱ。一方面，随着欧盟骎骎东扩，成员国数量不断增加，一项并购涉及多国利益的情形也有所增加，市场支配性地位标准不周延，对寡头垄断市场情形缺乏明确规定，呈现出欧盟对"单边行为"规制的空白。另一种情况是，集中可能使相关行业更容易产生共谋。参与集中企业的市场份额没有超过一定的最低标准，虽然不能单方面地提高价格，但并购可能决定新的行业情况，为默示共谋（tacit collusion）范围的扩大创造了条件，价格可能被抬高，企业更有可能获得超常的利润（supra-normal profits）。这属于共同优势（joint dominance）、寡头垄断优势（oligopolistic-dominance）问题，或者按美国并购指南的措辞、现在也被欧盟横向集中指南所采纳的用词，就是所谓协作效应（coordinated effects）。美国"亨氏/比纳（Heinz/Beech-Nut）案"[2]引发了欧盟的反思，因

---

[1] Case T-114/02 - BaByliss SA v. Commission of the European Communities [2003] ECR Ⅱ-1191.

[2] Federal Trade Commission v. H. J. Heinz Co., United States Court of Appeals for the District of Columbia 246 F. 3d 708（2001）.

此，欧盟在随后的 2000 年"家乐福集团/普罗莫德公司（Carre-four/Promodes）案"[1]中首次确认"并购后企业的市场份额低于 40%时同样构成单一企业支配地位"。根据欧盟委员会之前的判决，并购后企业的市场份额低于 40%的并不构成单一企业支配地位（single firm dominance），因而不受并购条例的规制。但该判例确定的市场份额尺度存在漏洞，即如果一家企业并购以后的市场份额低于 40%，此时该企业既不属于"集体支配地位"（collective dominance），也不属于默示协同行为（tacit coordina-tion），但该企业仍然可以从单边行为（unilateral behavior）中受益。[2]例如，某一市场只有三家竞争者，因其相互竞争所以不属于默示共谋；如其中两家竞争性企业发生并购从而导致市场竞争者从三家降为两家，并不会导致单一企业支配性地位，似乎也不导致集体支配地位，但剩余竞争者之一可单方面行使市场势力，此时支配性地位标准失灵。企业取得市场支配地位并不必然会实施实质性限制竞争行为，由于市场进入、买方力量、濒临破产企业、公共利益等抵消性因素的存在，并购后企业可能不会实施垄断行为。在实践中，51%以上的市场份额通常被认为是作为支配地位的证据。如果一个并购公司在并购前已经拥有 51%的市场份额，这意味着其支配地位在并购后可以增强，因而有效率的并购就会被错误禁止。相反，在市场支配性地位标准下，欧盟委员会可以允许反竞争的并购。[3]有些企业并购虽未增强市场支配地位，也有可能对市场竞争产生负面影响。

---

〔1〕　Carrefour/Promodes，Case No COMP/M. 1684 Comm. Dec. of 25 Jan. 2000，〔2000〕O. J. C 164/5.

〔2〕　Vijay S. V. Selvam，"The EC Merger Control Impasse：Is There a Solution to This Predicament?"，*European Competition Law Review*，Vol. 25，No. 1，2004.

〔3〕　Bruce R. Lyons，"Reform of European Merger Policy"，*Review of International Economics*，Vol. 12，Iss. 2，2004.

例如，公司 A 拥有一项重要技术许可，尽管市场份额为零，但仍可能是一个重要的竞争对手。因此，市场份额仅仅是支配地位的一种指标而非僵化的规则。[1]A 与另一个公司 B 之间的并购可能会阻止竞争对手对于新技术的接触，增加系争市场的许可费。另一方面，市场支配性地位标准不能适用于纵向并购的情形。由于实践中委员会适用组合效果、溢出效果、纵向效果等更广泛的反托拉斯理论，这些自由裁量权的行使招致了一些批评，如欧盟境内出现了关于实体控制标准的争议。尤其是因对支配性地位标准缺乏明确的规定，在对混合并购（conglomerate merger）进行评估时，委员会依据所推测的未来反竞争性对并购加以禁止，严重损害了法律的稳定性和可预期性。因此，制定有明确支配性地位标准的指导性实施细则十分必要。

三、《第 139/2004 号并购条例》确立的严重妨碍有效竞争标准

支配性地位标准尽管在企业合共规制的实践中得到了不断的发展和完善，但并不尽善尽美，类似美国结构主义主导阶段的实质性减少竞争标准（Substantial Lessening of Competition，SLC），欧盟委员会在对并购进行审查时更注重对并购是否产生或加强了支配地位进行审查，而不去评价其是否严重地阻碍了竞争，这种只注重静态的结构分析，忽略限制竞争的结果的审查方法有违经济学理论。《第 4064/89 号并购条例》确立的实体标准存在两种解释：一种解释是，并购产生或加强支配地位，便自动阻碍有效竞争。这种观点的支持者认为，支配性地位标

---

[1] Moritz Lorenz, *An Introduction to EU Competition Law*, Cambridge and New York: Cambridge University Press, 2013, p. 189.

准仅是单一的标准，即支配地位是必要的和充分的条件。[1]然而，支配地位的加强或强化不应与根据第 86 条的这种地位"滥用"混为一谈。该测试核心在于竞争驱动和基于委员会和欧洲法院根据第 86 条发展的支配地位观念，[2]旨在检验通过支配地位的建立或加强必须导致显著阻碍了有效竞争的局面，并非企图创造一个单纯的支配地位测试，因为支配地位本身不被禁止。故而另一种解释是，如果并购导致产生或加强支配地位，并且在市场结构的这种变化导致了"严重妨碍有效竞争"的效果，则该并购将被禁止。换言之，支配地位是禁止并购一个必要但不充分的条件，仍然必须证明竞争显著阻碍。[3]法院拒绝了支配地位的充足性而支持支配性地位标准的双层解释。尽管《第 4064/89 号并购条例》第 2 条第 3 款的规定确立了禁止一个集中所需的累积两层测试：（1）产生或加强了市场优势地位；（2）实质性阻碍有效竞争。第一层面的目的明显将支配地位的评估视为标准的主要焦点，第 2（3）条的第二层面涉及对"实质性阻碍有效竞争"的评估。在"法国诉共同体委员会案"（France v. Commission）中，欧洲法院认为，第二层面"意在保证集中和市场竞争结构的破坏存在着因果关系，只有在即使集中没有进行，集中导致的竞争结构会以相似的方式恶化的情况下才能被排除。"[4]从理论上讲，两个方面应当各自适用，但是在实践

〔1〕　Lars-Hendrik Röller and Miguel de la Mano, "The Impact of the New Substantive Test in European Merger Control", *European Competition Journal*, Vol. 2, No. 1, 2006.

〔2〕　Frank L. Fine, "The Substantive Test of the EEC Merger Control Regulation: The First Two Years", *Antitrust Law Journal*, Vol. 61, No. 3, 1993.

〔3〕　Lars-Hendrik Röller amd Miguel de la Mano, "The Impact of the New Substantive Test in European Merger Control", *European Competition Journal*, Vol. 2, No. 1, 2006.

〔4〕　Case C-202/88-France v. Commission〔1991〕ECR Ⅰ-1223.

中，委员会一再地忽略条文的第二部分，似乎只关注支配地位的产生或加强这一要求。除非一个集中在第一部分的范围内（可能产生或加强市场支配地位），否则问题的第二部分（是否会产生竞争被实质性阻碍的结果）并不会产生。同样，在一个集中属于第一部分的情况下，委员会认为第二部分提供了自由裁量的空间，用以决定一个可能造成潜在市场支配地位的集中是否违反了集中控制规则。但是，在第一部分（市场优势）不被满足的情况下，第二部分（阻碍竞争）不能被用来反对一个集中。这种方式造成了对先前集中控制实践的曲解，在那里它只能被用来禁止那些产生或加强市场支配地位的集中活动。[1]批评人士指出，以支配地位为基础的测试存在逻辑错误，因为支配地位在经济方面是没有意义的。支配地位的法律定义是非常接近于市场力量的经济概念的。市场力量是指影响竞争能力的重要参数。特别是一个公司能够持久增加价格，使其高于竞争水平而盈利，则具有重要的市场力量。然而，几乎所有的企业都有一定的市场力量，尽管大多数都很小。因此，在竞争中相关的问题不是市场力量的存在，而是是否是重要的（即实质）。支配地位企业独立行事的要求并不是绝对的，而是一个程度的问题。如果公司可以独立行为，则在很大程度上意味着占据支配地位。[2]一直以来，强烈批评的矛头直指实体标准没有考虑到效率因素，认为支配地位仅是一个必要的要求。

支配性地位标准适用上的不周延以及对寡头垄断市场缺乏明确规定，导致并购控制上的空白，使得很多实际可能造成严

---

〔1〕 刘丽、陈彬：《欧盟控制企业集中法律制度研究》，北京理工大学出版社2013年版，第110页。

〔2〕 Lisbeth F. la Cour and H. Peter Møllgaard, "Meaningful and Measurable Market Domination", *European Competition Law Review*, Vol. 24, No. 3, 2003.

重反竞争效果的并购交易被排除在了并购条例之外。根据欧盟委员会以前的判决，任何并购后企业的市场份额低于 40% 且不构成单一企业支配地位的情形，均不受并购条例的限制。[1]唯市场份额是瞻的并购支配性地位的核心标准，不仅使委员会对单边效果情形穷于应付，而且招致败诉和责难。这在"天旅收购首选案件"中表现得淋漓尽致。委员会求助于集体支配性地位标准，认为并购后的新企业将与剩余两家大型旅行社通过限制服务能力的方式，从事默示协同行为（tacit coordinate behaviour），然而原告因举证不能遭败诉。在该案件中，即使集体性支配地位不存在，天旅收购首选后仍将产生反竞争效果。不可否认，根本性的问题在于委员会在支配性地位标准的分析中过于强调市场份额，及委员会始终不渝地坚持 40% 的起点标准。尽管 40% 便于委员会认定并购是否产生和增强市场支配性地位，但过于依赖市场份额标准的局限性也暴露无遗。[2]2002 年欧洲初审法院撤销了委员会在"天旅/首选案"中的决定。尽管欧洲初审法院重申以前判例中对集体支配性地位的解释，但人们对并购条例是否存在漏洞，尤其是对非共谋寡占市场上（non-collusive oligopolistic markets）的并购是否适用并未达成共识，因此该法律盲点并未消除，必须加以补缺。委员会尽管拒不承认存在该缺憾，但为消除人们的疑虑，建议对并购条例中的支配性地位概念加以明确。不过，对委员会的建议和者甚寡。理事会最终通过的新条例进行了折衷，创设了严重妨碍有效竞争标准。正如《第 139/2004 号并购条例》序言第 25 部分所指出的，欧洲

---

〔1〕 Vijay S. V. Selvam, "The EC Merger Control Impasse: Is There a Solution to this Predicament?", *European Competition Law Review*, Vol. 25, Iss. 1, 2004.

〔2〕 刘和平：《欧盟并购控制法律制度研究》，北京大学出版社 2006 年版，第 162 页。

法院至今仍未对《第 4064/89 号并购条例》作出明确的司法解释，将产生该类非协同性效果（non-coordination effects）的并购确定为与共同体市场不相容。因此，为维持法律的稳定性，应在条例中明确，任何将严重妨碍共同体市场或其相当部分地域有效竞争的并购应受到有效控制，并宣布为与共同体市场不相容。只要企业在相关市场上不居于市场支配性地位，一项并购产生的反竞争效果属于企业非协同行为所致，则《第 4064/89 号并购条例》第 2 条第 2 款及第 3 款中的"严重妨碍有效竞争，应作广义解释，其范围应超出支配性地位概念外延"，这充分揭示了欧盟创设严重妨碍有效竞争标准弥补市场支配性地位标准漏洞的缘由。[1]

自《第 4064/89 号并购条例》实施以来，具有共同体规模的并购案件日渐增多，而且并购审查所涉及的经济问题越来越复杂，委员会对并购做出决定时所涉及的经济分析更加复杂。但现有的并购条例对经济分析缺乏明确指导，对许多公认的经济理论未予以充分考虑，如分析一项并购是否具有反竞争性时应考虑哪些因素、各因素之间的关系及地位如何、集体支配性地位的适用条件等未置可否，加上欧盟实行行政型并购控制制度，委员会对并购享有审批或禁止权，导致委员会在执法过程中自由裁量权过大，不断地采取一些创造性方法对并购案件进行干预。在 1991 年至 1998 年的 8 年中，委员会共禁止了 10 起并购，而在 1999 年至 2001 年的短短 3 年内，委员会对 8 起并购案件予以禁止，同时还有一些重大案件为避免遭受委员会的禁令而被迫放弃并购。如在 2000 年"家乐福集团/普罗莫德公司案"中，委员会首次确认了并购后企业市场份额低于 40% 时构

---

〔1〕 刘和平：《欧盟并购控制法律制度研究》，北京大学出版社 2006 年版，第 139 页。

成单一企业支配性地位，从而要求占法国消费市场份额 20%~
30%的零售商家乐福提供补救性措施，以避免其行使市场势力。
再如，在"沃尔沃/斯堪尼亚（Volvo/Scania）并购案"中，委
员会在并购条例规定的 3 个月期限到期后拒绝接受当事人提交
的补救措施建议，并对该并购加以禁止。[1]这些自由裁量权的
行使招致了一些批评：一方面，委员会在并购调查中同时扮演
调查者、公诉人和法官角色，尤其是由同一工作人员分析案件
事实、对申报并购进行指控、决定该案件应提供多少证据并决
定是否批准该并购，不利于做出公正裁决。这种上诉权与美国
体系要求反托拉斯当局必须证明并购可能产生的损害以获得禁
止交易的法院命令的程序迥然不同，需要花费 2 年甚至更长时
间由上诉委员会决定禁止并购。对于禁止令的事后司法审查，
各方一般对复活木已成舟的被禁止的并购不抱任何希望。此外，
向初审法庭提出的上诉一般只限于程序性而不是实质性或教义
性的问题，因此对欧盟并购禁令的上诉少之又少。[2]另一方面，
因对支配性地位标准缺乏明确的规定，尤其是在对混合并购进
行评估时，委员会依据所推测的未来反竞争行为对并购加以禁
止，严重损害了法律的稳定性和可预期性。因此，明确支配性
地位标准的指导性实施细则十分必要。

　　有鉴于此，欧盟成员国和欧盟委员会强烈建议修改市场支
配性地位标准。2001 年 12 月 11 日，欧盟委员会开始对《第
4064/89 号并购条例》的实施进行审查，发布《关于评论欧共
体理事会第 4064/89 号并购条例的绿皮书》［Green Paper on the
Review of Council Regulation （EEC） No4064/89，以下简称"绿

〔1〕 Case No COMP/M. 1672-Volvo/Scania ［2001］OJ L143/74.

〔2〕 Donna Patterson and Carl Shapiro，"Transatlantic Divergence in GE/Honeywell：
Causes and Lessons"，*Antitrust Law Journal*，Vol. 16，Iss. 1，2001.

皮书"〕，涉及控制企业并购的管辖权、实体标准以及程序性问题，对美国的"实质性减少竞争标准"和欧共体的"市场支配性地位标准"进行了比较，认为两者之间存在很多的相似之处，都对相关市场的范围、并购对相关市场的影响、并购企业面临的竞争限制进行考察。[1]随后，欧盟各界在是否接受实质性减少竞争标准上展开了激烈的讨论，这场争论主要发生在英国、爱尔兰和德国之间。英国和爱尔兰支持实质性减少竞争标准，而德国希望欧盟委员会保留传统的市场支配性地位标准。支持实质性减少竞争标准的一方提出了三个理由：第一，与市场支配性地位标准不同，实质性减少竞争标准从经济角度提出了正确的问题，即并购是否严重减少竞争；第二，市场支配性地位标准产生了一个实施缺口，难以约束非共谋寡占市场内可以通过单边作用形成更高价格的并购行为，但是这种并购没有产生单一支配公司或者便于更大的默示协调；第三，采用美国和许多其他国家使用的实质性减少竞争标准可以促进更大范围内的实体一致。但是，德国普遍反对将"市场支配性地位"的标准转变为"实质性减少竞争标准"。特别是德国的反垄断委员会、联邦卡特尔局以及学者们认为，由于这两种标准原则上无实质性的区别，因此，将禁止并购的"市场支配性地位标准"转为"实质性减少竞争标准"缺乏令人信服的理由。这两种标准最终追求的是同一目的，即防止人们不期望的市场力量的出现。"严重损害竞争"的标准与欧共体企业并购控制条例关于"市场支配性地位"的定义与通常使用的"不被竞争充分控制的一类行为"的含义完全相同。同样，这两种标准在实体法方面也没有区别，因为它们都是对集中后的行为做动态的、灵活的和有效

---

〔1〕 Commission of the European Communities Green Paper on the Review of Council Regulation (EEC) No. 4064/89, EUR. PARL. Doc. (COM. 745) 6 (2001).

的分析。"严重损害竞争"的标准尽管更灵活，但却是一个更为不确定的标准，从而会导致并购控制的门槛过低，在评价并购案时欧盟委员会有着一个大到不能使人接受的自由裁量权，而这些权力委员会通过市场支配性地位标准是无法获得的。将并购控制标准变为"严重损害竞争"，也会给实务工作带来严重的不便，这不唯对企业和法律工作者如此，欧盟委员会和欧洲法院亦不例外。因为完全采用新的标准将会危害根据旧有的"市场支配地位"标准发展的法律理论，这个转变至少在开始会产生解释新标准时的不确定性和不可预见性。还应考虑的是，欧洲和德国现在已有相当多的判例法，它们是由欧盟委员会和欧洲法院在过去十几年适用《第 4064/89 号并购条例》所规定的支配性地位标准发展起来的。如果适用新的标准，这些经验至少在一定程度上会成为多余。因为许多欧盟成员国及大多数准备加入欧盟的国家已经在其并购控制法中规定了市场支配性地位标准，尽管实质性减少竞争标准可以促进与采用该标准的美国之间的一致，但却是以与许多欧盟成员国的法律相偏离为代价，也将引起欧盟本身的不一致。这一立场可以归纳为"未弊不修（When it ain't broke, don't fix it）"，[1]而主张修改市场支配地位的观点可以用"注意空隙（Mind the gap）"来概括。[2]

推究其故，奥地利、德国、哥斯达黎加、阿尔巴尼亚、亚美尼亚等国家将市场支配地位作为企业并购的实质审查标准，明确对可能或已经导致或加剧当事方企业市场支配地位的并购交易应予禁止。这种被形容为结构主义的审查标准常常被批评

---

[1]　Alexander Riesenkampff, "New E. C. Merger Control Test under Article 2 of the Merger Control Regulation", *Northwestern Journal of International Law & Business*, Vol. 24, Iss. 3, 2004.

[2]　John Fingleton and Dermot Nolan, "Mind the Gap: Reforming the EU Merger Regulation", *Mercato Concorrenza Regole*, Iss. 2, 2003.

为过于僵化，过分注重对市场结构的评价，而忽视了动态的竞争环境和对竞争的影响。但其优点在于比较容易量化，有利于操作得中规中矩，尤其是符合德国的法律文化传统。[1]市场支配性地位标准是德国模式在欧共体发端初期居功甚伟的贡献，与德国国内法密切相关，其存废关乎捍卫德国法律模式的重大问题，关乎德国竞争法学在欧盟竞争法中的话语权，无怪乎德国法学界不遗余力地为此辩护。事实上，单纯注重结果的审查方法也往往受到不少质疑，因其很难加以量化，而且涉及的竞争因素也远远多于支配性标准考虑的相关因素，因而监管机构往往握有过多的解释权和自由裁量权，难以在各个案件中作出稳定的判决，其执法结果很难被预见，法律的确定性不强。按照比较法学研究的成果，美国实际上也不是采取单纯的结果主义实质审查标准，而是和大多数国家一样，同时使用市场支配地位和实质性减少竞争两个衡量标准，是结构与结果两种传统审查方式兼容并蓄的混合，只不过在这种"双轨制"的框架下，政策侧重点不同而已。其实欧共体的《第 4064/89 号并购条例》也是采取这种"双轨制"，均包含两个方面：如果并购交易没有形成或加强市场支配地位，则监管机构一般不予禁止。但是，一旦形成支配地位，对竞争的实质影响就成了实质审查的主要内容。从两者的关系来看，形成或者加强市场支配地位的结构性事实并不当然地违反企业并购控制制度，因为其同时还取决于实质减少竞争的结果性事实，是故以前者为基础，以后者为关键，两者缺一不可。但一项并购交易即使构成前者，如果构不成后者，则仍然不能被绝对禁止，因此可以说是以后者为重要辅助。因此，实质性减少竞争又是关键因素，直接帮助判断

---

[1] 史建三等：《企业并购反垄断审查比较研究》，法律出版社 2010 年版，第 165 页。

并购交易对相关市场的实质影响。[1]美国是以实质性减少竞争为主、市场支配地位为辅的"双轨制"。其基本逻辑是，先考察并购交易是否会严重限制、阻碍、减少竞争，对竞争没有实质性负面影响的并购交易一般会获得认可，但是一旦被证实相反，这样的并购就可能遇到反对，如果同时满足支配性测试，则这样的并购自不待言尤其应当受到重视并被禁止。与上一种"双轨制"相比较，其相同点是支配性测试自身不足以否定一项并购交易，不同点是前者是以支配性审查为基础、以实质减少竞争为关键的逻辑方式，而后者是以实质减少竞争为基础、以支配性为重点考察对象的逻辑方式。从两者的关系来看，前者的两项测试必须都被满足才能否定一项并购，而后者不必然要求满足支配性测试。从考察内容上看，两项测试的内容都会被考虑，但不一定需要支配性测试的存在，因此，支配性测试只是一项辅助标准。

2002 年 12 月欧盟委员会提出了取代现行企业并购控制条例的新的企业并购控制法规草案，在同年委员会发布了《委员会关于横向并购评估的通令（草案）》，此草案与美国 1992 年的《横向并购指南》有相似之处。2003 年 11 月 27 日，欧盟部长级理事会通过了新的企业并购控制法规，新法规于 2004 年 5 月 1日正式生效。委员会通过《第 139/2004 号并购条例》逐步向美国的"实质性减少竞争"标准转变，对市场支配性地位标准进行了较大的修改，创设了"严重妨碍有效竞争"（Significantly Impedes Effective Competition，SIEC）标准。该标准采效果型定位的规制政策，强调任何反竞争效果的并购都与共同市场不相容，加强了欧盟对企业并购进行反垄断审查的实际规制力。《第139/2004 号并购条例》第 2 条规定："如果并购不会严重损害共

---

〔1〕 史建三等：《企业并购反垄断审查比较研究》，法律出版社 2010 年版，第166 页。

同体市场或其重大部分的有效竞争，特别是不会增强市场支配
性地位时，应宣布其与共同体市场相协调；若并购严重损害共
同体市场或其重大部分的有效竞争，特别是能够产生或者加强
支配地位时，应宣布其与共同体市场不相容。"（A concentration
which would significantly impede effective competition, in particular
by the creation or strengthening of a dominant position, in the
common market or in a substantial part of it shall be declared incom-
patible with the common market.） 一方面，较之修改前"产生或
加强市场支配地位，以至于严重妨碍有效竞争"。（［a］concen-
tration which creates or strengthens a dominant position as a result of
which effective competition would be significantly impeded in the
common market or in a substantial part of it shall be declared incom-
patible with the common market.） 新条例将一切严重妨碍有效竞
争的并购交易纳入规制范围，产生或加强市场支配地位只是其
中的一种形式。这意味着欧盟委员会更加强调并购对竞争的影
响，而非市场支配地位本身，从而与美国的标准也趋于一致。
另一方面，为维持欧盟法律的稳定性，欧盟理事会采取了对
《第4064/89号并购条例》第2条第2款及第3款进行改造的方
式，通过强调第二个从句"严重妨碍有效竞争"，使得"产生或
加强市场支配地位"不再成为并购行为应当受到禁止的唯一原
因，而仅是主要原因。详言之，新条例第2条第2款以及第3款
是传统的企业并购实体法规制标准"支配地位的形成或加强"
的措辞保留，"严重妨碍有效竞争"被置于该条例的企业并购规
制的中心，"支配地位的形成或加强"被置于引起"严重妨碍有
效竞争"主要例证的地位。[1]企业并购即使不是带来"支配地

〔1〕 平川幸彦:「EC企业结合规则2004年改正における企业结合の评价
（上）——近年の企业结合规制改革に关する一考察—」,『法学研究』第84号, 2008年。

位的形成或加强"，倘若导致"严重妨碍有效竞争"，也构成对《第 139/2004 号并购条例》第 2 条第 3 款的违反。[1]由是观之，尽管严重妨碍有效竞争标准与实质性减少竞争标准在表述上存在差异，但二者都将"严重损害或减少有效竞争"作为禁止并购的原因，二者在适用范围、分析方法、运用效果等方面也基本相同。

　　造成这种局面的原因在于，无论是欧盟委员会建议通过引入明确的市场支配定义来保留市场支配性地位标准，还是通过直接转为引入美国式的实质削弱竞争标准作为企业并购控制的新标准，都没能在欧盟理事会中得到足够的多数票支持。同时，由于可能存在的规制漏洞会引发法律适用的不确定性，而且有必要克服这种不确定性，因此欧盟理事会最终达成一致，将传统的市场支配性地位标准和实质削弱竞争标准合二为一，以此作为未来欧盟企业并购控制标准。这种"混合标准"呈现出了法律折衷主义的特征，既包含了以往植根于既往的《欧共体理事会关于企业并购控制的第 4064/1989 号条例》的要素，又可以作出类似于实质削弱竞争标准的解读，囊括寡占市场中的非协调效应，从而一当两便。在旧条例中"产生或加强支配地位"的核心构成要件退化为该规定中的特别列举，此前作为后段的"严重妨碍有效竞争"，则喧宾夺主，积渐卒成最为核心甚至唯一的构成要件。[2]如果一项并购尤其是因其产生或加强企业的支配性地位而严重妨碍共同体市场或其相当部分地域的有效竞争的，则应当宣布该并购与共同体市场不相容，并予以阻止，从而有效地对市场支配性地位标准不适用于寡头垄断市场非共

　　〔1〕　平川幸彦：「EC 企業結合規則 2004 年改正における企業結合の評価（上）——近年の企業結合規制改革に関する一考察——」，『法学研究』第 84 号，2008 年。

　　〔2〕　［德］乌尔里布·施瓦尔贝、丹尼尔·齐默尔：《卡特尔法与经济学》，顾一泉、刘旭译，法律出版社 2014 年版，第 297 页。

谋式并购的漏洞进行拾遗补阙。按照《第 4064/89 号并购条例》第 2 条的规定，要评价经营者集中行为是否符合共同市场的要求，欧共体委员会必须确定：其一，集中是否产生或者强化了经营者的市场支配性地位；其二，共同市场或者其中大部分的有效竞争是否由此受到了显著的损害。有别于"市场支配地位"标准将经营者集中产生或加强市场支配地位作为显著妨碍有效竞争的唯一原因，并建立直接的因果关系，新标准将"严重损害共同体市场或相当部分地域的有效竞争"作为结果，把"产生或加强市场支配地位"仅作为严重妨碍有效竞争的原因之一。严重妨碍有效竞争标准从对市场竞争所造成损害结果的角度对并购加以控制，支配性地位标准成了产生该种结果的原因之一，而在支配性地位标准中，支配性地位是严重损害共同体市场的唯一原因。严重妨碍有效竞争标准覆盖了《第 4064/89 号并购条例》存在的法律漏洞，使实体标准更趋完善。这样如果若干家小企业在并购前并不具有市场支配地位，但是并购后将产生市场支配地位并有严重损害欧共体市场内的竞争，也能被纳入规制的范围。正如《第 139/2004 号并购条例》序言第 25 部分所指出的，"鉴于卖方寡头垄断市场结构（oligopolistic market structures）可能产生的不利后果，在该市场维持有效竞争十分必要。尽管许多卖方寡头垄断市场不同程度地呈现出有益于竞争的局面，然而在特定情形下，因消除并购当事人之间存在的重大竞争约束（important competition constrains）以及减少并购后剩余竞争之间的竞争压力，此时即使在寡头成员之间不存在协同（coordination）可能性，该并购仍会严重妨碍市场上的有效竞争"，[1]

---

〔1〕 Commission Regulation（EC）No 802/2004 of 7 April 2004 Implementing Council Regulation（EC）No 139/2004 on the Control of Concentrations between Undertakings, OJ L 133，30. 4. 2004.

所以应予以禁止。这样，严重妨碍有效竞争标准适用的范围比支配性地位标准更广，涵盖了"非协作性效应"的情形，更能反映并购控制的本质，更具合理性，而且填补了支配性地位标准无法管辖的盲区，能够更有效地维护市场竞争。

比较而言，实质性减少竞争标准比支配性地位标准的优势主要体现在以下五端：（1）实质性减少竞争标准更加具有弹性。实质性减少竞争标准将考察重点放在企业的市场行为和企业间的动态竞争上，市场支配性地位标准将重点放在市场份额和市场集中度上。（2）实质性减少竞争标准容易使用经验证明和经济学分析方法。（3）实质性减少竞争标准具有更高的透明度。（4）实质性减少竞争标准可以有利于发现问题和找到解决问题的方法。（5）实质性减少竞争标准更加有利于在并购规制中引入效率分析。依据欧盟企业并购实体分析框架，市场支配性地位标准的分析模式是支配地位测试加多因素分析，一旦并购可预见性地创设或者加强并购企业的支配地位，那么并购方企业所提出的效率抗辩就很难为欧盟委员会所接受，这种情况已经在欧盟 MSG/Media Service GmbH[1] 和《第4064/89号并购条例》生效后第一起禁止的"宇航公司-阿莱尼/德哈维兰（Aérospatiale-Alenia/De Havilland）案"[2]中出现过了。与之相较，在美国，企业并购后的效率测评是企业反竞争效果动态分析过程中不可或缺的环节。因此，有些评论者认为，反垄断法的基本价值之一就是效率，企业并购规制应该以为消费者、为社会整体创造更多的福利为己任，美国的实质性减少竞争标准较之市场支配性地位标准更容易接受效率分析，降低企业并购门槛，使得虽对市场竞争造成不利影响，但却创造更多效率的企业并购免遭禁止厄运。

---

〔1〕　Case No Ⅳ/M. 469, MSG Media Service［1994］OJ L 364/1.

〔2〕　Case No. Ⅳ/M053-Aérospatiale-Alenia/de Havilland［1991］OJ L334/42.

然而，对欧盟委员会"严重妨碍有效竞争"标准的批判在所多有。或谓"严重妨碍有效竞争"标准与其说通过采用低标准更具可预测性，不如说增加了法律的不稳定性。[1]也有一部分学者认为，欧盟企业并购控制制度转向严重妨碍有效竞争测试（SIEC-Test）并非是要降低干预门槛以便禁止更多的企业并购计划，而是旨在扩大企业并购控制适用的范围，将所有对竞争构成威胁的情况均涵括于内，甚至包括其中目前尚不为人知的情况。但严重妨碍有效竞争测试较诸市场支配性地位标准显得更似一把"钝刀子"。相比具有欧盟范围影响的并购案件，影响更多集中体现在，个别成员国里的案件在本国层面上需要适用的禁止并购标准反倒更显严格。[2]

为了配合该标准的实施，减少适用上的歧义，改善委员会执行并购政策的可预期性，提高并购审查透明度，欧盟制定了专门的《横向并购评估指南》，创造性地引入了非协同效果理论和效率抗辩分析，详尽地阐述了委员会进行并购审查时所应考虑的因素。欧盟委员会根据《第139/2004号并购条例》第2条授予的权限，在总结14年的执法经验及法院判例基础上，制定了专门的《横向并购评估指南》，为企业及其律师分析哪些并购将遭异议提供了有益指导。委员会进行横向并购反垄断审查的评估要素包括市场份额及集中度、非协同效果和协同作用产生的潜在反竞争效果、市场进入、背离企业、购买势力、并购专有效率、破产等。不仅考虑对竞争造成的严重损害，而且结合反竞争抵消因素，综合分析并购对竞争的影响。可以说，欧盟

---

〔1〕 平川幸彦：「EC企業結合規則2004年改正における企業結合の評価（上）——近年の企業結合規制改革に関する一考察——」，『法学研究』第84号，2008年。

〔2〕 ［德］乌尔里布·施瓦尔贝、丹尼尔·齐默尔：《卡特尔法与经济学》，顾一泉、刘旭译，法律出版社2014年版，第305页。

的评估指南是美国《横向并购指南》在欧洲的翻版，为委员会
进行并购反竞争性分析提供了明确的指导性框架和特定标准，
有利于企业在策划并购时避开反垄断问题，使企业知悉如何合
法地开展并购活动。

　　综观欧盟竞争法，《第 2005/56/CE 号跨国并购指令》（the
Directive 2005/56/CE on Cross-border mergers）和《第 139/2004
号并购条例》（the Economic Concentration Regulation 139/2004），
被称为"ECMR"。《第 139/2004 号并购条例》的产生历史被打
上了参加该条例的成员国各种不同观点的烙印。在此之前，考
察的只是通过并购是否形成或加强了某个企业的市场支配地位。
新的实体标准是为了建立并购规则和并购经济效应之间的强对
应。[1]"严重妨碍有效竞争"的概念在《条例》第 2 条（2）和
（3）应该被解释为延伸、超越支配地位的概念，只有来自企业
不具有相关市场支配地位的非协调性行为导致集中的反竞争效
果。[2]在新标准之下，市场支配地位只是个常规考察项，重要
的是要考察是否严重妨碍了有效的竞争。[3] 2004 年欧盟并购控
制法律制度是历经前三个阶段发展的产物，逐渐从依据并购后
结构因素转向并购所引起的反竞争效果，来判断并购是否具有
反竞争性，确立了结果型标准，从过去过分依据市场份额向多
元化评判标准转变，走出了 40% 以下市场占有率者不存在反竞

---

　　[1]　Commission Proposal for a Council Regulation Regarding the Control of Mergers by Undertakings of 11 December 2002, 2003 O. J.（C 20）4.

　　[2]　Commission Regulation（EC）No 802/2004 of 7 April 2004 Implementing Council Regulation（EC）No 139/2004 on the Control of Concentrations between Undertakings, Recital 25, OJ L 133, 30. 4. 2004.

　　[3]　[德] 乌尔里希·依门伽："欧洲企业合并控制：制度、实践和发展"，冯锦恒译，载南京大学中德法学研究所编：《中德法学论坛》（第 5 辑），南京大学出版社 2007 年版，第 9 页。

争性、50%以上市场份额者就是取得市场支配性地位而应遭禁止的怪圈。[1]新标准外延更广,将以前遗漏的寡占市场上的并购纳入监管范畴,堪称五十多年来欧盟并购控制立法的集大成者。

第三节　美国并购控制的实体标准

波斯纳认为,消除集中的政策给社会带来了沉重的成本,牺牲了规模经济以及其他效率。在企业的市场份额接近可能引发消除集中诉讼的水平时,该企业会有动力减少自己的市场份额,或者使其停滞不前。达到这一目的的符合逻辑的做法就是提高价格。这样的结果就是,其恰恰导致了消除集中政策所防止的在竞争水平之上定价。消除集中的诉讼会给被告带来成本。企业将乐意花些成本避免受到这种起诉。[2]确定一个市场份额的上限,规定企业只要超过就会受到剥离,会引起恶性激励的效应。[3]因此,消除集中的立法建议理所当然地被扔进了历史的垃圾箱里。然而,美国国会在制定《谢尔曼法》的时候,就已经牢固确立了维护正常竞争秩序的根本目的,"国会相信竞争是经济生活的常态。尽管受到托拉斯与并购运动的挑战,竞争仍然是'贸易的生命'。总的来说,只要市场上存在竞争,其结果就是最理想的"。[4]

---

〔1〕　刘和平:《欧盟并购控制法律制度研究》,北京大学出版社 2006 年版,第 12 页。

〔2〕　Richard A. Posner, *Antitrust Law*, Chicago: The University of Chicago Press, 2001, p. 116.

〔3〕　Richard A. Posner, *Antitrust Law*, Chicago: The University of Chicago Press, 2001, p. 117.

〔4〕　Hans B. Thorelli, *The Federal Antitrust Policy*: *Origination of an American Tradition*, Baltimore, MD: The Johns Hopkins University Press, 1955, pp. 226~227.

与禁止联合限制竞争制度和禁止滥用市场支配地位制度相比，控制企业结合制度在许多国家或地区的反垄断法中并不是一开始就有的，而是相对较晚才发展起来的。美国企业并购反垄断审查的实质标准是在《克莱顿法》第 7 条的具体规定中确立的。《美国 1914 年克莱顿法》第 7 条规定："任何人不得直接或间接并购其他人的全部或部分资产，如果该并购造成实质性减少竞争的效果或者旨在形成垄断（the effect of such acquisition may substantially lessen competition，or to tend to create a monopoly），就予以禁止。"[1]这一实体标准被称为实质性减少竞争标准（Substantially Lessen Competition，简称 SLC）。1914 年的《克莱顿法》是对 1890 年的《谢尔曼法》的补充，《谢尔曼法》第 1 条是关于限制贸易的联合行为，第 2 条是关于垄断化问题，这两条也可以适用于大规模的并购交易。然而，《克莱顿法》第 7 条允许根据"早期"标准起诉并购交易，即使并购的垄断力尚未造成对竞争的损害，但只要并购的影响可能会实质性地减损竞争时，就可以适用第 7 条。《谢尔曼法》中的禁止条款传统上被解释为，其在证明对贸易的实质影响方面门槛较高，《克莱顿法》第 7 条的"可能会实质性地减损竞争"一词降低了证明标准，至今仍是美国关于并购的主要法规。[2]但它开始只是禁止通过股票买卖所实现的并购，而不禁止通过资产取得所进行的企业并购，直到 1950 年的《塞勒-凯弗维尔修正法》才使对各种形式的企业并购的控制合法化。1976 年的《哈特-斯科特-诺迪罗反垄断修订法》（Hart-Scott-Rodino Antitrust Improvements Act，简称 HSR Act）又对《克莱顿法》第 7 条补充了 7A 条款，

---

[1] Clayton Act of 1914, 15 U.S.C. §§ 12-27（2002）.

[2] 白艳：《美国反托拉斯法/欧盟竞争法平行论：理论与实践》，法律出版社 2010 年版，第 170 页。

要求涉及大企业的并购在并购前须向反托拉斯机构申报，在规定的期限内没有异议的才可以实施并购。[1]1980 年通过的《反托拉斯诉讼程序改进法》还将《克莱顿法》第 7 条的"公司"扩大到"人"，将"在任何商业部门"扩大到"在任何商业部门和/或在任何影响商业的活动中"，从而进一步扩大了该法的适用范围。此外，美国司法部于 1968 年、1982 年和 1984 年发布的《横向并购指南》以及司法部和联邦贸易委员会于 1992 年联合发布的《横向并购指南》，尽管不具有法律的拘束力，但也体现了美国反托拉斯机构的企业并购控制政策。反托拉斯机关和法院在 20 世纪 60 年代在并购控制方面过于严刻。然而，实质性减少竞争标准的灵活性允许将执法经验和经济学发展融入的并购政策，适当引入事实深入调查，通过现代经济学的镜头来仔细检查证据。阿里达和特纳教授认为："第 1 条不合理的限制概念与第 7 条可能的实质性减少竞争的概念相较，结果无差。"[2]20世纪 90 年代后，受到后芝加哥时代产业经济学的影响，《横向并购指南》改变了单纯从市场结构来分析市场集中和市场份额的做法，提出来一些新的考量因素，增加了对市场进入效果的影响的考虑，在评估潜在反竞争效果时指出了两个重要的考虑因素：相互协调性行为和单边行为，细化了效率效果的考虑，认为效率的增加应大于竞争的减少，从而从市场结构和合理效率的角度更好地对经营者集中进行规制。根据美国现行的判例法，针对企业集中产生的结构性效应应该设置集中的审查体系，以决定该并购是否可能实质性减少竞争或造成垄断。分析并购

---

〔1〕 ［德］沃尔夫冈·费肯杰：《经济法》（第 2 卷），张世明译，中国民主法制出版社 2009 年版，第 332 页。

〔2〕 Philip Areeda and Donald Turner, *Antitrust Law*, Boston：Little，Brown and Co.，1980，p. 22.

在集中方面的效应仍然是评估过程中的重要部分，但 1992 年的《横向并购指南》带来的主要变化是，如果要否定一个并购，反垄断机构需提供可靠的理论根据，说明在审查中的并购会如何对竞争产生负面影响。现行文本的理论基础是，并购除非有利于明示或默示的共谋，或者加强了垄断或准垄断部分的市场力量，否则不能被否决。换言之，只有那些会导致相关市场内竞争实质性减少的并购才会被认为应当被否定。2010 年美国新的《横向并购指南》在概述部分依旧明确重申了实质性减少竞争标准，并通过一系列的具体规则设计为实质性减少竞争标准的落实而服务。从形式上来看，实质性减少竞争标准一直没有变化，但是其内涵与执法实践却受到了美国不同时期的经济环境、政治背景、价值观念、利益博弈等多种因素的影响，从而旧瓶装新酒，呈现出所指固定不变外衣下能指的、移步换形、旧话新解、表达与实践若即若离的一种经历曲折的依旧维新发展路线。美国反托拉斯法治实践也表明，反垄断立法、执法、司法与经济理论、经济研究范式息息相关。

一、4 企业集中度比率（CR4）

在 20 世纪 60 年代以前，市场份额是衡量市场集中水平的唯一标准。在这一时期，资本主义国家普遍奉行亚当·斯密的自由竞争理论，实行严厉的经营者集中控制标准：基本不对企业优势地位的存在和滥用进行区分，只要形成大规模的经营者集中，一律加以禁止。降及 20 世纪 60 年代到 70 年代，寡头垄断危及到了国家的发展，哈佛学派的"结构主义"理论占主导地位。美国的法院和反垄断机构都倾向于以市场上 4 个最大企业的集中度比率（CR4）作为测定市场结构和集中度情况的标准。CR4 就是某个相关市场中处于前 4 位企业的市场份额之和。例如，如果前 4 位的企业分别占有 15% 的市场份额，则集中度比例为 60%。1968 年《横向并购指南》将市场分为高度集中、集中和有集中趋势三种。高度集中的市场是指市场最大的 4 个企业所共同占有的市场份额大于等于 75%；集中的市场是指市场上最大的 4 个企业所共同占有的市场份额小于 75%；有集中趋势的市场是指市场上 2 个~8 个最大企业的市场份额，在集中前的 5 年到 10 年内，至少增长了 7%。根据 1968 年《横向并购指南》的规定，CR4 大于 75% 的市场被认为是高度集中的市场，在这个市场上，一项涉及两个分别拥不足 4% 份额的企业集中就被认为是非法的。如果被集中的企业虽然在市场上只占很小的市场份额，但却是一个非常活跃的竞争者，或者有相当的潜力扩大其市场份额，这项集中很有可能会被禁止。在严厉的审查下，这一时期，企业的集中只能在一些生产不集中或基本上没有集中趋势的市场上进行，实质上对优化竞争性的市场结构产生了妨碍。自 20 世纪 80 年代以后，在芝加哥学派的"效益主义"理论的指导下，美国的经营者集中的实体审查标准也发生了相应的变化。和哈佛学派阻止一切可能导致市场集中的并购行为以维护市场竞争的目的不同，芝加哥学派认为效率应当是经营者集中控制的唯一目标，因为效率等同于消费者福利，效率最大化也就是消费者福利最大化。芝加哥学派认为政府在反垄断方面的作用应该限定为市场力量不足以自我修正的补充，经营者集中控制的依据在于"垄断化"和"图谋垄断"背后的行为内容。

二、HHI 指数

美国 1982 年及以后的《横向并购指南》改变了对横向并购控制过严的做法，提出了新的审查标准，即赫芬达尔-赫希曼指

数（Herfindahl-Hirshmann-Index，HHI 指数）标准。因为赫芬
达尔（Orris Clemens Herfindahl，1918 年~1972 年）最先使用这
一指数，因此有时也被称为赫芬达尔指数，不过较之更早的赫
希曼（Albert Otto Hirschman，1915 年~2012 年）也使用了这一
指数的平方根形式，所以后人就连用这两位研究者的名字作为
这一指数的名称，以纪念这两位研究者的贡献。HHI 指数成了
评价经营者集中竞争效果最重要的参考标准，是并购当事方所
在市场中每家企业市场份额的平方总和，当然这里的市场份额
由该企业占行业总收入或总资产的比例来体现。数学公式的计
算方式如下：

$$HHI = \sum_{i=1}^{N} (X_i/X)^2 = \sum_{i=1}^{N} S_i^2 = S_1^2 + S_2^2 + S_3^2 + \cdots + S_n^2$$

其中 S1，S2，S3，Sn 表示特定市场内的所有企业。

HHI 指数巧妙地应用了数学，看起来不直观，实际上 HHI
指数是对市场占有率的一次加权平均，权重就是其本身。HHI
指数考虑市场上所有的企业以及市场份额的分配情况，不仅能
反映市场内大企业的市场份额，而且能反映大企业之外的市场
结构，尤其是赋予规模较大的企业比规模较小的企业以更大的
权重，突出强调大企业引发的共谋威胁，[1]对规模较大的前几
家企业的市场份额比重的变化反应特别敏感，能真实地反映市
场中企业之间规模的差距，在一定程度上可以反映企业支配力
的变化。HHI 取值在 0 到 1 之间或 0 到 10 000 之间。HHI 值越
趋近于 0，表示市场越趋近于原子型的完全竞争条件。HHI 越
大，表示市场集中程度越高，垄断程度越高。在完全垄断市场
中，HHI 值为 10 000。一般而言，HHI 在 100 点以下时市场就

[1] American Bar Association, *Mergers and Acquisitions*: *Understanding the Antitrust Issues*, Chicago: American Bar Association, 2008, p. 132.

会被认为是完全竞争状态。HHI 值越大，表明企业规模分布的不均匀度越高。一个由 100 家同等规模企业构成的市场，HHI 就是 100。在一个 4 家企业每家占有 20%份额的市场中，如果存在同样占 20%份额的第 5 个企业，其 HHI 数值与存在各占 5%份额的另外 4 个企业市场结构的 HHI 数值，会有明显的区别。HHI 在前一种情况下是 2000，在第二种情况下是 1700。假如 1 个企业占有市场份额的 77%，而另外 23 家企业每家占 1%的市场结构，虽然 4 家企业集中率还是 80%，但 HHI 指数达到 5952。[1]

根据 HHI 指数，市场可以分为三种类型：第一，低集中度市场，HHI 指数少于 1500（原先规定为 1000）；第二，中度集中市场，HHI 指数在 1500~2500 之间（原先规定为介于 1000~1800）；第三，高度集中市场，HHI 指数超过 2500（原先规定为 1800）。美国根据并购后的 HHI 指数和并购所引起的 HHI 指数的增长确定了企业并购规制中的"安全港"标准：对低集中市场中的并购，司法部一般不加以干涉；对中度集中市场中的并购，如果并购后 HHI 指数增长超过 100，则可能对竞争产生重大影响，该并购就可能受到司法部的禁止；对高度集中市场中的并购，如果并购后 HHI 指数增长不超过 50，则并购可以通过，如果并购后 HHI 指数增长超过 50，司法部就可能会认为并购将创设或加强市场势力，从而禁止并购。换言之，如果并购后的 HHI 指数低于 1500，在这个范围内的市场是没有集中的市场，这种情况下的并购不具有反竞争效果；如果并购后的 HHI 指数在 1500 到 2500 之间，这个市场被认为是中度集中的市场。在这种中度集中的市场上，如果并购后的 HHI 指数比并购前的 HHI 指数提高超过 100，这样的并购可能会遭到禁止；如果 HHI

---

〔1〕 Richard A. Posner, *Antitrust Law*, Chicago：The University of Chicago Press, 2001, pp. 131~132.

指数提高了不足 100，并购便不具有反竞争效果，不会遭到禁止。如果并购后的 HHI 指数达到 2500 以上，这样的市场便是高度集中的市场。在高度集中的市场中，如果并购后 HHI 指数提高了不足 50，并购便不具有妨害竞争的效果；但是如果并购后 HHI 指数提高超过了 50，便可以推断并购可能产生或者加强市场势力，或者推动滥用这种势力，由此便有可能会遭到禁止。尽管高集中度会导致竞争关注，但确定这些标准的目的并非旨在提供严格的刚性标准来区分对竞争无害的并购和反竞争的并购。实际上，这些标准提供了一种方法来确认某些不可能导致竞争关注的并购，而同时也可确认某些并购需要特别关注是否存在其他竞争因素证实、加强或者抵消了市场集中度提高可能带来的有害效果。并购后 HHI 指数及其增值越高，执法部门的潜在竞争关注就越高，执法部门要求提供附加信息供其开展分析的可能性也就越高。[1]该综合方法承认集中度不具有决定性，甚至的确不是总会对这个问题有证明力。高 HHI 数值和高增加值并非存在反竞争性影响的决定性证据。相反，适当界定市场中的高 HHI 数值和高增加值提供的是初步证据，执法机构不可能唯市场份额和市场集中度是赖而目无余子。《横向并购指南》认为：并购所带来的竞争性影响不能仅仅由市场集中度水平决定。在某些情况下，市场份额和市场集中度数据可能会低估或高估企业在市场中的未来竞争意义或并购的影响。市场条件的改变可能表明市场集中度的计算不能准确地描述市场上某些企业的竞争意义。[2]

---

〔1〕　韩伟：《经营者集中附条件法律问题研究》，法律出版社 2013 年版，第283 页。

〔2〕　American Bar Association，*Mergers and Acquisitions*：*Understanding the Antitrust Issues*，Chicago：American Bar Association，2008，pp. 144~145.

与 CR4 相比，HHI 指数有两个显著的优点：第一，能更精确地反映市场的结构，因为 HHI 指数不仅考虑相关市场上 4 个或 8 个最大企业的市场份额，而且还要考虑其他竞争者的市场份额，包含了所有企业的规模信息，能够反映出行业集中率所无法反映的集中度的差别。第二，从赫芬达尔指数的计算公式中可以看出，赫芬达尔指数给每个企业的市场份额一个权数，这个权数就是其市场份额本身，由于公式使用的是平方计算法，大企业在市场上所占的份额越大，HHI 指数就越大，由此显示的市场集中度也越高。因此，这种测度市场集中度的方法能够反映大企业对竞争有较大影响的实际情况。对规模最大的前几家企业市场份额比重的变化反应特别敏感，能够更加真实地反映市场中企业之间规模的差距。

第四节　欧盟与美国实体标准的冲突与争议：
以"波音麦道并购案"等为例的分析

波音公司（Boeing Company）的前身是于 1916 年成立的太平洋航空产品公司（Pacific Aero Products Company），1917 年更名为波音飞机公司（Boeing Airplane Company），1961 年正式改为现在名称。20 世纪 30 年代中期，波音公司开始研制大型轰炸机，其研发和生产的多种机型在第二次世界大战的战场上驰骋翱翔。20 世纪 60 年代以后，波音公司的主要业务由军用飞机转向商用飞机。从 20 世纪 60 年代末期到 90 年代末期，波音公司在喷气式商用飞机领域内先后发展了波音 727、波音 737、波音 747、波音 757、波音 767 等一系列型号，逐步确立了全球主要商用飞机制造商的地位。波音 747 一经问世，就长期占据世界最大的远程宽体民航客机的头把交椅，波音公司也因此在世界民用客机生产企业中排名第一。作为世界最大的航空航天公司，波音已经成为民用飞机的代名词，用户遍及全球 145 个国家。全球现役的波音民用飞机达 14 000 多架，占全球机队总量 75%。有关统计资料表明，目前世界上 83% 的大型客机是由四大民用航空制造业商提供的，其中 58% 由美国波音公司制造，16% 由空中客车提供，5% 由加拿大庞巴迪提供，4% 由巴西航空工业公司提供。波音和麦道公司分别位居美国航空制造业的第一和第二，在世界航空制造业位居第一和第三。麦道公司初建伊始，业务仅限于轰炸机的设计，规模有限，在 20 世纪 50 年代初因接受国家军事部门订货，承包鬼怪式战斗机，获利颇丰。20 世纪 60 年代中期以后，还承包了外层空间计划、双系星座计划等，并将其用于制造军用飞机的技术转向生产民用飞机，主要生产 DC-9 和 DC-10 民用喷气式飞机。麦道的利润 70% 来自军用飞机，仅与美国海军的 1000 架改进型 FA-18 战斗机的订货，就需要于并购后未来的 20 年才能完成。1996 年 1 月~9 月，麦道民用客机的销售虽然从上年同期的 30 亿美元下降为 19 亿，但麦道公司不仅没有亏损，反而赢利 9000 万美元，是上年同期的 2 倍。麦道考虑放弃"户口本"的利益在于：第一，就民用客机而言，并购后由一家公司提供从 100 座到 550 座的完整客机系列，包括统一的电子操作系统，可以大大节约航空公司培训、维修和配件的成本。波音用 50 亿美元开发出了 550 座的"加长型"747。空中客车用 80 亿~100 亿美元开发出了 550 座的 A330。麦道自己的大飞机仅有 440 座，尽管当下仍旧盈利，但仍显胶执，日后市场份额保有岌岌堪忧。第二，在军用飞机方面，麦道过去一直是龙头老大。然而，美国马丁·玛瑞塔与洛克希德于 1994 年并购，组成洛克希德-马丁，与麦道展开竞争。1996 年，洛克希德-马丁又耗资 91 亿美元就吞并了劳若。"三合一"的年销售额达 300 亿美元，为麦道的 2 倍。1996 年 11 月，在设计生产美国新一代"联合歼击机"的竞争中，麦道尽管全力以赴，却铩羽而归。在美国国防部宣布新战机将从洛克希德-马丁和波音的样机中选择后，麦道总经理无奈宣布："麦道作为一家独立的公司，已经无法继续生存。"

而对于波音而言，波音需要"强身"，以期在与空中客车的竞争中保持优势地位。在 1970 年英、法、德、西班牙 4 国政府用各自的航空制造企业跨国组成空中客车公司之前，以波音为首的美国公司占领世界市场的 90%。欧洲任何一国的航空制造企业对于正处于巅峰之上的波音公司均望尘莫及，无力抗衡。正如客车公司首任首席执行官亨利·齐格勒（Henri Ziegler，1906年~1998年）所言："如果我们在高技术领域没有立足之地，那么我们就会成为美国人的奴隶，我们的孩子们还将是奴隶。"[1]为挽救欧洲的航空制造工业，跨国联合成为打破美国在全球大型民用飞机市场上霸主地位的不二之选。空中客车公司（Airbus S. A. S.）的前身即是正式成立于 1970 年的"空中客车工业联合体"（Airbus Industrie），最初仅是一个临时性措施。出于维护每位成员在财务和管理上的自主权的考虑，法律构架选择的是经济利益集团（Groupement d'intérêts économiques，GIE）——这种法国在酿酒工业将各个独立的葡萄种植园联合为一个合作团体，以负责对由葡萄种植园主交付的葡萄进行加工酿酒并销售产品的形式，本身是一个非营利性机构，在没有资本投入的基础上建立起来，不用缴纳利润所得税，但是可以和第三方进行谈判并签署具有法律效力的合同。集团接受外部的审计，但是所有账目对合作伙伴都是完全保密的。每个参与者的利润取决于其自己的成本，并且一个参与者的成本不能由另一个来承担。"空

〔1〕 Eugene Rodgers, *Flying High*: *The Story of Boeing and the Rise of the Jetliner Industry*, New York: The Atlantic Monthly Press, 1996, pp. 345~346.

中客车"名字来自航空业在 20 世纪 60 年代使用的非专有术语，指有一定规模和范围的商业飞机。法国航空公司（Aérospatiale）和西德的德国空中客车公司（Deutsche Airbus）各占 36.5% 的股份，霍克西德利占 20%，荷兰福克联合飞机技术有限公司（Fokker-VFW）占 7%。[1]

　　空中客车公司成立后，除各种秘密补贴、固定补贴和免税优惠之外，仅开发机型一项就直接得到政府 100 亿~200 亿美元的补贴。波音不断指责空中客车从欧洲政府获得大量不平等的补贴，这些补贴使得空中客车能够制定不符合实际的低价格，利用富有吸引力的融资条款讨好航空公司，以及抵消开发成本，并且四个国家的政府为购买空客公司飞机的航空公司提供低息贷款，违反了世界贸易组织的有关规则，使得自己处于竞争劣势，属于"不正当"竞争；而空客公司反过来指责波音及其承包商也获得巨额政府补贴。空中客车为其所享受的补贴进行了辩护，依据是其阻碍了美国在民用喷气式飞机市场上形成世界范围的垄断，进而指出波音也享受了政府援助，只不过是间接补贴而已。经过 25 年卧薪尝胆的苦心营造，空中客车公司渐入佳境，凭借 A330 和 A340 飞机正式投入商业运营，在大型喷气式客机市场中坚实地站稳了脚跟，基本实现了其创业初期所定下的产品系列化开发的战略目标。到 1995 年，7 个机型 1300 架空中客车在天空翱翔，市场份额从零增长到 30%。1994 年，空中客车的订货首次超过波音，占市场份额的 48%（波音为46%），俨然构成与波音旗鼓相当的竞争势态。A3XX 系列飞机和 B-7XX 系列飞机在几乎所有细分市场都处于难分伯仲的竞争

---

〔1〕　Graham Simons，*The Airbus A*380：*A History*，Barnsley：Pen and Sword Books Ltd，2014，p. 39.

状态。[1]世界上最广阔的是海洋，比海洋更广阔的是天空。相对世界航空客运业异常激烈的竞争而言，天空似乎显得如此逼仄，以至于演绎出狭路相逢的巅峰对决。在历史上，处于全球大型民用飞机寡占市场边缘的其他公司在20世纪60年代曾经拥有一定的竞争力和不容忽视的市场份额，但很快便被边缘化并退出市场。另一方面，自1976年以来，再无新的企业进入全球大型民用飞机市场。从1986年起，世界大型民用喷气式飞机市场属于垄断市场，已不存在寡占理论意义上的所谓边缘企业，而是维持了11年的"一大（波音）二麦道和空中客车"的局面。

1996年12月14日，波音公司宣布计划以换股方式收购麦道公司，包括麦道公司的商用客机和军用飞机制造业，意味着全球大型民用飞机产业将更进一步演变为大型客机双寡头市场（Duopol für Großraumflugzeuge）教科书式结构。波音公司和麦道公司合并之后，波音公司将成为美国航空市场唯一的供应商，也是全球最大的制造商，独占全球飞机市场65%以上的份额，所占国内市场份额几乎达100%，形成绝对的垄断地位，堪称史无前例的空中"巨无霸"。而麦道公司将成为波音公司的全资子公司，有利于波音公司在资源、资金、研究与开发等方面的资源整合和效率提高，将军品生产技术转化应用于民用产品的生产，加速民用产品的更新换代。这一案件同时受到了美国联邦贸易委员会和欧盟委员会的管辖。美国联邦贸易委员会在调查结束时只发表一纸申明，而未要求该并购做任何修改。欧盟委员会在要求波音公司做出一些具体的承诺后准许了这次并购。当波音公司收购麦道公司之后，波音公司在美国大型民用喷气式飞机的制造领域内无疑具有完全的垄断地位。这个案件中法

---

〔1〕 史东辉：《大型民用飞机产业的全球市场结构与竞争》，湖北教育出版社2008年版，第22页。

院将相关产品市场确定为大型民用客机市场。很显然，军用飞机与民用客机二者之间不具有产品替代性，在用途上，二者也各有其功能，即使民用飞机涨价，购买商也不会转而购买军用飞机来从事民用航空运输，因此，把大型客机确定为独立的产品市场是毋庸置疑的。

　　根据美国的有关法律，如此大规模的集中必须经过美国反垄断当局的批准。美国联邦贸易委员会对该案的审查可以概括如下：1996 年 12 月 14 日，并购协议签订；12 月 16 日与美国联邦贸易委员会、国防部（DOD）、国家航空和宇宙航行局（NASA）的首次礼节性接触；1997 年 1 月 9 日到 10 日与上述机构的实质性会谈；1 月 29 日递交有关文件；2 月 28 日美国联邦贸易委员会向当事企业提出第二步要求；6 月 18 日美国联邦贸易委员会承认与所提的第二步要求实质性相符；7 月 1 日美国联邦贸易委员会发表联合申明结束调查。在申明中，美国联邦贸易委员会认为该并购无论是对商用客机制造市场，还是对军用飞机制造市场，都不会"实质性减少竞争"或"产生垄断的效果"，因此批准了波音并购麦道的计划。关于集中的允许范围，美国法律中明确规定，如果两家公司集中以后市场份额的平方和大于 1800，美国联邦贸易委员会就有权立案调查。依据空中客车公司截至 1996 年 12 月 31 日所提供的数据，波音所占的市场份额为 60%，仅其一家的平方就是法律条文规定的 2 倍，麦道所占的市场份额为 15%，两家市场份额平方和为 3825，是立案调查标准的 2 倍多，但最终还是获得了美国政府的放行。在美国联邦贸易委员会看来，对该并购的分析应集中在以下三个问题：第一，麦道是否在大型商用飞机市场还有竞争力？第二，麦道是否还能进行大规模的投资或被其他公司买走以保持其竞争力？第三，并购是否能强化并购后企业的市场地位以致对该行业的竞争状况造成破坏？美国联邦贸易委员会经过深入调查，对上述三个问题均作出了否定的回答。

美国联邦贸易委员会承认，波音并购麦道表面上看具有违反反托拉斯法的嫌疑，可能引起严重的反托拉斯方面的关注，但该并购并不会实质性减少包括商用客机制造和军用飞机制造在内的市场上的竞争。其理由在于：就商用客机制造而言，首先，商用客机制造业是全球性寡占垄断行业，虽然波音公司已在美国国内市场保持垄断地位，但在全球市场上受到来自欧洲空中客车公司日益强劲的挑战。在扁平的世界，"地球村"的时间、空间距离在缩短，市场客观障碍大大减少，充满了流动性。就企业层面而言，原来难以整合的资源得以整合，从而提升了市场效率，但也必然会加剧竞争。国际市场的开放性和欧洲空中客车的竞争，使得波音公司难以在美国和全球市场上形成绝对垄断地位。此次被并购的麦道公司在全球商用客机市场从来不是一个重要的竞争力量，而且很难改变这种状况，没有任何迹象表明麦道公司将成为该市场内重要的竞争因素。事实上，在过去很长一段时间内，麦道公司生产商用客机的道格拉斯飞机公司一直未曾更新飞机型号、生产设备，重组公司结构，进行产品创新，所生产的飞机型号寥寥无几，而且较诸波音公司和空中客车公司的技术创新瞠乎其后。商用客机市场上的竞争主要是在波音公司和"空中客车"公司之间展开，麦道公司从来没有对波音和空客之间的销售战产生过影响，无论是在价格、数量还是在产品的特性方面，它作为一个独立的实体的消失不会产生限制商用航空器市场竞争的威胁。[1]面对空中客车公司

[1] Thomas L. Boeder and Gary J. Dorman, "The Boeing/McDonnell Douglas Merger: The Economics, Antitrust Law and Politics of the Aerospace Industry", *The Antitrust Bulletin*, Vol. 45, Iss. 1, 2000.

的激烈竞争，波音与麦道的并购有利于维护美国航空工业大国的地位，提高美国的贸易地位，为美国公众提供更多的就业机会。其次，尽管并购后美国只有波音公司一家商用客机制造企业，但由于存在来自势均力敌的欧洲空中客车的竞争，波音公司不可能在开放的美国和世界市场上形成绝对垄断地位。如果波音滥用市场地位提高价格，就会让空客"俘获"这一部分流失的客户，相当于把市场拱手让与空中客车。总之，由于道格拉斯飞机公司没有及时改进技术，提高生产效率，它们生产的飞机不再符合市场需求，其他的航空公司也不再购买道格拉斯生产的飞机，道格拉斯飞机公司在商用客机制造市场上不再具有竞争力。因为并购审查的抗辩要求当事方向法院证明，除了进行被视为非法收购以外，找不到其他反竞争备选方案，[1]所以美国联邦贸易委员会在裁决中强调，除了波音公司外，没有其他任何飞机制造公司可能或愿意购买麦道公司。可见，在商用客机制造市场，波音与麦道的并购不会增强并购后企业的市场支配地位以致损害相关市场内的竞争。另外，并购也不会威胁军用航空器市场的竞争，因为当事企业在军用航空器方面不具有竞争性，这一点可以从国防部致联邦贸易委员会的信中确认。同时，对于波音和一些美国航空公司签订的排他合同，美国联邦贸易委员会认为是独立于本次并购案件的因素而不予以考虑。

不过，对于波音并购案的后果，欧盟许多竞争法专家尤其是法国学者认为应予以禁止。[2]由于该计划的实施将影响到世

---

〔1〕　美国律师协会反垄断分会编：《合并与收购：理解反垄断问题》，黄晋译，北京大学出版社2012年版，第205页。
〔2〕　刘和平：《欧盟并购控制法律制度研究》，北京大学出版社2006年版，第103页。

界飞机市场，而共同体市场则是世界飞机市场的重要组成部分，所以欧盟对此具有域外管辖权力。根据与美国政府签订的《关于适用竞争规则的双边协定》，[1]欧盟委员会与美国联邦贸易委员会就该并购案广泛交换了相关信息。按照该条约第 6 条，欧盟委员会对此案的裁决于 1997 年 7 月 30 日尘埃落定，在波音公司做出一系列承诺的前提下，欧盟委员会宣布并购与共同体市场相符合。[2]考虑到世界大型客机市场的结构以及波音公司与大顾客的长期专供合同，以及将来不会出现新的竞争对手的理由，欧盟委员会首先通过对市场结构 8 个部分进行的分析，得出暂时结论：波音公司在相关市场的市场份额接近 60%，这是其在整个飞机市场以及窄体和宽体客机市场已然占据支配地位的推定的有利证据，而无俟详考价格、产品改进、利润以及与空客之间的激烈竞争等其他因素。继之，欧盟委员会对波音的市场支配地位的加强进行分析，认为此次并购将会强化波音的市场支配地位，并将会对共同体市场内的有效竞争产生重大损害。波音公司的市场支配地位将通过如下渠道得以强化：其一，通过挖掘道格拉斯飞机公司的潜在生产能力，道格拉斯飞机公司的大型客机生产能力融合到波音公司的市场支配能力当中；其二，波音公司将取得良性循环效应和整体实力的增强，使波音公司可以借助道格拉斯飞机公司国防业务中所获得政府资助款，及其所开发出的知识产权转为民用，强化其在大型商用客机市场上的支配地位，且这种地位将无人挑战。该并购计划将导致：第一，波音公司的大型客机市场份额从 64% 上升到 70%；

〔1〕 Abkommen zwischen den Europäischen Gemeinschaften und der Regierung der Vereinigten Staaten von Amerika über die Anwendung ihrer Wettbewerbsregeln, ABL 1995 Nr. L 95/47ff.

〔2〕 Case No Ⅳ/M. 877 – Boeing/McDonnell Douglas v. Commission〔1997〕OJ L 336-16.

第二，波音公司接管道格拉斯飞机公司的业务之后，波音公司唯余空客公司一个竞争对手；第三，波音公司客户占有率将从60%上升到84%；第四，波音公司可以借助于新增的科研人员扩大现有的飞机载人能力，获得共同资助研发和知识产权的更多机会；第五，波音在民用飞机维修服务方面的客户基础将增长，更加容易与顾客签订专供合同，增加其在长期独占供应合约上的机会及谈判筹码，导致市场被进一步分割。[1]综合考虑以上因素，欧盟委员会得出结论认为，该并购计划将会强化市场支配地位，并将限制《第4064/89号并购条例》第2条第3款中所指的有效竞争。最后，在波音公司承诺放弃其与美利坚航空公司（American Airlines）、达美航空公司（Delta Airlines）和大陆航空公司（Continental Airlines）缔结的排他性的飞机供应合同之后，欧盟委员会附条件宣布该并购通过。

通过本案，我们可以看出，对于企业并购的竞争效果，各国采用不同的评估标准，如美国采用的是"实质性限制竞争"的标准，欧盟采用的是"产生或加强市场支配地位"标准等，而且在实际运用中对市场份额、市场集中率、市场进入的难易程度、消费者的利益、效率因素等的关注程度也不尽相同，但在很多时候适用结果却是一样的。"波音麦道并购案"反映出了美国和欧盟对待并购的政策差异。首先，两者对并购进行审查的出发点不同。美国更多地强调自由竞争，承认并购所带来的效率，即使市场份额有所增加，只要没有"实质性减少市场竞争"，就可以批准该并购行为；而欧盟关注的是市场统一，对市场的管制规则较严格，因而认定并购的行为对市场竞争是不利的。其次，两者有关并购审查的标准不同。欧盟委员会集中于

---

〔1〕　刘和平：《欧盟并购控制法律制度研究》，北京大学出版社2006年版，第191页。

审查竞争者间的并购行为本身，对并购审查的标准是"支配性地位标准"，即并购是否会引起企业支配地位的产生或加强。在本案中，欧盟委员会分析了波音公司的支配地位，并对并购将使波音公司的支配地位得到增强进行阐述，由此得出波音并购麦道会"严重损害市场的有效竞争"的结论。而美国更多地关心并购的结果，即是否会"实质性减少竞争"或"产生垄断的效果"，以保证自由市场的竞争状态。如果具有反竞争效果的并购能够促进美国的贸易，创造更多的就业机会，同样也可获得审查通过。最后，两者在审查并购时对市场份额的界定也不相同。《美国横向并购指南》详细规定了市场份额的计算方法，利用 HHI 指数测算市场集中度。欧盟在这方面没有明确的方法可言，而是将其留给欧盟委员会决定。这样一来，在本案中，尽管美国认定并购使波音的市场份额增加到 60%，但欧盟委员会则以客户群的飞机数量为依据，认定并购使波音的市场份额从 60%上升到 84%，并"严重损害了市场竞争"，因此对该并购计划不予批准。[1]对于波音公司在申报并购计划前与美利坚航空公司、达美航空公司和大陆航空公司签订专供大型客机的排他性采购合同，欧盟委员会坚持认为这些独家协议将封锁 40%的全球市场，而且在一个很长时期内具有锁定效应（lock－in effect）和溢出效应（spill over effect），并购将明显地强化波音与大航空公司签订长期合同的能力，殆有将空中客车公司产品完全挤出美国市场之虞。美国联邦贸易委员会认为，这些航空公司都是跻身世界大型航空公司之列的新机型的主要买主，实际上就是这些航空公司才有足够的财力去购买新款机型或新机型的其他系列。易言之，这些独家协议是纵向一体化效率的体

---

〔1〕 中国民用航空局政策法规司、航空安全技术中心编著：《航空运输业反垄断典型案例解析》，中国民航出版社 2008 年版，第 165 页。

现，这些大型航空公司是波音公司的大买家，是波音公司开发新产品的原动力。此外，美国联邦贸易委员会和欧盟委员会在效率问题上也为说不同。许多被欧盟认定为反竞争的效应却受到了美国方面的珍视和肯定。在本案中，波音与麦道的并购对于航空航天制造业不啻为福音，顺应了航空公司希望机队趋向单一化的趋势，降低了航空航天制造业的经营成本。买家购买飞机支出的减少应当被视为并购所带来的效率，而不应作看作是强化并购后企业市场地位的因素。欧盟委员会将任何效率都视为导致市场支配地位强化的因素。欧盟和美国的区别也许可以归结为两者分析问题的焦点不同，美国更关心消费者，而欧盟则更多地为竞争者着想。"在美国，对竞争者和'竞争优势'强调甚少，对竞争和未来价格的影响则考虑得更多一些。"[1]欧盟严重妨碍有效竞争标准的引入可以追溯到关于欧盟法与美国反托拉斯法的协调问题的深入的讨论。"波音麦道并购案"成了这一讨论的助燃媒剂。

　　这两种标准的差异在著名的"通用电气与霍尼韦尔并购案"（General Electric［GE］／Honeywell）[2]中表现得尤其明显。通用电器是一家致力于在航天器发动机、动力系统、工业系统、金融服务业及运输系统等领域内进行工业合作的公司；而霍尼韦尔恰好是一家在航空器制造和服务业、汽车动力产品、电子原材料、运输和动力系统等方面掌握了先进技术和制造工艺的公司。通用电器试图收购霍尼韦尔公司所有的股本并使之成为其全资子公司。2000年10月，美国和加拿大分别批准了通用电器收购霍尼韦尔的提议。2001年7月3日，在美国竞争主管机

〔1〕　Robert Pitofsky, Staples and Boeing: What They Say About Merger Enforcement at the FTC, 23 September 1997, Washington, D. C.

〔2〕　Case COMP/M2220-GE/Honeywell［2004］OJ L48/1.

关已批准"通用电气与霍尼韦尔并购案"的情形下，欧盟委员会公开表示此项集中不符合一般市场的要求，毅然否决了这次收购。美国反托拉斯管理机构及欧盟委员会共同确定了要特别提高注意并购所带来的反竞争影响的四类市场，包括：喷气式航天器发动机、航空电子工业和非电子工业市场、发动机启动器以及小型海上汽油蜗轮。但在评定并购对竞争的影响方面，两家机构对以下问题未能达成一致："在拥有像波音和空客这样规模精明的买家的市场上，将航空电子及非电子系统和航天器动力系统进行捆绑是否是一个成功的策略。""由于通用在全球范围航天器采购量较小（小于10%），通用在飞机租赁方面的垂直一体化是否要考虑现实中丧失抵押品赎回权的问题。""通用电器在财务上的巨大优势可以支持霍尼韦尔在研发上投入更多的资金，并且为消费者提供比他们的竞争对手更低的价格，这样是否会破坏该行业中的竞争？""这类的降价是否会迫使其竞争对手退出市场而破坏竞争？"欧盟对这四个问题的回答都是肯定的，而美国机构则认为答案都是否定的。第一个争论的焦点集中在混合捆绑理论。欧盟认为并购后企业可以为低价目的进行捆绑提供补充产品，这是企业分开所不可能达到的。因为并购后企业可以使一个产品的销售对其互补产品需求量的外部影响内部化。因此，仅仅在一个补充品市场上竞争的企业可能会由于竞争减少的影响而被迫退出市场。第二个争论的焦点集中在垂直一体化。欧盟委员会认为通用电器航空投资和租赁公司（GECAS）可以通过在飞机租赁方面的垂直一体化为并购后的企业提供一个有力的杠杆，以增加市场份额并且减少在航天器市场中的竞争。尽管通用电器航空投资和租赁公司在飞机租赁业务中市场份额占有不到10%，但是欧盟委员会发现通用电器航空投资和租赁公司所拥有的巨大影响力来源于他们创造出的一种别人无法匹敌的经济动机，使飞机制造商更加偏爱通用的产品。通用电器航空投资和租赁公司更加偏爱由通用或是霍尼韦尔设备组装的飞机。因此，飞机制造商都愿意使用通用或霍尼韦尔的设备来组装飞机，以达到将整机出售给飞机租赁公司的目的。这种动机的实际是来自飞机制造商当确认通用会购买其产品时所面临的相对有限的经济风险，或者可以通过从通用集团的其他分公司，如通用投资或是通用电器航空投资和租赁公司所得到的经济补偿，特别是在面临一个相当大的销售前景时。因为通用电器航空投资和租赁公司这种垂直一体化是独一无二的，因此其影响力远远超过了其相对较小的市场占有率所带来的影响。美国司法部并不赞同这两个观点。因为降低价格会提升消费者的利益，因此从机构的角度来看并不应该考虑竞争者会被迫退出市场的可能性。所以，混合捆绑以及结合了价格降低的垂直整合是可行的。欧盟委员会由于确认了效率收益（efficiency gains）的重要性，因此认为这些短期收益会由于竞争减少和新公司在市场上丧失赎回权所带来的长期损失而消失。他们认为应该明确"保护竞争者，是为了保护竞争而不是为了保护竞争者自身"。然而，"对通用及霍尼韦尔案例"进行研究的唐纳·E. 帕特森（Donna E. Patterson）和卡尔·夏皮罗（Carl Shapiro）认为，该案所面临的分歧源于美国与欧盟的并购制度之间的基本实质和经济差异。在美国，即使预计会导致领先企业获得市场份额，由并购导致的较低价格也是受欢迎的。[1]相比之下，欧盟监管机构援引"投资组合效应理论"阻止混合并

---

〔1〕 Donna Patterson and Carl Shapiro，"Transatlantic Divergence in GE/Honeywell：Causes and Lessons"，*Antitrust Law Journal*，Vol. 16，Iss. 1，2001.

购，将经济利益方面的考虑弃之一边，[1]似乎与 20 世纪 60 年代的"大即是坏"理论相似。[2]他们认为，欧盟在"通用电器与霍尼韦尔并购案"的不利决定部分取决于通用电器采用其规模和范围来更好地满足客户需求的事实，而这样的行为通过创造性地解决客户的问题，为客户提供购买通用电器产品的激励，恰恰是激烈竞争的本质。[3]欧洲的方法搞混了丧失赎买权和掠夺行为之间的区别。无论对集中计划持特殊的赞成还是反对意见，可以明确的是，欧洲和美国在对垂直一体化可能带来的影响上存在着差异，并且没有一个统一的标准可以参考。通用电气和霍尼韦尔在几个市场上是当前的或潜在的竞争者。欧盟委员会担心并购主要是基于产品线的多样性、在其他市场的"杠杆"和"组合效应"的可能性等理由，因为事业可以结合成很大程度上互补的业务部门。即使美国监管机构发现并购将提高竞争和降低价格，但委员会依然担心通用电气的财务实力的增强，双方企业行业的垂直整合以及互补产品的组合，将使得并购企业将其他竞争对手驱逐出市场，最终对产品质量产生不利的影响。美国司法部将互补产品作为豁免并购的论据，因为该产品可以为客户提供较低的价格。美国司法部拒绝委员会关于被驱逐出市场的长期影响的引证。在这种情况下，并购的不同评价可能是由于在两个不同的时间点考虑的事实。

欧盟当局在实践中的并购法律适用一直被批评为出于贸易保护主义的原因而非经济原因行事。美国司法部反垄断局助理

[1] Donna E. Patterson and Carl Shapiro, "Transatlantic Divergence in GE/Honeywell: Causes and Lessons", *Antitrust Magazine*, Vol. 16, Iss. 1, 2001.

[2] Donna Patterson and Carl Shapiro, "Transatlantic Divergence in GE/Honeywell: Causes and Lessons", *Antitrust Law Journal*, Vol. 16, Iss. 1, 2001.

[3] Donna Patterson and Carl Shapiro, "Transatlantic Divergence in GE/Honeywell: Causes and Lessons", *Antitrust Law Journal*, Vol. 16, Iss. 1, 2001.

总检察长查尔斯·杰姆斯（Charles A. James）等一批学者称欧盟的"组合效应"保护竞争者而不是竞争，"与反垄断执法的目标背道而驰"。[1]而且，即便竞争主管机构之间存在着密切合作，这种差异还是不可避免的。但是，这些差异并不必然是因为采取了不同的标准，更重要的可能是所适用的经济理论或者竞争政策要达到的主要目的等方面存在着差异。该决定被美国政治家们谴责为贸易保护主义，美国竞争主管机构将之视为错误原则指导下的怪胎。这两份相异裁决使得人们开始对《第4064/89号并购条例》第2条确立的，评估一项并购是否具有反竞争性的"支配性地位标准"的优劣进行审查，不少人主张现有实体性标准应以美国、加拿大、澳大利亚、英国、爱尔兰等国适用的"严重减少竞争"标准来代替，进一步引起了并购实体标准的争议。[2]

趋同论者认为，实质性减少竞争标准对比市场支配性地位标准并没有真正的优势，两者主要建立在相同的实体性评估标准上。从两种标准所产生的规制效果来看，两者是趋同的。市场支配性地位标准也可适用于诸如寡头市场经营者集中的情形，并不存在所谓的缺口，而且该标准并没有导致欧盟委员会静态地分析市场因素，欧盟委员会对市场的分析依然是动态的。趋同论者分别用实质性减少竞争标准和市场支配性地位标准对美国的"亨氏和比纳并购案"进行了分析。该并购案先被美国联邦贸易委员会按照实质性减少竞争标准否决，后地方法院又推翻了美国联邦贸易委员会的决定，最后二审上诉法院认为当事方提出的效率抗辩事由在计量上存在问题，如此高的市场份额

〔1〕　George L. Priest and Franco Romani, "The GE/Honeywell Precedent", *Wall Street Journal*, June 20, 2001.

〔2〕　刘和平：《欧盟并购控制法律制度研究》，北京大学出版社2006年版，第29页。

和市场进入壁垒使得经营者之间的合谋在所难免，故撤销了地方法院的判决，因而最终仍然以符合实质性减少竞争的标准否决了这项集中。若按照市场支配性地位标准，集中很可能导致双寡头竞争的局面，再根据高市场份额和市场准入壁垒，得出集中后双寡头之间存在极高合谋可能性的结论是很自然的，应当予以禁止。两个制度都必须审查在并购后仍在市场中运作的企业是否存在实质性竞争。如果造成单个企业的优势地位被排除，在市场支配性地位标准下必须考察是否产生或加强了集体优势。建立寡头垄断市场支配地位的前提是，在寡头之间不存在实质性的竞争。在市场支配性地位标准下，并不要求证明有积极的协作行为，即使不存在公司间的合作，存在限制竞争的平行行为也可以被认为是对竞争的减损。委员会需要做的仅仅是对市场支配性地位标准进行重新解释。[1]由此可见，市场支配性地位标准已经扩展到寡头市场，所谓的缺口问题并不存在。根据市场支配性地位标准适用范围不断扩展的要求，欧盟最终在原市场支配性地位标准上进行了修补，将寡头合谋和单边效应这两种减少竞争的行为正式包括进去，形成"严重妨碍有效竞争"标准。这一新标准可以说是市场支配性地位标准和实质性减少竞争标准的折衷。

有些人认为，虽然《欧洲经济共同体条约》第86条并没明确规定寡头垄断市场的问题，但却为控制寡头垄断行为提供了法律依据。这些法律把一个企业的市场支配地位，与企业集团或非经济联系的企业集团的支配地位同等对待。[2]尽管表面上

---

〔1〕 刘丽、陈彬：《欧盟控制企业集中法律制度研究》，北京理工大学出版社2013年版，第119页。

〔2〕 白艳：《美国反托拉斯法/欧盟竞争法平行论：理论与实践》，法律出版社2010年版，第231页。

看，市场支配性地位标准似乎并不适合审查寡头垄断的情况，
但是它确实包括了集体优势的情况。欧洲初审法院在"法国诉
共同体委员会案"中说，"集体优势的情况并没有超出集中控制
规则的范围"，因此，也没有超出市场支配性地位标准的范围。
在这一案件中，并购将会导致并购企业和另一个国有企业总共
占有农用钾肥市场 60% 的市场份额。委员会认定，由于产品种
类相同，该并购会导致缺乏内部竞争，缺少技术创新的动力和
缺少高水平的市场透明度。尽管初审法院最终因为没能证明集体
优势而取消了委员会的决定，但是，初审法庭认可了在该案中集
中控制规则适用于集体优势的情况。[1] 委员会在随后的"德国钾
盐股份有限公司收购中部德国钾盐份有限公司案"（Kali und Salz/
MDK）[2]、"珍科尔与朗荷公司并购案"（Gencor/Lonrho）[3]、
"ABB 公司与戴姆勒-奔驰联营案"（ABB/Daimler-Benz）[4] 中
也采取了类似的方式，在这些案件中，由于共同优势的主张，
集中计划被否决。最为重要的是，在集体优势理论的基础上，
欧洲初审法院对决定在何种情况下集中被禁止设立了新的标准。
委员会在个案中确定集体优势时，要满足下述所有标准：第一，
必须有足够的市场透明度，以使占据寡头垄断优势地位的每个
成员都能知道其他成员的行动，以便于监控他们是否采取了共
同政策；第二，必须有方法使其他寡头垄断成员对任何违反共
同政策的行为进行报复，以使成员有不违反共同政策的激励；
第三，委员会必须证明，可预见现在或将来的竞争者以及消费
者的反应不会损害共同政策所期待的结果。这些标准类似于美

---

〔1〕　Case C-202/88-France v. Commission〔1991〕ECR Ⅰ-1223.

〔2〕　Case No Ⅳ/M. 308-Kali + Salz/MDK/Treuhand〔1998〕OJ C275/3.

〔3〕　Case T-102/96-Gencor v. Commission〔1999〕ECR Ⅱ-753.

〔4〕　Case No Ⅳ/M. 580-ABB/Daimler-Benz〔1997〕OJ L011/1.

国并购指南中设立的标准。美国并购指南规定，在评估并购是否会增加并购后行业成员之间协作的可能性时，重要的是考虑每个竞争者"发现"和"惩罚"违反协作行为的可能性有多大，以及其他竞争者新加入/扩大从而击败限制竞争隐患影响的可能性如何。马茨·A. 伯格曼（Mats A. Bergman）等人以计量经济学的方法建立模型研究在 1990 年和 2004 年期间的横向并购中欧盟和美国这两个最大的并购执法制度的异同，最后的结论是，欧盟政策的执行与美国没有太大的差异。[1]

优劣论者认为，实质性减少竞争标准比市场支配地位更优越更为有效。所谓的缺口问题是优劣论者对市场支配性地位标准提出最大质疑之处。并购具有单边效应（unilateral effects）或协同效应（coordinated effects）。"单边效应"是并购者所导致的不利的福利效应，从而减少产量或价格上涨，是企业单独和独立的其他竞争对手的反应。"协同效应"是个人和企业的均匀、协调互动的有害的福利效果。如果并购双方销售非常接近的替代品，彼此构成一个重要的竞争约束。并购前，一个公司提高了价格，用户可以简单地切换到其竞争对手。然而，并购后，客户可能没有其他替代竞争者选择交易相对人之可能性，并购后的实体不论是否成为市场领导者，都可以显著提高价格。在这种情况下，市场力量与不同的品牌之间的竞争替代性程度密切相关，而不取决于市场份额本身。此时，存在大量严重损害竞争却并没有超过优势市场力量最低标准（without crossing threshold of dominant market power）的集中活动。如集中完成后一家公司的市场份额低于 40%，则不属于支配性地位，此时其既不属于默示共谋也不属于集体支配地位，但是仍然可以从

---

〔1〕 M. A. Bergman et al. , "Comparing Merger Policies in the European Union and the United States", *Review of Industrial Organization*, Vol. 36, Iss. 4, 2010.

"单边行为"（unilateral behavior）中受益。在"天旅案"中，初审法院指出，委员会没有提供协调行动足够的证据。显而易见，寡头垄断成员的协调行动不需要完全吻合《欧洲共同体条约》第81条意义上的结构连接或协调行为。相反，如果并购改变了市场条件，寡头能够基于对寡头垄断其他成员的可能行为的考虑做出战略决策，寡头成员之间不再有任何有效竞争，就足够彼此心照不宣地默示串通（tacit collusion）。经营者集中除了通过产生或加强市场支配地位导致竞争的实质减少外，还可能通过改变市场结构从而导致集中后的企业走向合谋，或通过单边效应导致市场竞争的实质减少。实质性减少竞争标准对这三类实质性减少竞争的行为都可加以规制，将考察重点放在企业市场行为和企业动态竞争，有利于避免市场支配性地位标准过于重视静态的市场集中度而带来的僵硬，而且在经营者集中规制过程中更容易引入效率分析，而市场支配性地位标准只能规制第一类而忽视后两类行为。在支配地位不存在时，并购也可能具有严重的见机而齐步走的平行主义反竞争效应，市场支配性地位标准有可能导致执法盲区的缺失。市场支配性地位标准反映了竞争当局的主要关注点在于保护并购企业的竞争者（因此效率违法总是占上风），而实质性减少竞争标准是建立在这样的中心问题的基础上的，即作为并购的效果，无论是否产生或加强了市场支配地位，相关行业的竞争是否会减少。在决定是否批准集中时所考虑的各种因素的优先顺序也不同。例如，市场份额在两个分析中都是重要的因素，但是，欧洲当局比美国当局更加倾向于优先考虑市场影响消费者的产量和价格效应，通过更加注重集中是否会导致便于协同合作的集中程度的问题。两种不同方式背后的理念在于并购政策目标的实质性差异。美国的并购政策主要注重消费者，欧盟则力图通过保护追求市整合。分歧背后的真正问题不在于欧盟是否必须在形式上以市场支配性地位为标准，而在于是否以美国为典范更多地重视总体的经济因素，特别是更注重消费者福利和效率考虑。欧盟竞争政策改革的实现只能通过转变政策的基石，从内向型的注重整合（inward-looking，integration-focused）的视角，转向注重企业在全球市场的竞争力的外向型目标（outward-oriented）的政策。[1]美国的反托拉斯法不是考察市场支配地位以及结构特征，而是考察竞争的发展状况，即实质性减少竞争的审查标准。引入这一审查标准有助于对市场势力进行更富有弹性的描述。《第139/2004号并购条例》在这一方面的修改被视为是一次妥协，目的在于去异就同，与美国的法律协调，在考虑市场支配地位的问题之外考察并购对竞争过程的影响。

第五节　欧美反垄断审查实体标准的趋同存异与方法论反思

20世纪60年代以后，西方法学的非主流势力开始向左翼的批判法学运动和右翼的法律与经济学运动两个方向发展。数十年后，尽管曾几何时如旋风般引起轩然大波的批判法学运动已经成为过眼烟云，但法律与经济学运动大旗却猎猎生风，试图论证法律背后的经济学逻辑，为颇受人诟病的"财富最大化"的法官判案规范基础提供理论正当化支持。戴维·弗里德曼（David D. Friedman）对法律经济学的方法及其所对应的理论应用如是概括云："法律经济学涉及三种相互区别亦彼此关联的研究。一是运用经济学预测法律规则的效果（价格理论的运用）。二是运用经济学判定何种法律规则在经济上是有效率的，以便

---

〔1〕　刘丽、陈彬：《欧盟控制企业集中法律制度研究》，北京理工大学出版社2013年版，第122页。

对法律规则的设定提出建议（福利经济学的应用）。三是运用经济学预测法律规则的演化和发展（公共选择理论的应用）。"[1]法律经济学与传统上相互对立的法律形式主义和法律现实主义的关系比其显现出来的要密切得多。法律经济学像是法律形式主义和法律现实主义二者结合的产物。一方面，经济学的简约论具有形式主义的特质，"法律经济学简直就是兰德尔式概念法学的完美镜像，当结果被判定为无效率时，就像一个案件的处理不符合某一法律原则，就会被作为'错误'而否定"。[2]另一方面，法律现实主义当中的实用主义成分又给法律经济学的发展提供了很多有益的营养。法律经济学的哲学立场或许可以概括为在法律形式主义和法律现实主义之间的徘徊。在法律方面，20世纪上半叶以霍姆斯为代表的现实主义法学已经为美国法接受经济学理论准备了基础；20世纪40年代和50年代，反托拉斯法、公司法、公用事业管制法和联邦税法都接受了经济学的严格审查；但这些对法律的经济分析都还不是系统的研究，更没有一个统一的理论核心和研究范式。科斯定理的诞生以及在此基础上发展起来的交易费用理论改变了这一切，不仅为法律实施和法律制定的评估提供了标准和方法论起点，更为以后蓬勃发展的法律经济学运动提供了一个看待法律规则和法律制度的崭新视角：是否能有效地降低交易费用和提供分析工具。

经济学家在发展完善反托拉斯法中的角色已经变得非常重要，并且他们的贡献无疑是持久的。许多反托拉斯政策的制定都被托付给通常似乎并不能胜任的法官来进行。20世纪80年代

---

[1]　David D. Friedman, "Law and Economics", in John Eatwell et al. (eds.), *The New Palgrave: A Dictionary of Economics*, Vol. 3, Macmillan Press Limited, 1987, p. 144.

[2]　G. Edward White, "From Realism to Critical Legal Studies: A Truncated Intellectual History", *Southwestern Law Journal*, Vol. 40, 1986.

期间，经济学家在司法部门中的作用增大了。里根反托拉斯法的最主要特点就在于用唯效率观彻底取代在 20 世纪 80 年代以前一直居于美国反托拉斯法核心地位的社会政治观，赋予经济学在反托拉斯法的执行过程中以更多权重，任命理查德·波斯纳、弗兰克·伊斯特布鲁克（Frank Easterbrook）以及斯特芬·布雷耶（Stephen Breyer）等专门研究反托拉斯的法学教授出任联邦法院法官。由于这些法官清楚地说明了经济问题的本质及其解决方法，所以他们的决策非常有影响力。对于其他法官而言，反托拉斯案件可能是令人迷惑和难以理解的，故存在某些明晰的决策来引导法官至关重要。克里斯托弗·德穆思（Christopher DeMuth）认为，反托拉斯法是经济思想最具影响力的政策法则领域。因为在反托拉斯政策中几乎不存在有组织的利益集团政治学，很难在经济中分辨某个利益集团是非常关注加强还是放松并购政策。故而，学术思想在反托拉斯法中更具影响，比在健康和安全法规等领域享有更多的自由。最重要的可能是芝加哥学派的支持者以律师和法官认为所能理解的方式来表达了他们的观点。只有当其接近于他们的知识结构时，经济理论才能对法院和律师具有说服力。在出现大量具有说服力的经济著作被法院和律师接受之前，法院和诉讼参与者经常深受其前辈的以机械应用为基准的争论之苦。这些机械的应用不论在经济理论中，还是从任何符合逻辑的政策角度来看都是毫无意义的。[1]1978年，菲利普·阿里达（Phillip Areeda）和唐纳德·特纳（Donald F. Turner）发表了《反托拉斯法：反托拉斯原则及其应用分析》（*Antitrust Law: An Analysis of Antitrust Principles and Their Application*），为反托拉斯法提供了一个综合的理论方法。其独到之处

---

〔1〕〔美〕马丁·费尔德斯坦主编：《20 世纪 80 年代美国经济政策》，王健等译，经济科学出版社 2000 年版，第 541 页。

是融合经济理论和案件的立法分析，因此，律师和法官都能遵循并且将其转化成为自己的观点。[1]以确立假定垄断者测试市场界定法为主要特征的 1982 年《并购指南》的颁布被视为是经济学分析方法在美国反托拉斯规制领域的一次里程碑式的胜利。在随后的案例中，受过良好经济学教育的经济学家们和律师们通过不断的庭审和质证使美国各级法院的法官学会了用经济学的分析方法进行案件的审理，这些法官作出的判决也就进一步以判例法的形式确立了经济学分析方法的主导地位。20 世纪 90 年代以来现代企业理论、新制度经济学的分析方法和博弈论的分析也都进入了反托拉斯法的领域，经济推理和经济学分析技巧在反托拉斯法领域的推广和运用，被视为具有从总体上提高反托拉斯的司法思辨能力的功能。律师甚至被要求学习经济课程。法律的经济学分析学者波斯纳及其同事所设定的边界强有力地控制了至少三十年。这个学派保持了长期的垄断地位，边缘化并且也许阻止了其他潜在的法学和经济学之间的联系。

　　法律的经济学分析的影响已远远超出美国的范围，在国际上广为流播。在欧洲，自 20 世纪 80 年代开始，就有学者立文著说呼吁在竞争法领域采取更加美国式的方法。美国反托拉斯法的法律和经济学革命显示了它的力量，在少数欧洲研究者眼里，这种理念非常有吸引力。例如，瓦伦丁·克拉荷（Valentine Korah）呼吁欧盟应沿着如今正在美国成为正统的方向，加大竞争法中经济学的使用力度。[2]然而，许多年来，这种观点只赢得

〔1〕　〔美〕马丁·费尔德斯坦主编：《20 世纪 80 年代美国经济政策》，王健等译，经济科学出版社 2000 年版，第 541 页。

〔2〕　Valentine Korah, "From Legal Toward Economic Efficiency: Article 85（1）of the EEC Treaty in Contrast to U. S.", *Antitrust Bulletin*, Vol. 35, 1990.

了有限的支持。以前欧盟委员会不曾认真对待过这些观点，但后来在多种因素的刺激下，欧共体委员会开始愿意积极对其予以回应，美国反垄断法所谓的"芝加哥学派论点"已经开始变得容易接受，批评委员会垂直约束方法的文章被广泛讨论。巴里·霍克于1994年发表的论文成为关注的焦点。[1]霍克曾经是美国教授，但当时他是美国一家大型律师事务所的合伙人，也是福特汉姆公司法研究所年度竞争法律会议的组织者。[2]经济学家马里奥·蒙蒂（Mario Monti）在1999年至2005年期间担任竞争委员时引领了一场以经济学为中心的转向，这场变革的高度、深度和开放性在整个欧洲产生了非常大的影响。[3]另一个因素是，在苏联解体后，政治和经济自由化俨然浩浩汤汤，所向披靡。美国在二战之后与苏联的争霸中最终大获全胜，而"胜利者拥有一切"，美国被当成世界各国纷纷效仿的典范，世界金融危机是亚洲、俄罗斯和南美没有及时选择美国模式这个事实的反映。《时代》周刊的出版人约瑟夫·尤弗（Josef Joffe）的评论当时推测说，美国会成为全世界的蓝图，"丑陋的美国人一直都有，但是今天他成了世界上其余的人所喜欢的那样"。[4]而弗兰西斯·福山的《历史的终结及最后之人》（Francis Fukuyama, *The End of History and the Last Man*, New York: Free Press, 1992）似乎更是斩钉截铁地进行了盖棺定论。在历史风云变幻

---

〔1〕 Barry E. Hawk, "System Failure: Vertical Restraints and EC Competition Law", *Common Market Law Review*, Vol. 32, Iss. 4, 1995.

〔2〕 David J. Gerber, "Two Forms of Modernization in European Competition Law", *Fordham International Law Journal*, Vol. 31, Iss. 5, 2007.

〔3〕 Margaret Bloom, "The Great Reformer: Mario Monti's Legacy in Article 81 and Cartel Policy", *Competition Policy International*, Vol. 1, No. 1, 2005.

〔4〕 ［德］赖纳·汉克：《平等的终结：为什么资本主义更需要竞争》，王薇译，社会科学文献出版社2005年版，第125页。

之际乘机加紧向东扩张步伐的欧盟自然不能不随风摇摆，无怪乎 2004 年欧盟"大爆炸"式成员扩充与当年欧盟并购条例的改革趋向美国化之间存在契合。更为经济的方法祈向在部分程度上是回应经济全球化观念，经济全球化要求或至少有必要趋向于更为经济的方法。[1]20 世纪 90 年代是美国经济风头强劲、繁荣增长的十年，而欧洲经济表现则较为落后，欧洲许多企业呼吁减少委员会在竞争执法领域的干预。[2]鉴于美国反托拉斯法的法律和经济革命大幅减少了卡特尔以外几乎所有领域的反托拉斯法执法，欧洲的商业领袖坚信，欧洲竞争法中的类似演变对于欧洲在经济发展方面能够遏制与美国的竞争预势不无必要。欧盟强调的重要政策之一是"追赶"美国，使欧洲企业在全球市场上能够与美国、日本的企业争长竞短。最后，私人利益也在发挥作用。经济学家、管理咨询公司和美国大公司律师存在重大的激励以支持经济学的中心地位，以期将自己的技能和知识推销到一个广阔的新市场。[3]古典经济学提供了一套连贯一致的方法论和语言，代表了一种可被用来实现法律领域的一致性的智识框架，倾向于要求法理学只能用经济力量（金钱）所理解的语言来论述问题。[4]"效率"以及"消费者福利"的基本原则已经被非专业人士所普遍接受，而这个智识框架更为复杂的方面则为整个国际经济学家团体所熟稔。德国学者和官员

---

〔1〕　［美］大卫·J. 格伯尔："在欧洲竞争法中的人类学、历史以及'更为经济的方法'论纲"，朱树青、张世明译，载《内蒙古师范大学学报（哲学社会科学版）》2016 年第 2 期。

〔2〕　David J. Gerber, "Two Forms of Modernization in European Competition Law", *Fordham International Law Journal*, Vol. 31, Iss. 5, 2007.

〔3〕　David J. Gerber, "Two Forms of Modernization in European Competition Law", *Fordham International Law Journal*, Vol. 31, Iss. 5, 2007.

〔4〕　［英］韦恩·莫里森：《法理学：从古希腊到后现代》，李桂林等译，武汉大学出版社 2003 年版，第 552 页。

在布鲁塞尔的影响至巨，在欧盟竞争法发展的早期阶段尤其如此。在 2002 年之前，布鲁塞尔竞争机构的主管一直是德国人，期间只有两年的例外。随着这个体系的演化，其他国家（主要是英国、法国和意大利）的影响也开始增加。例如，在 2000 年之后，英国公平贸易办公室的负责人、经济学家约翰·维克斯（John Vickers）和约翰·芬里顿（John Fingleton）以及法国竞争当局主席布伦诺·拉瑟里（Bruno Lasserre）在发展泛欧竞争法的理念方面都是非常有影响力的人物，向欧洲官员阐释更为经济的方法的价值，在这方面的推动作用甚著。[1]

委员会改变竞争法行为规范内容的实体性现代化（the substantive modernization）过程与程序化现代化（the procedural modernization）进程大致相同，但由于其是随着时间的推移而形成的，不存在正式的"现代化"计划，因此不太容易被认为是一个独特的过程。[2]在进程开始之前的几年里，即 20 世纪 90 年代中期，对现行实体法的批评相对较少。一般来说，竞争总局的官员似乎相信，欧洲竞争法的原则和方法可行而有效，竞争法的目标几乎没有质疑，欧洲法院和委员会也因发展竞争法的作用、支持和加强欧洲的经济一体化而经常得到赞扬。尽管有人批评委员会和法院用于确定和实施实质性竞争法规范的方法缺乏可预测性，[3]但几乎没有要求对实体性法律进行根本变革

---

〔1〕 David Gerber, *Global Competition: Law, Markets, and Globalization*, London: Oxford University Press, 2010, p. 229.

〔2〕 David J. Gerber and Paolo Cassinis, "The Modernization of European Community Competition Law: Achieving Consistency in Enforcement‐Part Ⅰ", *European Competition Law Review*, Vol. 27, No. 10, 2006.

〔3〕 Mario Siragusa, "Rethinking Article 85: Problems and Challenges in the Design and Enforcement of the EC Competition Rules", in Barry E. Hawk (ed.), *Annual Proceedings of the Fordham Competition Law Institute: International Antitrust Law & Policy*, Huntington, NY: Juris Publishing, Inc., 1998, pp. 279~284.

的呼声。当时对于欧盟竞争委员会的批评一方面集中在程序,似乎假定欧洲的程序不同于美国的程序上,因此劣于美国法,不值得尊敬。有评论说"美国反托拉斯机构是在执法背景下运作,而欧盟委员会的并购署则是在规制体制下运作"。[1]另一方面常与情绪化的政治口号相联系,集中在实体法层面,抨击欧盟竞争法的目标发生了错误的理解或定性。美国负责反托拉斯事务的联邦司法部长助理查尔斯·詹姆士(Charles James)曾在一次新闻发布会上声称,"美国反托拉斯政策长期以来一直旗帜鲜明地坚持反托拉斯法保护竞争而非竞争者。如今,欧盟的决定反映了分歧的关键点"。[2]随着欧盟版图的扩张,欧洲竞争法现在管辖着国众民广的"共同体"的基础经济关系和经济结构。布鲁塞尔方面担心,如果竞争法不是坚实地建立在经济方法的基础之上,就会被成员国竞争官员及法院用于竞争保护之外的目的。欧盟内部充溢着认同、张力和边界,经济、文化、法律传统、经验上的差异巨大,以至于不能仅仅依赖于公平、正义之类的文化负载概念。因此,经济学被赋予了更为重要的角色,使竞争法决定所植基立础的标准不仅是"客观的",而且是"科学的",甚或通常是可量化的。对正义问题的回避不仅让竞争法机构免受其必然带来的额外压力,而且纾解竞争法决策者对公平问题的"主观性"裁量所遭受的质疑。在这种背景下,"更为经济的方法"(more economic approach, MEA; stärker wirtschaftlichen Ansatzes)作为具有以产业经济学理论为参照系

---

〔1〕 Donna Patterson and Carl Shapiro, "Transatlantic Divergence in GE/Honeywell: Causes and Lessons", *Antitrust Law Journal*, Vol. 16, Iss. 1, 2001.

〔2〕 Charles A. James, "Statement on the EU's Decision Regarding the GE/Honeywell Acquisition"(3 July 2001), available at http://www. usdoj. gov/opa/pr /2001/July/303 ahtm, 2013-6-7.

的整体竞争政策，[1]在智识上更加完备，同时也更具有可预见性，表现出指导图像的效果，[2]为欧盟提供了更能自圆其说的做决定的基础。这不仅使得东扩之后欧盟仍能在竞争法的分析上实现统一，而且能更容易地识别国内竞争制度中背离竞争的做法。[3]

委员会在其1999年白皮书中宣布在评估企业竞争行为时将采取"更为经济的方法"，但没有解释具体的内涵。"更为经济的方法"在不同的表述中涵义各异，[4]可谓风情万种，但支持者和批评往往倾向于认为这是该委员会将引入趋向效率影响（尤其是对消费者利益）的市场结果测试（Marktergebnistests）。[5]时任欧盟委员会竞争总司专员的马里奥·蒙蒂将寻找改革之路的竞争政策方针表述为"转向基于市场影响的更为经济的方法"。[6]但蒙蒂在此一年前已经从以前的用竞争政策的方法来评估具体

〔1〕 Arndt Christiansen, „Die, Ökonomisierung ' der EU – Fusionskontrolle: Mehr Kosten als Nutzen? ", *Wirtschaft und Wettbewerb*, Bd. 55, H. 3, 2005.

〔2〕 Jürgen Basedow, „Konsumentenwohlfahrt und Effizienz–Neue Leitbilder derWettbewerbspolitik? ", *Wirtschaft und Wettbewerb*, Bd. 57, H. 7~8, 2007.

〔3〕 David Gerber, *Global Competition: Law, Markets, and Globalization*, London: Oxford University Press, 2010, p. 229.

〔4〕 Alexander Fritzsche, „Interdisziplinarität oder Ökonomischer Imperialismus? Aspekte des sog. , More Economic Approach ' im Europäischen Wettbewerbsrecht ", *Jahrbuch Junger Zivilrechtswissenschafler* 2008: *Einheit des Privatrechts, Komplexe Welt: Herausforderungen durch fortschreitende Spezialisierung und Interdisziplinarität*, Stuttgart: Richard Boorberg Verlag, 2009, S. 207~237.

〔5〕 Peter Behrens, „Abschied vom More Economic Approach? ", Stefan Bechtold, Joachim Jickeli und Mathias Rohe (Hrsg.), *Recht, Ordnung und Wettbewerb: Festschrift zum 70. Geburtstag von Wernhard Möschel*, Baden – Baden: Nomos Verlagsgesellschaft, 2011, S. 115~130.

〔6〕 Monti, "Perspectives of European Competition Law – A Survey", in FIW, Zukunft der Wettbewerbsordnung und des Kartellrechts, Referate des XXXIII. FIW–Symposiums, FIW Schriftenreihe, H. 182, 2001, S. 10.

竞争限制偏离。他在纽约 2003 年 10 月举行的演讲中表述委员会的转变是："在作出这一修改时，我们已经从以法律为基础的方法转移到基于合理的经济原则的规则解释。"[1] 如果探究委员会的各种指南所提出的"更为经济的方法"的内涵，其结果令人吃惊，因为存在一系列非常不同的和模糊的答案。[2] 委员会指南中的各种纲领性表述在福利经济效率的考虑、市场结构和竞争过程中在保护目标的标准之间来回摇摆。[3] 毫无疑问，在 2004 年并购控制条例根本性修改之后，欧洲竞争政策"更为经济的方法"进步长足，大体上体现为：首先，通过更为经济的方法可以更多地基于经济模型进行决定；其次，更为经济的方法意味着所需的资源成本小于与使用其他以前未使用的方法；最后，更为经济的方法更关注决定的经济结果。[4]

　　"更为经济的方法"的表述在某种程度上掩盖了这一转变的意义。这似乎是说，转变是有限的，只涉及重点的渐变。其暗含着这样的意思：过去已经在使用经济学的工具了，如今少事更作，仅仅增加了过去使用的支持工具，强调竞争法适用中引入更多的经济考量和判断。在某一个层面来说，这固然言之有

---

〔1〕　资料来源：http://ec. europa. eu/competition/publications/studies/eagcp_ july_ 21_ 05. pdf，访问时间：2016 年 6 月 4 日。

〔2〕　Peter Behrens,„Abschied vom More Economic Approach? ", Stefan Bechtold, Joachim Jickeli und Mathias Rohe（Hrsg. ）, *Recht*, *Ordnung und Wettbewerb*：*Festschrift zum 70*, *Geburtstag von Wernhard Möschel*, Baden－Baden：Nomos Verlagsgesellschaft, 2011, S. 115～130.

〔3〕　Peter Behrens,„Abschied vom More Economic Approach? ", Stefan Bechtold, Joachim Jickeli und Mathias Rohe（Hrsg. ）, *Recht*, *Ordnung und Wettbewerb*：*Festschrift zum 70*, *Geburtstag von Wernhard Möschel*, Baden－Baden：Nomos Verlagsgesellschaft, 2011, S. 115～130.

〔4〕　André Schmidt,„Wie ökonomisch ist der‚More Economic Approach' in der europäischen Wettbewerbspolitik? ", Freiburg Discussion Papers on Constitutional Economics, 2006, No. 06/10, http://hdl. handle. net/10419/4370, 2017-6-4.

理，是准确的。在引入更为经济的方法之前，经济见解在欧洲竞争政策实施和不断修订的讨论中已然发挥重要作用，[1]欧洲竞争法在过去发展的过程中使用经济学推理早已有之，经过现代化的历程后，其用益广。但是，"更为经济的方法"远非是如此渐进主义的形象。[2]以往经济学一直是在个案分析基础上使用，被用以分析事实、预测行为（如并购）的后果，辅助相关规范的适用。"更为经济的方法"这一运动中蕴含的假定是，新古典经济学本来就为欧盟竞争法提供了规范和目标，除此之外还提供了原则性的方法以实现竞争法的目标、适用竞争法的规范。这种对经济学更为根本性也是更为深远的利用，代表了"更为经济的方法"的核心，[3]旨在将新古典经济学的语言、方法和观点置于欧洲竞争法的中心，并将形式的经济学方法作为思考竞争法的中心组织结构和确定竞争法的目标和方法的中心手段，[4]强调判断标准的经济化，以竞争结果而非竞争过程为价值取向，行为的经济效果替代行为特征和行为性质成了新的标准。简而言之，欧盟竞争法现代化的进程朝着更为经济的方法实施改革，将欧盟竞争政策定位为更加实用主义的、以经济为导向的政策工具，将竞争法理念的核心目标缩窄到以消费者利益为衡量标准的经济效率，原本多元化的竞争法目标被删除，

---

〔1〕　Rainer P. Lademann, „Zur Methodologie des More Economic Approach im Kartellrecht", Stefan Bechtold, Joachim Jickeli und Mathias Rohe (Hrsg.), *Recht, Ordnung und Wettbewerb: Festschrift zum 70, Geburtstag von Wernhard Möschel*, Baden-Baden: Nomos Verlagsgesellschaft, 2011, S. 383.

〔2〕　David J. Gerber, "Two Forms of Modernization in European Competition Law", *Fordham International Law Journal*, Vol. 31, Iss. 5, 2007.

〔3〕　David Gerber, *Global Competition: Law, Markets, and Globalization*, London: Oxford University Press, 2010, p. 193.

〔4〕　David J. Gerber, "Two Forms of Modernization in European Competition Law", *Fordham International Law Journal*, Vol. 31, Iss. 5, 2007.

具有为欧洲竞争法注入新的灵魂的脱胎换骨意义。改革后的欧盟竞争政策的各个方面都清楚表达出更多经济考量的倾向和内容，揭示了欧盟正在或已经转向新的竞争政策指导方针。在某种程度上，这呈现出关系的逆转意味：竞争自由与其说被视为是（在消费者增加福利意义上）效率结果原因或前提条件，毋宁说对消费者的效率影响作为是否具体竞争策略的竞争自由服从的基准或准则。[1]概括言之，"自由竞争导致的效率"（"Wettbewerbsfreiheit führt zu Effizienz"）的霍普曼的非两难命题（Hoppmanns Non-Dilemma-These）[2]被"效率导向导致自由竞争"（"Effizienzorientierung führt zu Wettbewerbsfreiheit"）的海尔威格非两难命题（Hellwigs Non-Dilemma-These）[3]所替换。通过这种方式，基于效果的竞争分析变成保证自由竞争的工具。[4]

　　1997 年欧盟委员会关于竞争法上的市场界定的通告放弃了欧盟一直采用的功能市场界定法转而采用美国 1982 年颁布的《并购指南》中提出的假定垄断者测试市场界定法，因而被视为是欧盟并购规制转向经济分析的一个重要标志。从 1997 年的市场界定通告发布以后，欧盟委员会不仅在市场界定方面而且在实体分析方面开始大量使用经济分析方法。在"沃尔沃/斯堪尼

〔1〕　Oliver Budzinski,„‚Wettbewerbsfreiheit' und ‚More Economic Approach：Wohin steuert die Europäische Wettbewerbspolitik？",*Marburg Working Papers on Economics*, No. 13-2007.

〔2〕　Erich Hoppmann,„Wettbewerb als Norm der Wettbewerbspolitik",*ORDO：Jahrbuch für die Ordnung von Wirtschaft und Gesellschaft*, 1967, Bd. 18, S. 77~94.

〔3〕　Martin Hellwig,„Effizienz oder Wettbewerbsfreiheit? Zur Normativen Grundlegung der Wettbewerbspolitik", in Christoph Engel / Wernhard Möschel (Hrsg.), *Recht und Spontane Ordnung：Festschrift für Ernst-Joachim Mestmäcker zum Achtzigsten Geburtstag*, Baden-Baden：Nomos, 2006, S. 231-268.

〔4〕　Oliver Budzinski,„‚Wettbewerbsfreiheit' und ‚More Economic Approach：Wohin steuert die Europäische Wettbewerbspolitik？",*Marburg Working Papers on Economics*, No. 13-2007.

亚并购案"中欧盟委员会运用数量化的分析手段,分析了重型卡车在欧盟各成员国的销售利润在售价上涨5%后的变化趋势,从而得出这起并购案的地理市场应当是国别市场的结论。沃尔沃和斯堪尼亚是欧洲著名的汽车制造商,其产品涉及重型卡车、旅游车、城际穿梭大巴和同城小巴四个领域,欧盟委员会将此次并购的产品市场界定为重型卡车市场。在确定这起并购案的地理市场时,欧盟委员会采用了复杂的计量模拟分析法。由于重型卡车属于差异性产品,不同的客户对重型卡车的车形、发动机功率、轮轴转数、空间、运载能力等的要求是不同的,因此卡车的厂家在不同国家对不同的车型所提供的报价也是不同的。有时差异是很大的,因而不能直接用并购当事方提供的各国的售价作为分析的依据,必须对这些售价进行调整,以反映不同市场上平均价格的趋势。欧盟委员会利用这些调整的数据和其销售利润进行模拟回归分析,最后的结论是在卡车销售价格上涨5%的情况下,所考察的所有国家利润几乎都是上涨的,因而欧盟委员会将相关地理市场界定为国别市场。欧盟委员会在这起并购案中的地理市场界定,也得到了美国反托拉斯专家的认同,被认为是欧盟运用数量化手段进行并购规制分析的典范。[1]根据法院对"天旅诉欧洲共同体委员会案""施耐德电气股份有限公司诉欧洲共同体委员会案"和"利乐-阿法拉伐诉欧洲共同体委员会案"的判决,[2]委员会认识到,法院要求的证据水平很高,这意味着委员会的调查要比目前更为广泛和详细。因此,为了进一步加强竞争分析的经济基础,并对在调查

---

〔1〕 Case No COMP/M. 1672-Volvo/Scania〔2000〕OJ L143/74.

〔2〕 Case T-342/99-Airtours plc v. Commission of the European Communities〔2002〕ECR Ⅱ-2585;Case T-310/01-Schneider Electric SA v. Commission of the European Communities〔2002〕ECR Ⅱ-4071;Case T-5/02-Tetra Laval BV v. Commission of the European Communities〔2002〕ECR Ⅱ-4381.

中适用的经济模式进行更严格的测试，2002 年 11 月，欧盟委员会在其负责执行竞争法的竞争总司内设立了首席经济学家的职位。该职位隶属于竞争总司的总司长，为各部门包括专门负责企业并购的并购规制局提供独立的评价报告。而"更为经济的方法"在欧盟并购控制 1990 年以来引进的最深远的改革进程中处于中心明显的影响，见诸 2004 年新修订的并购条例和借鉴美国实践而首次颁布的横向并购指南。[1]

在"宇航公司-阿莱尼/德哈维兰案"中，欧共体委员会首次承认《第 4064/89 号并购条例》包括双重标准，"然而，产生或增强支配性地位的并购会根据并购条例第 2 条第 2 款规定宣布为与共同体市场相容，只要……支配性地位不产生条例第 2 条第 3 款规定的严重妨碍有效竞争的后果"。在"BASF/Eurodiol/Pantochim 案"中，委员会开始以第二个从句标准校正第一个从句标准：并购虽导致在相关市场上产生或增强支配性地位，但因未严重损害竞争，所以批准该项并购。在"波音麦道并购案"中，欧盟委员会认为，尽管并购增强支配性地位，但当事人提供特定承诺有助于减轻竞争损害程度。随着委员会越来越多地利用第二从句标准判案，将不断降低对支配性地位的依赖，这最终会导致欧美对同一并购作出趋同结论。尽管有人认为，美国联邦贸易委员会不干预"波音麦道并购案"主要是因为没有竞争者指控和政治压力，但这些外因再多也不能阻止实体性趋同的结论。因此，欧盟理事会最终采取了对《第 4064/89 号并购条例》第 2 条第 2 款及第 3 款进行改造的方法，通过强调第二个从句"严重损害竞争"标准，以弥补支配性地位标准的不

---

〔1〕　Arndt Christiansen, „Der 'More Economic Approach' in der EU-Fusionskontrolle-Eine kritische Würdigung", *Research Notes from Deutsche Bank Research*, No. 21, 2005.

足，并促成与实质性减少竞争标准相一致。[1]

《第139/2004号并购条例》修订了新的实体测试，该测试的核心是师法美国、英国的政策，被打上了实用主义的烙印。[2]严重妨碍有效竞争与实质性减少竞争的趋同性有以下几个方面的体现：一是都属于结果型，强调对有效竞争造成实质性损害并以此结果作为是否对并购加以禁止的标准，而企业的市场份额和市场集中度只是一个考虑的因素；从文字上来看，"实质性减少竞争"标准和"严重妨碍有效竞争"标准措辞不一，前者用"实质性减少"（substantially lessen）作为修饰的定语，后者则是"严重妨碍"（seriously impediment），范围比美国的标准要大，但从本质上来说，二者是几乎同名的概念，都强调并购对市场竞争的损害。二是审查的因素基本相同，都是从相关市场的界定、市场份额、市场集中度、进入壁垒、买方力量的考虑、经济效率等几个方面对并购对竞争的影响进行分析。三是在单边效果的分析上趋于一致，都强调比较大的市场份额、并购消除了重要竞争压力、竞争对手对并购后企业单方面涨价缺乏扩大供给的能力等。欧盟改革后引进的"非协调效应"概念等同于美国的"单边效应"，认为"非协调效应"是严重妨碍有效竞争的主要方式之一，而不再像过去那样通过缩小相关市场的范围来判断并购后企业可能具有支配地位。自1992年的《横向并购指南》以来，单边效应已经是美国反垄断主管机关关注的核心问题。即便是小企业之间的集中，如果将导致企业的单方面涨价，而使消费者的利益受到损害，政府也将放弃不干预的

---

〔1〕 刘和平：《欧盟并购控制法律制度研究》，北京大学出版社2006年版，第150页。

〔2〕 Lars‐Hendrik Röller, "The Impact of the New Substantive Test in European Merger Control", *European Competition Journal*, Vol. 2, Iss. 1, 2006.

政策，通过对集中加以阻止或要求通过拆分或强制许可等方式进行重组以维持市场竞争。四是欧盟参照美国的《横向并购指南》的框架与内容，制定了自己的《横向并购评估指南》，以期与经济现实相接近、与世界上现行的主要的企业并购控制体系相协调。市场支配性地位标准建立在一个静态分析的基础之上，以市场支配企业为其分析的中心，关于阻碍有效竞争的标准被赋予很小的独立意义，并不符合经济学的理论。相对而言，实质性减少竞争标准改变了这种关系。如果一项并购交易严重地影响了欧盟市场上的有效竞争，则必然会被禁阻。不允许并购的唯一标准是，并购是否将严重阻碍有效竞争。原有的标准在要求造成/加强优势地位的同时，还要求造成实质性阻碍有效竞争的结果。而新标准把实质性阻碍有效竞争作为主要标准，把支配地位的产生或加强仅作为阻碍有效竞争的最重要的情况，这更符合现代经济学的分析方法。[1]欧盟委员会认为这个变化只是从字面上使该标准更加明晰化，而不是扩大了其权力，该变化进一步清楚地表明，并购规则所深含的标准是要把所有的反竞争的并购包括进去。这为经营者提供了法律的确定性。[2]美国对控制经营者集中的"实质性减少竞争"标准的认识经历了从结构主义向行为主义的转变。相似地，欧盟也经历了从结构型定位的市场支配性地位标准向效果型定位的"严重妨碍有效竞争"标准的转变。从具体行为所产生的影响市场竞争的效果这一角度来界定经营者集中反垄断实体审查的标准，这代表了世界范围内控制经营者集中标准的发展趋势。结构主义的并

---

〔1〕　刘丽、陈彬：《欧盟控制企业集中法律制度研究》，北京理工大学出版社2013年版，第116页。

〔2〕　白艳：《美国反托拉斯法/欧盟竞争法平行论：理论与实践》，法律出版社2010年版，第205页。

购政策或者结构型定位的规制标准，虽然在评价是否构成反竞争时比较方便和明确，但却是不周延的，不能很好地应对现代市场经济环境下的经营者集中现象。例如，在美国著名的"亨氏/比纳案"中，如果采用结构标准，由于亨氏并购比纳后只占市场份额的30%，尚达不到结构规制的起点，因而结构标准无法发挥作用，必须采用效果标准才能有效规制寡头垄断。

但是，欧盟的严重妨碍有效竞争标准与美国的实质性减少竞争标准还是有一定差异的。这主要表现在两者评判反竞争效果的初始指标——市场份额不同，市场集中度指标也略有差异。2010年，美国对 HHI 指数进行了修改，放宽了市场集中度的衡量尺度。美国对于市场 HHI 在 1000 至 1800 之间且并购后市场 HHI 提升值低于 100 的并购，不视为具有反竞争效果；而依据欧盟《横向并购评估指南》第 20 段，市场 HHI 位于 1000 至 2000 之间但提升数值低于 250 的并购不具有反竞争效果。在高度集中市场，美国认为在市场 HHI 超过 1800 时，应划分三种情形区别对待；如果提升数值低于 50，无需对并购进行审查；如果超过 50 但低于 100，则应结合其他因素对并购进行综合分析；如果提升数值超过 100，并购就具有反竞争性，但仍需要结合潜在反竞争因素、市场进入、效率和破产等其他因素来评判并购的反竞争性。而欧盟认为市场 HHI 超过 2000 属于高度集中市场，且只划分为两种情形，即如果提升数值低于 150，则属于安全性并购；超过 150，则应结合并购当事人是否包括潜在进入者、创新者、从事协同行为的记录、绝对控股等来考虑。这反映出美国对企业并购的控制更加严格。[1]

其次，两者之间的差异还体现在对"单边效果"的具体规

---

〔1〕 许光耀：《欧共体竞争法通论》，武汉大学出版社 2006 年版，第 530 页。

定上，欧盟规定只有并购以后企业的市场份额超过 25% 才有可能产生"单边效果"。而美国新修订的指南删除了市场份额。比较美国和欧盟控制经营者集中的实体标准可以发现，美国是单一标准，而欧盟则是双重标准。欧盟在创立"严重妨碍有效竞争"标准的同时并没有放弃市场支配性地位标准，前者作为对后者的拾遗补阙而存在，从而使欧盟的规制标准与美国趋同。然而，这一变化尽管看上去极具范式革新意义，但不应被高估。所谓的实质性阻碍有效竞争标准也就是对旧标准重新定义而非完全取代。并购评估的决定性因素是企业并购控制试图达到的目的、采取何种标准被用于进行审查的并购。并购控制的主要目标仍然是保护竞争不被扭曲。[1]新标准对此目标并没有过多改变，也并没有实质性地修改委员会的决策实践，委员会在实践中仍然应用支配地位测试。[2]支配地位以其他不同的形式，仍然扮演着主要的角色。委员会曾经宣布："根据各种可能性，大多数的与共同体市场不协调的企业并购交易的确定都是在企业并购交易产生或加强了市场地位的结论下作出的。"[3]新标准的措辞更接近于美国的实质性减少竞争标准，但是允许欧盟委员会在某种程度上保留原有市场支配性地位标准下作出的判例法，实际上是市场支配地位和严重缩小竞争两个标准的混合物。一个更为复杂的问题是在实践中实质性阻碍有效竞争标准意味着什么，是否和实质性减少竞争标准相同。一种解释是，两者

---

〔1〕　Alexander Riesenkampff, "New E. C. Merger Control Test under Article 2 of the Merger Control Regulation", *Northwestern Journal of International Law & Business*, Vol. 24, Iss. 3, 2004.

〔2〕　Alistair Lindsay and Alison Berridge, *The EU Merger Regulation*: *Substantive Issues*, London: Sweet & Maxwell, 2012, p. 53.

〔3〕　白艳:《美国反托拉斯法/欧盟竞争法平行论：理论与实践》，法律出版社2010 年版，第 213 页。

是相似的。另一种解释是，"实质性减少"与"竞争减少了多少"相联系，而"阻碍有效竞争"涉及的是在并购后还剩余多少竞争。

按照竞争法的思路，强大的法律地方主义是一种类似垄断的情况，法律传统引致的高交易成本是排除法律移植的重要原因。所以长期以来，传统的法律发展观大都将法律的发展理解为一种跨时间的历史发展。但是在全球化时代，法律跨地域移植和法律跨时间发展均是法律发展的主要方式。随着国际交往的日益频繁，不同国家法律在创制和运作过程中逐渐相互吸收、相互渗透，大量涵纳国际社会的普遍实践与国际惯例，使得不同国家法律之间"共同因子"增多而趋于接近甚至一致。尽管受到政治上单边主义、经济上保护主义的影响，但全球化经济的发展必然涉及法律问题，恰如威廉·特文宁（William Twinning）所言，法律和全球化互为表里，法律全球化是对全球化的一种回应，同时也必然推动经济全球化的发展，促进资源在全球范围内的有效配置。一方面，决策者所理解的激励因素相同或者相似使得法律制度趋同呈现出极大的可能性；另一方面，不激励因素在决策者间得以广泛传播的效应也在趋同化过程中具有至关重要的作用。法律趋同趋势往往源自效率倾向，与导致最后实现趋同的法律模式的所谓声望联系并不密切。[1]美国综合国力的强大造成了其法律出口能力在当今世界的市场占据支配地位，是大陆法系的许多法律领地都受到美国法风头强劲侵蚀的决定性因素，在与重大的效率关注紧密相关的法律领域尤其如此。他者的法律差异现象并不构成令人讨厌的"缺陷"，人们可以正当地要求在差异之处受到承认、尊重和欢迎。有益的整

[1] Ugo Mattei, *Comparative Law and Economics*, Ann Arbor, Michigan：University of Michigan Press, 1997, p. 141.

合并不要求同化，而是要求自我与他者间的相互承认和学习。对效率的崇拜统治一切，推动欧洲经济的自由化而使之"运行于一个由无个性市场构成的无根世界之中"，[1]被一些学者批评为反人类的发展，"对各种生命经历的应得尊重"，[2]忽略了文化和人类繁荣的其他价值和重要面向。在全球化竞争的时空背景下，欧美并购实体标准产生趋同效应，可以减少全球市场竞争监管规范之间的差异，降低因跨国管辖冲突而产生的成本和风险。[3]

　　经济学方法的趋同可以避免或减少接受以经济学为基础模式的趋同而带来的巨大阻碍，因为这不需要执法者们为迎合经济学家而忽视竞争法规范的发展，不要求任何一套特定的规范，因此也不会与法定的规制相冲突，不需要提供大量的资金来支持经济学家。这基本上就是一个循序渐进的过程，不需要马上发生变化，因为迅速的变化会产生一些官僚机构、政治、人事费用上的问题。对竞争法使用更为经济的方法可能存在一些反对声音，但在知识分子和官员当中，对采用经济学方法的反对声较对采用经济学模式的反对声要小。其实，人们围绕经济学的应用而分享经验，这可能就是趋同的主要途径。欧盟委员会"更为经济的方法"的结果意味着会预计提高透明度，增加法律的确定性。在极端情况下，案件的决定将至少从基本理论模型导出。

　　但是资料显示，经济学在竞争法趋同过程中的作用往往是

---

〔1〕　Pierre Legrand，"The Return of the Repressed：Moving Comparative Legal Studies Beyond Pleasure"，*Tulane Law Review*，Vol. 75，No. 4，2001.

〔2〕　［英］埃辛·奥赫绪、［意］戴维·奈尔肯编：《比较法新论》，马剑银等译，清华大学出版社 2012 年版，第 161 页。

〔3〕　王晓晔主编：《反垄断法中的相关市场界定》，社会科学文献出版社 2014 年版，第 293 页。

模糊的、理想化的、不确定的或者三者兼具的。我们可以看到，在关于经济学的作用方面，那些不太严谨的参考资料和简单的假设，在很大程度上模糊和歪曲了关于这个问题的讨论，并且可能阻碍国内和国外竞争法政策的演变，造成一些不切实际的期待。[1]分歧的经济竞争理论和多元化方法持续存在。[2]例如，在20世纪80年代末，"哈佛学派"和"芝加哥学派"不仅在理论和实证基础上，而且在其规范目标之间存在显著差异。[3]此外，奥地利市场过程理论[4]等也代表着根本不同的视角。"理论知识的竞争性质"[5]经常导致不同的切实可行的行动建议或案件评估。[6]被誉为"社会科学皇冠（上的明珠）"的经济学在学科属性问题上同样纠缠不清。例如，同为诺贝尔奖得主、法律经济学主要创始人的科斯和贝克尔（Gary Becker），对此的意见就完全相左。为经济学的"帝国主义"霸业立下汗马功劳的贝克尔主张以研究方法作为经济学的学科界定标准，因

---

〔1〕 王晓晔主编：《反垄断法中的相关市场界定》，社会科学文献出版社2014年版，第315页。

〔2〕 John Burton, "Competition over Competition Analysis: A Guide to some Contemporary Economic Disputes", in Julian Lonbay (ed.), *Frontiers of Competition Law*, London: Chancery Law Publishing, 1994, pp. 1~23.

〔3〕 David B. Audretsch, "Divergent Views in Antitrust Economics", *Antitrust Bulletin*, Vol. 33, Iss. 1, 1988; Dieter Schmidtchen, „Antitrust zwischen Marktmachtphobie und Effizienzeuphorie: alte Themen-neue Ansätze", in W. Möschel, M. E. Streit und U. Witt (Hrsg.), *Marktwirtschaft und Rechtsordnung, Festschrift zum 70, Geburtstag von Prof, Dr. Erich Hoppmann*, Baden-Baden: Nomos, 1994, S. 143~166.

〔4〕 Israel M. Kirzner, "Entrepreneurial Discovery and the Competitive Market Process: An Austrian Approach", *Journal of Economic Literature*, Vol. 35, No. 1, 1997.

〔5〕 C. Watrin, "Ökonomische Theorien und Wirtschaftspolitisches Handeln", in Hans Albert (Hrsg.), *Theoretische und institutionelle Grundlagen der Wirtschaftspolitik: Theodor Wessels zum 65, Geburtstag*, Berlin: Duncker & Humblot, 1967, S. 11.

〔6〕 Arndt Christiansen, „Der, More Economic Approach' in der EU-Fusionskontrolle-Eine kritische Würdigung", *Research Notes from Deutsche Bank Research*, No. 21, 2005.

此可以将以成本收益分析为基石的经济学方法应用于犯罪、人力资本、家庭、宗族或性别歧视等任何传统上认为不属于"市场"的社会领域。但科斯却不以为然，觉得经济学家远没有做好自己的本职工作，运用经济学研究法律或其他非市场领域的社会问题固然并无不可，但并不是经济学家的专长，也不应该成为经济学家的主业。事实上，科斯认为经济学家在法律经济学之类的交叉学科领域并不具备比较优势。[1]

　　从认识论的角度加以检视，归纳原则本身存在重大缺陷，因为任何证立努力都将导致三难困境：个别观测内的一般关系的接受需要理由，这些理由反过来又要求理由，并最终无限向后退却或沉溺于无穷逻辑循环。只有证立尝试以不令人满意的方式武断停止，才能跳出明希豪森困境。[2]此外，归纳法要求对市场和竞争信息进行诠释学解释，与更为经济的方法不兼容。虽然诠释学方法考虑表述的逻辑正确性，但没有系统地研究经验的科学关系。基于在卡特尔法程序中归纳获得的主张的弱点，要检验在何种程度上演绎方法是有效的。演绎法是体现在经济学基于若干原则的形式表现的模型理论。早期的模型理论以经济人（"Homunkulus"）为假设前提，完全依据被纯化处理的理性经济行为的假设，忽略了行动者的策略动机，[3]被称为模型柏拉图主义（Modellplatonismus），在本质上蜕化为反经验事实

〔1〕　高鸿钧、程汉大主编：《英美法原论》，北京大学出版社2013年版，第1321页。

〔2〕　Rainer P. Lademann, „Zur Methodologie des More Economic Approach im Kartellrecht, Stefan Bechtold ", Joachim Jickeli und Mathias Rohe (Hrsg.), *Recht, Ordnung und Wettbewerb: Festschrift zum 70. Geburtstag von Wernhard Möschel*, Baden - Baden: Nomos Verlagsgesellschaft, 2011, S. 389.

〔3〕　[德] 格拉夫彼得·卡利斯、延斯·默滕斯："在全球化中的私法和竞争政策"，张世明译，载《内蒙古师范大学学报（哲学社会科学版）》2012年第5期。

的向壁虚造，使得经济学的研究沦为与现实无涉的自说自话的智力游戏。正是由于简洁的假设虽然有助于在严密推理中分析经济现象，但逻辑的天梯攀爬得越高，俯瞰现实大地时的晕眩程度也就越严重，所以科斯、贝克尔等经济学家都曾致力在不损害新古典硬核的前提下适当放松假设，使该体系扩大保护带从而获致更强的解释力。虽然当今经济学通常采取相当复杂、更逼真的假设，[1]考虑到博弈论和新制度经济学和不完善的现实市场的基本要素，但这种模型仍然是在哈耶克意义上的简单理论，仅仅关照部分复杂的市场和竞争条件的特设性理论，并且往往在本质上是静态的，而要解释的问题具有动态结构。[2]把一种"参考工具"当作实际的考察依据，难免带有形而上学意味，严重脱离现实。科斯承认："经济学家对选择逻辑的痴迷，尽管最终可能使法学、政治学和社会学的研究恢复生机，但在我看来，这对经济学本身的发展却有严重副作用。这种理论和其研究对象的分离造成这样一个结果：经济学家所分析的选择实体并没有成为研究对象，从而导致分析缺乏实质性内容……我们分析的是没有人性的消费者、没有组织的企业，甚至没有市场的交易。"[3]芝加哥学派试图为法律分析引入客观效率标准，各种类型的回归分析、弹性测试以及模拟方法等不同的经

---

〔1〕 Rainer P. Lademann，„Zur Methodologie des More Economic Approach im Kartellrecht，Stefan Bechtold"，Joachim Jickeli und Mathias Rohe（Hrsg.），*Recht，Ordnung und Wettbewerb：Festschrift zum 70，Geburtstag von Wernhard Möschel*，Baden-Baden：Nomos Verlagsgesellschaft，2011，S. 390.

〔2〕 Rainer P. Lademann，"Zur Methodologie des More Economic Approach im Kartellrecht，Stefan Bechtold"，Joachim Jickeli und Mathias Rohe（Hrsg.），*Recht，Ordnung und Wettbewerb：Festschrift zum 70，Geburtstag von Wernhard Möschel*，Baden-Baden：Nomos Verlagsgesellschaft，2011，S. 390.

〔3〕 ［美］罗纳德·H. 科斯：《企业、市场与法律》，盛洪、陈郁译校，格致出版社、上海三联书店、上海人民出版社 2009 年版，第 3 页。

济分析方法均力图大胆地预测未来，通过模拟来预测一项并购对竞争产生的影响，难免有哈耶克所说的"致命的自负"以及"知识的僭妄"。这种方法论个人主义和科学主义忽视了人的主观性，夸大了理性的作用。哈耶克将竞争理解为一个发现的过程，其结果是不可能被详细预测的。严重的认识论限制必然会挫败解决短期和长期竞争效应之间紧张局势的任何诱惑，特别是当这些影响相互反对时。[1]在产业经济学中所使用的模型主要涉及定价流程，但定价模型不能映射竞争过程的整个光谱。相反，从若干不同的操作参数的复杂的相互作用中构成竞争的过程。在这方面，转化产业经济模型受到严重限制，除非将竞争政策降低为保护价格竞争的任务。[2]

利用经济学方法对效率问题进行考察，一方面能使竞争机构的决议更加稳定可高，但另一方面也会提高并购控制机构和当事人的直接成本，以及法律确定的间接成本。因此，立法机构必须在追求个案的公平和维护法律稳定性之间进行权衡。如果一种分析方法太过于注重个案，则会产生一系列的问题，如法律条文是否能够适用、增加不合理举证责任，甚至会将证明标准提高到永远无法实现的地步。在判定协调效果时，并购与产生或加强共同市场支配地位之间存在着一种因果联系，但在实践中，要想运用更多的经济学方法来证明这种因果关系，似乎又相当困难。尽管经济学理论和方法能明确区分符合共同市场支配地位的条件，但是对于并购产生有利于协调行为的条件，或在一定程度上改善了协调行为的条件，经济学理论和方法通

---

〔1〕 Alan Devlin and Michael Jacobs, "Antitrust Divergence and the Limits of Economics", *Northwestern University Law Review*, Vol. 104, No. 1, 2010.

〔2〕 André Schmidt, „Wie Ökonomisch ist der ‚More Economic Approach' in der europäischen Wettbewerbspolitik?", Freiburg Discussion Papers on Constitutional Economics, 2006, No. 06/10, http://hdl. handle. net/10419/4370, 2017-6-4.

常又不能对并购引起这些条件变化的影响进行实证证明，而且它们还不能预测协调效果。这是因为，经济学理论和方法是静止不变的，其关注的均衡概念不能作为考察市场动态趋势和变化的可靠基础。这也就是它为什么不能可靠地预测市场长期的动态发展，特别是企业并购和创新之间的关系。因此，在这种情况下，经济学理论和方法不能完全作为法律裁决的基础。易言之，"更为经济的方法"主要是基于静态模型，并没有充分注意动态竞争理论的见解，也没有意识到法律不确定性是经济成本，忽视了信息经济学的实质结果，被批评为其实不是"现代的"。[1]

　　通过使用"更为经济的方法"，在决定中诉诸充分特定的经济模型并强调针对在特定情况的决定，可以减少不当豁免（错误类型 I，Fehlertyp 1. Ordnung）和不当禁止（错误类型 II，Fehlertyp 2. Ordnung）。这将导致福利的增加，因为直接的福利损失可以通过避免竞争损害同时获得潜在效率来实现。"更为经济的方法"的效益主要是在错误成本的降低上，但这种效益的获得并非免费的午餐，可能导致较高的程序费用和事实上确定性减少的风险，[2]还将产生与执行规则所需的各方的成本以及时间和精力的所谓"第三级成本（tertiary costs）"。[3]欧盟委员会落实"更为经济的方法"的各种陈述有一个共同点：通过加强合理规则应该获得个案正义。但反过来，这也意味着本身违

　　〔1〕　Leonardo Borlini，"Methodological Issues of the 'More EconomicApproach' to Unilateral Exclusionary Conduct, Proposal of Analysis Starting from the Treatmentof Retroactive Rebates"，*European Competition Journal*，Vol. 5，No. 2，2009.

　　〔2〕　André Schmidt，„Wie Ö konomisch ist der ‚More Economic Approach' in der europäischen Wettbewerbspolitik？"，Freiburg Discussion Papers on Constitutional Economics，2006，No. 06/10，http://hdl. handle. net/10419/4370，2017-6-4.

　　〔3〕　Victoria Mertikopoulou，"DG Competition's Discussion Paper on the Application of Article 82 to Exclusionary Abuses：the Proposed Economic Reform from a Legal Point of View"，*European Competition Law Review*，Vol. 28，No. 4，2007.

法规则的贬值，放弃透明度和高度的法律确定性的经济利益。[1]
针对个别情况的取向（合理规则）导致法律的确定性减少，从
而使欧洲竞争政策变得低效。当"更为经济的方法"原则上可
以使用的大量可能影响效率以证明在市场企业行为，从而导致
增加竞争政策决策者选择和权衡问题。[2]应考虑到的潜在福利
效应需要执法机构的选择以及如何彼此权衡。在这种选择和评估
过程中，利益团体可以施加影响，包括被并购方和有意趋向支配
地位的企业可能获得更大的回旋余地，并基于资金实力组织相关
专家进行论证。[3]正如施密特强调的那样，标准越明确（也就是
经济分析），越有可能出现"专家战争（war of experts）"，[4]甚
至将这种经济学论证如同拉线木偶般地玩于股掌。此外，彻底
采取明确的经济测试可能最终导致可疑结果的冗长的行政程序，
而在此期间，竞争可能会以永久和不可逆转的方式受到损害。

经济学家通过经验科学陈述减少法学家的涵摄决定正如人
们很难从实然推断应然一样。为此，标准始终是必需的，这不
是从市场关系，而是从立法或法律续造产生。但是不能从价值
判断与事实之间方法论重要的区别推断，法律规范和市场关系是

---

〔1〕 André Schmidt,„Wie Ökonomisch ist der ‚More Economic Approach' in der
Europäischen Wettbewerbspolitik？", Freiburg Discussion Papers on Constitutional Econom-
ics, 2006, No. 06/10, http://hdl. handle. net/10419/4370, 2017-6-4.

〔2〕 Oliver Budzinski,„‚Wettbewerbsfreiheit' und ‚More Economic Approach':
Wohin steuert die Europäische Wettbewerbspolitik？", Marburg Working Papers on Econom-
ics, No. 13-2007.

〔3〕 Oliver Budzinski,„‚Wettbewerbsfreiheit' und ‚More Economic Approach':
Wohin steuert die Europäische Wettbewerbspolitik？", Marburg Working Papers on Econom-
ics, No. 13-2007.

〔4〕 Ingo Schmidt, "The Suitability of the More Economic Approach for Competition
Policy: Dynamic v Static Efficiency", European Competition Law Review, Vol. 28, No. 7,
2007.

独立的。法律决定总是诉诸以有关事实陈述或因果关系的形式的经济主张。[1]按照卢曼的条件程式（Konditionalprogramme），法律标准的一般形态是"如果某些条件得到满足（如果预定义的事件发生），则生成一定的决定"。[2]条件程式确定"某些原因作为某些行为在如果-那么程式（Wenn-Dann-Schema）的触发要素"，[3]将法律决定依赖于一个过去或现在发生的确定事实，使规范预期与认知预期在法律系统中结合起来，从而把一个对环境的他我指涉引入系统之中。在这种形式下，其依据的法条由构成要件与法律效果组成，在此形成了一个可期望的"当 A，则 B"的语境。企业的特定行为借助分类方案评估，按照行为划分的理念归入合法和非法两类。假设搭售本身被禁止，然后仅仅测试一个行为是否表现为搭售。该测试可以基于搭售的定义进行。[4]法律适用者着眼于行为的外在形式并分类。这种行为的影响以及如何产生竞争损害，不需要考虑，也不一定探究行为是否服务于合法的目的。按照目的程式（Zweckprogramm），法律适用要求相反，可能决定选择首先与在现实中特定决定后果相联系。"好的后果说明特定决定选择具有不好的后果。这个立场具有向下看在法律现实的具体决定的特点。"[5]卢曼是在法

---

〔1〕 Rainer P. Lademann,„Zur Methodologie des More Economic Approach im Kartellrecht, Stefan Bechtold", Joachim Jickeli und Mathias Rohe（Hrsg.）, *Recht, Ordnung und Wettbewerb*: *Festschrift zum* 70, *Geburtstag von Wernhard Möschel*, Baden-Baden: Nomos Verlagsgesellschaft, 2011, S. 382.

〔2〕 Niklas Luhmann, *Rechtssoziologie*, Reinbek bei Hamburg: Rowohlt, 1972, S. 227.

〔3〕 Niklas Luhmann, *Rechtssoziologie*, Reinbek bei Hamburg: Rowohlt, 1972, S. 88.

〔4〕 Mark A. Lemley und Christopher R. Leslie, "Categorical Analysis in Antitrust Jurisprudence", *Iowa Law Review*, Vol. 93, Iss. 4, 2008.

〔5〕 Horst Eidenmüller, *Effizienz als Rechtsprinzip*: *Möglichkeiten und Grenzen der ökonomischen Analyse des Rechts*, Tübingen: Mohr Siebeck, 1995, S. 398.

律的适用结果取向方面最尖锐的批评者之一。对他来说，结果
导向意味着教义的不再可控。施密特也警告说，自由竞争是满
足市场的协调功能，从而成为长期（广义理解）福利最大化上
的条件。竞争自由保障功能，通过竞争作为"更为经济的方法"
的效率手段的不断工具化被侵蚀。竞争法存在被用以符合实现
短效目标的防止竞争的危险。[1]效率获得在将来可能发生，在
测试时仅仅是潜在的能力，充满复杂性和偶变性。并购后的企
业由于减少了竞争压力，可能没有动力去实现效益或将其传递
给消费者。[2]从这个角度来看，效率抗辩的应用程序甚至会因
为批准福利减少的并购导致错误类型 I。[3]竞争的自由也包括市
场交易缔约方（需求方）从若干备选方案中进行选择的自由。
因此，在异构偏好的前提下供给多样化成了消费者福利的实质
性内容。在市场上保持一个竞争对手（无论是对支配公司的排
除策略或任何收购），因此在此情景下使得消费者的福利最大
化，如果消费者的选择自由得以保证。[4]维克多·梅特科普罗
（Victoria Mertikopoulou）恰当地指出："《欧共体条约》是一套具
有自身动力的综合规则，创造了一个特殊的法律秩序……后者促

〔1〕 Oliver Budzinski,„'Wettbewerbsfreiheit ' und ' More Economic Approach ':
Wohin steuert die Europäische Wettbewerbspolitik？ ", *Marburg Working Papers on Econom-ics*, No. 13-2007.

〔2〕 Ulf Böge,„Reform der Europäischen Fusionskontrolle ", *Wirtschaft und Wettbe-werb*, Bd. 54, H. 2, 2004.

〔3〕 Arndt Christiansen,„Der 'More Economic Approach' in der EU-Fusionskontrolle-Eine kritische Würdigung ", *Research Notes from Deutsche Bank Research*, No. 21, 2005.

〔4〕 Oliver Budzinski, „ ' Wettbewerbsfreiheit ' und ' More Economic Approach ':
Wohin Steuert die Europäische Wettbewerbspolitik？ ", *Marburg Working Papers on Econom-ics*, No. 13-2007.

进的社会政治原则和价值观并不总是以效率加以量化的。"[1]

结　语

在美国和苏联争霸见分晓之后的时代，美国式法律经济学大行其道，风靡一时，欧盟不可能不亦步亦趋。法律经济学成为欧盟经营者集中审查改革的指导纲领。更为经济的方法在欧洲因其对欧洲经济彰明较著的裨益所推波助澜。这固然昭示着旧瓶装新酒的连续性，但更应该看到其断离性的存在，这不是修修补补的量的变化，而是迈向新里程的立场的根本性转折。这是德式新自由主义向美式新自由主义的转变，即从秩序自由主义向芝加哥学派的转变。有些学者认为，"更为经济的方法"只要不影响企业竞争规制的标准合理性和法律确定性，则无可厚非。但欧盟委员会奉行的"更多的经济办法"被批评已被证明是过于片面的，[2]必须告别将对于企业活动直接效率、特别是其对消费者利益的影响（更准确地说，消费者伤害）上升决定性竞争评估标准的单向度"更多的经济办法"[3]，以期法得其所。学术界对"更为经济的方法"激烈批评的理由诚然相当充分，但是不是充分到足以构成否证"更为经济的方法"的充分条件，并且难免跌入"涅槃谬误"（nirvana fallacy）的陷阱，

---

〔1〕　Victoria Mertikopoulou, "DG Competition's Discussion Paper on the Application of Article 82 to Exclusionary Abuses: the Proposed Economic Reform from a Legal Point of View", *European Competition Law Review*, Vol. 28, No. 4, 2007.

〔2〕　Arndt Christiansen, „Der 'More Economic Approach' in der EU-Fusionskontrolle-Eine kritische Würdigung ", *Research Notes from Deutsche Bank Research*, No. 21, 2005.

〔3〕　Peter Behrens, „Abschied vom More Economic Approach? ", Stefan Bechtold, Joachim Jickeli und Mathias Rohe (Hrsg.), *Recht, Ordnung und Wettbewerb: Festschrift zum 70, Geburtstag von Wernhard Möschel*, Baden-Baden: Nomos Verlagsgesellschaft, 2011, S. 130.

以理想规范作为标准衡量新的系统，而不是以比较制度方法与真实现有审查制度相比较。这种逻辑谬误以"不能做到完美，就不应该做"为预设，也被称为完美主义谬误。当人们发现一种制度、一种解决问题的方法的缺点时，总是习惯性地、毫不费力地否定或批判前者无效率，并构建出用一种其他的制度安排和方法加以替代改进，但这些备择方案本身仅仅是被想象出来的纸上谈兵，并不存在于现实之中。事实上，批判和推翻原方案、提出完美新方案的思路在某种意义上是一种思想的涅槃。复杂性、偶然性、不可知性和不确定性已经或即将成为现代社会的常态，成为我们不得不面对的命运。欧洲一体化进程变化神速且往往惊人，而且这无疑将持续演绎，因此有必要将"更为经济的方法"看作此演变进程的组成部分。

第五章
CHAPTER 5

平衡协调之道：经营者集中审查中的
效率抗辩法理分析

经营者集中可以提高企业的效率，而效率又可以提高企业的竞争力，因此经济效率不仅成了一项考虑经营者集中是否应予禁止的重要标准，而且成了一项竞争政策的目标。尽管效率堪称经营者集中正当化考虑的一张王牌，但效率和反竞争效果的比较平衡可能也会被考虑。[1]

第一节　效率抗辩制度的建构

效率抗辩的实现方式主要有两种模式：第一，从形成、维护、加强市场势力角度评价生产效率，效率作为竞争大幅减少或支配地位测试的组成部分（efficiencies as part of an SLC or dominance test）。在此基础上，经营者集中尽管减弱竞争，但如果效率降低竞争不是实质性的或者足够大而导致价格下降，那么可以允许减少或阻止竞争以产生显著效率的经营者集中。第二，尽管形成、维护、加强市场力量，但积极评价生产效率[2]，

---

〔1〕　川滨昇・武田邦宣:「企业结合规制における効率性の位置づけ」，『RIETIディスカッション・ペーパー』11-J-022，2011年。

〔2〕　川滨昇・武田邦宣:「企业结合规制における効率性の位置づけ」，『RIETIディスカッション・ペーパー』11-J-022，2011年。

即效率作为一种抗辩（efficiencies as a defence）。前者是将效率作为一个重要评估因素纳入经营者集中反竞争效果的总体评估中，是在兼权熟计效率因素的基础上得出经营者集中是否具有反竞争效果的结论，也被称为"一体分析""效率考量"，以美国和欧盟为代表，此外还有日本、墨西哥和挪威等；后者是竞争危害确定后，将效率作为反竞争效果结论的平衡论据、抗辩因素，也被称为"抵消分析"，以加拿大为代表，此外还有德国、南非等。以加拿大为例，其《竞争法》（The Competition Act）第93条列举规定了分析并购是否是限制竞争须考量的因素，包括来自外国产品或竞争者的竞争、破产兼并抗辩、可接受替代品的存在程度、进入壁垒等；但是效率因素不在其中，而是在该法第96条专门规定了效率抗辩，指出"如果并购或即将进行的并购已经带来或可能带来的效率利益大于或者能够抵消排除或者限制竞争的影响，并且如果禁止并购将不能获得这样的效率，法院就不应该根据第92条的规定作出禁止并购的决定"。[1]抵消分析模式是纯粹意义上的效率抗辩，即将效率作为一项单独因素，与经营者集中的反竞争效果进行比较分析，继而判断效率是否足以抵消或超过反竞争影响。丹尼尔·J. 吉福德（Daniel J. Gifford）和罗伯特·T. 库德莱（Robert T. Kudrle）将前一种模式称为顺便抗辩（pass-on defense），而将后一种模式视为真正的抗辩（true defense）。[2]安·雷肯斯（An Renckens）虽然认为只有在加拿大和澳大利亚（形式的审查程序）存在效率抗辩，但也承认这并不意味着效率在其他司法管辖区被忽视，在欧盟、

---

〔1〕　Competition Act, R. S. C. , 1985, c. C-34.

〔2〕　Daniel J. Gifford and Robert T. Kudrle, "Rhetoric and Reality in the Merger Standard of the United States, Canada and the European Union", *Antitrust Law Journal*, Vol. 72, Iss. 2, 2005.

美国以及澳大利亚非正式的审查过程应用的是略弱的兼顾效率形式，即效率辩驳（efficiency rebuttal）。[1]不过，这两种模式通常均被称为效率抗辩。

效率抗辩（Efficiency Defence，Effizienzverteidigung 或 Effizienzeinrede，「効率性の抗弁」）是当经营者集中所带来的经济效率超过由于经营者集中所造成的竞争减少的不利影响，经营者集中可接受的抗辩，主要评估分析经营者集中产生的效率效应与反竞争效应（或市场势力效应），并在二者之间进行权衡比较，以确定经营者集中的净社会福利效应。

在哈佛学派结构主义的影响下，美国最高法院的早期裁决对效率表现出了明显的轻视，遵循反垄断法旨在促进经济分散化和低集中度的原则，而下级法院效行的裁决使得司法界长久以来不愿完全考虑效率的倾向变得合理化。虽然间或承认并购会产生有利于消费者的成本节余，但大多仍不将效率视为一种"抗辩"，而将其视为一种"冒犯"（効率性ゆえの害悪視，efficiency offense）。"龙头企业的效率是坏事"，这一观点在1946年兰纳德·汉德法官对"美国铝业案"的经典判决中已经彰彰甚明。1962年的"布朗鞋业公司诉美国案"是美国联邦最高法院第一起考虑效率问题的并购案。在该案中，法院承认并购会产生成本节约的效率，且该效率提高会以降低价格的方式给消费者带来好处。但法院认为，对地方性的小企业进行保护以促进竞争的必要性超过了潜在的效率利益，因此决定不给效率多少权重。[2]如此，效率非但不能构成并购的辩护事由，并购创造

---

[1] An Renckens, "Welfare Standards, Substantive Tests, and Efficiency Considerations in Merger Policy: Defining the Efficiency Defense", *Journal of Competition Law and Economics*, Vol. 3, No. 2, 2007.

[2] Brown Shoe v. United States, 370 U. S. 294 (1962).

潜在效率的可能性反而正是其受到法律禁止的事由，因为这将使小的竞争对手陷入不利的竞争地位。在次年的"美国诉费城国家银行案"中，法院再次使用了敌视效率主张的语言，认为造成企业市场份额过大、导致市场集中度大大增加的并购，与生俱来就极可能削弱竞争，因此在没有证据清楚表明并购不可能具有反竞争效果的情况下，必须对此加以禁止。[1]到 1967 年的"联邦贸易委员会诉宝洁公司案"，法院同样拒绝了当事方的效率主张，宣称"可能具有经济效率这一点不能被用来为非法辩护。国会意识到，某些削弱竞争的并购也可能导致提高经济效率，但它却破坏了有利于保护竞争的平衡"。[2]所有这些案件都将反竞争效果视为并购的最重要后果，不仅不承认效率抗辩，而且认为效率的存在只会让并购的企业更有市场势力，从而危害现实的竞争。

　　威廉姆森教授在 1968 年发表的《作为一种反垄断辩护的经济效益：福利权衡》[3]一文中，提出了著名的"威廉姆森权衡模型"（the Williamson trade-off model），奠定了美国反托拉斯法效率分析的理论基础。根据该模型，并购以后，由于规模效益的增加，使得企业的成本下降。与此同时，由于并购使得竞争者数目下降，价格水平一般来说会提高，但具有反竞争效果的并购交易所形成的效率可能导致交易后的生产总成本的节约。如果成本降低为生产者带来的好处超过由于价格上升所导致的社会福利的净损失，尽管消费者福利恶化，配置效率发生损失，但由于生产效率提高使得社会总福利仍得到增加，并购显著的

---

[1]　United States v. Philadelphia National Bank, 374 U. S. 321 (1963).

[2]　FTC v. Procter & Gamble Co., 386 U. S. 568 (1967).

[3]　Oliver Williamson, "Economies as an Antitrust Defense：The Welfare Tradeoffs", *The American Economic Review*, Vol. 58, No. 1, 1968.

"特有的效率"明显超过并购的反竞争影响，那么反垄断当局便可以放宽对该并购的审查，应该予以批准。[1]

美国从 1982 年《横向并购指南》开始承认提高经济效益可以作为本来应当禁止的企业并购得到豁免的一个理由，但必须是例外情况。相较于 1982 年《横向并购指南》仅仅在"特殊情况下"考虑效率主张，[2]1984 年的《横向并购指南》进一步扩大了效率在并购分析中的角色，[3]引进了著名的"效率条款"，明确规定：在并购审查过程中，如果有"明确而令人信服的证据"，则允许并购当事企业通过并购提高其运行效率，同时对企业由于并购产生的明显效率改进予以承认。这些效率收益包括降低成本、提高管理水平或使资本市场更为有效。而 1992 年《横向并购指南》则取消了上一版中关于"效率必须具有清楚和确信的证据"的论述，使得被认可的效率范围更加宽泛，指出"并购对经济的主要益处是它们具有提高效率的潜力，效率可以提高企业的竞争力，并对消费者降低产品价格……在大多数情况下，指南允许企业不受当局干预进行并购以提高效率。然而，它们仅是企业通过其他途径不可获得的效率……"[4]并购可能会产生边际成本降低（一般等于可变成本的降低额度）和固定成本降低两种类型的成本节余。边际成本可以增强企业降低价格的动机，也可以遏止企业抬高价格的动机，故而，边际成本降低远较固定成本降低在《横向并购指南》中受到重视，后者

---

[1] 刘英国："欧盟企业合并审查的效率分析"，载《政治与法律》2008 年第 12 期。

[2] U. S. Department of Justice, Merger Guidelines, 47 Fed. Reg. 28, 493 (1982).

[3] See Janusz A. Ordover, "The Role of Efficiencies in Merger Assessment: The 1997 Guidelines", *Antitrust Report*, Sept. 1997, p. 10.

[4] U. S. Department of Justice and Federal Trade Commission, Horizontal Merger Guidelines, 57 FR 41, 552 (1992).

不能直接降低客户购买产品的价格，而且经常不通过并购也能实现。但美国司法部和联邦贸易委员会在《〈横向并购指南〉评述》中表示，"并购特有的、可采信的固定成本降低"即使可能不会产生直接、短期的促进正的价格效应，但顾客可以取得长远利益，仍应获得考量。[1]

　　与美国从 1968 年《横向并购指南》实质上排斥效率抗辩到 1997 年《横向并购指南》明确效率抗辩的角色定位并进一步扩大效率抗辩范围的从"效率否认"到"效率承认"道路相仿，欧盟经营者集中反垄断规制中对效率抗辩的应用也历经了从不被认可到逐渐被接受的演进过程，并且经营者集中控制中的效率抗辩在欧盟的引入无论是在理念层面还是在反垄断实务层面，都比美国更为曲折。必须特别指出的是，《第 4064/89 号并购条例》先前的措辞是否一定意味着缺少效率抗辩，是存在很大争议的。一种观点认为，尽管像美国的《横向并购指南》那样明确规定效率增加的方式是比较理想的。但是，甚至是在市场支配地位标准的框架下，委员会也能通过更广义的界定相关市场概念以至于不允许存在优势地位的方式，将效率利益纳入考虑范围。效率抗辩条款已被包括在《第 4064/89 号并购条例》的第 2（1）b 条中，需要委员会在评估集中是否与共同市场相容时，考虑到"技术和经济的发展，如果这对消费者有利，而且不构成竞争的障碍的话"。[2] 拙见认为，尽管《第 4064/89 号并购条例》颁布时委员会可以在支配地位标准测试中考虑效率，但没有任何实际意义。根据《第 4064/89 号并购条例》第 2 条

---

〔1〕　U. S. Department of Justice and the Federal Trade Commission, Commentary on the Horizontal Merger Guidelines（2006）, reprinted in 7 Trade Reg. Rep.（CCH）50, 208 and in Appendix R.

〔2〕　Council Regulation（EEC）No 4064/89 of 21 December 1989 on the Control of Concentrations between Undertakings, OJ L 395, 30. 12. 1989.

第 1 款（b）部分确实规定，在经营者集中评估审查中，委员会将考虑以下因素：①技术进步和经济发展，以使②消费者能够获益，且③不会形成竞争的障碍。同时，能够被委员会考虑的效率因素必须是"经营者集中所特有的、显著的、及时的和可证实的"。这似乎为效率主张的门户洞开；但另一方面，在《第4064/89 号并购条例》第 2 条第 1 款（b）最后的部分指出任何技术进步应该"不构成阻碍竞争的形式"，[1]这可以说又重新关闭了这道对效率因素刚刚开启的大门。条例行文中提到的应考虑的技术和经济进步可以被当作竞争外的因素来看待。从条例的产生历史可以看出，法国方面特别坚持应在条例中写入这一妥协规则。[2]然而，《第4064/89 号并购条例》的措辞十分模糊且自相矛盾，既云效率抗辩只能应用于当效率和竞争之间没有冲突时，则效率抗辩就无任何必要性可言，委员会在实践中自然也在这方面难以看到能与禁止经营者集中的理由相对抗的合理依据。当时委员会的主流观点是不宜将效率作为评价经营者集中的正面因素，在经营者集中条例下没有真正的法律可能证明效率抗辩，效率被视为所有经营者集中达到了支配地位的极限之内。效率问题的总体评价是确定支配地位已然建立或加强，而不能厘清会被禁止的集中。[3]委员会指出，只要没有达到市场支配地位的经营者集中，都被假定为存在效率。在判断一项经营者集中是否产生或强化了市场支配地位的整个评估过程中，所有的效率因素都将被考虑，但不用于减轻或抵消支配地

〔1〕 Council Regulation（EEC）No 4064/89 of 21 December 1989 on the Control of Concentrations between Undertakings，OJ L 395，30. 12. 1989.

〔2〕 Götz Drauz，"An Efficiency Defence for Mergers：Putting an Intricate Puzzle Together"，*Journal of Competition Law*，Vol. 1，No. 3，2003.

〔3〕 Commission of the European Union，Efficiency Claims in Mergers and Other Horizontal Agreements，OCDE/GD（96）65，1996.

位的消极影响，以逃避将被禁止的判定。[1]法比耶纳·伊尔茨科维奇（Fabienne IIzkovitz）和罗德里克·米克尔约翰（Roderick Meiklejohn）认为，与其说《第4064/89号并购条例》和案例法中考虑的效率因素是效率抗辩，毋宁说是效率侵犯。这是因为欧盟委员会在经营者集中评估审查中十分关注市场支配地位，而经营者集中带来的效率有可能帮助集中企业获得竞争优势，产生或加强市场支配地位。[2]

　　而当时的司法实践也遵循了这一观点，在一系列的案件中，集中各方都没能成功利用效率抗辩得到反垄断审查的豁免。效率抗辩常常被视为是集中各方加强市场地位的一种手段，而不是一项有积极意义的抗辩理由，特别是在"市场支配地位"标准为经营者集中反垄断审查实体标准时尤其如此。在1999年"丹麦皇冠国际食品公司与屠宰公司集中案"（Danish Crown/Vestjyske Slagterier）中，委员会就宣称"集中使得集中当事人在相关市场取得了支配性地位……意味着效率论点的提出方法在目前的集中评估中无法考虑"。[3]实际上，被兼并企业很可能增加了生产效率，并且降低成本达到一定的程度，以至于在这种情况下，虽然竞争减少，但从长期来看能够达到更低的价格，因此是更有利的。因为这些原因，更高的市场集中度和新的兼并后企业更高的市场份额可能更多地被效率的增加抵消，这种效率增加最终会使消费者受益，获得社会整体福利增加的净效

〔1〕　余东华：《横向并购反垄断控制中的效率抗辩研究》，北京大学出版社2014年版，第452页。

〔2〕　Fabienne IIzkovitz and Roderick Meiklejohn, "European Merger Control: Do We Need an Efficiency Defence?", *Journal of Industry, Competition and Trade*, Vol. 3, Iss. 1, 2003.

〔3〕　Case No. COMP/M. 1 313-Danish Crown/Vestjyske Slagterier〔2000〕OJL020/1.

果。但是，在支配地位的标准下，效率抗辩的考量在欧盟委员会既往决策过程中严重匮乏。由于欧盟委员会的企业集中控制规则不承认节省成本和增加创新动力的作用，有助于增进福利的集中遭到禁止的情形在所多有。在"德哈维兰案"（Aerospatiale-Menia/De Havilland）中，委员会认为，集中的目标是减少成本，任何对消费者的益处都是自然产生的，从而驳回了集中企业的效率论据。集中企业在该案中的效率辩护理由似乎降低了集中获得豁免的机会，因为委员会指出其所主张的效率"仅仅强化了委员会认为集中企业将获得其竞争对手无法得到的利益的观点"。同样，在"雅高集团与国际列车和旅游公司集中案"（Accor/Wagons-Lits）[1]中，被告宣称集中将使他们改进人员培训和使一些设施现代化，但委员会拒绝了效率辩护并禁止了该集中，因为：（1）被告人没有提供证据支持其效率辩护；（2）没有证据表明这些利益将抵消集中的反竞争效果；（3）假定消费者对公路、餐饮业的需求是无弹性的，没有证据表明这些声称的利益会惠及消费者。

自2000年以来，"市场支配地位"标准适用上的不足导致委员会开始对标准进行修订。随着芝加哥学派效率至上学说的深入人心，"效率冒犯"主张在并购控制中已逐步退出舞台，取而代之的是效率抗辩。2002年，在欧共体委员会否决"英国天旅公司收购英国首选假日旅行公司案""施耐德电气与法国罗格朗电力集团的集中案"以及"利乐拉伐与西得乐集中案"中，[2]欧洲初审法院以前所未有的力度抨击了委员会经济论据的缺失

---

[1] Case No Ⅳ/M. 126-Accor/Wagons-Lits [1992] OJL 204 /1.

[2] Case T - 342/99 - Airtours plc v. Commission of the European Communities [2002] ECR Ⅱ-2585; Case T-310/01-Schneider Electric SA v. Commission of the European Communities [2002] ECR Ⅱ-4071; Case T-5/02-Tetra Laval BV v. Commission of the European Communities [2002] ECR Ⅱ-4381.

以及经济推理的错误。[1]对此，委员会把经济分析作为合理性改革的要务，在"更为经济的办法"口号下吸取新的产业经济学模型和分析的定量方法。于 2004 年颁布的《第 139/2004 号并购条例》[2]和《横向并购指南》（《关于控制企业并购的理事会条例中横向并购的评估指南》，HMG）为委员会在审查经营者集中案件过程考虑效率主张提供了明确的法律依据，明确指出在审查申报经营者集中案时，应当对效率因素给予正面评价，正式宣告欧盟幡然告别了效率冒犯主张时代。《第 139/2004 号并购条例》序言（29）规定，为了确定某一集中对共同市场上竞争的影响，应当对所涉企业提出的任何实际的和可能的效率均予以考虑。因为经营者集中产生的效率可能抵消其对竞争本来可能产生的影响，尤其是抵消对消费者本来可能产生的潜在威胁，且结果是该经营者集中并没有显著限制共同市场上或其重要部分的有效竞争。对此，2004 年《横向并购指南》如是解释云："如果委员会有充分理由得出以下结论：即与经营者集中前相较，经营者集中所产生的效率很可能促进集中各方为消费者利益行事的能力和动力，则该效率可以抵消经营者集中对竞争所带来的负面影响。"[3] 2007 年 11 月 28 日非横向并购的评估准则[4]使这种态度得以具体和强化。

以前规制的重点是在评估经营者集中对相关市场的其他影

〔1〕 ［英］萨德·苏达斯纳：《并购创造价值》，张明等译，经济管理出版社 2006 年版，第 121、435、443 页。

〔2〕 Council Regulation（EC）No 139/2004 of 20 January 2004 on the Control of Concentrations between Undertakings，OJL 24/1.

〔3〕 Commission Notice on Guidelines on the Assessment of Horizontal Mergers under the Council Regulation on the Control of Concentration Between Undertakings，2004 O. J.（C31）.

〔4〕 Guidelines on the Assessment of Non-Horizontal Mergers under the Council Regulationon the Control of Concentrations between Undertakings，OJ C 265/07，18. 10. 2008.

响之前寻找支配地位的证据。产生或加强支配地位的经营者集中理所当然地阻碍有效竞争。但欧盟《横向并购指南》对效率抗辩的"亲善"而详细的说明，与美国《横向并购指南》中的相关效率条款惊人的相似。根据新政策，企业被赋予主张效率提升的机会，但同时负担举证责任。[1]即使产生或加强市场支配地位，但只要显著提高效率，经营者集中也可以被允许。反之，即使没有产生支配地位，委员会也可能介入经营者集中案。在决定是否对具有阻碍竞争效果的横向经营者集中适用效率原则给予豁免时，委员会基本上遵循美国的实践做法，对效率抗辩设置以必要条件。但较之美国，欧盟在其 2004 年《横向并购指南》中认可效率抗辩的条件更为严格，对横向协议中效率评估提出了"10 条戒律"（10 commandments）：效率必须是显著的；效率必须是客观的；对竞争的限制必须是获得这些效率的必要条件；申辩的效率效应必须超过该协议对竞争的限制效应；该项协议产生的效率中，必须能让消费者享有一个"公平的份额"；协议对竞争的限制越大，效率必须越大，效率能够传递给消费者的部分也必须越大；无论多大的效率都无法让一个完全消除竞争的协议得以通过审查；效率必须是在特定市场上产生的；根据《欧洲共同体条约》第 81 条第 3 款对效率进行评估，需要对事实或材料变化保持敏感；所申辩的效率不能是通过行使市场势力获得的。[2]借鉴美国的经验，欧委会的准则在原条例的基础上进一步将经营者集中效率的目标聚焦于消费者福利，

---

〔1〕 Rainer P. Lademann,„Zur Methodologie des More Economic Approach im Kartellrecht, Stefan Bechtold ", Joachim Jickeli und Mathias Rohe（Hrsg.）, *Recht*, *Ordnung und Wettbewerb*: *Festschrift zum* 70, *Geburtstag von Wernhard Möschel*, Baden-Baden: Nomos Verlagsgesellschaft, 2011, S. 385.

〔2〕 余东华:《横向并购反垄断控制中的效率抗辩研究》，北京大学出版社 2014 年版，第 454 页。

特别强调集中带来的积极效率应当有利于消费者和社会福利，适用效率抗辩的最基本条件是，消费者的境况至少不会因为集中而变得更糟。如果该横向集中产生的积极效率为该集中所特有、可以被辨识和量化，且集中所产生的积极效率高于消极效率，那么该横向集中就可以被豁免反垄断审查而得到批准。易言之，经营者集中评估中认可的效率，必须是对消费者有利的、经营者集中所特有的、能够证实的。这三项条件三位一体，不可或缺。首先，对当事人提出的经营者集中提高效率的抗辩，必须考虑该效率的提高是否有益于消费者的福利。其次，如果相关企业在经营者集中评估中提出的效率，可以通过对竞争限制性较小的经营者集中以外的其他方法获得（例如，可以通过企业内部扩张获得），则这一效率并非经营者集中所特有，不予接受。效率必须是经营者集中的结果，由经营者集中引起，从而为经营者集中所特有。最后，在美欧不存在反竞争更少的替代选择的举证证明负担均是置于效率主张方，但与美国不同，欧盟要求效率和所产生的消费者利益应该是"量化的"。在欧盟委员会看来，效率必须是可证实的，只有经营者集中方主张的效率是可能实现的，且其幅度足以抵消经营者集中所带来的竞争损害时，委员会才可以接受这样的效率主张。在可能的情况下，应该对效率和给消费者带来的利益进行量化。如果得不到用于精确数量分析的必要数据，则必须预测到有可能给消费者带来的彰明较著的积极效果。

第二节　效率抗辩的证立与比例原则的应用

比例原则[1]不仅与治国原则、信赖保护原则等构成欧盟法

---

[1] Klaus-Dieter Borchardt, *Die Rechtlichen Grundlagen der Europäischen Union: Eine systematische Darstellung für Studium und Praxis*, Stuttgart: UTB GmbH, 2012, S. 131.

的基本原则，也是欧盟竞争法的四项原则〔1〕之一。比例原则是成本效益分析的另一种表达，比例原则的核心思想是衡量目的和手段原则（Zweck-Mittel-Prinzip）。波斯纳明确地指出，手段-目的思维其实就是成本收益分析。"这种分析方法，经济学家称之为成本收益分析，而实践理性哲学家称之为手段-目的理性，其在任何的思维领域中都是重要的，当然也包括在法律推理中。"〔2〕在德国，原则衡量就经常以"利益衡量"（Interessenabwägung）或"法益衡量"（Rechtsgüterabwägung）之名而与狭义的比例原则相提并论。而为了与狭义的比例原则（即广义的比例原则第三个子原则）迥然区分，作为整体总称的比例原则被彼得·莱尔歇（Peter Lerche）称为"禁止过度"（Übermaßverbot）。〔3〕相较而言，比例原则虽同样基于利益衡量的要求而产生，唯大多存在于欲侵害的法益与欲保护的法益之间，而法益衡量则可能涉及多方面利益的考量。〔4〕在英美法系，司法审查就是在不断地使用合比例性审查（proportionality review），在美国法理学中不可或缺的合比例性审查只不过是合理性（reasonableness）审查的当代表述。如果说德国式合比例性审查相当于套餐，合适性、必要性、合比例性三要素审查环环相扣，一一式遵；那么美国合比例性审查则相当于西餐的单品，唯严格审查时方适用必要

〔1〕 Christian Vorster, *Oligopole in der EU-Fusionskontrolle: Die Anwendung des SIEC-Tests auf Imitation und Kollusion im Oligopol*, Baden-Baden: Nomos, 2013, S. 323.

〔2〕 ［美］理查德·波斯纳：《法理学问题》，苏力译，中国政法大学出版社2002年版，第133页。

〔3〕 Peter Lerche, *Übermaß und Verfassungsrecht Zur Bindung des Gesetzgebers an die Grundsätze der Verhältnismässigkeit und der Erforderlichkeit*, Köln: Carl Heymanns Verlag, 1961, S. 19. ff.

〔4〕 李震山：《行政法导论》（修订第7版），三民书局2007年版，第296页。

原则审查基准。[1]比例原则的衡量步骤中，集中所体现的成本收益衡量是狭义的比例原则。在此，手段所带来的其他后果（副作用）与手段所欲实现的目的加以衡量。只有手段的副作用（即成本）小于手段目的实现所带来的正效应（收益）时，才能通过比例原则的审查；如若不然，理性的做法就是抛弃最初设定的目的。可见，比例原则审查在核心思想上符合经济学中的卡尔多-希克斯效率标准。卡尔多-希克斯效率标准要求，如果某个措施（例如施行某个法律）导致获益者的获益（经济学上表述为获益者对该获益的定价）高于受损者的损失（经济学上表述为受损者对其所受损失的定价），那么该措施就符合卡尔多-希克斯改进。这种对手段的成本和目的实现的收益之间进行对比的平衡理论之应用反映在反垄断法有关各类垄断行为的判断标准之中，例如，经营者集中审查中的威廉姆森平衡，就是以促进竞争效率（节约成本）为由不禁止排除限制竞争的集中，而效率抗辩也只有从比例原则来省察，才能够充分明了其审慎德性的精髓。

在比例原则中，适合性原则或适当性原则是指所采取的方法有助于目的达成。关于适当性的测试，旨在证实所采取的某项措施理性地符合目标。目的合理性要借助于工具合理性来说明。诉诸与目的南辕北辙的手段，无疑是缘木求鱼，歧路而行，最终不得其果。按照比例原则合目的性的要求，只有当所追求的目的能够实现，即一个经济法措施能够成功实现所追求的目的的时候，该措施才是有效的。因此，不充分的措施或者客观上由于事实或法律原因不可能实施的措施则不具有有效性。如果有关措施具有达到目的的抽象可能性，即是满足了有效性的

---

〔1〕　许宗力：《法与国家权力》（二），元照出版有限公司2007年版，第140页。

要求。但是，如果所采取的手段自始就全然不可能达到有关目的，使得目的落空，则不具备有效性。[1]适当性的要求通常比较宽，意味着只能采取与遂行预期目标相适应的手段。实际上，以否定方式或许能更明确的表达"适当性"的要求，即"没有采取完全不适当的方式"。如果说抉择是经济学家的中心课题，[2]均衡（equilibrium）分析是经济学的基本分析方法，那么法学的精髓就在于权衡。帕累托效率包括帕累托最优（Pareto Optimality）、帕累托改进（Pareto Superiority）和帕累托低效（Pareto Inferiority）。[3]帕累托最优是资源的任何再分配只有以他人受损为代价才能增进一个人福利的状态，是最有效率的理想状态。帕累托改进和帕累托低效是两种分配状态的比较：前者是一种分配优于另一种分配，在这种分配中，在没有人福利受损情况下至少一个人的福利得到了改善；后者是一种分配劣于另一种分配的状态，最差的可能表现为所有人（部分人）受损而无人受益，是需废弃的资源配置状态。根据阿列克西的论述，放弃无法有助于实现目的的手段，符合经济学中的帕累托改进。按照比例原则审查的第一步合目的性审查，如果某个手段无法有助于实现被欲求的目的，那么按照合目的性原则，该目的不达手段便被排除。如果虽然采取手段 M 是为了促进原则 P1，但其却无法达成所欲实现的原则 P1，反而会损害原则 P2 的实现，那么 M 被弃而弗顾对于 P1 和 P2 都不会产生成本；但如果采取手段 M，就会对原则 P2 造成损害。从而，在将 P1 和 P2 合在一起

---

〔1〕 ［德］罗尔夫·施托贝尔：《经济宪法与经济行政法》，谢立斌译，商务印书馆 2008 年版，第 316~317 页。

〔2〕 Arthur M. Okun, *Equality and Efficiency: The Big Tradeoff*, New York: Brookings Institution, 1975, p. 1.

〔3〕 See Jules L. Coleman, "Efficiency, Exchange and Auction: Philosophic Aspects of the Economic Approach to Law", *California Law Review*, Vol. 68, Iss. 2, 1980.

考虑时，与采取 M 相比，放弃 M 就会使得 P1 和 P2 的总体促进程度增加。也就是，放弃 M 导致 P2 促进程度增加，而对 P1 无损害。这表明适宜原则无非是帕累托最优思想的另一种表达：一个处境可以得到改善而不损害另一个。[1]

经济效率包括实现规模经济、生产设备的联合、工业的专业化、降低运费以及与集中企业特定的生产、服务和销售有关的其他效率。在经营者集中分析中承认的四种最常见的效率为分配效率（allocative efficiency）、生产效率（productive efficiency）、交易效率（transactional efficiencies）和动态效率（dynamic efficiency）。[2]配置效率是指在资源和技术给定的条件下，如何使用和分配这些资源对社会最有利或社会总价值最大化，即以买方选择的角度看，给定购买能力和消费偏好下能以最低的成本购买到商品和服务。生产效率是指厂商有效地使用资源，[3]尽可能以最低的成本生产和分销商品。假设投入的成本和合意的产量既定，当厂商以尽可能最低的成本生产和分销产品或服务时就实现了生产效率。这种效率是以企业产出的价值为分子，其投入物的价值为分母的比率；比值越高，企业就越有效率。配置效率是指市场的一般效率，一般用帕累托标准来衡量。一般说来，在竞争性市场中价格等于边际成本时，达到最佳配置效率。但是，由于垄断利润是进行研发的重要动力，因而增加生产效率常常会减少配置效率。例如，建立大工厂，获得很大

---

〔1〕　Robert Alexy, "Constitutional Rights, Balancing, and Rationality", *Ratio Juris*, Vol. 16 No. 2, 2003.

〔2〕　William J. Kolasky and Andrew R. Dick, "The Merger Guidelines and the Integration of Efficiencies into Antitrust Review of Horizontal Mergers", *Antitrust Law Journal*, Vol. 70, No. 1, 2003.

〔3〕　Walter Adams and James W. Brock, *Antitrust Economics on Trial*: *A Dialogue on the New Laissez-Faire*, Princeton, New Jersey: Princeton University Press, 1991, p. 17.

的市场份额，可以使企业获得规模经济，从而增加企业的生产效率，但这同时可能会便利垄断定价，从而导致一定的福利损失，该福利损失即是"配置无效率"。[1]经营者集中后的采购可以通过消除"中间人"而减少缔约交易成本、提高交易效率，市场参与者通常设计他们的业务实践、合同和内部组织以最小化交易成本并减少接触机会主义行为，联营企业和共同所有权可以帮助企业的激励措施保持一致并阻止使用长臂交易时难以监督的"搭便车"和机会主义行为，[2]因此交易效率应被认为是经营者集中产生的效率收益。动态效率也可被称为创新效率，是指通过研究开发和创新获得效率收益，包括生产新产品和新工艺的技术扩散。[3]在动态竞争观下，"随着时间的推移"的效率的竞争意义受到关注。它考察经营者集中相关效率如何在一段合理的时间内影响市场竞争。

在集中审查过程中所考虑的效率都仅仅是一种可能性，必须有相应的证据证明效率能够产生，并形成相应的确信。而不能仅仅属于"莫须有"，否则空谈集中所产生的效率便是典型的"言之无物，茫如捕风"。打铁尚需自身硬，不能证明存在效率在抗辩过程中不卜可知是以卵击石的结局。另一方面，企业追求集中的实现和追逐利益的获得，天然具有夸大效率因素的动机，且在证明效率存在的证据方面，集中方和审查机关之间存

〔1〕 〔美〕赫伯特·霍温坎普：《联邦反托拉斯政策：竞争法律及其实践》，许光耀、江山、王晨译，法律出版社2009年版，第67页。

〔2〕 Ilene Knable Gotts and Calvin S. Goldman，"The Role of Efficiencies in M&A Global Antitrust Review: Still in Flux?"，in Barry E. Hawk（ed.），*International Antitrust Law and Policy*，Vol. 29，Fordham Corporate Law Institute，2003，p. 284.

〔3〕 Wolfgang Kerber and Nicole J. Sam，"Competition as a Test of-Hypotheses: Simulation of Knowledge-generating Market Processes"，*Journal of Artificial Societies and Social Simulation*，Vol. 4，No. 3，2001.

在明显的信息不对称的敞口风险。因此，在效率抗辩中，参与集中当事人在评估中所主张的效率必须是可证实的。《美国1992年并购指南》虽然删除了"通过清楚而令人信服的证据"建立效率的需要，对效率展示了更加放开的接纳态度，以降低证明标准、促进效率的推理论证，[1]允许效率发挥更大作用的趋势，但美国《横向并购指南》仍然认为，参与并购的当事人必须将其主张的效率具体化，以证实效率是如何达成的。如果参与并购当事人有关效率的主张具有猜测性、晦涩性，或者不能通过其他合理方式被澄清证实，则通常不会被考虑。在"亨氏公司（H. J. Heinz Co.）和比纳公司（Beech-Nut Nutrition Co.）并购案"中，联邦贸易委员会要求法院发出禁止令阻却亨氏公司和比纳公司的并购，但地区法院没有签发禁止令，认为这场并购完全有可能通过挑战嘉宝的地位而实际加大该产业中的竞争。地区法院考虑了该并购的结构性论据，认为有证据表明该并购可以实现效率的增长，引进革新的产品与嘉宝竞争。然而，哥伦比亚巡回上诉法院不同意并推翻了地区法院的观点，并签发了初步禁止令。上诉法院的理由是：该案中市场高度集中的现象要求并购交易中的当事方举证证明该并购能够产生出超常的效率（extra-ordinary efficiencies），亨氏虽然辩称该并购能够使其通过并购比纳较好的配方而获得生产上的改进，却并无确据证据表明自己不能通过在生产开发方面投入更多的资金而获得较好的配方。[2]在欧洲竞争法中，"效率可证明性"见诸《欧洲经济共同体条约》第86条，效率的可测定是实质性要求。这

---

〔1〕 U. S. Department of Justice and the Federal Trade Commission, Horizontal Merger Guidelines, repr in 4 Trade Reg. Rep.（CCH）¶ 13, 104（April 2, 1992）.

〔2〕 白艳：《美国反托拉斯法/欧盟竞争法平行论：理论与实践》，法律出版社2010年版，第185页。

表明，"反竞争性阻害因素的效率"要被视为"正当化理由的效率"当然也有必要证明，[1]不能渺不可得。但既然效率是在经营者集中真实发生前的预测，过分强调量化可能会损害效率的有效性主张。[2]美国准则解释列举了某些类型的效率是最有说服力的：从生产转移使企业减少成本得到的效率更可能容易验证；与采购、管理或资本成本相关的效率最有可能是并购固有的或实质性的。欧盟准则不明文涉及这些问题，当然有些意见间接表示欧盟对导致创新的效率会比美国更为友好。[3]

因为成本节约可能来自于生产合理化、规模经济、技术进步等等，在决定哪些类型的效率可以纳入评估审查程序时，反垄断当局需要细意推详以下因素：首先，财务收益或再分配收益（pecuniary or redistributive efficiencies）。在效率抗辩中，区分社会效率和再分配收益十分重要。再分配收益在本质上外铄的，如同赌博仅仅带来的是单纯的财富在不同利益集团之间断长续短的流动转移，楚弓楚得，交易具有"零和性"（或称"零和"博弈）特征，并没有产生增量效率，并未创造净的社会财富，所以在效率和反竞争效应之间的权衡分析中并不会被考虑，只有创造企业价值而非掠夺消费者利益的社会效率才能被纳入效率抗辩的视野。这是因为经营者集中实现的所有收益不一定代表资源节约，只有代表资源节约的成本节约才能被纳入效率抗辩。例如，经营者集中导致集中企业讨价还价能力上升而使其能够获得工资让步、投入品价格折扣或税收优惠，这种收益只是将员工或供应商的收入重新分配给被集中的实体，并非由于

〔1〕 洪淳康：「企業結合における効率性」，『本郷法政紀要』第15号，2006年。
〔2〕 Robert Pitofsky, "Efficiency Consideration and Merger Enforcement：Comparison of U.S. and EU Approaches", *Fordham International Law Journal*, Vol. 30, Iss. 5, 2006.
〔3〕 Robert Pitofsky, "Efficiency Consideration and Merger Enforcement：Comparison of U.S. and EU Approaches", *Fordham International Law Journal*, Vol. 30, Iss. 5, 2006.

资源节约所致。分配效率主要在衡量经营者集中的反竞争影响时对其进行考虑，而不作为可以抗辩的一个效率因素。其次，产量下降。与成本节约相关的另外一个问题是，成本节约来源于反竞争性的减少产量。限制产出办法的支持者声称，反垄断诉讼应该只挑战低效的交易或行为，没有效率应该以生产者限制产出能力来衡量，即使面临人为限制产出的威胁，支持者也可以要求反垄断执法机关检查执法是否会阻碍规模经济的实现。反垄断的唯一目标是提高资源配置效率。只有人为限制产出的资源损耗超过了未能实现规模经济的资源损耗，才能实施执法阻止。[1]这种产出限制理论是狭隘和静态的，不能反映生产商实现降低成本的潜力，不符合反垄断法。[2]在完全的成本-收益分析中，此类成本节约固然应包括在内，但应与消费者剩余的减少进行权衡比较。如果一项集中只能产生此类成本节约，那么这种成本节约很难使该项集中实现社会需要的效率水平。[3]因此，《加拿大竞争法》第5.3款规定，因产量下降而导致的成本节约将不予考虑。最后，"效率冒犯"。这主要是考虑那些具有反竞争效应的效率。成本节约是集中自身所必需的，然而成本节约可能具有消极效应。例如，当两家企业通过集中降低可变成本，可能成为有效损害竞争对手的更加强硬的竞争者。[4]如果成本节约足够大，集中即意味着相关市场上的竞争对手可能被

---

〔1〕　Eleanor M. Fox, "Modernization of Antitrust: A New Equilibrium", *Cornell Law Review*, Vol. 66, Iss. 6, 1981.

〔2〕　Eleanor M. Fox, "Modernization of Antitrust: A New Equilibrium", *Cornell Law Review*, Vol. 66, Iss. 6, 1981.

〔3〕　余东华：《横向并购反垄断控制中的效率抗辩研究》，北京大学出版社2014年版，第374页。

〔4〕　Joseph Farrell and Carl Shapiro, "Antitrust Evaluation of Horizontal Mergers: An Economic Alternative to Market Definition", *The B. E. Journal of Theoretical Economics: Policies and Perspectives*, Vol. 10, Iss. 1, 2010.

赶出市场，或者新企业被阻止进入，导致整体的负面影响。[1]
该效率收益论据遂转向不利于集中方（效率冒犯），具有反竞争
效应。在一个完整的成本-收益分析中，此类过犹不及的反竞争
效应应该被纳入经营者集中的反垄断控制分析当中。成本节约
既被当作效率冒犯因素，又被当作抗辩因素，这在美国和欧盟
的集中评估审查中都曾存在过。[2]成本节约可能具有反竞争效
应这一事实，使得经营者集中分析更加复杂。这就意味着，分
析经营者集中的反竞争效应不能完全从分析经营者集中的成本
效应中分离出来。也就是说，在假定成本不变的基础上初步分
析经营者集中效应。如果一项集中在成本节约未被评估这一阶
段被批准，那么就存在这种风险：一项理应被禁止的集中却从
未发现反竞争效应。[3]但效率冒犯的理据比较脆弱，如果执法
机关就事论事，可能忽视动态的市场变化，未考虑到竞争对手
的后续集中可能发生的学习效应。[4]

在比例原则中，必要性原则又称最少侵害原则、不可替代
性原则或最温和方式原则。质言之，限制或侵害必须是预期目

〔1〕 Massimo Motta, "Helder Vasconcelos, Efficiency Gains and Myopic Antitrust Authority in a Dynamic Merger Game", *International Journal of Industrial Organization*, Vol. 23, Iss. 9~10, 2005.

〔2〕 Samuel C. Thompson, "Critique of Williamson's Economic Case for an Efficiencies Defense in Antitrust Merger Analysis: Are Rectangles Really Larger than Triangles?" (June 17, 2003), *UCLA School of Law*, Law & Econ Research Paper No. 3-15, available at http://dx. doi. org/10. 2139/ssrn. 419600, 2017-5-13.

〔3〕 余东华:《横向并购反垄断控制中的效率抗辩研究》，北京大学出版社2014年版，第376页。

〔4〕 Patrice Bougette et Florent Venayre, „Contrôles a Priori et a Posteriori des Concentrations: Comment Augmenter L'efficacité des Politiques de Concurrence? ", *Revue D'économie industrielle*, n'121, 1er Trimestre, 2008.

的必要的，即最小值，[1]不可以为达致目的而不择手段。如果有两个措施 M1 与 M2 都可以用同样高的程度实现原则 P2，但对另一原则 P1 来说 M2 比起 M1 乃是比较轻微的干预措施，那么就不应采取 M1，M1 对于 P1 和 P2 而言就是不必要的手段。必要性分析包含两个要素，即相同有效性的要素和最少侵害要素，其核心是运用最低限制性的手段，尽可能使相对人的损害保持在最小的范围内。这意味着如果可以通过另一个较轻微损害的措施也能达致同样的目的，则所采取的措施没有达到必要性的要求，其行为本质上就是不合比例的。按照相同有效性要素，较温和的手段对目的的达成与当下选择的手段同样有效时，不选择较温和手段才构成违反必要性原则。如果其他相对温和手段在达成目的效果上稍逊色于当下采取的手段时，则纵然其他手段能大幅度地减轻侵害强度，该手段仍然合乎必要性原则。按照奥卡姆剃刀定律（"简单有效原理"，principle of simplicity），如无必要，勿增实体。从另一方面来看，就其他手段不能同样成功地达到有关目的而言，这意味着被诸多前贤相继磨砺而锋利的奥卡姆剃刀将冗余删削殆尽后采取的手段是为实现目的所绝对必要的。因而，必要性原则所指的必要性堪称一种不得已而为的"绝对必要性"（absolutely necessary）。在集中审查中，必要性审查其实就是关于效率固有性审查。就效率抗辩制度而言，这里需要追究的问题是：效率是否为集中所固有？换言之，拟议的集中是否是实现所要求的效率的最小限制性方式？[2]集中

---

[1] Dieter Medicus, „Der Grundsatz der Verhältnismäßigkeit im Privatrecht", *Archiv für die civilistische Praxis*, Bd. 192, H. 1/2, 1992.

[2] Marc Pirrung, "EU Enlargement Towards Cartel Paradise? An Economic Analysis of the Reform of European Competition Law", *Erasmus Law and Economics Review*, Vol. 1, 2004.

固有的效率是指，那些效率确实是只能由提议的集中完成，不可能以不存在建议集中或另一种具有可比较性的反竞争手段来完成，或者说这些效率确实无法通过其他较少的反竞争手段来实现。[1]这一侵害较小原则要求源自作为欧盟法基本原则的比例原则。从本质上讲，比例原则服从于需要特定的法律工具来彻底地评估是否有实现相同结果的较小约束手段。[2]在集中控制的语境中，交易所产生的反竞争效果只能被效率增益所抵消，也无法通过其他不太反竞争的手段来实现，例如内部增长、专业化协议、特许经营、租赁、其他契约协议或其他不太反竞争的集中。[3]在美国，并购固有要求反托拉斯当局评估相对于其他实际替代方案所主张的效率，而并非要求不通过某些假设替代方案获得的所主张效率的证据。欧盟经营者集中指南中的效率抗辩非常类似美国的做法，强调效率必须是实质性的、及时的，不能简单地从限制竞争中产生，必须是"经营者集中固有"，即不能由反竞争的替代品来实现类似的程度。其中，经营者集中固有的第一要素是交易与所主张的节约之间存在直接的因果关系，第二要素是据此产生的效率不能由现实的、可以实现的，但反竞争效应更为轻微的替代方案实现。"经营者集中的固有性"构成要件见诸《欧洲经济共同体条约》第85条，效率是许可和业务合作等非集中的功能或密集的合营企业等不同形

---

〔1〕 Vlatka Butorac Malnar, „The Role of Efficiencies in Merger Control: Comparative EU – USA Perspective", *Zbornik Pravnog Fakulteta Sveučilišta u Rijeci*, V. 29, Br. 2, 1991.

〔2〕 Christian R. Fackelmann, „Dynamic Efficiency Considerations in EC Merger Control: An Intractable Subject or a Promising Chance for Innovation?" *The University of Oxford Centre for Competition Law and Policy*, Working Paper (L) 09/06.

〔3〕 Lars-Hendrik Röller, "Johan Stennek and Frank Verboven", *Efficiency Gains from Mergers*, Report for EC Contract II/98/003, London: CEPR, 2001, p. 118.

式的经营者集中等集中功能的其他替代方案不存在的。[1]如果严格执行这一标准，主张效率的机会似乎明显减少。在拉斯－亨德里克·勒尔（Lars-Hendrik Röller）等人看来，潜在替代的分析必须解决：（1）交易的替代识别；（2）经营者集中和替代方式相对成本；（3）计算如此识别的替代的潜在反竞争效果并比较上述预期的交易。[2]在这一过程中，法院将经营者集中可能的未来与没有集中可能的未来进行对比，以评估集中可能的竞争效应。因此，关键重点在于，集中发生时可能会发生的效应，较之于集中没有发生时可能发生的效应。这在逻辑上应该是确定哪些效率是可认知的测试。因此，执法机构不应该考虑即使没有提议的集中也可能发生的竞争性效率。[3]例如，假设两家公司之一可能单方面达到同等的效率。这种效率不应被视为集中的有利竞争的效率，因为如果没有集中，它们将成为未来可能的一部分。同样，如果双方可以通过许可获得相类似的效率，行业传统毫无例外地相沿不替，这样的效率可能会在没有集中的情况下发生，也不应被视为交易的竞争优势。[4]如果集中能够在其他市场上带来效率，并且该效率与相关市场上的效率不可分割地相互联系，那么也可以被纳入分析框架。

如果某手段通过了必要性审查，那么便会进入第三阶段的

---

〔1〕　洪淳康:「企業結合における効率性」,『本郷法政紀要』第 15 号, 2006 年。

〔2〕　Lars-Hendrik Röller, "Johan Stennek and Frank Verboven", *Efficiency Gains from Mergers*, *Report for EC Contract II/98/003*, London: CEPR, 2001, p. 118.

〔3〕　Marc Pirrung, "EU Enlargement Towards Cartel Paradise? An Economic Analysis of the Reform of European Competition Law", *Erasmus Law and Economics Review*, Vol. 1, 2004.

〔4〕　Marc Pirrung, "EU Enlargement Towards Cartel Paradise? An Economic Analysis of the Reform of European Competition Law", *Erasmus Law and Economics Review*, Vol. 1, 2004.

"狭义的比例原则"的审查。狭义的比例原则即相称性原则或法益权衡原则，将手段和目的放在天平的两端，看其是否达成平衡，要求手段与由其实现的目的之间必须合理、适度、成比例，不能因小失大，得不偿失。比例原则的前两个阶段都是以目的作为判断手段正当性的前提，目的本身是不被质疑的；而在第三个阶段的合比例性审查中，则要跳出狭义的目的手段关系，把目的也列为检验与衡量的对象。掌握分寸、无过无不及的"度"在人类的生产-生活活动中作为物质实践的具体呈现，表征为各种生生不息的结构和形式的建立，是主观合目的性与客观合规律性的一致融合。〔1〕执行手段的过度禁止原则乃在强调，为达到执行目的纵然已从无数可行处分中，选择伤害最小手段为之，但该经选择的手段在发展其效能时也有溢出设定的目标的风险，尚有可能肇致与其结果显然不成比例之虞，不可漫无节制，不得"以炮击雀"。如果一项措施对于相关人的影响超出了相关人的合理承受限度，则该措施违反禁止过度措施的比例原则要求。阿列克西认为，比例原则是衡量原则的原则，几乎在司法审查权中以明显或隐藏的方式被运用到任何一个地方。法律规则是以或者有效或者无效的方式适用的，法律规则之间发生冲突时必定有一个是无效的。而法律规则通常是由法律原则证成的，其冲突背后是利益、价值和原则的碰撞，这些利益、价值和原则的争论不能简化为真与假的对立或者对与错的区分。每一个原则碰撞都可以阐释为价值碰撞，每一个价值碰撞也都可以阐释为原则碰撞。其唯一的区别在于，原则碰撞涉及的问题是，最后（确定的是）应当做什么；而价值碰撞的解决要求

---

〔1〕 李泽厚：《历史本体论·己卯五说》（增订本），生活·读书·新知三联书店 2006 年版，第 9~10 页。

回答，最后（确定的是）什么更好些。[1]每一条原则都要求其在法律的可能范围内相对于其他原则应尽最大可能地被实现。法律原则出现碰撞时则不能宣布其中的一个无效，只能是更优越于另一个原则。如果一条原则的实现只能够以另一条原则的不被实现作为代价，衡量遂不可避免。对于原则来说，典型的适用方式是权衡。原则作为最佳化命令，可以进行权衡，也必须进行权衡，要求某事在相对于法律上与事实上可能的范围内尽最大可能被实现。[2]只有权衡与衡量才能将理想的初显应然引向现实和确定的应然。[3]原则理论蕴含着比例原则，比例原则也蕴含着原则理论。比例原则的含义揭示了原则概念的定义。作为最佳化命令的原则要求在事实上和法律上可能的范围内尽最大可能被实现。[4]事实方面的权衡需要遵循适切性原则与必要性原则，而法律上的权衡则须符合狭义上的比例原则。适切性原则和必要性原则来源于在事实上可能的范围内尽最大可能被实现的义务，表达了帕累托最优的理念。狭义上的比例原则则来源于在法律上可能的范围内尽最大可能被实现的义务，即尽可能考虑所有相对立的原则。[5]阿列克西认为，必要性原则要求两个手段对促进 P1 从广义上说同样适合，应该选择较少损害 P2 的手段。然而，必要性原则的适用前提是，没有第三个原

---

〔1〕〔德〕罗伯特·阿列克西：《法·理性·商谈：法哲学研究》，朱光、雷磊译，中国法制出版社 2011 年版，第 213 页。

〔2〕〔德〕罗伯特·阿列克西：《法·理性·商谈：法哲学研究》，朱光、雷磊译，中国法制出版社 2011 年版，第 211 页。

〔3〕〔德〕罗伯特·阿列克西：《法：作为理性的制度化》，雷磊编译，中国法制出版社 2012 年版，第 24 页。

〔4〕〔德〕罗伯特·阿列克西：《法：作为理性的制度化》，雷磊编译，中国法制出版社 2012 年版，第 137 页。

〔5〕〔德〕罗伯特·阿列克西：《法：作为理性的制度化》，雷磊编译，中国法制出版社 2012 年版，第 138 页。

则 P3 通过采取对 P2 较少干扰的手段受到负面影响。当出现这种状况时，案件不能基于帕累托最优考虑决定。当成本不可避免时，平衡将是必要的。平衡是比例原则的第三个子原则狭义比例原则的主题。[1] 在原则相碰撞的情况下，解决之道在于通过衡量针对具体个案的情形来判断 P1 或 P2 孰轻孰重，以决定在个案的条件之下何者具有优先性。阿列克西向"衡量的理性化难题"挑战，试图基于分析法学的传统，为衡量方法建立起堪与规则推理的"涵摄模式"相媲美的普遍适用的、清晰的、理性的、可加以讨论的"衡量模式"，为此提出了一条衡量法则：对于彼此相碰撞的原则 P1 与 P2 而言，若原则 P1 不被实现或被侵害的程度愈高，则另一原则 P2 实现的重要性就必须随之愈高。在这一衡量法则中，所谓的衡量包括三个步骤：首先是确定原则 P1 不被实现或被侵害的程度；其次是确定与之相冲突的原则 P2 的重要性；最后则是将两者互相比较，以确定 P2 实现的重要性是否足以证成对于 P1 的侵害。至于侵害程度与重要性的高低必须透过说理论证加以判定。最简单的权重公式仅考察侵害强度，不考虑抽象权重和可靠性问题，或者说假定相冲突的原则具有相同的抽象权重，并且侵害行为带来的后果都是确定的。此时的权重公式表达了这样一种观念："一个原则未得到满足或者遭受侵害的程度越大，另一原则得到满足所具有的重要性也必须越大。"这被阿列克西称为"第一平衡定律"，简称"平衡定律"。根据"平衡定律"，一个原则可接受的未得到满足的程度或者受侵害程度取决于满足另一原则所具有的重要性；它把一个原则的要求置于其与另一原则的关系之中，因此一个原则的权重永远不能独立地或者绝对地加以确定，而只能

---

[1] Robert Alexy, "Constitutional Rights, Balancing, and Rationality", *Ratio Juris*, Vol. 16, No. 2, 2003.

是一个相对的权重。

按照《美国 1984 年横向并购指南》所确立的"同步增长法则"（sliding scale approach，亦称"浮动计算法"），效率抗辩的证明标准与并购后可能造成的反竞争影响直接相关。从违法性初步判断的角度看，也就是与并购后经营者的市场份额和市场集中度水平息息相关。"一项并购潜在的反竞争影响越大，该并购中可认知的效率就应当越大……如果一个并购的潜在反竞争效果非常大，它的可认知效率就必须非同寻常，这样才能阻止具有反竞争效果的并购。"[1]也就是说，在进行经营者集中审查时，应在经营者集中的效率效应与反竞争效应之间进行权衡，只有效率的增加效应大于竞争减少的效应，效率才可成为经营者集中违法认定的抗辩事由。[2]轻于鸿毛、微若游丝的效率与重于泰山、昭然醒目的反竞争效应相形见绌。在法律经济学分析惊涛拍岸的潮流中，滑动标尺意味着抬高门槛，将导致在特洛伊木马掩护下的垄断集中被牢固拒之门外。在这一法则下，自然可以推导出在可能导致独占或寡头垄断的集中案件中，不能或不太可能适用效率抗辩，因为在集中度很高的交易中，集中方经常发现自己面临非法推定需要担荷更大的举证责任以反驳这一推定，此时的证明标准如此之高，效率主张保证集中行为能够通过合理性的检验几至可望而不可即。这样的证明标准与高度盖然性的证明要求也是相一致的。通过 1984 年《横向并购指南》对于效率建立一个滑动标尺的做法并采取术语"除非在特殊情况下"，司法部明确，效率只是在决定是否挑战并购时

---

〔1〕 U. S. Department of Justice, *Merger Guidelines*, 49 Fed. Reg. 26, 823（1984）.

〔2〕 胡甲庆：《反垄断法的经济逻辑》，厦门大学出版社 2007 年版，第 163 页。

的众多因素之一，而不是一个绝对抗辩。[1]在进行整体竞争分析时，执法机构对从效率的好处是否足以防止对消费者在相关市场的涨价的评估中利用滑动标尺，以防止并购被反竞争抵消。但是，滑动标尺分析限于这样的事实：效率几乎从未允许证立垄断或接近垄断的并购。[2]与此同时，《第139/2004号并购条例》对比例原则的应用还体现出自己的特点：效率抗辩引入竞争法的时间不久，对于效率正当化限制竞争仍然持谨慎态度。积极推进《第139/2004号并购条例》改革的欧共体前竞争委员、在2011年曾担任意大利过渡政府总理的马里奥·蒙蒂（Mario Monti）曾警告说："对于效率主张保持一定的'有益的怀疑'是适当的。"这一警告也许在2004年《欧共体横向并购指南》对待效率的态度上产生了作用，故而指南对效率抗辩提出了较高的要求，对效率的数量（即实现效率的重要性）和可能性都提出了最低程度的要求，经营者几乎不可能以实现前景渺茫但数量巨大的效率预测来正当化对竞争的限制。欧盟也采纳了滑动标尺的证明标准，在《横向并购指南》第84条规定："对竞争造成不利影响的可能性越大，委员会越需要确保所声称的效率是实质性的、可能实现的，并且效率好处足以转移给消费者。"[3]根据2004年《横向并购指南》规定，在消费者必须能够公平分享由反竞争行为产生的效率这一条件中，含有一个

〔1〕 Konstanze Kinne, *The "Efficiency Defense" in the U. S. American Merger Policy*, HWWA – Diskussionspapier 67, Hamburg: HWWA – – Institut für Wirtschaftsforschung, 1998, p. 9.

〔2〕 Konstanze Kinne, *The "Efficiency Defense" in the U. S. American Merger Policy*, HWWA – Diskussionspapier 67, Hamburg: HWWA – Institut für Wirtschaftsforschung, 1998, p. 10.

〔3〕 应品广：《经营者集中的效率抗辩法律问题研究》，吉林大学出版社2011年版，第62页。

滑动标尺：一项经营者集中，如果反竞争效应越大，那么与之分庭抗礼的被证实的效率也应越大，其中传递给消费者的效率也必须越多。效率的实现可能需要一定的时间，时间越长，就需要越多的效率来补偿消费者的损失。[1]效率的提高必须足够大，不仅弥补相对于边际成本的上涨价格可能产生的消极配置效率，而且弥补在实际的实现方面不确定性。公司为了通过筛选的网眼应该证明尽管增加了市场力量，但自身具有激励以足够大的概率实现效率的提高。[2]效率获得发生的可能性的概率越低和在价格-边际成本之比过度增加可能性越高，需要证明的可能效率获得就必须越高。如果市场力量的影响立即发生而效率只有在未来才能获得，那么这同样适用。[3]在"亨氏公司并购比纳公司案"中，由于并购后的市场集中度比较高，而且进入这个市场如此困难，美国联邦贸易委员会认为该并购对竞争构成了一个明显并且相对大的威胁。在这种情况下，除非并购所产生的效率非常之大，否则不可能消除人们对竞争方面的忧虑。但当联邦贸易委员会审查并购方关于效率提高的论证时，这些论证看起来是不充分的，效率的提高没有扩展到竞争受到威胁的整个市场，在幅度上也不足以弥补并购对竞争带来的可能伤害。[4]同样，欧委会之所以认为"宇航公司-阿莱尼/德哈维兰案"产生的相当于集中后营业额0.5%的效率不算重大，而

〔1〕 杜志华、蔡继祥："欧盟并购控制效率抗辩问题研究"，载《武汉大学学报（哲学社会科学版）》2011年第4期。

〔2〕 Dieter Schmidtchen,„Der 'More Economic Approach'in der Wettbewerbspolitik",*Wirtschaft und Wettbewerb*, Bd. 56. H. 1, 2006.

〔3〕 Dieter Schmidtchen,„Der 'More Economic Approach'in der Wettbewerbspolitik",*Wirtschaft und Wettbewerb*, Bd. 56. H. 1, 2006.

〔4〕 John E. Kwoka, Jr. and Lawrence J. White, *The Antitrust Revolution*: *Economics*, *Competition*, *and Policy*, London: Oxford University Press, 2004, p. 157.

"科什奈斯/阿西多曼瓦楞纸业集中案"（Korsnäs/AssiDomän Cartonboard）[1]中产生的相当于集中后净销售额 0.5% 的效率就足够重大，即是因为采纳了滑动标尺，要求在可能的竞争消极效果越大时所需要证实的效率亦越高。

第三节　效率与正义的平衡协调

美国对于"效率抗辩"的讨论，首先应理解为"抗辩"，从采用何种福利标准的争论开始：是应该采用"总剩余标准"（total surplus standard，TS）还是"消费者福利标准"（消费者厚生基准，consumer welfare standard，CWS）。[2]总剩余标准亦称"总福利标准"（The total welfare standard，TWS），着眼于消费者和生产者剩余的得失总和，考虑到并购对经济作为一个整体的影响，即使它导致价格的增加（因此造成消费者剩余损失），只要存在通过生产者剩余更大的增益福利的净收益，那么并购按照总福利标准就可以被视为是社会所期望的。[3]准此，从节约成本产生的效率必须抵消预期的反竞争效应引起的自损失，效率不一定会转移到消费者身上，生产者和消费者之间的财富转移被视为中性。[4]相形之下，消费者福利标准认为不能将社会总的福利增加当作效率认可的唯一目的，还应当考虑到

　　[1]　Case No COMP/M. 4057-Korsnäs/Assidomän Cartonboard [2006] OJ C209.

　　[2]　川濱昇・武田邦宣：「企業結合規制における効率性の位置づけ」，『RIETIディスカッション・ペーパー』11-J-022，2011 年。

　　[3]　Christian R. Fackelmann，"Dynamic Efficiency Considerations in EC Merger Control: An Intractable Subject or a Promising Chance for Innovation?"，*The University of Oxford Centre for Competition Law and Policy*，Working Paper (L) 09/06.

　　[4]　An Renckens，"Welfare Standards, Substantive Tests, and Efficiency Considerations in Merger Policy: Defining the Efficiency Defense"，*Journal of Competition Law and Economics*，Vol. 3，No. 2，2007.

福利的分配，不能让生产者侵蚀消费者的福利，从而有利于消费者，[1]即一项并购当且仅当能够给消费者带来利益时才有可能被批准。消费者剩余标准和价格标准的共同之处在于，均将消费者的福利状况置于首位；其不同之处在于：在价格标准下只有对价格的影响是关注焦点，而消费者剩余标准还考虑产品质量、服务、创新等因素，[2]允许并购通过非价格因素的变化增加消费者福利。例如，在某些特殊的情况下，一项并购在导致价格小幅上升的同时可能使消费者福利增加。根据价格标准，这一并购将被拒绝；但根据消费者福利标准，这一并购则可能被接受。

虽然威廉姆森模型是效率抗辩的理论源头，经济学领域多偏好采用总社会福利标准，以总福利的增加为关注的重心，将福利的分配置之度外，认为其应由税收政策等其他的社会政策加以解决。但"反托拉斯的全部任务可以归结为：努力提高配置效率，同时又不严重损害生产效率，从而导致消费者福利无法产生收益，或使之产生净损失"。[3]效率是美国反垄断法的一个目标，最终目标是消费者福利。[4]美国司法部及联邦贸易委员会在并购的立法和执法中并没有坚持威廉姆森的社会总福利标准，向来皆变通性地秉持消费者福利标准，衡量企业并购在

---

〔1〕 Christian R. Fackelmann, "Dynamic Efficiency Considerations in EC Merger Control: An Intractable Subject or a Promising Chance for Innovation?", *The University of Oxford Centre for Competition Law and Policy*, Working Paper (L) 09/06.

〔2〕 An Renckens, "Welfare Standards, Substantive Tests, and Efficiency Considerations in Merger Policy: Defining the Efficiency Defense", *Journal of Competition Law and Economics*, Vol. 3, No. 2, 2007.

〔3〕 Robert H. Bork, *The Antitrust Paradox: A Policy at War with Itself*, New York: Basic Books Inc., 1978, p. 91.

〔4〕 Ilene Knable Gotts and Calvin S. Goldman, "The Role of Efficiencies in M&A Global Antitrust Review: Still in Flux?", in Barry E. Hawk (ed.), *International Antitrust Law and Policy*, Vol. 29, Fordham Corporate Law Institute, 2003, p. 243.

特定市场所产生的经济效率与反竞争效果，并不相信生产效率的提升会自动转化为符合消费者利益的更低价格或更好质量，并非基于功利主义对分配表现出冷淡的态度。美国反垄断法现代化委员会承认，执法机构传统上曾依赖于消费者福利标准，并建议执法机构对此给予重视，用证据证明并购企业会通过使企业加强创新能力而增加消费者福利。[1]在并购规制和效率抗辩中，美国和日本一样，判例法大量采用了反托拉斯法的最终目标是保护消费者而不是提高效率的观点。如果企业并购存在反竞争性，那么效率将不被承认（竞争效果标准）。[2]尽管多数判决并未点明这个问题，但讨论这一问题的案例几乎都指出，反托拉斯的根本目标是提高消费者福利。而且，当法院用"消费者福利"这一词语时，似乎并不是指经济效率。法官们几乎不会将反托拉斯的目标描述为增进效率，而且更重要的是，他们从未说过在相关市场上伤害消费者但提高经济效率的行为是正当的。[3]在"布鲁克集团有限公司案"中，最高法院将"消费者福利""等同于消费者的福利而不是总福利，并将前者放在首位"。[4]在为哥伦比亚巡回法院写判决书时，金斯伯格（Douglas H. Ginsburg）法官将判决反托拉斯案件的法院描述为"消费者福

〔1〕 American Bar Association, *Mergers and Acquisitions*: *Understanding the Antitrust Issues*, Chicago: American Bar Association, 2008, p. 243.

〔2〕 洪淳康：「企業結合における効率性」，『本郷法政紀要』第 15 号，2006年。

〔3〕 Robert Pitofsky (ed.), *How the Chicago School Overshot the Mark*: *The Effect of Conservative Economic Analysis on U. S. Antitrust*, Oxford: Oxford University Press, 2008, pp. 92~93.

〔4〕 Robert Pitofsky (ed.), *How the Chicago School Overshot the Mark*: *The Effect of Conservative Economic Analysis on U. S. Antitrust*, Oxford: Oxford University Press, 2008, p. 93.

利法院"（court of consumer welfare）。[1]按照美国《横向并购指南》所采取的消费者福利原则，反垄断法的目的在于"防止财富从消费者向具有市场力量的企业转移"。[2]消费者盈余被视为消费者的权利。固定成本节余等来源于并购的效率并不一定会实现消费者盈余。只有在消费者从并购带来的成本节余中直接受益可确认的情况下，效率才成为考虑的相关因素。[3]法院和执法机构通常认为，《横向并购指南》遵循消费者福利标准而非总体的福利标准，并购的效率必须能够传递给消费者，因此要求并购企业证明与主张的效率有关的成本节余能够通过降低价格或增加产出（如改善质量）的方式传递给消费者，[4]即必须证实惠及消费者，此即"传递要求"（the pass‐on requirement）或者"传导测试"（the pass‐through test）。在"联合托特案"（United States v. United Tote, Inc.）中，法院在驳回被告提出的效率理由时判定"即使并购者导致了效率增加，也无法保证这些收益能够传递给消费者"。[5]

《欧洲共同体条约》第81条与《第139/2004号并购条例》在认定效率方面存在一定差异。在《欧洲共同体条约》第81条中，并购带来的效率只要能够促进竞争，并且能够让消费者得到一个公平的份额，效率因素就可以用于抵消反竞争效应。在

〔1〕　Poly Gram Holding, Inc. v. FTC, 416 F. 3d 29, 37 (D. C. Cir. 2005).

〔2〕　Robert H. Lande, "Wealth Transfers as the Original and Primary Concern of Antitrust: The Efficiency Interpretation Challenged", *Hastings Law Journal*, Vol. 34, No. 1, 1982.

〔3〕　Deborah A. Garza, "The New Efficiencies Guidelines: The Same Old Transparent Wine in a More Transparent Bottle", *Antitrust*, Vol. 11, No. 3, 1997.

〔4〕　American Bar Association, *Mergers and Acquisitions: Understanding the Antitrust Issues*, Chicago: American Bar Association, 2008, p. 259.

〔5〕　American Bar Association, *Mergers and Acquisitions: Understanding the Antitrust Issues*, Chicago: American Bar Association, 2008, p. 260.

《第 139/2004 号并购条例》中，效率必须惠泽于消费者。尽管 2004 年《横向并购指南》和美国司法部、联邦贸易委员会的指南一样没有明确拒绝在效率抗辩中考虑总福利标准，但其具有相当清楚的趋向消费者福利标准的目的，[1]要求消费者能够在并购企业所取得的效率中取得合理的分享比例。不同之处仅仅在于，欧盟重视成本效益确实导致可变成本或边际成本的降低。欧盟《横向并购指南》特别强调可变成本更可能导致对消费者而言的低价福音。而美国的准则虽然在几个地方提及"边际"成本降低，但或多或少地躲开了这个问题。[2]因为从长远来看，所有的固定成本变成边际成本，在经济共同体倡导的边际成本下降较之固定成本下降更有价值、更容易传导给消费者的立场有效性，殊值商榷。很难相信，作为经营者集中的结果，固定资产的成本大幅减少不可能会降低消费者的成本。从长远来看，这无疑是促使成本大幅减少的组成要件。[3]有些竞争政策专家将其理解为效率必须完全传递给消费者。如果这一理解是正确的，那么这一标准便比《欧洲共同体条约》第 81 条要严格很多，并且实现起来十分困难，因为只有在完全竞争的市场上，效率才会完全传递给消费者。有些竞争政策专家将其理解为消费者福利标准或者是价格标准，这样效率只要能够降低价格或者提高消费者福利，就可以被接受。根据帕累托标准，对于某种新的资源配置方案而言，如果使至少一个人的福利增加，而同时又没有使其他任何人的状况变得更糟，则这种变化就是好

---

〔1〕 Robert Pitofsky, "Efficiency Consideration and Merger Enforcement: Comparison of U. S. and EU Approaches", *Fordham International Law Journal*, Vol. 30, Iss. 5, 2006.

〔2〕 Robert Pitofsky, "Efficiency Consideration and Merger Enforcement: Comparison of U. S. and EU Approaches", *Fordham International Law Journal*, Vol. 30, Iss. 5, 2006.

〔3〕 Robert Pitofsky, "Efficiency Consideration and Merger Enforcement: Comparison of U. S. and EU Approaches", *Fordham International Law Journal*, Vol. 30, Iss. 5, 2006.

的。罗尔斯鉴于"功利原则可能导致一种不能忍受的结果"，故而在机会均等、竞争自由的第一正义原则前提下提出"最大化最少者原则"的第二正义原则，即最公平的资源配置是使社会中境况最差的人效用最大化的资源配置，从而即使他们处在最少受惠者的地位，也不至于陷入功利原则可能容许的使某些个人的一些权利成为最大限度地增加功利总额（或平均额）的牺牲品的危险境地。在自由市场经济中，个人行为正义或科学价值观标准是自利不损人，制度正义的科学标准就是利公不损私，类似于"在没有使任何一个人情况变坏的情况下，使得至少一个人变得更好"的帕累托标准。对于消费者的贴现率是证成效率抗辩合法性的关键因素，与消费者了然无涉的效率在经营者集中审查效率抗辩中不具有相关性。从消费者本位出发，分合聚散两悠悠，分则分矣，合则合之，经营者盆满钵盈而自己无法分羹一杯，那么万钟之利于我何加焉？欧盟经营者集中评估准则对"有利于消费者"的标准是"消费者不因为经营者集中而变差"。这实际上是以帕累托标准为归依权衡，力图义利兼顾，将消费者福利标准在经营者集中审查中嵌入效率标准，矫正整体经济福利标准的"劫贫济富"。在对消费者利益的考虑上，不要求经营者集中完全为了消费者利益，但至少不应损害消费者的利益。消费者福利标准限制了经营者集中审查中可以考虑的效率类型。如果反垄断当局采用的是消费者福利标准，那么通常只将可变成本节约纳入评估分析。这就意味着，某些类型的效率，例如重复行政程序的减少，由于不会对可变成本产生影响，通常不需要在评估审查中斟酌考虑。[1]只有当企业的集中行为能够在增加其生产效率的同时不损害消费者的利益

---

〔1〕　余东华：《横向并购反垄断控制中的效率抗辩研究》，北京大学出版社2014年版，第374页。

时，社会总福利的增加才是有效的，构成帕累托改进。相反，如果一种企业行为在增加生产效率的同时增加了其通过"提高价格、减少货物和服务的产量、选择或质量、减少创新或其他影响竞争的因素"获利的能力，构成对消费者的损害，即使社会总福利有所增加，这种集中行为仍是一种无效的资源配置，应该受到集中政策的反对。

在"加拿大国际镍业公司（Inco Ltd）收购加拿大鹰桥公司（Falconbridge）案"[1]中，欧盟虽然基于建议的经营者集中补救措施而附条件批准，但峻拒申报方提出的效率抗辩，认为拟集中企业的效率不会传递给消费者。同样，对于"爱尔兰瑞安航空控股公司（Ryanair Holdings PLC）收购爱尔兰航空公司（Aer Lingus）案"，[2]欧盟也部分拒绝了效率抗辩，认为没有效率转移给消费者，不能被法秩序所认同。在"德国汉莎航空公司（Deutsche Lufthansa AG）与 SN 布鲁塞尔航空控股公司（SN Airholding）集中案"中，欧盟委员会批准了该集中行为，但拒绝了效率抗辩，因为消费者福利不能并存共进。[3]2013 年 1 月，欧盟委员会否决了美国联合包裹运送服务公司（United Parcel Service Inc., UPS）收购欧洲第二大快递服务商荷兰天地快运公司（TNT）的申报，理由是这次交易将减少从事欧洲跨国小包裹快递业的公司数量，并使美国联合包裹运送服务公司在这些国家内足以分庭抗礼的竞争对手只有中外运敦豪国际航空快件有限公司（DHL），从而阻碍了市场有效竞争，并可能损害消费者的利益。[4]美国联合包裹运送服务公司和荷兰天地快运公司

〔1〕　Case COMP/M. 4000-Inco/Falconbridge（July. 4, 2006）.

〔2〕　Case T-342/07-Ryanair Holdings PLC v. Commission〔2010〕ECR Ⅱ-03457.

〔3〕　Case No. COMP/M. 5335-Lufthansa/SN Airholding（June 22, 2009）.

〔4〕　Case M. 6570-UPS/TNT Express, Commission Decision of January 30, 2013.

还认为，其各自网络的组合将带来约 4 亿~55 亿欧元的成本节约。这些协同效应主张只是被委员会部分接受。委员会虽然同意双方声称由合并而产生航空运输效率，并"通常会使消费者受益"，但将这些效率视为固定成本降低，认为这样的成本节省不大可能转嫁给消费者。快递服务的潜在地面运输效率也被认为主要对快递包裹的运送产生积极的影响，没有减轻委员会对这个市场的担忧。

马克斯·韦伯认为，目的合乎理性（Zweckrationalität），简称"目的合理性"或"工具合理性"，是"通过对外界事物的情况和其他人的举止的期待，并利用这种期待作为'条件'或者作为'手段'，以期实现自己合乎理性所争取和考虑的作为成果的目的"。[1]相反，价值合理性（Wertrationalität）是"通过有意识地对一个特定的举止——伦理的、美学的、宗教的或作为任何其他阐释的——无条件的固有价值的纯粹信仰，不管是否取得成就"。[2]前者集中于实现既定目的的手段或方法，后者则可以合理地导向一个绝对价值的行动。[3]用孟子义利之辩的概念，工具理性更注重"利"的这一面，价值理性更注重思想与行为本身的价值意义与应然如此，即"义"的方面。按照经济学的思维，没有工具理性，价值理性的正谊明道就是水中捞月；必须先有效率追求，才能为公平追求奠定基础。然而，随着工具理性高亢的膨胀，价值理性荼而不振，在现代人追求工具理性的同时有意无意地被菲薄清除了。在法学中，这种倾向

---

〔1〕［德］马克斯·韦伯：《经济与社会》（上卷），林荣远译，商务印书馆2004 年版，第 56 页。

〔2〕［德］马克斯·韦伯：《经济与社会》（上卷），林荣远译，商务印书馆2004 年版，第 56 页。

〔3〕［挪］G. 希尔贝克、N. 伊耶：《西方哲学史：从古希腊到二十世纪》，童世骏、郁振华、刘进译，上海译文出版社 2004 年版，第 541 页。

在遵奉"效率至上"的"右派"法律经济学分析工作中表现得淋漓尽致，以效率判断消解、替代正义（公正），将经济学作为唯一的评价原则来分析法律，把法律的价值仅仅归结为效益，把法律的作用仅仅归结为"追求社会财富最大值"，把经济效益酷遵为取舍法律制度和评价其优劣的唯一且最高的标准，排斥其他原理和方法在法学研究中的应用，从而在打破其他学科自足神话的同时，也制造出效益至上的新"经济分析神话"。在反垄断法领域，"这使得芝加哥学派在论及垄断问题的危害时，只从对市场秩序、价格机制扰乱的角度进行描述，而对于垄断造成的对公平、正义的价值观的侵害则不予置评"。[1]欧盟竞争政策引进"更为经济的方式"后，作为竞争法目标的经济效率之重要性受到前所未有的关注，导致欧盟经营者集中控制的重大变化。但应该看到，以经济学中产业组织理论为依托的"更为经济的方法"形成反垄断技术专政，[2]也并不集中研究规范性问题。尽管许多学者昌昌大言反垄断法是经济宪法，但实际上却对以效率为中心的狭隘的反垄断法目的观殷殷输诚向化，"喻于利"而不是"喻于义"，为学日益而为道日损。现代反垄断法虽然高标所谓的"自由企业宪章"或者"经济宪法"，但其分析视角已然出义入利，自隘自蹙于经济价值方面，以义为利，以利克义，仅仅把目光牢置于经济效率之上，消费者只不过被用作是其理论主张赢得民众支持的招幌而已，对经济权力集中的传统关切俨然是头脑冬烘不肯通达的表征，成为群相讥讪的"古老而且名声不好的"竞争法理论。波斯纳宣称："效率是反

〔1〕 于莹主编：《法学微言：赵新华教授花甲纪念》，吉林人民出版社2007年版，第374页。

〔2〕 Daniel A. Crane, "Technocracy and Antitrust", *Texas Law Review*, Vol. 86, 2008.

托拉斯的终极目标，竞争只是一个中间目标，只不过这个中间目标常常离终极目标足够近，使得法院不必看得更远。"[1]按照博克的市场自我调节理论，如果垄断能够持久，则其很可能是高效率的产物。易言之，如果竞争是手段而非目的，那么，只要垄断可以增进效率，就应当容忍甚至鼓励垄断。[2]与博克同时代的保守主义者将这一理论解释得更为清楚——"最强有力的推论即现存的结构是有效的结构"。[3]究之本然，这与黑格尔式存在即是合理的保守取向如出一辙。唯其如此，在本质上为效率评审原则的合理原则在反托拉斯法实践中大行其道。事实上，于1983年被任命为产业竞争委员会主席的哈佛大学商学研究院教授迈克尔·波特在其名著《竞争论》中也坦言，经营效率因为具体且可收到立竿见影之效，具有相当的诱惑力，使人容易从直观角度只看显性直接后果而不察间接隐性的实质后果。企业对经理人的绩效要求日趋严苛，使其必须提出有形且可以评估的改善成果。价格已经成为其深倚仰助的重中之重，而不是一种竞争变量。从经营效率的竞争观点来看，美国近年来盛行以并购进行产业整合自然有其道理，但缺少战略的愿景，一味受到绩效压力的驱使，除了各企业一家接着一家买下竞争对手外，似乎别无更好的点子。能留在市场上的竞争者，往往是那些力图比其他竞争者在市场中待得更久而非拥有真正优势的企业。[4]据实而

---

〔1〕　Richard A. Posner, *Antitrust Law*, Chicago：The University of Chicago Press, 2001，p. 29.

〔2〕　Richard A. Posner, *Antitrust Law*, Chicago：The University of Chicago Press, 2001，p. 28.

〔3〕　[美]加里·L. 里巴克：《美国的反省：如何从垄断中解放市场》，何华译，东方出版社2011年版，第20页。

〔4〕　Michael E. Porter, *On Competition*, Boston, MA：Harvard Business School Publishing，1998，p. 44.

论，这种现象积重难返已产生了效率悖论：保守的反托拉斯法理论以追求效率为名，却掐断了通往效率的最有效的渠道，[1]"通往效率之路"步入了哈耶克所谓的"通向奴役之路"。

诚然，很多法经济学家声称，"正义的第二种涵义——也许是最普通的涵义——是效率"，[2]正义在大多数情况下不过是效率的另一种说法而已，在法律中可以佐证"正义即效率"的例子俯拾即是。即便《易经·乾卦》的《卦辞》也以"乾"的"四德"为"元亨利贞"，"利"居其一，有所谓"利者，义之和也""利物足以和义"[3]云云。不可否认，自由是实现效率的基础或前提性条件，效率是分配正义价值构成的不可或缺的组成部分，有效率的分配才是正义的分配。但同样毋庸置疑的是，没有任何理由认为作为主观价值的正义和作为客观价值的效率是相同的范畴，两者并不总是弥合无间。追求效率并不是唯效率至上、唯效率是从，也不能在追求效率的过程中忽视社会公平。古语有之，一阴一阳之谓道。无适无莫，义之与比。"义者宜也。"[4]偏执于工具理性，则社会发展便可能是跛足的，甚至必入歧途，实不可取。法律的价值是多元而不是单一的，法律的公平和效益价值，二者是对立统一、相辅相成、不可分离的。人的基本自由和权利本身就是目的，为了一个制度的正常运行，法律应当不惜一切代价加以保护，而不会去考虑成本因素。效率并不总能道成肉身。

〔1〕 Robert Pitofsky, *How the Chicago School Overshot the Mark*: *The Effect of Conservative Economic Analysis on U. S. Antitrust*, London: Oxford University Press, 2008, p. 78.

〔2〕 ［美］理查德·波斯纳：《法律的经济分析》，蒋兆康译，中国大百科全书出版社1997年版，第31页。

〔3〕 徐子宏：《周易全译》，贵州人民出版社1991年版，第8页。

〔4〕 朱熹：《四书章句集注》，中华书局1983年版，第28页。

当鱼与熊掌不可兼得之时，选择就成了必须直面的严峻问题。法律作为一种人世生活的秩序安排，本身自当内含人生的价值和意义；法学思维是一种目的思维，不能拘囚固蔽于工具理性形成的"铁笼"迷失价值目标。正如阿图尔·考夫曼所说，"形式从不产生材料"。[1]没有权衡审察就没有原则，也就没有理性的制度化。这是理性商谈、审慎辩论的过程，而不是一种简单的决疑之术或者讨价还价的市侩交易，将利益的牺牲或摩擦降至最低，正其义以谋其利，明其道以计其功。凡是经不起社会正义的法庭评价和选择的，都必将丧失其存在的历史根由。从效益与制度正义的关系来看，只有在机会和手段选择公正平等的条件下所实现的效益，才是具有正义性的效益，否则就是"垄断的效益"；只有通过一定的公正合理的程序所实现的效益，才是具有正义性的效益，否则就是"不法的效益"；只有对不均衡的或显失公正的利益分配得到有效纠正或补偿条件下所带来的效益，才具有正义性，否则就是"丧失道德认同的效益"。[2]孰优孰劣的阶序难免限于本质主义的简单和武断，"价值衡量的观念"（idea of balancing value）与"价值位序的观念"（idea of ranked order of values）并不能解决价值冲突问题。阿列克西的衡量公式力图化解价值不可共量这一方法上的难题，因情裁决，实现相互竞争原则的"帕累托最优化"，但其也并不是将规范主义下原则思维的"防火墙"一溃千里，其对于正义的阵地防守底线是存在的。

阿瑟·奥肯（Arthur Melvin Okun）提出所谓"非效益的权

---

[1] [德]阿图尔·考夫曼：《后现代法哲学：告别演讲》，米健译，法律出版社 2000 年版，第 57 页。

[2] 公丕祥：《法制现代化的理论逻辑》，中国政法大学出版社 1999 年版，第 125 页。

利"的概念，认为"权利的范围是不折不扣的对追求经济效率的侵犯。我们的权利可以看作是非效率的，因为它们没有可促进节约的价格，妨碍了按比较利益原则进行选择，消除了提高社会生产积极性的刺激，阻碍了可能有利于买卖双方的交易"。[1]市场制度的倾向是用货币标识和计算一切。社会需要有市场，但并不需要市场来统治一切。权利没有"经济事物"的价格标签，限定和划分了经济资产的边界线，不能买卖。这种禁令公然不顾经济学家们的使福利最大化的传统思想。[2]不难想象，如果允许交易，实践中就会出现许多新的权利市场。金钱尺度这个暴君一有机会便会扫尽其他一切价值，并建立起一个自动售货机式的"市场社会"，将社会中的所有其他关系置于市场规律的支配之下，将原本不出售的被人们所最为珍视的权利拍卖给最高出价者。[3]在市场社会中，制衡支配一切的市场机制之一便是将权利授予所有公民，以保护金钱无法标明的某些价值。与经济性的资产相比，权利的获得与行使无需任何货币费用。所有者无论是为了得到其他权利以获取额外的利益，抑或是为了获得钱或物品，均不能将权利作为交易让渡于他人。"平衡禁令"（Abwägungsverbote）[4]违背了经济学家们使福利最大化的传统思想，很多法律问题并不适用总福利标准。经济活动应当以人为本，以消费者为本，使消费者成为竞争活动的受益者，

---

〔1〕 Arthur M. Okun, *Equality and Efficiency: The Big Tradeoff*, New York: Brookings Institution, 1975, p.10.

〔2〕 Arthur M. Okun, *Equality and Efficiency: The Big Tradeoff*, New York: Brookings Institution, 1975, p.9.

〔3〕 Arthur M. Okun, *Equality and Efficiency: The Big Tradeoff*, New York: Brookings Institution, 1975, p.12.

〔4〕 Hans-Bernd Schäfer und Claus Ott, *Lehrbuch der Ökonomischen Analyse des Zivilrechts*, Berlin: Springer, 1995, S.45.

而不应成为企业追求经营者集中效率的倒霉蛋、转嫁竞争损失的终端。非如此，效率便纵有千般好、万般优，都是枉然，归根结底对其而言无异于镜花水月。然而，学术界一直无法创造出一种总结性的标准，以确定效率在何种情况下能够成为经营者集中的正当化事由，并能保证消费者盈余送达到消费者手中。[1]正是这样，芝加哥学派的学者尽管认为反垄断法应以追求经济效率作为基本目标，将效率结论奉为信条，也普遍认为不应该存在普适性的效率抗辩。[2]这本身也体现出了彻底的结果主义和实用主义的理论特质。

结　语

我国也在《反垄断法》第27、28条对经营者集中效率抗辩作了原则性的规定，将效率与社会福利作为反垄断审查中允许集中方进行抗辩的可能事由，使反垄断机构在行使其裁量权时具有法律依据。然而，效率抗辩究竟应该如何进行，效率抗辩实施的流程程序究竟应该如何设计，在我国现行的法律制度中尚不能找到明确的答案。作为实践理性产物的法律固然是一种地方性知识，我们不能以西方经济法的共性代替中国经济法的个性，更不能以西方经济法的个性代替中国经济法的个性。但人同心、心同理，效率抗辩制度的普适性问题仍然存在。尤其是中国长期浸润于传统的中庸思想，讲求情理法的统一是中国

---

〔1〕 William J. Kolasky, "Conglomerate Mergers and Range Effects: It's a Long Way from Chicago to Brussels", Prepared Remarks before the George Mason University Symposium (Nov. 9, 2001), available at https://www.justice.gov/atr/speech/conglomerate-mergers-and-range-effects-its-long-way-chicago-brussels, 2016-5-16.

〔2〕 Richard A. Posner, *Antitrust Law*, Chicago: The University of Chicago Press, 2001, p. 132.

传统法律思想的精髓，所以允宜在效率抗辩制度中贯彻比例原则。比例原则与经济法通常所强调的合理性原则在很大程度上具有通合性。源于英美法系的合理性原则的"合理"是以"合法"为前提，是"合法"的限定、运用和补充，在行政审查中旨在限制自由裁量权，减少行政恣意行为的发生；合理法则在反垄断法中作为本身违法原则的反动，旨在扩展自由竞争的空间，使得本身违法原则在理性的运用中具有弹性，在本质上增强了不确定性。合理性原则为绝对标准符合论，比例原则为相对标准权衡论。在合理性原则中，由于标准较为抽象、不确定，对"合理性"的"理"的理解往往异说异是，见仁见智，容易偏向于对个案总体情况的情理性伦理道德主义的价值评价，反而在指导和控制行政自由裁量权行使方面的作用大打折扣。而广义的比例原则注重手段与目的之间的客观性因素而具有相对客观性，在本质上容易吸纳成本及效益的经济分析。这种融贯性系统的分析结构体现了德国式的精准与按部就班的可操作的实用性，不便割裂。平等与效率二者之间，没有任何一方具有绝对的优先性。平衡意味着不能充分实现，效率抗辩不能攻其一点而不及其余以实现最大化。适宜性原则主要采取关联法，建立目的与手段之间的洽惬耦合。必要性原则主要采取排除法，甄别舍此别无他途可循的良策。狭义比例原则主要采取平衡法，较长计短，以期端谨不逾规矩。财富转移不是损不足以益有余的逆势倒流，而是以消费者本位为寄托。这体现出了经济法的理念，反映了经济法社会协调的功能。竞争法拥抱"更为经济的方法"，但更应该守护经济法的理念。

第六章
CHAPTER 6

我国经营者集中简易案件审查程序的建构

　　少和简单可以让我们拥有更多（Less and simple can make us have more）。简约法律的优点，从来没有人反对过，但是其的确没有得到足够的重视和理解。对法律复杂的批评，时常面对的是一些人的不屑一顾。这些怀疑主义者将法律规则的不断扩展视为是不可避免的，视为是一种必要，认为简约法律规则是罗曼蒂克的一缕梦想。为了改善社会条件，我们对于法律制度可以有所作为的渴望过于热烈着迷。我们殚精竭虑尝试通过法律的干预，以解决越来越多的社会难题，几乎没有考虑通过自愿的方式以及非正式的惯例来去解决这些社会难题，亦步亦趋于类似贾谊所说"奸钱日繁，正钱日亡"的劣币驱逐良币的雷欣法则（Gresham's law）。因为对法律行动越来越多的依赖，使得非正式的解决问题的模式日趋失效。数量惊人的资源用于法律程序的发展上，日益增长的法律制定愈发不可收拾，而复杂化的法律规则最终治丝益棼。事实上，因为病来如山倒，病去如抽丝，患者家属为了药到病除，动辄希望打针输液产生立竿见影的效果，以如何在最短的时间内让病体恹恹的患者霍然而愈为评价指标，导致了不对症下药的抗生素滥用，造成致病菌抗药产生变异，催生出"超级细菌"，最终面临无药可医的噩梦。抗生素依赖就是如此，法治经济同样包含这种偏颇。简约规则肯定是实现至善至美目的的一个障碍。复杂法律规则也许（也恰恰是也许）可以达到其所追求的至善至美的令人兴奋的境界。但在追求至善至美中所获得的收益仅仅是一个异想天开的收益。因为，博弈时所使用的虽不光明也不犯规的方法，总是表现出了其"复杂性"。只要资源稀缺是社会生活的普遍现象，规则就会被人人把玩而不亦乐乎。所以，我们不应该使用"渴望"的语言而是应该使用"可实现的业绩"的语言，去进行简约规则和复杂规则之间的这种相关对比。正是简约规则以少总多、以约求丰，才可以富有成效地承担起这种更为低微复杂的工作。因为，简约规则相对的低成本高收益以及肯定性，阻止了大量被执着的至善至美的追求带入法律制度的激情亢奋。对于法律制度而言，唯一的问题是"它将怎样出现错误"，而不是"它是否可能出现错误"。支持简约规则的人第一时间就承认了错误的可能性，然后努力在实践中使这种可能性最小化，从而抽丝剥茧，远远胜过胡子眉毛一把抓。而热衷复杂规则的人则对不可企及的至善至美充满了痴心妄想，服膺多多益善（The more the better）的理念。[1]但现代法律经济学的理论核心是：所有的法律程序都是以通过程序成本的最小化实现经济效益最大化为目的。程序保障并不是如山中的清风取之不尽，用之不竭，必然引发不同的行政成本。不计程序之繁琐、进行之迟缓的制度设计将使得经营者集中申报者对漫长而窒息、成本奇高无比的法律审查望而却步。程序正义不是形式正义，也不仅仅是结果的正当，而是一个本身就包含着实质正义和形式正义的综合体。即便程序的构造在公正性方面是完美的，但如果人们参与、选择或利用这样的程序要付出很高的经济代价，甚至代价超过了

---

[1] Richard A. Epstein, *Simple Rule for a Complex World*, Cambridge, Massachusetts: Harvard University Press, 1995, p. 39.

其通过程序活动预期能够产生的利益，那么理性的人们将不会选择、参与这种消费得起的"程序奢侈品"。程序的正义蕴含了程序经济这一原则，无法回避程序经济或"程序的可利用性"这一问题。孔颖达云："简易良善，使人从化，是易良。"[1]反垄断法出台后，铺天盖地的经营者集中审查案件势如汹涌波涛，使得执法机关的资源未免有拮据之苦，有必要致力于正当程序的简易化，建立、发展和精炼简易程序，并将其适用于某些案情简单明了，明显不具有排除、限制竞争效果的集中行为，以降低申报者的各类成本，节约国家行政资源，提高审查效率，摆脱进退维谷之僵局，裨商务而济要需，将精力和资源集中在少数可能具有竞争问题的案件上。

第一节　设置简易程序的必要性与合理性

（一）从执法经验的角度看简易程序的必要性和合理性

自 2008 年 8 月 1 日我国实施《反垄断法》以来，在已审结的案件中，计之以数，无条件批准的案件占 97%，附加限制性条件的案件与禁止案件仅占 3%，[2]也即商务部反垄断局所受理的大多数案件对市场竞争没有太大的影响。目前，我国经营者集中案件通过率相当高，无条件批准的案件占到 97%。这同时也意味着，大约有 97%左右的并购案件都具有"陪绑"的性质，不得不依法进行申报，承担申报的各种成本，承担时间拖延的风险，但它们实际上并不会对竞争造成实质损害。为了进一步

---

〔1〕 孔颖达:《礼记注疏》，唐宋注疏十三经本，中华书局 1998 年版，第 543 页。

〔2〕 耿雁冰:"商务部松绑反垄断 符合简易案件条件将加快审批"，载《21 世纪经济报道》2014 年 2 月 28 日。

提高审查效率，商务部有必要尽快建立"安全港"制度，明确适用简易程序的标准和快速审查机制，简化申报材料要求和审查程序，尽快作出不实施进一步审查的决定并书面通知经营者。

一方面，大量的经营者集中申报案件令作为反垄断执法机构的商务部反垄断局"户限为穿"，不堪重负。仅2013年，商务部便收到经营者集中申报224件，立案212件，审结207件，且每年申报的经营者集中案件仍在快速增加。[1]另一方面，我国商务部反垄断局的行政资源有限，仅为其他国家的几分之一甚至几十分之一。商务部需要将可以简单办理的案件分离出来，以集中精力办理更为复杂的案件，从而"将有限的资源用在更加重要的案件上"。[2]简易程序满足了反垄断执法机构的这一迫切需求，其除具有行政程序扩大公民参政权行使的途径、保护行政相对人程序权益、提高行政效率、监督行政主体依法行使职权的法律价值外，[3]还能够切实帮助反垄断执法机构降低程序成本、缩短行政过程、拓宽行政自由裁量权，[4]将精力和资源集中在少数可能具有竞争问题的案件上，从而提高工作效率、优化执法效果。

与我国的执法情况相似，欧盟、美国在自20世纪90年代以来合并规制的实践中，申请企业合并、股权收购等的经营者所面临的经营者集中规制风险并不高。欧盟委员会公布的数据显

---

〔1〕 参见"商务部'反垄断工作'专题新闻发布会"，载http://www.mofcom.gov.cn/article/ae/slfw/201402/20140200502174.shtml，访问时间：2014年2月27日。

〔2〕 参见"商务部'反垄断工作'专题新闻发布会"，载http://www.mofcom.gov.cn/article/ae/slfw/201402/20140200502174.shtml，访问时间：2014年2月27日。

〔3〕 姜明安主编：《行政法与行政诉讼法》，北京大学出版社1999年版，第263页。

〔4〕 参见张淑芳："论行政简易程序"，载《华东政法大学学报》2010年第2期。

示，自 1990 年 9 月 21 日至 2015 年 2 月 28 日，欧盟委员会共收到 5767 件并购申报，经过第一阶段审查程序被无条件批准的案件为 5062 件，附加限制性条件的案件为 245 件，进入第二阶段审查程序的申报为 231 件，被禁止或要求恢复竞争的案件仅为 28 件。[1]也即，20 多年来经营者所面临的经营者集中规制风险平均不超过 0.5%。作为反垄断法母国的美国，其经营者集中规制经验也体现出了类似特征。自 20 世纪 80 年代里根政府起的 5 届政府任期内，被禁止的企业合并占总申报数的比例最高为 2.3%，最低仅为 1.1%。[2]

综合国内外执法的实际情况，申报的经营者集中案件中绝大多数都属于正常的市场交易活动，对竞争的影响有限，可以以较快的速度获得批准。正如国际竞争网络在《并购申报程序建议实践》（*Recommended Practices For Merger Notification Procedures*）中指出的，"如果绝大多数申报的交易不会产生实质性的竞争问题，则并购审查制度应设计为允许这样的交易迅速进行"。[3]

（二）从学理的角度看经营者集中简易程序的正当性

程序经济原则并不仅仅意味着法律程序越简化越好，而是要求程序在满足一些基本条件的前提下，尽可能地减少程序直接成本，使法律程序成为一个经济的、参与者愿意去接受和运

---

〔1〕 参见欧盟官方竞争网：http://ec. europa. eu/competition/mergers/statistics. pdf，访问时间：2015 年 3 月 26 日。

〔2〕 Thomas B. Leary, "The Essential Stability of Merger Policy in the United States", *Antitrust Law Journal*, Vol. 70, 2002；亦可参见卫新江：《欧盟、美国企业合并反垄断规制比较研究》，北京大学出版社 2005 年版，第 180 页。

〔3〕 资料来源：http://www. internationalcompetitionnetwork. org/uploads/library/doc 588. pdf# search =% EF% BC% 88International + Competition + Network% 2C + Merger + notification+procedures+Recommended+Practices，访问时间：2016 年 5 月 1 日；参见吴振国、刘新宇：《企业并购反垄断审查制度之理论与实践》，法律出版社 2012 年版，第 401 页。

用的制度性装置。虽然直接成本与避免错误成本之间存在替代关系，程序越细致，耗费的直接成本就会越大，发生错误成本的可能性就会相应越小，但不能由此推论，越公正的程序耗费的资源就越多。程序无论如何周详，按照墨菲定律（Murphy's Law），会出错者，终将出错，错误成本在所难免。故而在这个框架中，法律的社会功能就是使管制成本（包括失误成本）的总量最小化以及使一种激励产生的成本最小化。这里的激励是指对个人行为的负面激励。作为一个首要原则的问题，"简约"不是明智的法律制度的唯一目的。其所追求的仅仅是使一组成本（政府管制成本）最小化，而不顾及最小化将会产生的对于另外一个关键可变因素的影响，这个可变因素就是人类行为的激励。[1]在崇尚程序精简的情况下，如何保障在缩减程序成本耗费的同时减少裁决的错误成本不容忽视，必须寻求裁决错误成本和程序成本的最佳契合点。"简约规则应对复杂世界"这一命题并不意味着任何简约规则都洽切至当。简约的精髓并不禁止必要的复杂，并不等于随意简单的程序，而是在不损害程序正义的基础上再充分考虑到程序的经济性，其虽然抛弃了正当程序的部分内容与标准，但所简化的环节与程序是在其适用案件中必要与合理的省略，而这仍然符合正当程序理念的根本所在，能够保障程序的正义。应该简约的自然应去芜存菁，决不繁琐，否则便不能内敛，从而陷入性好僭越的吞噬性权力复杂化治理陷阱，不仅徒增法律躯体的浮肿，而且还会削减法律的力量。但如果一味推崇简单万岁，那么简单自身就是第一个被简单出去的东西。行政执法公正是考虑行政效率的前提条件，是行政程序本身应有的价值趋向。如果没有最起码的、基本的

---

〔1〕 Richard A. Epstein, *Simple Rule for a Complex World*, Cambridge, Massachusetts: Harvard University Press, 1995, p. 33.

行政公正，没有准确地适用法律和执行法律，效率就会呈负值，效率越高，带来的恶果就越大。可以说，离开了公正原则的效率，其效率与效果成反比。简易程序符合行政程序法所追求的公正和效率两大价值目标，并在二者之间寻求适当的平衡，以此为自身赢得合法性。

首先，简易程序体现了对经营者集中进行反垄断法规制过程的公正性。行政机关的执法强调对公开、公平、公正的遵循，以达到行政合法性与合理性的统一，提高执法的法律效果和社会效果。其中，公平是对行政执法最基本的要求，同样条件下的当事人要得到同等的对待，不能有歧视和差别待遇。行政公开则通过信息公示等方式引入公众参与，满足各方知情权，促进公平、公正目标的达成。公正具有一定的伦理性和道德性，[1]是更高层次的价值目标，相应地，对执法机构的要求也更高。为达到行政执法过程和结果的公正，执法机构要准确区分情况，在严格遵循相关法律法规的条件下作出恰当的行政行为，实现立法的目的。在对经营者集中的反垄断法规制中，简易程序的设立为更好地实现反垄断执法公正奠定了基础。无论在市场竞争中还是在行政执法中，经营者的法律地位都是平等的。经营者有权要求与其他经营者在行政执法中得到同等对待。对于达到申报标准的集中案件，经营者必须按反垄断法律法规的规定进行申报，反垄断执法机构予以立案，严格按法律法规的规定进行审查，作出是否批准的决定，并公示有关结果。但在实际执法中，每一个集中案件及参与合并的经营者的具体情况又有所不同，仅仅达到申报标准的集中案件与实力强大的跨国公司之间的合并案件相比，对竞争的影响差距很大。以1996年"美

---

〔1〕 章剑生："论行政公正原则"，载《法商研究》2001年第5期。

国波音与麦道合并案"为例，合并后的企业将在大型商用飞机市场拥有高达65%的市场份额，麦道的军用技术也将会对波音民用飞机市场产生巨大影响。[1]案件之复杂不仅使得联邦贸易委员会对此案进行大量深入的调查研究，而且由于两公司在欧盟境内拥有的业务，欧盟委员会对此案也有管辖权，并在一些问题上与联邦贸易委员会持见不同。对于这类案件，需要严格把关，审慎分析，不宜简单处理。而在对竞争不会有实质性影响的绝大多数的集中案件中，经营者在没有简易程序的制度设计的情况下与波音、麦道等巨头企业遵循同一程序，虽然得到了同等对待，却不符合案件和经营者本身的特点。虽然程序公正得到了实现，但实体公正的实现程度有限。补充简易程序弥补了无视个案情况实体公正不能得到充分实现的不足，有助于实现经营者之间的实质平等。

其次，简易程序的设立符合行政效率的要求。在经济领域，公平健康的竞争是提高服务水平和服务质量最有效的动力。因为竞争给消费者提供了选择的自由，消费者的选择决定着一个企业的生死存亡，而这种生存威胁迫使企业提高效率和服务质量。相反，在行政执法领域，行政权力机关的行政服务具有垄断性质，独此一家而别无分店的必然结果正如公共选择学派所言，公共部门的外部竞争压力得以免除，与此同时，缺乏提高效率和服务质量的内在动力遂自不待言。[2]此外，官僚体制中人具有人格分裂特质，一方面，权力存在任性的天性，每每如同出柙之虎横冲直撞，大权在握者率性而为，在所多有。但另

〔1〕 卫新江：《欧盟、美国企业合并反垄断规制比较研究》，北京大学出版社2005年版，第122页。
〔2〕 周志忍：《公共管理学：政府管理的行与知》，北京大学出版社2008年版，第314页。

一方面，科层制的主要特点之一是依赖正式的规章制度进行管理，长期的实践在公共部门中形成规则为本、模守旧制的服从意识，使得行政人员拘囚固蔽于繁文缛节，担心程序胜于结果，因为"结果往往难以预测，事后才能看到且富有争议性；而程序则是立竿见影的，广为人知的，而且是由法律或规章明确规定的"。[1]罗伯特·K.默顿（Robert K. Merton，1910~2003年）明确指出，在规则变得比结果更重要时，前者对后者的凌驾和倾轧必然产生官僚制的功能失调，"参与者对组织规则的内在化日益加强。最初为实现组织目标设计的规则采取了一种与组织目标无关的积极的价值观"。[2]评价行政人员的主要标准以能否严格遵守规则为圭臬，以中规中矩为超然免责盾牌，而效率、质量和对组织目标的贡献则非所问，被等闲视之，造成组织理论所说的工具性价值演变成终极价值的"目标置换"（displacement of goals），呈现出形式主义（formalism）或仪式主义（ritualism）。行政人员也以规则的保护功能作为自身防护装甲，严格按照规则所赋予的权限和固定的程序行动，一丝不苟地坚持形式化程序，最终造成官僚制组织的行为僵化，不愿意做出任何有风险的决策。单纯就规则而执法是法治社会中有效行政执法的最基本要求，现代行政不仅要依规则办事，符合行政行为的合法性，同时还要有效率，能够经受起合理性的考量。在行政领域，行政权的行使应该在保证公平公正的基础上注重效率：一方面，行政过程中程序使用得越少越好；另一方面，在一个行政执法中程序的动作越简短越好。行政简易程序就是实现迅速审查的

---

〔1〕　〔美〕詹姆斯·Q.威尔逊：《美国官僚政治——政府机构的行为及其动因》，张海涛等译，中国社会科学出版社1995年版，第312页。

〔2〕　〔英〕J. G.马奇、H. A.西蒙："官僚制的功能失调"，载〔英〕D. S.皮尤编：《组织理论精萃》，彭和平、杨小工译，中国人民大学出版社1990年版，第19页。

具体手段，其最为基本的价值就在于降低行政程序成本。可以说，在经济竞争日新月异的变革时代，人们对于问题解决速度的关注并不亚于问题本身，行政效率也是衡量公平公正的尺度之一，是公正本来应有的题中之意。两者虽然不能完全化约，但在一定程度上存在通约。

反垄断执法机构作为政府部门，具有公共组织的特性。公共部门由于其产出的非市场性、产出的质与量难以测定和量度、公众监督相对困难、科层制管理机制[1]等长期存在的低效率的痼疾也可能发生在反垄断执法机构的行政执法过程中。因而，对行政效率的强调一直是优化行政执法的主题之一。反垄断执法的内容是行政执法的一部分，所涉及的执法内容与市场竞争、消费者整体利益及社会福祉息息相关。就经营者集中案件的审查而言，表面上，普通程序同样考虑了简单案件的特点，将审查设置为两个阶段，即初步审查和进一步审查，并规定不是所有案件都要经过进一步审查程序，以便于简单案件的提前获批。但是，一方面，从案件申报到获批是参与集中的经营者所付出的时间成本的一部分而非全部。我国《反垄断法》第 21 条规定，集中达到申报标准的，经营者"应当事先向国务院反垄断执法机构申报"，《反垄断法》第 23 条规定经营者申报集中要提交一系列文件资料。因而，参与集中的经营者各方从达成合意到向反垄断执法机构申报前另有大量时间成本花费在为准备申报材料而进行的调研、经济分析论证等环节，这部分时间成本在普通程序中没有得到体现和考虑。两阶段审查制在一定程度上节省了经营者的时间成本，但对于那些案情较简单、基本上确定不会进入进一步审查程序的集中案件来说，降低的时间成本有限。另一方

---

[1] 周志忍："公共性与行政效率研究"，载《中国行政管理》2000 年第 4 期。

面，除时间成本外，在前期的申报材料准备上耗费的人力物力财力等也属于经营者集中申报成本，对于简单的集中案件来说，这些成本的一部分是不必要的，属于资源的浪费，违反经济合理性。

商务部在审查"可口可乐并购汇源果汁案"中，较为严格地遵守了我国《反垄断法》的相关规定，从申报资料的递交，到初次审查、进一步审查，一直到最后审查决定的作出，以及在审查过程中，对于审查判定所考虑的因素的把握都彰显了我国《反垄断法》的立法成果，但是这也反映了我国经营者集中审查规则的某些不足。例如，商务部在此次审查实践中，采用了《反垄断法》规定的"两次审查，一次提交资料"的做法。按照我国《反垄断法》的第 25 条和第 26 条的规定，经营者集中审查虽然分为初步审查和进一步审查，但是两步审查对企业而言似乎只是审查时限的延长，申报人在两个阶段提交的文件和资料并无差别。而《美国哈特-斯科特-罗迪诺反托拉斯改进法》则要求当事人在申报的初期仅需提交一些基本数据，以减轻大多数企业在初期审查中的负担。2008 年 9 月 18 日，可口可乐向商务部递交了申报材料，9 月 25 日、10 月 9 日、10 月 16 日和 11 月 19 日，可口可乐根据商务部要求对申报材料进行补充。要求申报人补充相关文件和资料是为了全面、客观、公正地审查案件，为各国反垄断法之通例，也为我国《反垄断法》明文认可，但本案花费了如此长的时间用于补充申报文件和资料，个中问题不能不发人深省。毋庸讳言，经营者集中反垄断执法在发挥其预防和制止经营者集中可能对竞争造成不利影响的功能之外，产生的一个突出的问题就是，在普通审查制度下，大多数符合法律要求的出于资产重组、企业联合、扩大业务范围等需要的经营者集中需要面临烦冗的申报程序，申报文件之多、耗时之长使经营者在瞬息万变的市场竞争中浪费了过多的人力、物力和时间资源。有关评论一度批评中国的经营者集中反垄断审查程序不区分简易案件和复杂案件，一视同仁地要求大量的信息、数据，导致申报方需要花费数月的时间去准备，是世界上实行集中事前审查制、申报负担最重的批准程序。[1]千篇一律地适用普通程序进行审查，容易导致执法资源的浪费和执法效率的低下。如何使经营者集中的审查程序更"简"和更"易"，是需要执法部门谨慎探索的一个课题。

最后，适当限制简易程序的适用条件保证其能够扬长避短，发挥积极作用。正当程序的简易化必然带来简易程序的正当化问题。正如行政学家英格拉姆（Patricia Wallace Ingraham）所说："有许多理由说明为什么政府不同于私营部门。最重要的一条是，对许多公众组织来说，效率不是所追求的唯一目的，还存在其他目标。……在世界许多国家中，公共组织是'最后的依靠'。它们正是通过不把效率置于至高无上的地位来立足于社会。"[2]在效率之外，政府部门的执法还要达到公正的目标，不能使公正成为效率的牺牲品。将诸如公平、正义、代表性和参与等剔除出议程的价值取向，最终会侵蚀行政执法的公共性根基。疏密有致、体系完整仍应是简易程序构建所遵循的基本原则。出于这样的考虑，各国在构建行政执法简易程序的同时，通过制度之间的衔接、适用条件的限制等尽量将简易程序可能带来的负面作用降至最低。在经营者集中审查中，简易程序的适用不仅有严格的实体标准和禁止适用简易程序的情形，还补充以公示程序、第三人异议权等，防止简易程序被滥用或发生

---

[1] See Clifford Chance, Richard Blewett and Angus Xie, "Mofcom's Simplified Merger Review System", *International Financial Law Review*, Vol. 33, No. 5, 2014.

[2] ［美］帕特里夏·英格拉姆："公共管理体制改革的模式"，载国家行政学院国际交流合作部编译：《西方国家行政改革述评》，国家行政学院出版社1998年版，第62~63页。

偏差，避免为了效率损及公正的情况发生，从而为简易程序在反垄断执法领域的应用消除了后顾之忧。

（三）已有的理论准备及实践基础

简易程序在其他部门法及国外企业合并规制实践中的成熟运用和理论准备为经营者集中审查简易程序打下了良好的基础。一方面，随着法治化进程的不断推进，人们的法律意识不断提高，案件数量大大增加，为节约司法成本、提高法律实施效果，简易程序在我国民事、刑事案件中得到了大量的应用，在实践中积累了宝贵的经验，理论也逐渐丰富，形成了一系列相互配合的较稳定的机制。这些理论和经验成果在不同法律部门实施领域中的作用是相通的，为简易程序在反垄断法实施当中的应用做了充分准备。另一方面，国际上经营者集中审查简易程序的应用情况也为我国提供了大量可供参考、借鉴的资源。在一些法域，如欧盟、加拿大、丹麦等，简易程序被明确写入反垄断执法的规定中。欧盟委员会在 2000 年推出的简化程序已被广泛使用。特别是欧盟专门制定《关于以简易程序处理理事会第139/2004 号条例下若干类型集中案件的委员会通告》[1]后，取代原《关于某些集中案件的简易程序处理欧盟理事会 4064/89号条例的特定类型集中的欧盟委员会通告》。[2]《关于某些集中案件的简易程序的通告》为简易程序以及程序本身设定了运行条件，规定了简易程序的适用标准、例外、向普通程序的转化等，对集中案件简易程序作专门调整。[3]按照《关于某些集中

---

〔1〕　Commission Notice on a Simplified Procedure for Treatment of Certain Concentrations under Council Regulation（EC）No 139/2004, OJ C 366, 14. 12. 2013.

〔2〕　Commission Notice on a Simplified Procedure for Treatment of Certain Concentrations under Council Regulation（EEC）No 4064/89, OJ L 395, 30. 12. 1989.

〔3〕　吴振国、刘新宇：《企业并购反垄断审查制度之理论与实践》，法律出版社 2012 年版，第 402 页。

案件的简易程序的通告》，对于不可能产生竞争问题的集中，委员会应该致力于减少通告方的负担。这些集中包括：（1）在共同体内，营业额和被转移的资产在 10 亿欧元以下的合资公司；（2）集中方在同一产品、市场或上下游市场中没有交叠的交易；（3）集中不会在横向、纵向市场中产生 15%、25% 的市场份额的交易；（4）从联合转向单一控制交易。符合这些条件的案件可以适用简化的程序，适用于在欧盟范围内对经济影响有限、原则上不存在任何竞争问题的大量集中交易案件。即使下述集中符合通知中规定的标准，委员会也有权不适用简易程序：涉及新兴市场的综合性集中，或可能导致母公司之间协同行为的集中。委员会还指出，如果界定相关市场或确定当事方市场占有率存在困难，也不会适用简易程序。[1]当事方无权自行决定进行简式申报。在实践中，他们必须提出申请并经过委员会批准，否则可能承担委员会宣布其申报不完整的风险。欧盟委员会根据第 139/2004 号欧盟合并条例审查集中采取了合并简化包装，创造更精简的程序、更灵活的系统以实现其既定目标，尤其是有助于减轻公司的行政负担。这些措施包括修订的简化程序和委员会实施细则及其与之配套的附件 1（CO 表格）、附件 2（简式 CO 表格）和附件 3（RS 表格）。[2]集中方可以使用简式 CO 表格，只提供可以证明适用简化程序的必要信息，尤其是不需要顾客、竞争者或供应商的详细情况，因为委员会不会进行市场调查。然而，第三方往往被告知准备材料，他们也被邀请在委

---

〔1〕 Edurne Navarro Varona et al. , *Merger Control in the European Union*：*Law*，*Economics and Practice*，New York：Oxford University Press，2005，p. 358.

〔2〕 Serge Clerckx，"European Union：European Commissiom 'Simplified' Merger Control Notification Procedures to be Effective in 2014"，available at http：//www. mondaq. com/unitedstates/x/282774/Antitrust + Competition/European + Commissions + Simplified + Merger+Control+Notification+Procedures+To+Be+Effective+In+2014，2016－6－29.

员会官方杂志和网站上作出评论。大约 1/3 的案件以简化的程序处理。如果委员会同意使用简化程序，仅需宣布一个简短的决议，在程序启动后 25 个工作日内完成。2013 年，欧盟委员会通过了一揽子简化其根据欧盟合并条例的集中审查，[1]倡议由委员会开展加快兼并的欧盟层面调查，并使申报审查业务负担较轻，特别是委员会修订了简易程序通告（使其管辖范围内兼并更大的百分比将于简化审核中受益）以及合并实施细则（详细介绍了合并申报所需的信息）。这次通过的合并简化修改主要解决：拓宽简化合并程序对不存在问题的案件的可用性（所谓的简式 CO 表格，"Short Form CO"）、修改集中申报全式 CO 表格（"The full-length Form CO"）和简式 CO 表格所需的内容。扩大简化合并程序的举措之一是提高对相关市场的市场份额门槛。对简化程序的修正公告扩展了简化程序对没有疑问的案件的适用：横向合并的市场占有率阈值从 15% 提高至 20%，纵向合并的市场占有率阈值从 25% 提高至 30%。对于所有类型的合并，如果合并各方的联合市场份额为 20%～50%，赫芬达尔-赫希曼指数因集中而导致的增量低于 150，合并可能（由委员会决定）根据简化程序进行审查。这一扩大将导致市场占有率低增长的情况下竞争合并简化程序的可用性。欧盟委员会指出，这些修改预计将导致简化程序处理的案件增加 10%，使用简化的程序上升到约提交的案例总数的 60%～70%，比根据以前的规则多出约 10%。在与时间赛跑的过程中，委员会一方面要做出一个调查充足且经得起市场检验的决定，并将该决定及时告知成员国，另一方面委员会又希望遵守比例原则及其一贯坚持的有利于集中的原则。委员会总是试图在这两者即事实上的限制和委员会

---

〔1〕 "Procedural Reform of EU Merger Control Rules", available at http://www. jdsupra. com/legalnews/procedural-reform-of-eu-merger-control-r-79500.

的期望之间找到一个平衡点。[1]经验表明，在 20 世纪 90 年代，提交给委员会的申报表格的长度很少超过 200 页，但近年来，CO 表格有时会超过 500 页。CO 表格规定了必须提供的证明文件，该第 5.4 节文件特别重要，要求提交诸如讨论拟议集中董事会呈文、调查、分析、报告和研究，集中的经济合理性和竞争的意义或发生的市场背景的内部文件。在实践中，委员会要求远远比并购表格要求多的联系细节。在更复杂的案件中，委员会将鼓励申报方对每个"受影响最大的"市场提供详尽的竞争分析，表示这将符合申报方的利益。作为向专案组澄清和/或其他问题的请求的结果，这可能导致提交的申报书几易其稿。[2]招致申报者不满的原因之一是，一旦候选市场或划分在一个特定的行业已经确定，在随后的案件中，该委员会频繁请求数据资料，即使原来的请求（基于市场上的结果调查）已被误导或不必要。为追求更多的市场数据，看似永不满足的证据被用以增强委员会决定的质量。申报方仅仅提交一份薄且经常不足 CO 表格快劳夹文件的日子一去不复返。[3]这次合并简化包（merger simplification package）[4]在其发表于 2014 年 7 月的白皮书《迈向更有效的欧盟企业合并控制》（Towards More Effective

〔1〕 Edurne Navarro Varona et al. , *Merger Control in the European Union: Law, Economics and Practice*, New York: Oxford University Press, 2005, p. 336.

〔2〕 Gerwin Van Gerven and Melissa Gotlieb, "Data Gathering and Analysis: The Anatomy of a Merger Investigation in Europe", *Fordham International Law Journal*, Vol. 39, Iss. 1, 2015.

〔3〕 Götz Drauz, Paul McGeown and Benjamin Record, "Recent Developments in EU Merger Control", *Journal of European Competition Law & Practice*, Vol. 5, Iss. 5, 2014.

〔4〕 Commission Notice on a Simplified Procedure for Treatment of Certain Concentrations under Council Regulation 139/2004/EC, 2013 O. J. C 366/04.

EU Merger Control）中提出了一些进一步的措施，[1]除了通过扩大简易程序的适用范围外，还着重了减少申报各方信息的负担，包括使用标准 CO 表格申报的案件。不产生所谓"影响市场"的集中适合如果根据所谓的"简易程序"处理，申报方会使用"简式 CO 表格"，在所需要的信息和数据方面负担减轻。尤堪注意者，对于在欧洲经济区没有活动的合资企业，"超简化申报"的程序（super-simplified notification procedure）被引入。

在没有明确规定适用简易程序的法域，如美国、德国等，反垄断执法机构往往也会采用一种快速审查机制，根据个案具体情形使申报较早获得批准。作为其典型，美国虽不在有关法律法规中明确设置简易程序，但《哈特-斯科特-罗迪诺反托拉斯改进法》规定并购当事人可以申请提前终止等待期，以提前获得批准，从而加速案件的处理。[2]美国联邦贸易委员会及司法部在《关于"快速审查"程序的联合声明》中直言，司法部和联邦贸易委员会"将继续实施和托管提高并购审查速度、降低并购审查成本的计划"。[3]美国从 1968 年到 2010 年公布的各种并购指南可以窥见合并实施从刺猬向狐狸的过渡。[4]简易程序在上述国家的成功运用使我国既有了借鉴的对象，又能够对本国集中案件审查引入简易程序的运作效果具有合理的预期，

---

〔1〕　Commission MEMO/13/1098, Mergers: Commission Adopts Package Simplifying Procedures under the EU Merger Regulation, Frequently Asked Questions（Dec. 5, 2013）.

〔2〕　Commission MEMO/13/1098, Mergers: Commission Adopts Package Simplifying Procedures under the EU Merger Regulation, Frequently Asked Questions（Dec. 5, 2013）, p. 410.

〔3〕　Federal Trade Commission & Department of Justice, Hart-Scott-Rodino Premerger Program Improvements（Mar. 23, 1995）, reprinted from 6 Trade Reg. Rep.（CCH）45, 526（1995）.

〔4〕　Carl Shapiro, "The 2010 Horizontal Merger Guidelines: From Hedgehog to Fox in Forty Years", *Antitrust Law Journal*, Vol. 77, Iss. 1, 2010.

发生问题也能够快速应对解决。

正是因为上述原因，在《反垄断法》正式实施后的第 6 年，针对大多数案件不会对竞争造成实质影响的现实情况，我国反垄断执法机构对提高执法效率、减轻经营者负担的呼声给予了积极回应，综合各方面需求，结合国内外理论和实践经验，专门制定了有关规定，以更好地完成反垄断执法职能。

第二节 我国经营者集中审查简易程序的特证

单从字面意义言之，行政简易程序似乎不过是将"简易"二字与"程序"二字结合在一起，而在这一结合中"程序"二字是关键词。但事实上，行政简易程序的价值既有程序价值的一些属性，又在一定意义上超越了程序自身的价值，这种复合性也使行政简易程序既独立于行政程序之外，又独立于行政行为之外，属于特别程序。故应将行政简易程序从行政一般程序中独立出来，并且在有关的运作原则程序环节上予以严格区分。行政简易程序中的关键词应当是"简易"而非"程序"。在行政简易程序中，所突出的与其说是行政行为的程序定义，毋宁说是行政行为的效率意义，其并不追求行政程序的完美性，而是追求行政程序引起结果的完美性。从这个角度来说，行政简易程序是对一般程序的超越，是行政程序中的程序变体和例外。一般言及行政程序就必然会与行政主体的行为方式、行为步骤、行为顺序、行为附款等机械性的动作过程联系在一起。这些复杂的运作过程无疑是行政程序的本质要件。进一步言之，行政程序对行政主体行为方式的本质要求是其运行的机械性和刻板性，但行政简易程序通过对程序"御载"和相应的资源优化配置，已经改变了行政程序中的"程序"基因结构。在行政简易程序中，有关行政程序要求的顺序、方式等都发生了重大的变化，对行政主体行为方式的要求也不再是其运行的机械性和刻板性。行政一般程序对一般意义上的行政过程和行政行为进行规制，而行政简易程序则对特别意义上的行政过程和行政行为进行规制，实质上认可了行政主体的程序自由裁量权。行政主体在简易程序中处分了一定的程序权利乃至于程序义务。如果说行政一般程序是行政程序中的正式程序规则的话，那么行政简易程序则是行政程序中的例外程序规则。一般程序中的诸多原则或规则都不适用于简易程序。以行政处罚决定书的制作为例，一般程序规则是事后制作，而简易程序规则却是事前制作，即执法人员在对行政相对人处罚前就制作好了格式化的标准文本。[1]行政简易程序是对一般程序的超越，是行政程序中的程序变体和例外。从欧盟的经验来讲，简易程序是一个频繁运用的制度，服务于审查效率与审查准确性的平衡。其适用具有长期性和确定性，并非如附属性制度那样具有短暂性和不确定性。因为简易程序是使特定的法律问题可以快捷地得到解决的简化程序，甚至无需审查，可以采取通常的正常审查程序以外的方式做出裁决，独立于普通审查程序，二者共同服务于经营者集中审查的目的，属于平行关系。所以，尽管经营者集中反垄断审查简易程序的概念在商务部的立法准备过程中曾被多次提出，但在正式发布的规范性文件中，我国没有明确提出这一概念。2014年2月11日，商务部发布了《关于经营者集中简易案件适用标准的暂行规定》（以下简称《暂行规定》），[2]同年4月18日

---

〔1〕 张淑芳："论行政简易程序"，载《华东政法大学学报》2010年第2期。

〔2〕 商务部公告2014年第12号《关于经营者集中简易案件适用标准的暂行规定》，资料来源：http://www.mofcom.gov.cn/article/b/c/201402/20140200487038.shtml，访问时间：2016年1月10日。

又发布了《关于经营者集中简易案件申报的指导意见（试行）》
（以下简称《指导意见》）。[1]上述《暂行规定》及《指导意见》分别从实体和程序两个方面初步确立了我国反垄断经营者集中简易案件审查制度（以下简称"简易案件审查制度"）的基石。商务部最终发布的上述法律文件是以"简易案件"的提法代替了"简易程序"，侧面说明经营者集中反垄断审查机构也意识到建立在两个规范性文件基础上形成的简易审查程序规则不完整，与标致周正的经营者集中反垄断审查简易程序尚有一间未达，有待进一步完善；也反映出上述部门规章对于经营者集中反垄断审查简易程序建立的谨慎价值取向，不希望大踏步奔行迈进，将简易程序的建立超出《反垄断法》本身的规定而与普通审查程序彻底独立，表现出解除裹脚布缠绕羁绊后解放脚的守成性。这一选择表现出了敬事慎谋的考量，因为简易程序给人一种绿色通道畅行无阻的感觉，似乎行政不作为，乃至出离普通程序。事实上，欧盟的简易程序的本意即是如此，欧盟对其适用的实体标准进行了明确规定，实际上在程序启动之前即解决了对竞争影响的推定问题，故而在程序启动后，竞争主管机构通常不主动对交易进行调查，仅就申报材料进行评估，甚至不对申报材料进行进一步评估，只是守株待兔静候第三方异议的出现。如果没有需要进一步调查的特别情形并且/或者没有出现第三方异议的情形，即直接做出批准决定。从理论上言之，法律考虑由法律强制实施程序正义原则的一个因素是，受影响利益相对于此种强制实施的成本来说所具有的重要性。此种重要性必须既包括过程利益，又包括错误的经济成本和道德

---

[1] 《关于经营者集中简易案件申报的指导意见（试行）》，资料来源：http://fldj. mofcom. gov. cn/article/xgxz/201404/20140400555353. shtml，访问时间：2016 年 1 月 10 日。

成本。受影响利益越重要，错误成本就会越高。[1]因为经营者集中案件中符合申报审查条件的企业均是经营规模达到相当程度的大型企业，而所涉及的并购交易金额动辄数以亿计，关系綦重，无论是对于当事人还是对于执法机关，均不容泄泄视之，径直以简易程序名之的制度构造对于经验欠缺的中国商务部执法机关尤宜权衡得当，三思而后行。

最为简约的法律规则是那些针对具体事实问题进行直接回答就能决定法律结果的规则。[2]根据商务部新公布的《关于经营者集中简易案件适用标准的暂行规定》，简易案件包括六种情形的经营者集中案件，即在同一相关市场，所有参与集中的经营者所占的市场份额之和小于15%；存在上下游关系的参与集中的经营者，在上下游市场所占的份额均小于25%；不在同一相关市场，也不存在上下游关系的参与集中的经营者，在与交易有关的每个市场所占的份额均小于25%；参与集中的经营者在中国境外设立合营企业，合营企业不在中国境内从事经济活动；参与集中的经营者收购境外企业股权或资产的，该境外企业不在中国境内从事经济活动；由两个以上经营者共同控制的合营企业，通过集中被其中一个或一个以上经营者控制。符合上述条件，但经营者集中涉及的相关市场难以界定的；经营者集中对市场进入、技术进步，消费者和其他有关经营者，以及国民经济发展可能产生不利影响的；由两个以上经营者共同控制的合营企业，通过集中被其中的一个经营者控制，该经营者与合营企业属于同一相关市场的竞争者的，不视为简易案件。

〔1〕　Michael D. Bayles, *Procedural Justice: Allocating to Individuals*, Dordrecht and Boston: Kluwer Academic Publishers, 1990, p. 162.

〔2〕　Richard A. Epstein, *Simple Rule for a Complex World*, Cambridge, Massachusetts: Harvard University Press, 1995, p. 25.

根据《反垄断法》以及相关配套法规、规章等的规定，集中案件审查的一般程序是经营者在集中前自行申报，反垄断执法机构进行初步审查，并作出是否进一步审查的决定。而补充简易程序后，参与集中的经营者认为集中案件符合简易案件标准的，按简易案件向反垄断执法机构申报，反垄断执法机构予以立案，并进行 10 天的公示。反垄断执法机构审查时认为不应认定为简易案件的，撤销认定，申请人按非简易案件重新申报。将简易程序与普通程序进行对比，有以下异同：

（一）简化对申报材料的要求

相较于经营者集中审查普通程序，简易程序应该简化参与集中的经营者需提交的申报材料。欧盟委员会在总结适用简易程序成功经验的基础上设计了简式 CO 表格，作为《第 802/2004 号条例》[1] 的附件 Ⅱ。简式 CO 表格是全式 CO 表格的简化版本，其中仅要求集中方提供证明集中能够满足简易程序适用条件所需的信息。如果适用简易程序，当事方向委员会提交的材料将大为减少。由于委员会不会对适用简易程序的集中进行市场调查，所以简表不要求申报人提供客户、竞争者或供应商的联系信息。更为重要的是，除非有第三方或成员国提出反对意见，否则采用简易程序就意味着委员会将在申报后一个月内批准该项集中。然而，在简易程序中，问题的焦点在于案件适格简易程序的证立，证明资料的重心发生位移。集矢于此的证明资料扎实与否成为申报者成败利钝的关键所在。而这一点在普通程序中不能被称为问题，被视为度外之事。在简易程序中，申报人一般可以免于提交那些机构进行全面调查需要的信

---

〔1〕　Commission Regulation（EC）No 802/2004 of 7 April 2004 Implementing Council Regulation（EC）No 139/2004 on the Control of Concentrations between Undertakings, OJ L 133, 30. 4. 2004.

息。但对于有关特定问题的信息，简易程序的要求可能比普通程序更为严格。欧盟规定，如果集中方适用简易程序进行申报，则需要提供大量的信息向执法机关证明其交易符合简易程序的适用标准，包括市场界定及其支持性材料、市场份额数据及充分的支持性信息、拟议交易不会产生竞争问题的说明和相应的支持性材料等。对于适用简易程序的集中，委员会需要确定其在各种可能的情形下，均符合该程序适用的实体标准。反之，如果委员会对相关市场有怀疑，将拒绝适用简易程序。因此，申报人在简易程序中需要提交的有关市场界定和市场份额等问题的信息可能更为全面，可能要提供一切可能的相关市场的市场份额数据，这个要求显然相较于普通程序对该数据的要求更为严格。[1]评论者认为，2013年欧盟经营者集中控制系统的程序显著修改，旨在减少申报表格要求的信息量，而变化实际上却增加了在某些情况下所要求信息范围的风险。由于受到程序的时间以及表格完整性的评估限制，申报方在前期要提供的资料存在扩大 CO 表格和简式 CO 表格的风险：对于有关拟议集中要求的"证明文件"信息范围被拓宽（第5节），需要特定提交广泛数据（诸如报告、调查和任何类似文件），以评估近两年来任何受影响的市场（此前只要求有关申报集中的信息，没有要求提供最近两年的市场信息）；对相关市场的详细信息条款得以扩展（第6节），市场界定现在必须包括所有合理的替代产品和地域市场的界定，尤其但不限于在以前的委员会的决定和欧盟法院的判决中确定的替代产品和地域市场界定，（特别是在没有先例时）参考行业报告、市场研究、申报当事人的内部文件。以前是并购双方相关的市场界定，而现在必须根据所有这些合

---

〔1〕 周琦："欧美并购反垄断监管之比较研究与借鉴"，华东政法大学2008年硕士学位论文。

理的市场界定为每个受影响的市场提供详细的市场信息。因为适合简式申报交易的数量增加，所有经营者集中申报信息的净额（全式表格和简式表格）会减少，但委员会改革的潜在最终结果却是各方提供各种信息和前期信息义务的实质性增长。[1]

根据《指导意见》第4条，申报人可以通过填写《指导意见》附件一，即《经营者集中简易案件反垄断审查申报表》（《简易申报表》）来进行简易案件的申报。将我国《关于经营者集中简易案件申报的指导意见（试行）》第3条和《关于经营者集中申报的指导意见》第20条相对比，虽然简易案件申报人和非简易案件申报人所申报的文件、资料都包括申报书、集中对相关市场竞争状况影响的说明、集中协议、上一会计年度财务会计报告、反垄断局要求提交的其他文件材料，即简易案件与普通案件所要提交的文件、材料类别是一致的，但是简易案件申报对"集中对竞争状况影响的说明"的要求层次与普通案件申报大不相同。

第一，普通程序在信息的广度上比简易程序要宽。《简易案件指导意见》第3条第2款规定，集中对相关市场竞争状况影响的说明包括：集中交易概况；相关市场界定；参与集中的经营者在相关市场的市场份额；主要竞争者及其市场份额；集中对相关市场竞争状况影响的效果评估及依据等。而根据《关于经营者集中申报的指导意见》第20条第2款的规定，普通程序中经营者提交的说明中除包含上述信息外，还要说明集中的动机、目的和经济合理性分析；参与集中的经营者对市场的控制

---

〔1〕 "Antitrust Alert: European Commission's 'Simplified' Merger Control Notification Procedures to Be Effective in 2014", available at http://www.jonesday.com/antitrust-alert-european-commissions-simplified-merger-control-notification-procedures-to-be-effective-in-2014-12-13-2013, 2016-7-12.

力；市场集中度；市场进入；行业发展现状；集中对行业发展、技术进步、国民经济发展、消费者以及其他经营者的影响等。也即，经营者不仅要说明集中的概况和对相关市场竞争可能具有的影响，还要说明集中对市场、行业、国民经济等所造成的其他影响，申报人的申报义务的具体内容大大增加。较诸2012年6月6日商务部发布的《经营者集中反垄断审查申报表》（《普通申报表》），《简易申报表》大幅精简了在参与集中的经营者、相关市场的供应和需求结构需要披露信息的范围，前者需要提供市场进入、横向或纵向合作协议、集中可能产生的效率说明、集中是否涉及破产企业或濒临破产企业、有关方面对本次集中的意见等资料，而后者则统统省略。值得注意的是，《简易申报表》仅要求分别提供境外和境内从事与本项集中相关业务的关联企业详细介绍，双方将不再被要求提供给商务部所有关联企业的详细信息[1]，简化了参与集中的经营者关联实体的披露要求。由于《简易申报表》不再要求披露关联实体的股权结构，因此在描述《普通申报表》关联实体股权结构时由于最终控制人和参与集中的经营者之间存在多个层级股东以及中间股东并非全资所有而遇到的困难将不复存在。同时，《简易申报表》取消了提交境内关联实体的基本信息、营业执照、外商投资企业批准证书等材料的要求。当参与集中的经营者存在多个处于共同控制之下的兄弟公司时，这项工作既费时又费力。另外，《普通申报表》需要提供包括五大外部供应商、外部客户信息及供应和需求结构在内的相关材料、信息，而竞争机构在

---

〔1〕　"MOFCOM Introduces Trial Procedure for Notification of Simple Concentrations", available at https://www. mayerbrown. com/files/Publication/f8183275-feea-4060-918b-7e4795b257bf/Presentation/PublicationAttachment/7901ab75-f428-4eba-acdc-86bfc351b053/140429-PRC-Antitrust. pdf#search = 'the+simplified+notification+form+requires+only+information+on+affiliates+involved+in+the+notified+concentration', 2016-7-12.

简易程序中不会主动进行市场测试和调查，申报人得以免除提供竞争机构进行市场测试和调查所需信息的义务，因此《简易申报表》删除了对集中各方在每一相关市场的主要供应商和主要客户的披露要求。因为供应商和客户信息对于集中方而言非常敏感，他们并不愿意进行不必要的披露，在对目标公司享有共同控制的其他参与集中的经营者主导申报过程时，尤其如此。这一简化无疑对于参与集中的经营者非常有利。删除申报供应商和客户信息也可以使申报人不需要将时间用在计算所界定的每个相关产品市场中供应商采购数据和商品销售数据。由于参与集中的经营者的会计实践并不对应界定相关产品市场的信息披露要求，前述数据的计算总会带来很大负担。例如，润滑油制造商通常在其内部会计账目将诸如基础油的可替代物记录在同一条目之下，但为满足《普通申报表》中相关产品市场的信息披露要求，却需要将时间用在将基础油分为用于生产车用润滑油的基础油和用于生产工业用润滑油的基础油。在这种情形下，可替代物只用作两个相关产品市场的原料，而实务中可替代物被用于更多的相关产品市场原料的事例较为常见。《指导意见》同时也明显减轻了参与集中的经营者负担，尤其是对于具有复杂股权结构或在多个相关产品市场有重叠的供应商和客户的申报案件。[1]

第二，普通程序在信息的深度上比简易程序要求更高。经营者集中审查普通程序比简易程序所多要求的申报材料内容是在"集中对竞争状况影响的说明"中进一步说明集中不会对竞争造成实质影响的文件材料，这些文件材料较之于简易程序对

---

〔1〕 王相："深度解读商务部反垄断局关于经营者集中简易程序的最新规定"，载 http://www.globallawoffice.com.cn/content/details_13_339.html，访问时间：2016年7月12日。

"说明"的要求内容更加深刻。如，简易程序只要求提供参与集中的经营者在相关市场的市场份额，而普通程序还需要说明"对市场的控制力"。根据商务部《关于评估经营者集中竞争影响的暂行规定》第5条第2款，判断参与集中的经营者是否取得或增加市场控制力，需要综合考虑产品或服务的替代程度、相关市场内未参与集中的经营者的生产能力等七项具体因素以及"应当考虑的其他因素"。参与集中的经营者为使申报获得批准，则需说明集中不具有或不会增加其对市场的控制力，说明中所进行的分析也要围绕这些因素展开，提交相关证据。但是，产品或服务的替代程度等需要运用经济学、社会学、市场营销等多种学科知识进行综合论证，较之于说明参与集中的经营者在相关市场的市场份额，控制力的证明大大加深了对信息的挖掘。

第三，在信息证明的难度上，普通程序比简易程序更加困难。由于普通程序对申报材料信息的广度和深度上的高标准，相应地，信息的证明难度更大。在具体事项的认定和判断上，执法机构、申报人、法院往往持不同意见，莫衷一是。较典型的案例如"美国联邦贸易委员会诉全食超市与燕麦超市案"，控辩双方就天然食品超市与综合食品超市之间是否具有替代关系展开了长达两年的法庭论战，双方各执一词。一审与二审的判决相反，最终在行政诉讼中以同意令的方式终结此案。[1]在我国，商务部禁止可口可乐收购汇源的理由饱受争议。虽然与商务部论证的角度、方法不当有关，但市场控制力等集中对竞争的影响的论证难度较大也是结论无法得到各方普遍认同的重要因素。

---

〔1〕　潘志成："析商务部禁止可口可乐收购汇源的相关理由"，载《法务时评》2009年第7期。

（二）未降低对反垄断执法机构的职责要求

欧盟经营者集中审查简易程序通过和初步审查通过在时间上并无二致，但需要注意的是，委员会对适用两种程序的集中会采取不同的处理办法，在简易程序中的审查力度远远小于初步审查，不会对集中进行进一步的审查或调查，公示后无异议即告竣事。如果有第三方对委员会适用简易程序的决定有所质疑，将可能导致简易程序转化为普通程序；如果在该期限内没有第三方质疑，则相关集中将自动通过反垄断审查。欧盟委员会一般会做出简易裁决，这种裁决与通过普通程序做出的裁决有明显的区别，通常表现在其内容相对简单。其原因主要在于，欧盟委员会通常不会对交易的竞争效果进行深入分析，因为其已经通过实体标准的适用对适用简易程序集中的竞争效果做出了一般性推断。易言之，如果一项交易符合了简易程序的适用标准，同时又不存在不应适用简易程序或应转为普通程序的例外情形，则其必然不会产生任何不利的竞争影响或者产生任何竞争法意义上的竞争关注。在这种情况下，欧盟委员会不可能在裁决中纳入仅针对该交易的竞争分析。[1]

根据目前的规定，简化的程序主要是针对申报方的申报而言，反垄断执法机构在按简易程序审查经营者集中案件的过程中工作量或许有所降低，但职责与普通程序并无大的不同。根据《关于经营者集中简易案件申报的指导意见（试行）》的规定，一方面，反垄断执法机构要检查申报人的申报材料是否准确、完备，发现申报人提交的文件、资料是"不齐备、不完整或不准确的"，规定申报人进行补充、修改、澄清或说明的时限。另一方面，反垄断执法机构在审查时发现不应认定为简易

---

〔1〕 吴白丁："经营者集中审查的简易程序研究"，对外经济贸易大学 2014 年硕士学位论文。

案件的，有撤销简易案件认定、要求申报人按非简易案件重新申报的职权和职责。而在《关于经营者集中简易案件适用标准的暂行规定》规定的商务部可以撤销对简易案件认定的情形中，申报人隐瞒重要情况或者提供虚假材料、误导性信息以及发现集中交易情况或相关市场竞争状况发生重大变化等都需要反垄断执法机构在掌握相关事实与证据的基础上才能作出决定。可以说，简易程序的设置对于反垄断执法机构而言，是通过参与集中的经营者结合有关法规的规定进行集中案件性质的初步自我判断，对案件繁简作了简单区分，实现繁简分流。这种自我判断需要在正式的审查中得到反垄断执法机构的认可，集中案件符合适用简易审查程序的条件不等于经营者集中反垄断执法机构的执法任务被减轻。[1]

（三）时限问题

1. 时限期间的确定

时间因素对于交易的重要性不言而喻，经营者集中案件的审查期限堪称交易各方在申报过程中除竞争问题之外最为关心的问题。尽管目前我国经营者集中申报的法定审核期限最长不超过180天，但在实务操作中，经营者集中案件准备申报材料并非咄嗟可办，到最终通过审核所需要耗费的时间远超于此。并且商务部的立案审查是建立在申报人提交的文件和材料齐备的前提下。如果再加上申报人补充文件材料直至达到商务部要求的时间，可以想见，绝大多数不存在排除或限制竞争的案件适用普通程序的经营者集中审查，注定并购交易成本陡增。目前商务部有关集中案件简易程序的规定中，没有涉及审查时限的问题。简易案件审理期限是否适用普通案件的决定期限？同

---

[1] 张东："经营者集中申报前商谈制度比较研究"，载《比较法研究》2013年第5期。

时，简易案件是否需要在初步审查阶段就完成审查？从目前的条文规定看，被认定为简易案件并不一定保证该申报可以在第一阶段（立案后 30 日内）就能克期结束审查。我国的简易案件审理期限之所以并没有明确对之加以规定，主要是出于以下两点考虑：一方面，按照我国《反垄断法》第 25 条规定，国务院反垄断执法机构应当自收到经营者提交的符合本法第 23 条规定的文件、资料之日起 30 日内，对申报的经营者集中进行初步审查，做出是否实施进一步审查的决定，并书面通知经营者。国务院反垄断执法机构做出决定前，经营者不得实施集中。国务院反垄断执法机构做出不实施进一步审查的决定或者逾期未做出决定的，经营者可以实施集中。据此，商务部有权在短于 30 日的时间内做出决定。规定简易案件的法律文件主要是商务部制定发布的《关于经营者集中简易案件适用标准的暂行规定》，属于部门规章。而《反垄断法》由全国人民代表大会制定通过，是规制垄断行为的基本法，对商务部的规定具有拘束力。既然《反垄断法》对审查期限做出了明确规定，便不宜在其他法律文件中做出有关更短期限的规定。另一方面，简易程序的审查期限并不必然短于普通程序第一阶段的审查期限，也不宜为了突出简易程序的"简易"而规定较短的简易程序审查期间，为了效率而损及公正。但是竞争主管机构对于依据简易程序审查的案件，通常能够在更短的时间内审结。以欧盟为例，在审查期限上，欧盟委员会对于进入普通程序第一阶段的集中交易，通常会在初步审查阶段的 25 个工作日内进行初步调查，而对于适用简易程序的交易，同样需要适用 25 个工作日的审查期限。如所申报集中符合《简易程序通告》第 5 条规定的所有条件，委员会将自申报日起 25 个工作日内根据《欧共体并购条例》第 6

条 1（b）款规定做出简易通过决定。[1] 根据《关于经营者集中简易案件适用标准的暂行规定》，商务部对简易案件的认定目前总体而言仍持相当审慎的态度，简易案件的适用标准不仅包括积极要件，还有不能适用的例外情形，被反垄断执法机构初步认定为简易案件的申报需要经过一段时间的公示，最后才能被确认为属于简易案件。这些规定都是为了防止简易程序被泛用、滥用，防止过度追求效率以至于违背反垄断法规制经营者集中、维护竞争秩序的初衷。为了与国际上简易程序缩短审查期限、降低申报材料要求的两大主要程序性特征相吻合，简易程序审查时限不宜长于普通程序中的初步审查期间，应与《反垄断法》对普通程序初步审查时限的规定保持一致自不待言，即自立案之日起 30 日内完成审查作出决定。这也应当是商务部没有在部门规章中明确审查期限的原因。对于时限的有意避而不论事实上为执法机关留有回旋的空间，有利于主管机构在个案中灵活把握。行而不言、付诸阙如自然远较言而难行、急迫趋事为计之得者，可以为自己在执法过程中赢得时间。

2. 公示期与审查期间的关系

无论适用何种制度，均需保障其在立法和执法层面的透明性和可预见度，这也是审查机关不受干扰地行使独立审查权的重要保障。在欧盟，对于可以适用简易程序的交易来说，申报摘要尤其重要。委员会将在《官方公报》上说明，根据集中当事方所提交的材料，可能会适用简易程序来处理该案。我国《关于经营者集中简易案件申报的指导意见（试行）》第 8 条第 2 款规定，简易案件立案后，反垄断局对申报人《公示表》在商务部反垄断局网站予以公示，公示期为 10 日。公示期的意义

---

〔1〕　Commission Notice on a Simplified Procedure for Treatment of Certain Concentrations under Council Regulation 139/2004/EC，2013 O. J. C 366/04.

在于为第三方提供提出反对意见的机会。《意见》第9条第1款规定："在公示期内，任何单位和个人（第三方）均可对该案是否应被认定为简易案件向反垄断局提交书面意见"，符合法定条件、被反垄断执法机构采纳的异议会导致集中案件不能被认定为简易案件，案件将被撤销，申报方需按非简易案件重新进行申报。

在此之前，根据《反垄断法》第30条"国务院反垄断执法机构应当将禁止经营者集中的决定或者对经营者集中附加限制性条件的决定，及时向社会公布"的规定，无论是简易程序抑或是普通程序，反垄断执法机构在作出对集中案件的处理决定后，都需要通过一定途径向社会公开。是故，经营者集中审查简易程序中存在两道法定公开程序。审查决定的公布与普通程序一样均是在审查结束后作出，不会对审查期间造成影响。而第一道公开程序，即《公示表》的公开，由于涉及10天的公示期，则有必要界定为期30天的审查期限是否包含公示期在内，洵有商榷必要。易言之，反垄断执法机构的审查是立案之后就开始还是从公示期结束后开始。有关评论明确指出，在引入简易审查程序之后，"一定意义上，程序的时间更不确定了，快速通过审查的机会中，仍然有程序持续很久的可能性"。[1]就此问题，愚见认为，公示期应当计入审查期限，对集中案件的审查从立案之后启动。其理由在于：一方面，如果不将公示期纳入审查期间，公示的同时反垄断执法机构不进行审查，审查待公示程序结束后、无第三方提出异议时才开始，如此一来从集中案件立案到决定作出需要40天的时间，反而多于普通程序的初步审查期限，明显与简易案件的性质、设立简易程序的初衷等相违背。另一方面，假定审查于公示期结束开始，则在公示期

---

[1] See Clifford Chance, Richard Blewett and Angus Xie, "Mofcom's Simplified Merger Review System", *International Financial Law Review*, Vol. 33, No. 5, 2014.

间第三方有异议时，由于反垄断执法机构尚未对案件进行实质审查，很难及时判断异议人提供的证据的真实性。审查从立案时开始与公示程序的进行并不冲突，反而有利于及时处理第三方异议、保证简易程序的价值得到充分实现。

3. 制度瞻望

对于案情较为简单的大多数集中案件来说，与申报文件材料的减少相比，程序从启动到作出审查决定时间的缩短是简易审查程序在具体实施过程中法律实施成本得以降低的更为直观的表现。但是，简易审查程序审查期限的缩短应当是通过与普通审查程序审查期限进行对比才能体现出来的，而对比的前提是简易审查程序的审查期限能够确定，不是由申报方根据已经开始的集中案件审查情况进行推断。由简易审查程序促进、维护竞争的功能定位决定，简易审查程序的审查期限应当在查清集中案件情况、确定对竞争没有较为重大影响的情况下，允许案件快速获得审批，方便经营者合并和收购活动的进行。体现在具体的审查期限中，简易审查程序的审查期限至少不能长于普通审查程序第一阶段的审查期限，并且不应延用普通审查第一阶段某些情形下审查期限延长 15 日的规定。出现特殊情形使案件不能按简易审查程序审理的，反垄断审查机构应当将案件予以撤销，要求申报方重新按普通案件进行申报。在这方面，不完全性和声明"停止时钟"的机制，就可以使欧盟委员会根据并购条例严格的法定时限的审查申报交易可能被暂停或重置。[1]在正式申报后，欧盟委员会发现包含在简式 CO 表格中的信息在任何重大方面不完整时，会在采用简易申报前给当

---

[1]　Gerwin Van Gerven and Melissa Gotlieb，"Data Gathering and Analysis：The Anatomy of a Merger Investigation in Europe"，*Fordham International Law Journal*，Vol. 39，Iss. 1，2015.

事人机会紧急纠正这种遗漏，允许对此类改正的时间通常不超过一或两天。但委员会如果认定疏漏阻碍拟议中的交易的适当调查，会采取不完全的声明（或各方可能撤回申报）。同时，与贝勒斯在阐述听证程序的及时性时对"在合理时间内"的分析相类似，一个及时的程序不仅包括程序开始前的准备时间，还包括程序持续的时间及做出决定的时间，[1]应用在经营者集中反垄断审查简易程序中，除由潜在申报方自愿选择的商谈程序以外，法定审查程序中不应当有其他程序使审查期限得到隐性的延长，并可以适当考虑当申请方可以提出加快审查程序的要求时，执法机构根据案件的具体情况应予以考量。值得注意的是，目前的集中审查简易程序虽未明文规定上述内容，但实践中的做法与笔者上述建议基本一致。以商务部反垄断局于2015年12月25日公示的"罗尔斯－罗伊斯控股有限公司和香港飞机工程有限公司收购香港航空发动机维修服务有限公司股权案"为例，案件公示期为2015年12月25日至2016年1月3日，[2]案件获得无条件批准的时间是2016年1月20日，[3]从公示期开始计算到案件获得批准的期间为27日，明显将公示期计算在了审查期间以内，并保持了审查期间与普通审查第一阶段审查期限的一致性，已经公布的其他简易案件审查期限情况也与此案类似。从简易案件的客观情况和目前商务部反垄断局的执法

---

〔1〕 Michael D. Bayles, *Procedural Justice: Allocating to Individuals*, Dordrecht and Boston: Kluwer Academic Publishers, 1990, p. 43.

〔2〕 参见商务部反垄断局："罗尔斯－罗伊斯控股有限公司和香港飞机工程有限公司收购香港航空发动机维修服务有限公司股权案"，载 http://fldj. mofcom. gov. cn/article/jyzjzjyajgs/201512/20151201219643. shtml，访问时间：2016年5月3日。

〔3〕 参见商务部反垄断局："2016年第一季度无条件批准经营者集中案件列表"，载 http://fldj. mofcom. gov. cn/article/zcfb/201604/20160401290524. shtml，访问时间：2016年5月3日。

经验来看，完全可以将简易审查期限和其与公示期的关系固定下来，公之于众。[1]

综上所述，简易案件审查准则虽然对一个精确时限沉默不语，但仍代表在走向更成熟的简易程序道路上的重要里程碑。[2]我国集中案件审查的简易程序在审查、期间等方面与普通程序无大差别。简易程序之"简"主要体现在对参与集中的经营者提交的申报材料的要求上，使符合标准的案件能够"简易申报"。笔者认为，这也是商务部有关规定中未提出"简易程序"的概念而使用"简易案件"的表述的主要原因。总体来说，目前的规定是比较成熟和适用的，既突显了行政执法在合法性基础上对合理性的追求，又传达了这样一种讯息：反垄断执法机构的集中案件审查目的不是禁止企业合并等联合行为，而是积极维护市场竞争秩序、促进市场经济持续稳定地运行。

第三节　第三方对简易案件认定的异议权

近些年来，程序正义理论中程序主义的程序正义理论在概念上的含混已经在我国引起众多学者的关注。[3]哈贝马斯认为法律合法性来自于人们的共识，而这种共识产生于民主的过程。哈氏的"参与型"程序正义理论面临的另一个诘难是：程序本

---

〔1〕　朱树青："论经营者集中反垄断审查简易程序的功能定位及其规则完善"，中国人民大学 2016 年硕士学位论文。

〔2〕　"MOFCOM Introduces Trial Procedure for Notification of Simple Concentrations"，available at https://www. mayerbrown. com/files/Publication/f8183275-feea-4060-918b-7e4795b257bf/Presentation/PublicationAttachment/7901ab75-f428-4eba-acdc-86bfc351b053/140429-PRC-Antitrust. pdf#search = ' the + simplified + notification + form + requires + only+information+on+affiliates+involved+in+the+notified+concentration'，2016-7-12.

〔3〕　赵旭东："程序正义概念与标准的再认识"，载《法律科学》2003 年第 6 期。

身成为一种折磨，当事人不仅仅需要一种程序参与的感觉，更需要一个确定的结果以尽快结束权利不稳定的状态。在任何国家，法律程序的冗长均使人厌憎，在经过理性辩论后结果仍然不确定的情况下尤其如此。在美国，对于没有限制的质询、法律程序的滥用形象地表述为"过程就是惩罚"（The Process is the Punishment），这种程序饱受诟病尽人皆知。[1]在被贝勒斯归属为"一元价值工具主义"（single value instrumentalism）[2]立场的程序经济分析视角的烛照下，法律程序被视为促进某一价值或目的最大化的工具。虽然制作裁决的实体目标可以有多方面的价值，但是程序只能由单一的效率价值来衡量。不过应该看到，法律程序是针对特定行为做出的要求，而正当法律程序是针对特定行为做出某种要求的理由和道理。法律程序具有一系列的要素，如形式要求、时间要求和空间要求等；而正当法律程序的要素就是正当或正义。所谓"程序的正当过程"（procedural due process）的用语就是要强调程序中的价值问题。法律要坚持正当程序原则，而这一原则限制了适用简易程序的范围。[3]正当程序的基本含义为"恰当地告知和听取"，其核心是要确保利害关系者有充分参加程序的机会。"异议权"（opposition privilege）是异议主体依据法律的规定对待定和已定的事实提出不同意见和主张的权利，其作为一个法学概念最先发端于英国，意指第三方对专利权主管机关准备授予专利权的初步决定正式提出反对意见的权利。正如墨子所说："夫辩者，将以明是非之分，审

---

〔1〕 ［美］罗伯特·考特、托马斯·尤伦：《法和经济学》，史晋川等译，格致出版社 2010 年版，第 413 页。

〔2〕 Michael D. Bayles, *Procedural Justice: Allocating to Individuals*, Dordrecht and Boston: Kluwer Academic Publishers, 1990, p. 117.

〔3〕 Richard A. Posner, *Antitrust Law*, Chicago: The University of Chicago Press, 2001, p. 279 .

治乱之纪，明同异之处，察名实之理，处利害，决嫌疑。焉摹略万物之然，论求群言之比。以名举实，以辞抒意，以说出故。"[1]桑德拉·L. 布卢姆（Sandra L. Bloom）指出："民主是必需品，而非奢侈品。民主是迄今人类发展出的以最小的暴力管理复杂问题的最好方式。民主原则被折中得越多，决策失误与错误判断的可能性就越大，使冲突升级并最后演变为暴力。反对意见是民主进程的基石，在日益复杂的世界，反对声音的沉默危及人类生存。"[2]海纳百川，有容乃大。异议的砥砺和阻却对于简易程序构成一种平衡机制，也是保障简易程序公正不能被压缩、归并的必备屏障，是简易程序审查结论合法性由此诞生的必经考验，绝非可唾弃的莠言乱政。烈火炼真金，正义如同凌霜傲雪而劲节独完的翠竹，从异议之中汲取营养而茁壮成长。简易程序的适用裁决并非悬诸日月的不刊之书，其过也，如日月之食焉，众目睽睽，人皆见之，众口悠悠，可得指摘，声述其异议，对于执法机关兼听则明大有裨益。每个不正确决定都会导致对资源的一种无效率使用以及一项不适当的费用，因为此种决定没有促进实体性目的。[3]监督制约权力不外乎用权力监督权力和用权利监督权力两种方式。第三方异议的提出，可以保证执法权在不损害其他公民权利界限内运行，迫使不当越界之执行权复位。对异议的处理必然导致执法成本的提高，构成"异议的成本"或"异议的代价"，但各抒己见，才能实现信息供给"最大化"和"最优化"，同时也会使当事人拥有

---

〔1〕 毕沅校注：《墨子·小取》，吴旭民校点，上海古籍出版社 2014 年版，第213 页。

〔2〕 S. L. Bloom, "The Importance of Dissent: A Meditation on the Dangers of Danger", *ISF News*, *Institute for Safe Families Newsletter*, 2004, Spring.

〔3〕 Michael D. Bayles, *Procedural Justice: Allocating to Individuals*, Dordrecht and Boston: Kluwer Academic Publishers, 1990, p. 119.

平等的程序参与或支配机会的权利，并借由互相质疑、挑剔，排除各当事人尚存疑义的立论，才能有力地促成真实的发现，程序的正义才能得以实现。

《关于经营者集中简易案件适用标准的暂行规定》规定了《公示表》公示期间第三方的异议权。商务部反垄断局发布的《关于经营者集中简易案件申报的指导意见（试行）》进一步规定了反垄断局有对第三方意见和证据进行核实的职责和职权。由于《关于经营者集中简易案件申报的指导意见（试行）》规定了反垄断执法机构对第三方异议进行核实的职责，只要第三方的异议符合有效异议的条件，反垄断执法机构必须处理，第三方不必提出对案件进行异议的申请，直接进行异议即可。上述简易审查程序中对第三方异议的规定明显赋予了第三方更为有力的异议权，规定减少对异议权的主体、方式等的限制，提前第三方异议介入集中审查的时点，明确反垄断执法机构对合乎要求的异议的职责等都是为了使第三方对简易案件认定的异议能够对集中审查产生实质性影响。第三方的异议权在一定程度上保证了对简易案件认定的公正性，在集中案件审查简易程序中引入公众参与和监督，严格对执法机构的要求，同时也是一种救济措施。

（一）第三方的概念

反垄断审查中可能享有程序权利的主体，除了实施集中的申报义务人（notifying parties，简称"申报人"）之外，还包括在经营者集中过程中"享有充分利益关系的第三方"（third parties showing sufficient interest）。"第三方"的概念往往与"案外人"的概念混用。一般而言，严格意义上的"案外人"是指依照法律规定，在案件办理中或者在案件的处理结果中，不享有权利和承担义务，也没有进入执行程序的主体。从这一点来说，严格意义上的案外人与利害关系人是毫无所涉的。但当广义上的案外人因为受案件执行行为的侵害而发生法律上的利害关系从而进入执行救济的视野时，广义的案外人转化为狭义上的案外人。我国《民事诉讼法》第 225 条中的"案外人"便取的是这种狭义上的案外人之意。狭义上的案外人无疑是与案件执行程序有利害关系的利害关系人。虽然狭义上的案外人与第三人意义基本相同，但由于狭义案外人已进入救济视野和执行程序框架，成了执行救济案件的"案内人"，与严格意义上的"案外人"相去甚远，仍称之为"案外人"有欠妥当。在经营者集中过程中享有充分利益关系的第三方，其范围的确比较有弹性，不仅限于经营者，还可能包括消费者、员工代表、有关政府代表等其他社会利益相关方。欧盟立法采用了抽象条件加概括列举的办法，在欧盟委员会《第 802/2004 号条例》第 11 条规定："第三人（自然人和法人）包括能够证明其享有充分利害关系的消费者、供应商和竞争者，特别是所涉企业的行政机构或管理机构的成员，或者企业内公认的员工代表；消费者协会，如果所拟进行的集中涉及终端消费者使用的产品或服务。"[1]对于可以提出异议的第三方，欧盟使用了"相关企业"的表述，但是并没有明确指出相关企业的范围。不过可以明确的是，此处的"相关企业"应与集中申报部分所表述的"相关企业"具有不同的范围。[2]按照中国商务部《经营者集中审查办法》第 6、7 条的规定，商务部"可以"征求意见或通知参加听证会的

---

〔1〕　Commission Regulation（EC）No 802/2004 of 7 April 2004 Implementing Council Regulation（EC）No 139/2004 on the Control of Concentrations between Undertakings, OJ L 133, 30. 4. 2004.

〔2〕　Damien J. Neven, "Merger Control Procedures and Institutions: A Comparison of the EU and US Practice", *Graduate Institute of International and Development Studies Working Paper*, 2014, 45.

第三方包括"竞争者、上下游企业及其他相关企业的代表、有关专家、行业协会代表、有关政府部门的代表以及消费者代表"。由是观之，中国立法则采用了完全列举的办法加商务部的自由裁量权。《暂行规定》及《指导意见》对于简易案件审查程序中可以提出异议的"第三方"概念的范围没有专门界定。

（二）对简易案件认定的异议的特殊性

集中审查简易程序中第三方对简易案件认定的异议权不同于《反垄断法》所规定的第三方对集中案件处理决定的异议权。《反垄断法》第30条规定了反垄断执法机构在作出对集中案件的处理决定之后需要及时向社会公布。其第53条第1款规定，对商务部的决定不服的，"可以先依法申请行政复议；对行政复议决定不服的，可以依法提起行政诉讼"。由于《反垄断法》没有限制提出行政复议的主体，根据行政法律法规有关的规定，与集中案件的处理决定有利害关系的第三人有权提出行政复议。因而，首先，对简易案件认定的异议是不限异议主体的异议，任何参与集中的经营者以外的单位和个人都可以提出反对意见；对集中案件处理决定的异议人则限于利害关系人，异议人的范围大大缩小。其次，对简易案件认定的异议是在反垄断执法机构受理申请并立案之后、作出处理决定之前提出的，是在审查程序进行过程中的异议，属于事中的救济方式。而对处理决定的异议则是在处理决定已经作出、向社会公布后才能提出，属于事后的救济。再次，二者提出异议的方式也有所不同。根据《关于经营者集中简易案件申报的指导意见（试行）》第9条的规定，第三方对简易案件的认定提出异议是通过向商务部反垄断局提出意见和证据的方式进行，商务部反垄断局需要对意见和证据进行核实。而对处理决定提出异议的方式则是先向商务部申请复议，对复议决定不服的向法院提起行政诉讼。最后，二者同是第三人异议，但异议的原因不同。对简易案件认定的异议的原因是第三人认为案件不应当被认定为简易案件，目的在于使案件按非简易案件申报，而非必然认为无条件或附限制条件的允许集中的决定错误。

（三）异议的效力

就行使异议权的效力而言，异议权可分为绝对异议权与相对异议权。前者是指异议一经合法提出，即具有绝对否定性，不能以异议理由不成立或者不充分为由用裁定或通知驳回权利主体的异议申请。后者是异议对观点的提出没有控制权，对撼动执法机关的程序进展力有未逮，获得支持抑或遭际驳回须由执法机关以职权决之。在一些国家，第三方的异议将直接导致不适用简易程序，反垄断执法机构不对异议进行审查。但更多的国家的反垄断法将第三方异议规定为效力待定，只有经过反垄断执法机构的审查，确定异议的意见和证据真实有效后，才会导致简易案件认定的撤销。按照欧盟的《简易程序通告》第19项规定，第三方提出异议将直接导致简易程序不再适用，而无论交易是否真正会产生不利的竞争影响，并且委员会有权在第一阶段的任何时候恢复使用正常的程序。这些例外的情况包括：（1）相关市场不易界定，或者当事人的市场份额不易计算，或者集中引起了新的竞争问题；（2）如果集中各方当事人中的两个，位于密切相关的相邻市场，特别是在邻近市场上已经拥有了25%的市场份额时；（3）从共同控制转变向单独控制，特别是需要进行仔细调查时；（4）集中出现了协调效果；（5）集中申报后，有成员国或者第三人在法定期限内表达了对该案的关注；（6）申报后发生了移送的情况。有利害关系的第三人如果在公告规定的时间内，向委员会提出对该案存在重大竞争性疑虑，并提出证据证明了该问题，就可以阻止委员会适用简易程序。

委员会如果接受了前述第三人的意见，则会采用完整程序，进行充分论证后作出决定。[1]需要指出的是，简易程序因第三方异议而转化为普通程序并不意味着交易将会产生竞争问题，大部分此类交易仍然会得到批准，但是委员会将依据普通程序做出裁决，亦即其将在裁决中对交易的竞争影响进行较为详细的分析。在适用简易程序的案件中，第三方的异议权主要表现在对程序本身的异议和对竞争效果判断的异议两方面：一方面，由于竞争主管机构通常只会对其认为不会产生竞争影响的交易适用简易程序，所以竞争主管机构决定对特定交易适用简易程序在很大程度上说明其已经就交易的竞争影响得出了结论。如果任何利益第三方认为此种结论不正确或者不准确，应有权向主管机构提出异议。另一方面，如果利益第三方认为竞争主管机构适用简易程序处理相关交易的决定不妥，其应提供相应的信息和证据说明交易可能产生的竞争问题或者其存在此种怀疑的依据，仅第三方提出异议这个事实本身并不应自动导致简易程序不能适用。与此相对，我国采用的是异议效力待定的模式。异议作为一种公众参与、公众监督的方式，不必然导致简易案件的认定被撤销，只是作为执法机构的参考，异议是否被采信的主动权在执法机构。异议的内容也不是任意的，而是需要满足法定的构成条件，除反对意见外，还需要提供异议人的联系方法和相关证据。

在英美法系国家，异议的提出必须满足以下三个要件：（1）及时提出异议，亦即英美法系证据法中的"及时异议规则"（comtemporaneous objection rule）。法律保障的程序参与等权利仅仅是"机会之赋予"，而非"程序权利之实际实施"，由于程序

---

〔1〕 Edurne Navarro Varona et al. , *Merger Control in the European Union*：Law，Economics and Practice，New York：Oxford University Press，2005，p. 371.

运行具有不可逆性（或称自缚性），执法机关和当事人均受其已经实施的合法程序行为之约束，错失赋予机会即意味着异议的失权。当然，该规则也有例外，即除非存在"明显错误"（plain error exception）。（2）明确陈述异议的事由。当事人提出异议还必须提出异议的依据。一般来讲，除非从当时的背景中可以明确地推断出当事人提出异议的依据与事由，否则必须提出异议的特定根据。当然，当事人提出异议的依据必须是正确的。（3）明确的异议，亦即明确异议所针对的证据或方法，不能无的放矢。在我国经营者集中简易案件申报程序中，异议不被采信的情况有三种：第一，异议人提供了联系方法和证据，但由于证据不足、不真实等证据本身的原因而不被反垄断执法机构采信。第二，联系方法上的瑕疵导致证据不被采信。《关于经营者集中简易案件申报的指导意见（试行）》第9条第2款规定："对于没有提供联系方法，或提供虚假联系方法，致使无法核实意见和证据的，反垄断局不予采信。"即当证据的真实性等只能从异议人处得到核实，而异议人没有提供联系方法或提供了虚假的联系方法时，异议不会被采信。但是，在我们看来，联系方法上的瑕疵不必然意味着异议的无效，根据法条的规定，反垄断执法机构要求异议人提供联系方法的首要目的是"核实意见和证据"。因而，没有提供联系方法或提供虚假联系方法本身不会导致意见和证据不能被核实的，异议仍可能具有可采性，使简易案件的认定被撤销。原因在于，简易案件认定的异议的首要意义是引入公众参与、社会监督，使执法机关和申请人外的第三人提供有关信息，帮助执法机关恰当地认定案件的性质。同时也使第三人能够监督反垄断执法工作，使简易案件的认定在实施中不至于过于宽松。公示期间第三方异议的本质不是在于法庭上控辩双方的对抗，第三方的联系方法瑕疵如果不至于使证据不能被核实，则不必然对异议的处理产生实质性影响。这一异议本身的瑕疵并不能抵消对异议指向对象瑕疵的处理。追求完美但不能计较完美。所谓瑕不掩瑜，即此之谓也。纵非尽就规矩绳墨，执法机关可以基于职权主动按图索骥，不宜求全责备，遽尔弃之如遗。第三，提出异议的同时仅附有联系方法，未提供证据的，将会导致异议直接不被采信。原因是，提出异议的一方当事人通常要陈述理由，而提供联系方法的根本目的是为核实意见和证据提供途径，获得异议人的联系方法本身不是目的。如果异议人只是单纯提出异议而没有提供证据的，会丧失异议有效性的存在基础。同时，要求异议人举证也有适当限制异议人权利、督促其权利行使的意义。由于异议一般情况下来源于竞争对手，异议一旦被反垄断执法机构采信将直接影响申报方集中申请的进行，出于平衡竞争各方权利义务的考虑，不至于构成对任意一方的偏袒，规定异议有效的必要条件具有重要意义。同时，出于同样的考虑，对于仅提出异议意见和联系方法的异议，反垄断执法机构应当直接不予采信，不必要联系异议人获取证据以补正异议的效力。当然，异议由于没有提供证据而不被采信的，异议人在法定公示期间内，可以提出符合规定的异议，而不受之前异议无效的影响。除适当限制权利的考虑以外，对异议人异议要件的要求也有督促异议人积极提供所掌握的证据的意义，以协助反垄断执法机构掌握案件事实，提高执法效果。

　　正如有学者已指出："反垄断法实体中的效率价值渗透至执法程序领域，造成程序公正处于被忽视的地位。这种价值错位产生执法规则制定和执法活动开展的方向性偏差，是导致当前反垄断执法可接受度低的深层原因。"[1]从商务部进行立法的初

　　〔1〕　朱战威："从效率到公正：价值转换下反垄断执法程序之嬗变"，载《安徽大学学报（哲学社会科学版）》2015 年第 6 期。

衷和对外发表的意见来看，商务部进行立法的出发点和主要目的在于自身，立法的理由是案件数量不断攀升，不堪重负，为了提高效率，应梳理繁简案件，将有限的资源用在更重要的案件上。立法时对"小我"的关注使立法工作难以站在纵观全局的高度安排程序细节，进而使现行的规则不可避免地出现了一些与简易审查程序先进性不相符的短板。经营者集中反垄断执法机构在立法过程中，最初确实尝试打造一个系统完整的简易审查程序，为此参与有关研讨会的部分学者、律师提出了一些具有建设性意义的观点，例如将降低申报方行政负担作为核心目标，申报方确实无法提供市场份额信息的可申请豁免等，[1]但最终《暂行规定》和《指导意见》还是将提高反垄断执法机构工作效率作为核心目标。反垄断执法机构回应申报方及第三方在经营者集中反垄断审查中的法律需求之初心可嘉，但是没有在规范性文件中充分落实。原因就在于，在目前专注于提高执法机构的执法效率的视角和功能定位下，反垄断执法机构虽意识到法的良好实施不能是其一厢情愿，而需要相对人积极配合，反垄断执法机构也在规范性文件中体现出方便申报方和第三方的意图，但所达到的程度与有效激励相对人及其他人成为积极的守法者相比尚有不足。尤其是在与第三方有关的事项上，法律的规定基本上没有给第三方预留出将权利付诸实践并得以成功阻止合并的可能性。虽然反垄断执法机构希望体现出民主的色彩并进行了扩大第三方参与的尝试，但规范性文件实际体现出的态度是其并不寄希望于第三方能够有效参与进经营者集中案件的反垄断审查当中。与这些赋予简易案件认定异议权较大自由和影响力的因素不相称的是，第三方对简易案件认定的

---

〔1〕　参见宁宣凤："并购审查简易程序程序性规定"，载 http://www. euchinacomp. org/index. php/zh/并购？ start＝10，访问时间：2015 年 12 月 9 日。

异议实际作用很有限，体现为简易审查中第三方的异议不必然会导致简易案件的认定被撤销，第三方行使对简易案件认定的异议权在部分案件中存在障碍。由于申报方与其竞争者的利益相互对立，集中案件的申报方跂足希望快速通过审批，申报方的竞争者则企图对申报的通过施加阻碍，因此，反垄断执法机构可以借此接近案件的真实情况、更为确切地判断集中案件对竞争的影响。具体的做法是在简易审查程序中赋予第三方对简易案件提出异议的权利，并尽量使第三方的异议能够对集中案件审查施加较大的影响，可以将部分执法任务通过经营者之间的利益博弈被施以辅助甚至得以完成。由于第三方对简易案件认定的异议被安排在《公示表》的公示期内，处于案件进入正式审查的初级阶段，第三方在公示期内提出的意见和证据有利于反垄断执法机构掌握集中案件的真实情况、更为准确地界定案件的性质、更好地判断集中活动对竞争的影响，从而降低集中审查的实施成本。第三方异议程序被构造的基本要求是探寻实体正义、程序正义与异议成本之间的平衡点，应当以审查程序控制处于均衡状态为宗旨。这需要考虑具体诉讼制度目的、诉讼效率、程序正义要求等因素以赋权与限权。由于恶意行使异议权的利益博弈特性，异议权的运用诚然犹如一把"双刃剑"，存在恶意第三方企图限制、阻碍集中正常进行的潜在风险，而执法机关若究其实，势必产生迟缓而高昂的正义。在倡导扩大第三方对简易案件认定的异议权作用的同时，对第三方异议权利边界进行适当的限制是必要且合理的。但问题的关键在于限制的度达到何种标准才不至于构成对第三方异议权的过度限制，否则，异议效力过低而沦为虚文亦属或有之事，卒至弃髦视之，犹如骈指。审查机构获得信息越少，决定正确的可能性也就越小。即使没能提供新的或额外的信息，一个人还可以提出对相关信息的不同见解，这可能表明作出另一种决定才是适当的。有时候有很好的理由相信第三方提出异议不会提供任何有用的相关信息。在这种情况下，提供第三方异议的机会只会增加直接成本，但却不减少错误成本，因此纯粹的工具主义的关怀就不会支持提供此种参与机会。[1]但是，通过促进相关利益主体更好地理解实体规范和决定过程，以及使程序参与者能够有意义地参与到影响他们的负担/利益决定之中去，[2]确信已经为自己的利益作出了适当努力，这可以增加公平感。[3]尽管第三方提出异议可能自始就不是为了改变结果，而是为了获得其认为其应得之关注和尊重，即被认真对待。[4]但如果执法机关对于该异议没有理由充分的回应，异议者势必认为其在决定过程中未得尊重，认为执法机构并未认真对待程序、这种程序设置带有伪善之味。自由裁量权是行政权力的核心，[5]也是程序正义的核心问题之一。[6]说明理由与结论这一原则要求给一种而非另一种决定提供某种支持。否则无可奉告的决断便超出自由裁量的范围，存在出于一时兴致的专断可能性。其次，没有标准的行政上的负担/利益决定可能导致专断、滥用和不确定性。但清晰明确的标准尤属至难，并且由于个案中多种多样

〔1〕　Michael D. Bayles, *Procedural Justice*: *Allocating to Individuals*, Dordrecht and Boston: Kluwer Academic Publishers, 1990, p. 136.

〔2〕　D. J. Galligan, *Discretionary Powers*: *A Legal Study of Official Discretion*, Oxford: Clarendon Press, 1986, p. 333.

〔3〕　Jerry L. Mashaw, *Bueaucratic Justice*: *Managing Social Security Disability Claims*, New Haven: Yale University Press, 1983, p. 140.

〔4〕　Michael D. Bayles, *Procedural Justice*: *Allocating to Individuals*, Dordrecht and Boston: Kluwer Academic Publishers, 1990, p. 136.

〔5〕　Bernard Schwartz, *Administrative Law*, Boston: Little, Brown and Co., 1976, p. 606.

〔6〕　Michael D. Bayles, *Procedural Justice*: *Allocating to Individuals*, Dordrecht and Boston: Kluwer Academic Publishers, 1990, p. 62.

的因素非逆料所及，故而此种标准也是可求而不可欲，通常只是限制了选择的范围，将贝勒斯所说的自由裁量权 4 转化为自由裁量权 3。此外，相互对立标准的存在，使必须利用自由裁量权 3 来对其进行权衡，但某些标准是如此含混或者概括，以至于根本不构成对各个替代性选择的任何有效限制。[1]而如果标准和规范未以一致性的方式被适用，采用标准和规范的实质性好处则会大打折扣。[2]对于第三方异议的处理既难以制定具体的标准，因此目前的规定只能提供微乎其微的指导。简易案件审理的程序虽然与《反垄断法》本身体系性的融洽得到了一定关照，但作为新引进的改革与既有制度之间的一致性和一贯性恰恰无法得到更多的关照。法律上允许行政机关不服从程序性规则的基本标准是，只要这样做不会挫败规则之目的就行。如果例外推进了效率、决定的及时性等这些程序性利益却没有使当事人受损，那么允许例外就是合理的。[3]这种对程序的价值采取一种纯粹的工具主义观点，不服从已宣布的程序性规则只有在没有当事人在程序上或实体上受到损害的情况下才是合理的。两者结局恐怕都是殊途同归：第一是接受，即意味着转为普通程序；第二是拒绝，则固然属于自由裁量权 3 范围，那么也必须进行理由的阐述，但这可能会引发后退主义，即进一步的异议，因此也必须出离简易程序。就目前的规则而言，这体现出了简易审查的特点，贯穿着经济审查的精神，但仅仅是一个粗具轮廓的草图，需要随着实践经验的丰富加以充实，谓与

---

[1] Michael D. Bayles, *Procedural Justice*: *Allocating to Individuals*, Dordrecht and Boston: Kluwer Academic Publishers, 1990, p. 84.

[2] Michael D. Bayles, *Procedural Justice*: *Allocating to Individuals*, Dordrecht and Boston: Kluwer Academic Publishers, 1990, p. 96.

[3] Michael D. Bayles, *Procedural Justice*: *Allocating to Individuals*, Dordrecht and Boston: Kluwer Academic Publishers, 1990, p. 108.

欧盟的简易程序已经相差无几，未敢言也。切言之，其与欧盟的简易程序形似而神不似。在这种不与普通程序脱钩的准则中，简易案件的审查其实就是指第一阶段的审查，并非独立的简易程序，不存在简易程序与普通程序衔接与转换的问题，所以规定对此不置一词。

结　语

恰如纳兰性德在《浣溪沙》中所描述的那样："有个盈盈骑马过，薄妆浅黛亦风流，见人羞涩却回头"。[1]中国商务部在借鉴规仿欧盟模式的同时进行了审慎的变通调适，以欧盟的实践经验作为"攻"中国之"玉"的"他山之石"，使之与中国法律制度已有的框架相匹配。在中国，正因为只能蜗居在既定框架内进行经营者集中简易案件的审查程序制度设计，所以简易程序虽名为"简易"，但其作为程序所应有的规范性和完整性仍不可或缺，仍需依据各项实质审查标准与形式审查要素来进行审查，执法机构自己仍然无法肩卸重荷终究是可以想象的。亦正唯如此，在欧盟简易程序中至关重要的公示在中国仅仅形同虚设，执法机关显示出一言九鼎的铁齿铜牙强势，终究无法令人拳拳服膺。

---

〔1〕　（清）纳兰性德：《纳兰性德全集·一·词集》，闵泽平译，新世界出版社2013年版，第99页。

主要参考文献

一、中文著作

［挪］G. 希尔贝克、N. 伊耶:《西方哲学史:从古希腊到二十世纪》,童世骏、郁振华、刘进译,上海译文出版社 2004 年版。

［美］J. 弗雷德·威斯通、［韩］S. 郑光、［美］苏姗·E. 侯格:《兼并、重组与公司控制》,唐旭等译,经济科学出版社 1998 年版。

［美］J. 弗雷德·威斯通、马克·L. 米切尔、J. 哈罗德·马尔赫林:《接管、重组和公司治理》,张秋生译,北京大学出版社 2006 年版。

［德］罗伯特·阿列克西:《法·理性·商谈:法哲学研究》,朱光、雷磊译,中国法制出版社 2011 年版。

［美］阿奇·B. 卡罗尔、安·K. 巴克霍尔茨:《企业与社会:伦理与利益相关者管理》,黄煜平译,机械工业出版社 2004 年版。

［美］阿瑟·奥肯:《平等与效率:重大的抉择》,王奔洲等译,华夏出版社 1999 年版。

［德］阿图尔·考夫曼:《后现代法哲学:告别演讲》,米健译,法律出版社 2000 年版。

［日］奥村宏:《法人资本主义》,李建国等译,生活·读书·新知三联书店 1990 年版。

［英］埃辛·奥赫绪、［意］戴维·奈尔肯编:《比较法新论》,马剑银等译,清华大学出版社 2012 年版。

［澳］保罗·阿里、［美］格雷格·格雷戈里乌:《萨班斯-奥克斯利法案后的公司治理》,王燕祥、陈铃译,中国时代经济出版社 2010 年版。

［美］本杰明·N.卡多佐：《法律的成长 法律科学的悖论》，董炯、彭冰译，中国法制出版社2002年版。

［美］特伦斯·鲍尔等主编：《政治创新与概念变革》，朱进东译，译林出版社2013年版。

［美］伯纳德·施瓦茨：《美国法律史》，王军等译，中国政法大学出版社1989年版。

［美］罗伯特·J.博尔盖塞、保罗·F.博尔杰塞：《并购：从计划到整合》，伍旭川等译，机械工业出版社2004年版。

［加］布莱恩·R.柴芬斯：《公司法：理论、结构和运作》，林华伟、魏曼译，法律出版社2001年版。

［美］道格拉斯·C.诺思：《经济史中的结构与变迁》，陈郁等译，上海三联书店1991年版。

范晓波：《美欧银行并购反垄断的法律规制研究》，中国商务出版社2012年版。

陈丽洁：《公司合并法律问题研究》，法律出版社2001年版。

程宝山：《经济法基础理论精要》，立信会计出版社2008年版。

［美］唐纳德·德帕姆菲利斯：《兼并、收购和重组：过程、工具、案例和解决方案综合指南》，黄瑞蓉、罗雨泽译，机械工业出版社2004年版。

方立维、徐步云：《兼并与收购上市公司的反垄断规制》，知识产权出版社2011年版。

［法］多米尼克·诺拉：《华尔街的企业兼并》，凌志存、张尚稚译，中国对外经济贸易出版社1991年版。

冯果：《现代公司资本制度比较研究》，武汉大学出版社2000年版。

高鸿钧、程汉大主编：《英美法原论》，北京大学出版社2013年版。

［德］格哈德·瓦格纳：《损害赔偿法的未来 商业化、惩罚性赔偿、集体性损害》，王程芳译，中国法制出版社2012年版。

公丕祥：《法制现代化的理论逻辑》，中国政法大学出版社1999年版。

［美］托马斯·李·哈森：《证券法》，张学安等译，中国政法大学出版社2003年版。

［美］H.L.A.哈特：《法律的概念》，张文显、郑成良、桂景义译，中国大

百科全书出版社 1996 年版。

韩伟：《经营者集中附条件法律问题研究》，法律出版社 2013 年版。

韩铁：《美国宪政民主下的司法与资本主义经济发展》，上海三联书店 2009
年版。

[美] 赫伯特·霍温坎普：《联邦反托拉斯政策：竞争法律及其实践》，许
光耀、江山、王晨译，法律出版社 2009 年版。

[德] 弗里德里希·黑格尔：《法哲学原理》，范扬、张企泰译，商务印书
馆 1961 年版。

胡祖文：《论股权及股东身份权利》，国家行政学院出版社 2014 年版。

胡甲庆：《反垄断法的经济逻辑》，厦门大学出版社 2007 年版。

黄辉：《现代公司法比较研究：国际经验及对中国的启示》，清华大学出版
社 2011 年版。

黄铭杰：《公司治理与资本市场法制之落实与革新》，清华大学出版社 2013
年版。

黄晋：《合并控制法：以美国和欧盟为视角》，社会科学文献出版社 2013
年版。

黄茂荣：《法学方法与现代民法》，中国政法大学出版社 2001 年版。

[美] 卡尔·米切姆：《技术哲学概论》，殷登祥等译，科学技术出版社
1999 年版。

[美] 希·卡思、伊丽莎白·明尼克：《鸡窝里的狐狸：私有化是怎样威胁
民主的》，肖聿译，中国社会科学出版社 2007 年版。

[美] 加里·L. 里巴克：《美国的反省：如何从垄断中解放市场》，何华
译，东方出版社 2011 年版。

蒋大兴：《公司法的展开与评判——方法、判例、制度》，法律出版社 2001
年版。

姜明安主编：《行政法与行政诉讼法》，北京大学出版社 1999 年版。

[美] 杰弗里·N. 戈登、马克·J. 罗：《公司治理：趋同与存续》，赵玲、
刘凯译，北京大学出版社 2006 年版。

[日] 金泽良雄：《经济法概论》，满达人译，中国法制出版社 2005 年版。

[美] 查理斯·R. 吉斯特：《美国垄断史：帝国的缔造者和他们的敌人》，

傅浩等译，经济科学出版社 2004 年版。

[美] 马丁·费尔德斯坦主编：《20 世纪 80 年代美国经济政策》，王健等译，经济科学出版社 2000 年版。

[德] 马丁·格劳姆、托马斯·赫特施莱因特：《兼并重组：企业外部扩张管理》，王煦逸编译，上海财经大学出版社 2014 年版。

《马克思恩格斯全集》，人民出版社 1972 年版。

[美] 玛格丽特·M. 布莱尔：《所有权与控制：面向 21 世纪的公司治理探索》，张荣刚译，中国社会科学出版社 1999 年版。

[美] 保罗·J. 麦克纳尔蒂：《劳动经济学的起源与发展》，杨体仁等译，中国劳动出版社 1993 年版。

[美] 米尔顿·弗里德曼：《资本主义与自由》，张瑞玉译，商务印书馆 1986 年版。

赖源河编审：《公平交易法新论》，中国政法大学出版社 2002 年版。

[英] 雷蒙德·瓦克斯：《法哲学：价值与事实》，谭宇生译，译林出版社 2008 年版。

[德] 罗尔夫·施托贝尔：《经济宪法与经济行政法》，谢立斌译，商务印书馆 2008 年版。

[德] 赖纳·汉克：《平等的终结：为什么资本主义更需要竞争》，王薇译，社会科学文献出版社 2005 年版。

李泽厚：《历史本体论·己卯五说》（增订本），生活·读书·新知三联书店 2006 年版。

[韩] 李哲松：《韩国公司法》，吴日焕译，中国政法大学出版社 2000 年版。

李雨龙、陈景云主编：《投资并购经典案例法律评析》，法律出版社 2008 年版。

刘光华：《经济法的分析实证基础》，中国人民大学出版社 2008 年版。

刘和平：《欧盟并购控制法律制度研究》，北京大学出版社 2006 年版。

刘丽、陈彬：《欧盟控制企业集中法律制度研究》，北京理工大学出版社 2013 年版。

刘运宏、周凯：《上市公司市场化收购的公平与效率问题研究——以〈证券法〉修改为视角》，中国法制出版社 2014 年版。

［美］路易斯·罗思、乔尔·赛里格曼：《美国证券监管法基础》，张路等译，法律出版社 2008 年版。

［美］罗伯特·A. 达尔：《民主及其批评者》，曹海军、佟德志译，吉林人民出版社 2006 年版。

［美］罗伯特·考特、托马斯·尤伦：《法和经济学》，史晋川等译，格致出版社 2010 年版。

［美］罗伯特·蒙克斯、尼尔·米诺：《公司治理》，李维安等译，中国财政经济出版社 2004 年版。

［英］乔纳森·查卡姆：《公司常青：英美法日德公司治理的比较》，郑江淮等译，中国人民大学出版社 2006 年版。

钱玉林：《公司法实施问题研究》，法律出版社 2014 年版。

邱灼松：《强制要约收购制度批判研究：兼论我国收购制度模式的选择》，中国法制出版社 2013 年版。

［英］萨德·苏达斯纳：《并购创造价值》，张明等译，经济管理出版社 2006 年版。

［美］乔·萨托利：《民主新论》，冯克利、阎克文译，东方出版社 1998 年版。

［美］萨尼·麦克莱恩、乔·诺塞拉：《众魔在人间：华尔街的风云传奇》，夏雨译，中信出版社 2012 年版。

［荷］巴鲁赫·斯宾诺莎：《知性改进论：并论最足以指导人达到对事物的真知识的途径》，贺麟译，商务印书馆 1960 年版。

史际春：《企业和公司法》（第 2 版），中国人民大学出版社 2008 年版。

施天涛：《公司法论》（第 3 版），法律出版社 2014 年版。

［德］乌尔里希·施瓦尔贝、丹尼尔·齐默尔：《卡特尔法与经济学》，顾一泉、刘旭译，法律出版社 2014 年版。

宋智慧：《资本多数决：异化与回归》，中国社会科学出版社 2011 年版。

苏永钦：《经济法的挑战》，清华大学出版社 2005 年版。

张舫：《公司收购法律制度研究》，法律出版社 1998 年版。

张国平：《当代企业基本法律制度研究》，法律出版社 2004 年版。

张世明：《经济法学理论演变研究》（第 2 次全面修订版），中国民主法制出版社 2009 年版。

郑琰：《中国上市公司收购监管》，北京大学出版社 2004 年版。

中国民用航空局政策法规司、航空安全技术中心编著：《航空运输业反垄断典型案例解析》，中国民航出版社 2008 年版。

中国人民大学法律系经济法教研室编：《中国经济法教程》，中国人民大学出版社 1985 年版。

仲继银：《董事会与公司治理》，中国发展出版社 2009 年版。

许光耀：《欧共体竞争法通论》，武汉大学出版社 2006 年版。

应品广：《经营者集中的效率抗辩法律问题研究》，吉林大学出版社 2011年版。

于海：《西方社会思想史》，复旦大学出版社 2005 年版。

[美] 约翰·L. 科利：《什么是公司治理》，李维安等译，中国财政经济出版社 2004 年版。

余东华：《横向并购反垄断控制中的效率抗辩研究》，北京大学出版社 2014年版。

王丹：《公司派生诉讼论：理论基础与制度构造》，中国法制出版社 2012年版。

王保树主编：《公司收购：法律与实践》，社会科学文献出版社 2005 年版。

王东光：《股东退出法律制度研究》，北京大学出版社 2010 年版。

王志诚：《企业组织重组法制》，北京大学出版社 2008 年版。

王晓晔主编：《反垄断法中的相关市场界定》，社会科学文献出版社 2014年版。

王文宇：《公司法论》（第 2 版），元照出版公司 2005 年版。

[英] 韦恩·莫里森：《法理学：从古希腊到后现代》，李桂林等译，武汉大学出版社 2003 年版。

[美] J. 弗雷德·威斯顿、萨缪尔·C. 韦弗：《兼并与收购》，周绍妮、张秋生译，中国财政经济出版社 2003 年版。

[德] 沃尔夫冈·费肯杰：《经济法》（第 2 卷），张世明译，中国民主法制出版社 2010 年版。

二、中文论文

陈彦良："反收购措施法制之研析（上）"，载《台湾本土法学》2006 年总第 86 期。

陈奕婷："论反收购决策权的分配"，载《硅谷》2008 年第 14 期。

傅穹："敌意收购的法律立场"，载《中国法学》2017 年第 3 期。

［美］大卫·J. 格伯尔："在欧洲竞争法中的人类学、历史以及'更为经济的方法'论纲"，朱树青、张世明译，载《内蒙古师范大学学报（哲学社会科学版）》2016 年第 2 期。

［德］格拉夫彼得·卡利斯、延斯·默滕斯："在全球化中的私法和竞争政策"，张世明译，载《内蒙古师范大学学报（哲学社会科学版）》2012 年第 5 期。

杜志华、蔡继祥："欧盟并购控制效率抗辩问题研究"，载《武汉大学学报（哲学社会科学版）》2011 年第 4 期。

胡鸿高、赵丽梅："论目标公司反收购行为的决定权及其规制"，载《中国法学》2001 年第 2 期。

黄文艺："对新时期中国法制现代化的理论反思"，载《政法论坛》2007 年第 2 期。

林仁光："论公司合并及其他变更营运政策之重大行为与少数股东股份回购请求权之行使"，载《东吴大学法律学报》（第 11 卷）1995 年第 2 期。

刘文华："中国经济法足改革开放思想路线的产物"，载《法学杂志》1999 年第 2 期。

王建文、范健："论我国反收购条款的规制限度"，载《河北法学》2007 年第 7 期。

伍坚："限制董事改选数量：交错董事会的中国模式?"，载《证券市场导报》2007 年第 6 期。

叶林："反对股东异议股东股份回购请求权的行使与保障——《公司法》第 74 条评述"，载《社会科学》2012 年第 9 期。

［美］詹姆士·哈格："敌性吞并与对策"，立言、赵彦译，载《国际政治研究》1989 年第 3 期。

张世明："企业法律形态理论研究管见"，载《法治研究》2015 年第 3 期。

张淑芳："论行政简易程序"，载《华东政法大学学报》2010 年第 2 期。

张东："经营者集中申报前商谈制度比较研究"，载《比较法研究》2013 年第 5 期。

赵旭东："程序正义概念与标准的再认识"，载《法律科学》2003 年第 6 期。

赵瑜、汤黎虹："上市公司反收购法律理念问题探究"，载《当代法学》2002 年第 5 期。

朱战威："从效率到公正：价值转换下反垄断执法程序之嬗变"，载《安徽大学学报（哲学社会科学版）》2015 年第 6 期。

许可："股东会与董事会分权制度研究"，载《中国法学》2017 年第 2 期。

徐强胜："企业形态法定主义研究"，载《法制与社会发展》2010 年第 1 期。

徐向艺、卞江："公司治理中的中小股东权益保护机制研究"，载《中国工业经济》2004 年第 9 期。

三、英文著作

American Bar Association, *Mergers and Acquisitions*: *Understanding the Antitrust Issues*, Chicago: American Bar Association, 2008.

Philip Areeda and Donald Turner, *Antitrust Law*, Boston: Little, Brown and Co., 1980.

Michael D. Bayles, *Procedural Justice*: *Allocating to Individuals*, Dordrecht and Boston: Kluwer Academic Publishers, 1990.

Robert H. Bork, *The Antitrust Paradox*: *A Policy at War with Itself*, New York: Basic Books Inc., 1978.

Robert F. Bruner, *Applied Mergers and Acquisitions*, New York: H. John Wiley & Sons Inc, 2004.

Robert C. Clark, *Corporate Law*, Boston: Little, Brown and Company, 1986.

Alfred D. Chandler, *The Visible Hand*: *The Managerial Revolution in American Business*, Cambridge, Massachusetts: Harvard University Press, 1977.

Kingsley Davis, *Human Society*, New York: The Macmillan Company, 1949.

Frank H. Easterbrook and Daniel R. Fischel, *The Economic Structure of Corporate Law*, Cambridge, Massachusetts: Harvard University Press, 1991.

Melvin Aron Eisenberg, *The Structure of the Corporation: A Legal Analysis*, Boston: Little, Brown, 1976.

Richard A. Epstein, *Simple Rule for a Complex World*, Cambridge, Massachusetts: Harvard University Press, 1995.

J. Elkington, *Cannibals with Forks: The Triple Bottom Line of 21st Century Business*, Oxford, UK: Capstone Publishing, 1998.

John F. Farrar (ed.), *Takeovers, Institutional Investors and the Modernization of Corporate Laws*, Oxford: Oxford University Press, 1993.

R. Edward Freeman, *Strategic Management: A Stakeholder Approach*, Boston: Pitman, 1984.

Milton Friedman, *Capitalism and Freedom*, Chicago: University of Chicago Press, 2002.

Lon Fuller, *The Problems of Jurisprudence*, Mineola, NY: Foundation Press, 1949.

Patrick A. Gaughan, *Mergers, Acquisitions, and Corporate Restructurings*, Hoboken, New Jersey: John Wiley & Sons, Inc., 2011.

David Gerber, *Global Competition: Law, Markets, and Globalization*, London: Oxford University Press, 2010.

Jürgen Habermas, *The Theory of Communicative Action*, Vol. 2, System and Lifeworld: A Critique of Functionalist Reason, Boston, MA: Beacon Press, 1987.

Robert W. Hamilton and Richard D. Freer, *The Law of Corporations in a Nutshell*, St. Paul, MN: West Academic Publishing, 2011.

Barry E. Hawk (ed.), *International Antitrust Law and Policy*, Vol. 29, Fordham Corporate Law Institute, 2003.

Klaus J. Hopt and Eddy Wymeersch (eds.), *European Takeovers: Law and Practice*, Toronto: Butterworths Law, 1992.

James Willard Hurst, *The Legitimacy of the Business Corporation in the Law of the*

United States, 1780~1970, Charlottesville: The University Press of Virginia, 1970.

Ugo Mattei, *Comparative Law and Economics*, Ann Arbor, Michigan: University of Michigan Press, 1997.

Joseph W. McGuire, *Business and Society*, New York: McGraw-Hill, 1963.

Arthur M. Okun, *Equality and Efficiency: The Big Tradeoff*, New York: Brookings Institution, 1975.

Tony Orhnial, *Limited liability and the Corporation*, London: Croom Helm, 1982.

J. E. Parkinson, *Corporate Power and Responsibility: Issues in the Theory of Company Law*, Oxford: Clarendon Press, 1993.

Robert Pitofsky (ed.), *How the Chicago School Overshot the Mark: The Effect of Conservative Economic Analysis on U. S. Antitrust*, Oxford: Oxford University Press, 2008.

Michael E. Porter, *On Competition*, Boston, MA: Harvard Business School Publishing, 1998.

Richard A. Posner, *Antitrust Law*, Chicago: The University of Chicago Press, 2001.

David Rockefeller, *The Corporation in Transition: Redefining Its Social Charter*, Washington, D. C. : Chamber of Commerce of the United States, 1993.

Bernard Schwartz, *Administrative Law*, Boston: Little, Brown and Co. , 1976.

Amartya Sen, *Rationality and Freedom*, Cambridge, MA: The Belknap Press of Harvard University Press, 2002.

Carl E. Shepro, Richard W. Shepro and Leo Herzel, *Bidders and Targets: Mergers and Acquisitions in the U. S.* , Oxford: Basil Blackwell, 1990.

Lewis D. Solomon et al. , *Corporations Law and Policy: Materials and Problems*, St. Paul, Minn: West Publishing, 1994.

Christopher D. Stone, *Where the Law Ends: The Social Control of Corporate Behavior*, New York: Harper and Row, 1975.

Hans B. Thorelli, *The Federal Antitrust Policy: Origination of an American Tradition*, Baltimore, MD: The Johns Hopkins University Press, 1955.

Edurne Navarro Varona et al. , *Merger Control in the European Union: Law*, *E-*

conomics and Practice, New York: Oxford University Press, 2005.

Walter Adams and James W. Brock, *Antitrust Economics on Trial: A Dialogue on the New Laissez - Faire*, Princeton, New Jersey: Princeton University Press, 1991.

四、英文论文

Robert Alexy, "Constitutional Rights, Balancing, and Rationality", *Ratio Juris*, Vol. 16, No. 2, 2003.

David B. Audretsch, "Divergent Views in Antitrust Economics", *Antitrust Bulletin*, Vol. 33, Iss. 1, 1988.

James E. Austin and Maria May Seitanidi, "Collaborative Value Creation: A Review of Partnering Between Nonprofits and Businesses, Part 2: Partnership Processes and Outcomes", *Nonprofit and Voluntary Sector Quarterly*, Vol. 41, Iss. 6, 2012.

Jordan M. Barry and John William Hatfield, "Pills and Partisans: Understanding Takeover Defenses", *University of Pennsylvania Law Review*, Vol. 160, No. 3, 2012.

Lucian Arye Bebchuk, "Toward Undistorted Choice and Equal Treatment in Corporate Takeovers", *Harvard Law Review*, Vol. 98, No. 8, 1985.

Adolph A. Berle, "Corporate Powers as Powers in Trust", *Harvard Law Review*, Vol. 44, No. 7, 1931.

Adolph A. Berle, "Modern Functions of the Corporate System", *Columbia Law Review*, Vol. 62, 1962.

Margaret Bloom, "The Great Reformer: Mario Monti's Legacy in Article 81 and Cartel Policy", *Competition Policy International*, Vol. 1, No. 1, 2005.

Thomas L. Boeder and Gary J. Dorman, "The Boeing/McDonnell Douglas Merger: The Economics, Antitrust Law and Politics of the Aerospace Industry", *The Antitrust Bulletin*, Vol. 45, Iss. 1, 2000.

Leonardo Borlini, "Methodological Issues of the 'More EconomicApproach' to Unilateral Exclusionary Conduct. Proposal of Analysis Starting from the Treatmentof Retroactive Rebates", *European Competition Journal*, Vol. 5, No. 2, 2009.

William J. Carney, "Fundamental Corporate Changes, Minority Shareholders, and Business Purposes", *American Bar Foundation Research Journal*, Vol. 5, No. 1, 1980.

Ronald H. Coase, "The Nature of the Firm", *Economica*, Vol. 4, No. 16, 1937.

Jules L. Coleman, "Efficiency, Exchange and Auction: Philosophic Aspects of the Economic Approach to Law", *California Law Review*, Vol. 68, Iss. 2, 1980.

Daniel A. Crane, "Technocracy and Antitrust", *Texas Law Review*, Vol. 86, 2008.

Simon Deakin, Giles Slinger and Hostile Takeovers, "Corporate Law, and the Theory of the Firm", *Journal of Law and Society*, Vol. 24, No. 1, 1997.

E. Merrick Dodd, "For Whom are Corporate Managers Trustees?", *Harvard Law Review*, Vol. 45, No. 7, 1932.

Götz Drauz, "An Efficiency Defence for Mergers: Putting an Intricate Puzzle Together", *Journal of Competition Law*, Vol. 1, No. 3, 2003.

Frank H. Easterbrook and Daniel R. Fischel, "Takeover Bids, Defensive Tactics, and Shareholders' Welfare", *The Business Lawyer*, Vol. 36, 1981.

Claus–Dieter Ehlermann, "The Modernization of EC Antitrust Policy: A Legal and Cultural Revolution", *Common Market Law Review*, Vol. 37, Iss. 3, 2000.

Joseph Farrell and Carl Shapiro, "Antitrust Evaluation of Horizontal Mergers: An Economic Alternative to Market Definition", *The B. E. Journal of Theoretical Economics: Policies and Perspectives*, Vol. 10, Iss. 1, 2010.

Daniel R. Fischel, "The Appraisal Remedy in Corporate Law", *Law & Social Inquiry*, Vol. 8, Iss. 4, 1983.

Daniel Fishel, "The Corporate Governance Movement", *Vanderbilt Law Review*, Vol. 35, 1982.

Eleanor M. Fox, "Modernization of Antitrust: A New Equilibrium", *Cornell Law Review*, Vol. 66, Iss. 6, 1981.

Deborah A. Garza, "The New Efficiencies Guidelines: The Same Old Transparent Wine in a More Transparent Bottle", *Antitrust*, Vol. 11, No. 3, 1997.

Nancy Gaschott, "Babies at Risk: Infant Formula Still Takes Its Toll", *The Multinational Monitor*, Vol. 7, No. 14, 1986.

George S. Geis, "An Appraisal Puzzle", *Northwestern University Law Review*, Vol. 105, No. 4, 2011.

David J. Gerber and Paolo Cassinis, "The Modernization of European Community Competition Law: Achieving Consistency in Enforcement – Part I", *European Competition Law Review*, Vol. 27, No. 10, 2006.

David J. Gerber, "Two Forms of Modernization in European Competition Law", *Fordham International Law Journal*, Vol. 31, Iss. 5, 2007.

Ronald J. Gilson and Jeffrey N. Gordon, "Doctrines and Markets: Controlling Controlling Shareholders", *University of Pennsylvania Law Review*, Vol. 152, No. 2, 2003.

Kenneth E. Goodpaster, "The Concept of Corporate Responsibility", *Journal of Business Ethics*, Vol. 2, No. 1, 1983.

Barry E. Hawk, "System Failure: Vertical Restraints and EC Competition Law", *Common Market Law Review*, Vol. 32, Iss. 4, 1995.

Jennifer Hill, "Visions and Revisions of the Shareholder", *The American Journal of Comparative Law*, Vol. 48, No. 1, 2000.

Oliver Wendell Holmes, "The Path of the Law", *Harvard Law Review*, Vol. 10, No. 8, 1897.

Thomas Hurst, "The Regulation of Tender Offers in the United States and the United Kingdom: Self – Regulation versus Legal Regulation", *North Carolina Journal of International Law and Commercial Regulation*, Vol. 12, Iss. 3, 1987.

Wolfgang Kerber and Nicole J. Sam, "Competition as a Test of – Hypotheses: Simulation of Knowledge – generating Market Processes", *Journal of Artificial Societies and Social Simulation*, Vol. 4, No. 3, 2001.

David Kershaw, "No End in Sight for the History of Corporate Law: The Case of Employee Participation in Corporate Governance", *Journal of Corporate Law Studies*, Vol. 2, No. 1, 2002.

Christian Kirchner and Richard W. Painter, "Takeover Defenses under Delaware

Law, the Proposed Thirteenth EU Directive and the New German Takeover Law: Comparison and Recommendations for Reform", *The American Journal of Comparative Law*, Vol. 50, No. 3, 2002.

Israel M. Kirzner, "Entrepreneurial Discovery and the Competitive Market Process: An Austrian Approach", *Journal of Economic Literature*, Vol. 35, No. 1, 1997.

William J. Kolasky and Andrew R. Dick, "The Merger Guidelines and the Integration of Efficiencies into Antitrust Review of Horizontal Mergers", *Antitrust Law Journal*, Vol. 70, No. 1, 2003.

Valentine Korah, "From Legal Toward Economic Efficiency: Article 85 (1) of the EEC Treaty in Contrast to U. S. ", *Antitrust Bulletin*, Vol. 35, 1990.

Robert H. Lande, "Wealth Transfers as the Original and Primary Concern of Antitrust: The Efficiency Interpretation Challenged", *Hastings Law Journal*, Vol. 34, No. 1, 1982.

Pierre Legrand, "The Return of the Repressed: Moving Comparative Legal Studies Beyond Pleasure", *Tulane Law Review*, Vol. 75, No. 4, 2001.

Mark A. Lemley and Christopher R. Leslie, "Categorical Analysis in Antitrust Jurisprudence", *Iowa Law Review*, Vol. 93, Iss. 4, 2008.

Peter V. Letsou, "The Role of Appraisal in Corporate Law", *Boston College Law Review*, Vol. 39, Iss. 5, 1998.

K. N. Llewellyn, "The Effect of Legal Institutions upon Economics", *The American Economic Review*, Vol. 15, No. 4, 1925.

Bruce R. Lyons, "Reform of European Merger Policy", *Review of International Economics*, Vol. 12, Iss. 2, 2004.

Henry G. Manne, "The ' Higher Criticism' of the Modern Corporation", *Columbia Law Review*, Vol. 62, No. 3, 1962.

Bayless Manning, "The Business Judgment Rule and the Director's Duty of Attention: Time for Reality", *The Business Lawyer*, Vol. 39, No. 4, 1984.

Brian J. McTear, "Has the Evolution of the Poison Pill Come to an End?", *Delaware Journal of Corporate Law*, Vol. 24 Iss. 3, 1999.

Victoria Mertikopoulou, "DG Competition's Discussion Paper on the Application of

Article 82 to Exclusionary Abuses: the Proposed Economic Reform from a Legal Point of View", *European Competition Law Review*, Vol. 28, No. 4, 2007.

Ann M. Morrison, "Those Executive Bailont Deals", *Fortune*, December 13, 1982.

Motta, Massimo and Helder Vasconcelos, "Efficiency Gains and Myopic Antitrust Authority in a Dynamic Merger Game", *International Journal of Industrial Organization*, Vol. 23, Iss. 9~10, 2005.

Naomi R. Lamoreaux and Jean-Laurent Rosenthal, "Legal Regime and Contractual Flexibility: A Comparison of Business's Organizational Choices in France and the United States during the Era of Industrialization", *American Law and Economics Review*, Vol. 7, No. 1, 2005.

Damien J. Neven, "Competition Economics and Antitrust in Europe", *Economic Policy*, Vol. 21, No. 48, 2006.

Sadakazu Osaki, "The Bull – Dog Sauce Takeover Defense", *Nomura Capital Market Review*, Vol. 10, No. 3, 2007.

Daniel T. Ostas, "Cooperate, Comply, or Evade? A Corporate Executive's Social Responsibilities with Regard to Law", *American Business Law Journal*, Vol. 41, No. 4, 2004.

Donna Patterson and Carl Shapiro, "Transatlantic Divergence in GE/Honeywell: Causes and Lessons", *Antitrust Law Journal*, Vol. 16, Iss. 1, 2001.

Marc Pirrung, "EU Enlargement Towards Cartel Paradise? An Economic Analysis of the Reform of European Competition Law", *Erasmus Law and Economics Review*, Vol. 1, 2004.

Robert Pitofsky, "Efficiency Consideration and Merger Enforcement: Comparison of U. S. and EU Approaches", *Fordham International Law Journal*, Vol. 30, Iss. 5, 2006.

Alexander Riesenkampff, "New E. C. Merger Control Test under Article 2 of the Merger Control Regulation", *Northwestern Journal of International Law & Business*, Vol. 24, Iss. 3, 2004.

Lars- Hendrik Röller, "The Impact of the New Substantive Test in European Merger Control", *European Competition Journal*, Vol. 2, Iss. 1, 2006

Ingo Schmidt, "The Suitability of the More Economic Approach for Competition Policy: Dynamic v. Static Efficiency", *European Competition Law Review*, Vol. 28, No. 7, 2007.

Joel Seligman, "Reappraising the Appraisal Remedy", *George Washington Law Review*, Vol. 52, 1984.

Vijay S. V. Selvam, "The EC Merger Control Impasse: Is There a Solution to This Predicament?", *European Competition Law Review*, Vol. 25, No. 1, 2004.

Carl Shapiro, "The 2010 Horizontal Merger Guidelines: From Hedgehog to Fox in Forty Years", *Antitrust Law Journal*, Vol. 77, Iss. 1, 2010.

Mary Siegel, "Back to the Future: Appraisal Rights in the Twenty-First Century", *Harvard Journal on Legislation*, Vol. 32, No. 1, 1995.

Peter L. Simmons, "Dual Class Recapitalization and Shareholder Voting Rights", *Columbia Law Review*, 1987, Vol. 87, No. 1.

Guhan Subramanian, "Fixing Freezeouts", *Yale Law Journal*, Vol. 115, No. 2, 2005.

Robert B. Thompson, "Exit, Liquidity, and Majority Rule: Appraisal's Role in Corporate Law", *Georgetown Law Journal*, Vol. 84, No. 1, 1995.

S. Waddock and S. Graves, "The Impact of Mergers and Acquisitions on Corporate Stakeholder Practices", *Journal of Corporate Citizenship*, Vol. 22, 2006.

Sunil Wahal, Kenneth W. Wiles and Marc Zenner, "Who Opts out of State Anti-takeover Protection?: The Case of Pennsylvania's SB 1310", *Financial Management*, Vol. 24, No. 3, 1995.

Elliott J. Weiss, "Law of Take Out Mergers: A Historical Perspective", *New York University Law Review*, VOl. 56, 1981.

Andreas Weitbrecht, "From Freiburg to Chicago and Beyond—the First 50 Years of European Competition Law", *European Competition Law Review*, Vol. 29, Iss. 2, 2008.

Barry M. Wertheimer, "The Shareholder's Appraisal Remedy and How Courts Determine Fair Value", *Duke Law Journal*, Vol. 47, No. 4, 1998.

G. Edward White, "From Realism to Critical Legal Studies: A Truncated Intellectual History", *Southwestern Law Journal*, Vol. 40, 1986.

Charles M. Yablon, "Poison Pills and Litigation Uncertainty", *Duke Law Journal*, Vol. 54, No. 1, 1989.

五、德文著作

Arndt Christiansen, „Der' More Economic Approach ' in der EU − Fusionskontrolle − Eine Kritische Würdigung ", *Research Notes from Deutsche Bank Research*, No. 21, 2005.

Hans Albert (Hrsg.), *Theoretische und Institutionelle Grundlagen der Wirtschaftspolitik: Theodor Wessels zum 65, Geburtstag*, Berlin: Duncker & Humblot, 1967.

Otto Bähr, *Gesellschaften mit beschränkter Haftung*, Sonderabdruck aus den Grenzboten, Leipzig: Grunow, 1892.

Stefan Bechtold, Joachim Jickeli und Mathias Rohe (Hrsg.), *Recht, Ordnung und Wettbewerb: Festschrift zum 70, Geburtstag von Wernhard Möschel*, Baden−Baden: Nomos Verlagsgesellschaft, 2011.

Roland Bertsch, *Die industrielle Familienunternehmung: Ein Überblick über ihre Bedeutung und ihre Hauptprobleme unter besonderer Berücksichtigung der Finanzierung und Führung*, Schellenberg: Winterthur, 1970.

Ulrich Blum, *Entrepreneurship und Unternehmertum: Denkstrukturen für eine neue Zeit*, Wiesbaden: Gabler Verlag, 2001.

Klaus − Dieter Borchardt, *Die rechtlichen Grundlagen der Europäischen Union: Eine systematische Darstellung für Studium und Praxis*, Stuttgart: UTB GmbH, 2012.

Edgar Castan, *Rechtsform der Betriebe*, Stuttgart: C. E. Poeschel Verlag, 1968.

Horst Eidenmüller, *Effizienz als Rechtsprinzip : Möglichkeiten und Grenzen der ökonomischen Analyse des Rechts*, Tübingen: Mohr Siebeck, 1995.

Heinen (Hrsg.), *Industriebetriebslehre − Entscheidungen im Industriebetrieb*, Wiesbaden: Gabler, 1985.

Christian Hofmann, *Der Minderheitsschutz im Gesellschaftsrecht*, Berlin: Walter de Gruyter, 2011.

Ulrich Immenga und Ernst-Joachim Mestmäcker (Hrsg.), *GWB*: *Gesetz gegen Wettbewerbsbeschrankungen*: *Kommentar*, München: C. H. Beck, 1981.

Hans Jonas, *Das Prinzip Verantwortung*: *Versuch einer Ethik für die technologische Zivilisation*, Frankfurt am Main: Insel Verlag, 1979.

Robert Portmann, *Die Wahl der Rechtsform als betriebswirschafliches Problem für Klein-und Mittelbetriebe*, Zürich: Schweizerische Treuhand-und Revisionskammer, 1987.

Niklas Luhmann, *Rechtssoziologie*, Reinbek bei Hamburg: Rowohlt, 1972.

Knut Wolfgang Nörr, *Zwischen den Mühlsteinen*: *Eine Privatrechtsgeschichte der Weimarer Republik*, Tübingen: Mohr Siebeck, 1988.

Hans – Bernd Schäfer und Claus Ott, *Lehrbuch der Ökonomischen Analyse des Zivilrechts*, Berlin: Springer. 1995.

Mathias Schmoeckel, *Rechtsgeschichte der Wirtschaft*: *Seit dem 19. Jahrhundert*, Tübingen: Mohr Siebeck, 2008.

Ernst Steindorff, *Einführung in das Wirtschaftsrecht der Bundesrepublik Deutschland*, Darmstadt: Wissenschaftliche Buchgesellschaft, 1977.

Christian Vorster, *Oligopole in der EU – Fusionskontrolle*: *Die Anwendung des SIEC-Tests auf Imitation und Kollusion im Oligopol*, Baden-Baden: Nomos, 2013.

Max Weber, Wirtschaft und Gesellschaft: *Grundriß der Verstehenden Soziologie*, Tübingen: Mohr Siebeck, 1980.

Günter Wöhe, *Einführung in die Allgemeine Betriebswirtschaftslehre*, München: Verlag Franz Vahlen, 1984.

六、德文论文

Jürgen Basedow,„Konsumentenwohlfahrt und Effizienz-Neue Leitbilder der Wettbewerbspolitik? ", *Wirtschaft und Wettbewerb*, Bd. 57, H. 7~8, 2007.

Michael Becker,„Gestaltungsrecht und Gestaltungsgrund ", *Archiv für die civilistische Praxis*, Bd. 188, H. 1, 1988.

Ulf Böge,„Reform der Europäischen Fusionskontrolle ", *Wirtschaft und Wettbe-*

werb, Bd. 54, H. 2, 2004.

Arndt Christiansen, „ Die ' Ökonomisierung ' der EU-Fusionskontrolle: Mehr Ko-
sten als Nutzen? ", *Wirtschaft und Wettbewerb*, Bd. 55, H. 3, 2005.

Erich Hoppmann, „ Wettbewerb als Norm der Wettbewerbspolitik ", *ORDO:
Jahrbuch für die Ordnung von Wirtschaft und Gesellschaft*, 1967, Bd. 18.

Dieter Medicus, „ Der Grundsatz der Verhältnismäßigkeit im Privatrecht ",
Archiv für die Civilistische Praxis, Bd. 192, H. 1/2, 1992.

Raiser, „ Unternehmensziele und Unternehmensbegriff ", *Zeitschrift für das
gesamte Handelsrecht und Wirtschaftsrecht*, H. 144, 1980.

Johannes Zollner, „ Zum Unternehmensbegriff der § § 15 ff. Aktiengesetz ",
Zeitschrift für Unternehmens-und Gesellschaftsrecht, Bd. 5, H. 1, 1976.

七、法文著作

Jean-Pierre Bertrel, *Droit et vie des Affaires: Études à la Mémoire d´Alain
Sayag*, Paris: Litec, 1997.

Michel Juglar de et Benjamin Ippolito, *Droit Commercial: Avec cas Concrets et
Jurisprudence*, Paris: Montchrestien, 1970.

八、法文论文

Patrice Bougette et Florent Venayre, "Contrôles a Priori et a Posteriori des Con-
centrations: Comment Augmenter l'Efficacité des Politiques de Concurrence?",
Revue d'Économie Industrielle, n'121, 1er trimestre, 2008.

九、日文著作

田中誠二:『會社法詳論』,勁草书房,1968年。
田中耕太郎編:『株式会社法講座〈第3巻〉』,有斐閣,1956年。
奥村宏:『企業買収—— M&Aの時代』,岩波新书,1991年。
大隅健一郎:「会社合併の本質」,『会社法の諸問題』〔増補版〕,有信
堂,1975年。

新谷勝：『敵対的企業買収−原因と対策に関する法律問題のすべて』，税務経理協會，2004 年。

増地庸治郎：『企業形態論』，千倉書房，昭和 5 年。

松本烝治：『日本会社法論』，巌松堂書店，1929 年。

山城章：『新企業形態の理論』，経済図書株式会社，昭和 19 年。

植竹晃久：『企業形態論―資本集中組織の研究』，中央経済社，1984 年。

菊浦重雄：『企業形態の歴史と展開』，制作社，1992 年。

植竹晃久：『企業形態論―資本集中組織の研究』，中央経済社，1984 年。

山本政一：『企業形態論序説』（改訂版），千倉書房，1972 年。

米谷隆三：『商法概論』〈1〉，営業法，有斐閣，1942 年。

十、日文论文

亀倉正彦：「企業形態論の研究対象に関する考察」，『名古屋商科大学総合経営・経営情報論集』，名古屋商科大学論集研究紀要委員会編，2010 年第 3 号。

堀越芳昭：「日本経営学の成立−増地経営学説の原理と形態」，『商学論集』第 15 号，1992 年。

吉永榮助：「会社（企業）の法形態と経済形態」，『一橋論叢』第 41 巻第 2 号，1959 年。

増地庸治郎：「リーフマン氏企業形態論」，『商學研究』第 1 巻第 3 号，1922 年。

中村建：「合併本質論の一考察」，『追手門経済論集』第 9 巻第 1 号（1974 年）。

藤縄憲一：「企業再編における実務上の課題と取組み〔下〕」，『商事法務』1656 号，2003 年。

瀬領真悟：「競争政策・独禁法と私訴制度利用について一損害賠償制度の利用を中心に一」，『滋賀大学経済学部研究年報』第 3 巻，1996 年。

風間規男：「新制度論と政策ネットワーク論」，『同志社政策科学研究』第 14 巻第 2 号，2013 年。

弥永真生：「反対株主の株式買取請求権をめぐる若干の問題」，『商事法務』1867 号，2009 年。

川島いづみ：「少数派株主に対する不公正な侵害行為等の救済制度
（一）——カナダ会社法における制度の展開——」，『民商法雑誌』第
98 巻第 5 号，1988 年。

藤田真樹：「MBOにおける少数株主の保護：少数派株主が会社から締め
出されず株主としてとどまる利益の保護を中心として」，『九大法学』
第 101 巻第 1 号，2010 年。

清水貞俊：「欧州における最近のM&Aについて」，『立命館経済学』第 43
巻第 3 号，1994 年。

平川幸彦：「EC 企業結合規則 2004 年改正における企業結合の評価（上）—
近年の企業結合規制改革に関する一考察—」，『法学研究』第 84 号，
2008 年。

川濱昇・武田邦宣：「企業結合規制における効率性の位置づけ」，『RIETI
ディスカッション・ペーパー』11-J-022，2011 年。

洪淳康：「企業結合における効率性」，　『本郷法政紀要』第 15 号，
2006 年。

后　记

　　在欧美学术界，后记鲜有得见。这是中国学术界的惯例。本来不想在最后赘语，因为今年许多事情交织在一起，《法律、资源与时空建构：1644~1945年的中国》和《经济法基础理论演变研究》按照约定需要修订再版，工作量极大。但本书后记之所以不可或缺的原因在于，这些年关于这方面的研究以及最终书稿的完成得到了许多学术前辈的加持与同辈的支持，乃至我的学生的指正，涓滴之恩即便不能涌泉相报，但也不能不铭志不忘。欧美学者通常在前言中致谢，而按照中国人的理念，如同戏曲界崇尚"戏比天大"，学者开卷但论学问，前跋后记，各有攸分。后记遂成为将内心无上感激剖白的机会窗口。事实上，对于我而言，许多恩重如山的前辈并不适合在此一一开列出来，可能在将来至少七八年后自己觉得有分量的成果问世时才是适宜的献礼。对于他们的殷切期望，我会用不懈努力证明自己的承诺。中国人民大学藏龙卧虎，学生亦多非凡类，均是同侪佼佼者。本书写作过程中，袁金华、孙瑜晨、龙俊等同学进行了校改，谨表谢忱。在一些欧美国家，法科学生最大的愿望就是毕业后投身投行，做一名并购律师。在这些学生看来，如果企业是会下金蛋的鹅，那么并购就是制造会下金蛋的鹅。这种价值取向在笔者看来具有典型的拜金主义色彩，笔者本人一向甘处困寂之境，主要是基于自己研究经济法主体论的角度数年来对此持续关注和思考，加之该领域关涉竞争法的并购控制，也是自己多年来的研究重点所在。语不云乎，层冰为积水所成，大辂自椎轮以出。对于经济法学的发展，苟能为椎轮积水之用，或不无涓埃之助，则不胜荣幸之至。虽然竭尽所能，但笔者深知自己道行粗浅，书中观点或多悖谬，硕学方家幸以教我，容待嗣后改正。

张世明

2018 年 3 月 7 日于人大明法楼 706 室